KB066068

AI 윤리와 뇌신경과학 그리고 교육

: 인공지능은 주저하지 않는다

박형빈 지음

어문학사

목차

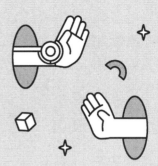

인공지능은 추론할 뿐 고민하지 않는가?

초거대 AI의 새로운 시대가 급속한 속도로 도래하고 있다. 우리가 살아가는 세상은 끊임없이 변화하고 있으며 이 변화의 가장 큰 동력 중 하나는 단연코 인공지능 기술의 발전이다. AI는 교육, 보건 의료, 법률, 군사, 물류 유통, 금융 등 다양한 분야에 깊이 파고들고 있다. AI 기술 발전이 가져온 혁신적인 적용 사례 중 하나는 ChatGPT와 같은 대형 언어 모델이며 이는 다양한 산업에서의 응용으로 인공지능의 역할을 더욱 확장시키고 있다. 2022년 선보인 ChatGPT는 큰 반향을 일으켰으며 출시된 지 두 달 만에 월간 사용자가 1억 명을 돌파하였다. GPT는 'Generative Pre-trained Transformer'의 약자로 가능한 한 자연스럽고 인간과 같은 대화가 가능하도록 훈련된 챗봇이다.

OpenAI의 ChatGPT, Google의 Gemini, MS의 Copilot, Twitter 의 X에서 개발한 Grok과 같은 생성형 AI는 대형 언어 모델(Large

Language Models, LLMs)을 포함한다. 이러한 도구는 다양한 언어 패턴과 문맥을 학습하여 사용자의 질문에 대한 응답을 생성하고 특정 주제에 대한 글을 작성하며 프로그램을 위한 코딩을 할 수 있고 멀티모달 (multimodal) 기능을 통해 이미지를 인식하고 이해하며 처리하기도 한다. 이는 차트 이미지를 해석하여 답을 찾거나 독일어로 된 물리학 문제를 이미지로 읽어 해답을 찾는 데 사용할 수 있으며 표면적인 내용을 넘어 숨겨진 의미를 파악해야 하는 밈(Meme) 이미지도 해석할 수 있다. 또한 AI 동영상 생성기는 텍스트를 동영상으로 자동 변환 하는 것도 가능하다. 이러한 기능은 AI가 사용자의 요구에 부응하여 유용하고 관련된 정보를 제공함으로써 인간의 작업 효율성을 극대화하고 지원하며 창의성을 자극하고 촉진하는 데 기여한다.

개발자들은 알고리즘을 통해 AI가 스스로 학습하고 결정을 내릴 수 있게 하는 능력을 개선하려고 노력하고 있으며 이 과정에서 기계의 자율적인 판단력이 인간의 역할을 보완하게 된다. AI 로봇은 자율적인 AGI 에이전트로의 진화를 목표로 하고 있다. 이는 AI가 단순한 도구를 넘어 결정을 내리고 지침을 제공하며 심지어 인간의 역할을 일부 대체하는 새로운 형태의 존재로 자리를 잡아가고 있음을 보여준다. 챗 GPT를 중심으로 다양한 업계에서도 AI 도입에 대한 논의가 활발하게 이루어지고 있다. 이는 법률 자문 및 연구 그리고 문서 작성에 이르기까지 다양하다. 미국의 DoNotPay와 같은 회사들은 법정 절차에서 사용할 논리를 제공하는 온라인 플랫폼을 통해 법률 자문을 위한 생성 모델을 활용해 왔다. 이는 주차 티켓과 관련된 사건을 위해 처음 설계되었다. 사용자의 필터링된 질문과 결과 순위를 기반으로 미국 법리를 검색하여 원래 질문과 가장 연관성이 높은 답변을 반환하도록 설계된 ROSS와 같은 법률 기술 솔루션을 통해 입증된 바와 같이 자연어 처리(NLP) 모델을 통해서도 법률 연구가 가능하다(TERZIDOU, 2023).

그러나 AI가 상당한 발전을 이루었음에도 불구하고, 여전히 개발자나 사용자의 지시로부터 완전히 자유롭다고 단정할 수는 없다. 이 때문에 독립적인 의사 결정을 내리는 주체로서 AI의 역할은 제한적이라 할 수 있으며, AI가 인간의 복잡한 사고나 감정을 완전히 모방한다고 보기 어렵다. 이는 AI의 자율성과 인지 능력에 대한 논의를 불러일으키는 지점이기도 하다. 더구나 챗봇의 생성 능력은 시스템의 훈련과 응답의 정확성 측면에서 여전히 의문을 불러일으킨다. 연구자들에 따르면 AI 챗봇이 생성하는 방대한 데이터에서 정확한 정보를 얻는 것은 현재로서는 어렵다. 생성형 AI의 경우, 빠른 확산에도 불구하고 할루시네이션(Hallucination, 환각) 현상과 같은 잘못된 정보, '딥페이크'로 알려진 컴퓨터 생성 비디오를 사용한 인간의 모방, 봇 훈련에 사용된 데이터의 저작권 침해 그리고 생성 결과의 편향과 차별을 초래한다. 그러므로 AI의 침투에 따른 인간 삶의 변화는 우리에게 인간과 AI에 대한 다음과 같은 근본적인 질문을 던진다.

√ 기술이 인간의 역할을 대체할 때, 우리는 어떤 새로운 가치를 창

출할 수 있을까?

√ 인간과 기계의 관계는 어떠한 방향으로 진화해야 할까?

√ AI가 잘 수행할 수 있는 일과 AI에 맡겨서는 안 되는 일은 무엇일까?

√ AI는 인간과 근본적으로 어떻게 다를까?

이 책은 AI가 우리 사회에 미치는 영향을 윤리적 프리즘으로 폭넓게 다루며, 이 지점에서 제기되는 질문들을 심층적으로 탐구한다. 독자들은 AI를 둘러싼 거대 담론뿐만 아니라 학교 현장에서 AI 윤리를 교육하는 방법과 같은 구체적인 이슈들에 대해서도 고민하게 될 것이다. 또한 AI와 신경과학이 밀접한 관계에서 서로 영감을 주고 보완하면서 발전해왔다는 점을 감안할 때, AI와 인간을 이해하는 단초로서 신경과학적 인간 이해는 필수이다. 이 책은 초거대 AI가 이끄는 예측 불가능한 시대에 대비하려고 한다. 'AI 윤리', '뇌신경과학', '교육'이라는 키워드를 통해 단순한 기술 혁신을 향한 아이디어를 넘어 인류 본연의 모습을 깊이 천착하는 계기를 제공하고자 한다. 인간의 목전에 다가온 AI의 결정을 우리가 어디까지 받아들이고 어느 부분을 경계해야 하는지, 최종 결정권자로서 인간은 어떠한 AI 역량을 갖추어야 하는지 그리고 AI에 판단권자나 결정권자로서의 자격을 부여하기 위해서는 어떠한 조건을 충족시키도록 해야 하는지 등 AI 개발에서 우리가 나아가야 할 방향에 대해서도 논의하고자 한다.

AI 윤리, 뇌신경과학, 교육을 키워드로 하여 살펴볼 주요 주제는 다음과 같다.

◇ AI와 신경과학
◇ AI 윤리 정립을 위한 다차원적 논의
◇ AI의 선과 악
◇ 뉴럴링크, 트랜스 휴머니즘, 포스트 휴머니즘, 디지털 휴머니즘
◇ 생성형 AI와 할루시네이션 이슈
◇ 공감과 정서의 뇌신경과학적 이해
◇ 신경철학의 양심 해명
◇ 교육과 뇌신경과학의 연계
◇ 도덕 판단의 뇌신경과학적 메커니즘
◇ AGI 시대 교육신경과학과 교사 교육

이 책은 크게 4부로 구성되어 있으며 각 부는 AI와 인간, AI 윤리와 뇌신경과학, AI 윤리 교육의 이론과 실제를 중심으로 다룬다. 생성형 AI의 윤리 문제와 신경과학의 도전을 AI 윤리 교육에 통합하는 방안에 대한 논의까지 AI 윤리, 뇌신경과학, 교육이라는 키워드를 연결하여 종합적인 시각에서 논의한다. 다시 말해 AI, 윤리, 인간 본성, 뇌신경과학의 지식이 어떻게 교육적 맥락에서 구현될 수 있는지에 대한 깊이 있는 논의를 제공하고자 하였다. 이를 통해 인공지능의 발전이 가져올 윤리적 도전들을 교육적으로 어떻게 해결해 나갈 수 있는지에 대

한 실제적 방법들을 제안하고자 한다.

제 I 부 'AI와 인간'은 인공지능의 본성과 인간성에 관한 근본적인 질문들을 탐구한다. 1장은 '인공지능이 마음을 가질 수 있는가?'에 대한 물음을 통해 독자들을 AI의 본질적 이해로 안내한다. 2장은 'AI는 주저하지 않는다. 왜 이것이 문제일까?'를 주제로 인간과 다른 AI의 특성에 대해 생각해 본다. 3장은 'AI의 선악(善惡) 문제: 선악의 디지털 재해석'을 주제로 AI에 있어 선과 악의 구현 의미와 그 가능성에 대해 고민한다. 4장은 '뉴럴링크 및 신경 상징 AI(Neuro-Symbolic AI)와 미래 인류: 트랜스 휴머니즘과 포스트 휴머니즘 그리고 디지털 휴머니즘'을 주제로 인공지능의 도덕성 그리고 휴머니즘과 기술의 상호작용을 검토한다.

제 II 부 '인공지능과 뇌신경과학'은 인간의 뇌 기능과 인공지능 기술이 어떻게 서로 영향을 주고받을 수 있는지를 탐구한다. 5장은 '뇌신경과학에서 인공지능까지: 인간의 뇌를 모방한 기술의 발전'을 주제로 뇌신경과학과 AI의 상호 연계성을 탐구한다. 6장은 '정서와 공감의 신경과학적 이해와 Lisa Barrett의 정서 구성주의'를 주제로 뇌신경과학에서의 인간 정서에 대한 이해를 살펴본다. 7장은 '인공지능과 도덕 판단: Jonathan Haidt의 도덕 기반 이론과 신경과학의 결정 메커니즘'을 주제로 인간 도덕 판단의 특성을 뇌신경과학 차원에서 살펴봄으로써 인간과 AI의 도덕 판단의 차이를 가늠해 본다. 또한 신경과학적 차원에서 결정 메커니즘을 탐구함으로써 인간의 도덕 판단에 대한 깊은 이해를 도모한다. 8장은 '정신 건강과 뇌신경과학 관점에서 본 사회 통합 교육'을 주제로, 뇌신경과학을 기초로 교육에서 고려할 사항들을 알아본다. 9장은 'AI 윤리 도전 및 책임과 사이버네틱스: Jaspers, Heidegger, Wiener의 관점에서 본 기술의 본질'을 주제로 기술의 본질과 윤리적 책임에 대해 심도 있게 탐구한다.

제Ⅲ부 '인공지능 윤리 교육: 이론'은 AI 기술의 발전이 어떻게 윤리적 문제를 야기하는지, 그리고 이러한 문제들에 어떻게 교육적으로 접근해야 하는지를 이론 입장에서 다룬다. 10장은 '생성형 AI(Generative AI)의 윤리 문제와 할루시네이션(hallucination) 이슈'를 주제로 생성형 AI가 야기하는 윤리 문제를 확인하고 이에 대한 대응 방안을 검토한다. 11장은 '수학적 계산 너머 윤리적 로봇 구현을 위한 전제: 신경과학의 도전 과제와 도덕 판단 알고리즘 구현을 위한 검토 사항'을 주제로 윤리적 로봇 구현을 위해 신경과학의 도전 과제와 도덕 판단 알고리즘의 구현을 위한 필수적인 검토 사항을 탐구한다. 12장은 'Patricia Smith Churchland의 뇌신경과학적 양심론의 교육 시사점'을 주제로, Churchland의 양심 이론을 윤리 교육에 어떻게 활용할 수 있는지에 대해 논의한다.

제IV부 '인공지능 윤리 교육: 실제'는 학교 현장에서 활용 가능한 AI 윤리 교육 방법을 제안한다. 13장은 '교육신경과학 활용 윤리 교사 교육'을 주제로 교사를 위한 뇌신경과학 기반의 교육 및 연수의 필요성과 가능성을 조사한다. 14장은 '규범적 AI 윤리 가이드라인과 초등 AI 윤리 교육 적용 방안'을 주제로 규범적 AI 윤리의 필요성과 교육 실제 방법을 살핀다. 15장은 '인공지능 도구 챗봇 활용 AI 윤리 교육'을 주제로 생성형 AI의 교육 현장에서의 적용 가능성과 그 방안을 탐색한다.

일부 장들은 학술지에 실린 각 논문들을 'AI 윤리', '뇌신경과학', '교육'을 중심으로 서로 연결하여 새롭게 전체적으로 재구조화하고 수정 및 보완한 글이며, 글의 출처는 다음과 같다.

3장. 박형빈(2024). AI와 선과 악, 2024 한국공공가치학회 및 서울교대 가치윤리AI허브센터 공동학술대회(2024. 03. 23.)

6장. 박형빈(2024). Lisa Barrett의 정서 구성주의의 도덕교육적 시사점- 신경과학에서의 정서 이해를 중심으로 -. 윤리교육연구, 72, 25-54.

7장. 박형빈(2022). 초등학생의 뇌 발달과 도덕판단의 뇌 신경과학적 메커니즘-하이트(Jonathan Haidt) 도덕기반이론의 시사점 탐색. 초등도덕교육, 79, 281-317.

8장. 박형빈(2022). 정신건강 및 뇌 신경과학 관점에서 본 사회통합 교육의 과제. 윤리교육연구, 65, 141-165.

10장. 박형빈(2023). 생성형 AI(Generative AI)의 할루시네이션(hallucination) 이슈와 윤리적 과제: 초등 AI 윤리 교육에서 활용 가능한 주제를 중심으로. 한국초등교육. 34(4), 21-36.

11장. 박형빈(2022). AI 윤리와 신경과학의 AMA 도전 과제-도덕판단 알고리즘 구현을 위한 검토 사항. 윤리교육연구, 64, 91-114.

12장. 박형빈(2023). 패트리샤 처칠랜드의 양심이론에 기초한 인공지능 시대 초등도덕교육의 과제와 방향. 한국초등교육, 34(3), 19-37.

13장. 박형빈(2023). 학습자중심교육을 위한 교육신경과학 활용 윤리교사 교육 전문성 강화 방안. 윤리교육연구, 69, 55-82.

14장. 박형빈(2024). 규범적 AI 윤리 가이드라인과 초등 AI 윤리 교육 적용 방안 모색. 한국초등교육, 35(2), 79-95.

이 책이 인공지능, 뇌신경과학, 교육이라는 다차원의 스펙트럼을 통해 AI 윤리와 AI 윤리 교육의 필요성, 목표, 방향을 정립하는 데 학문적 기반이자 출발점이 되기를 희망한다. 이를 통해 AI 윤리에 대한 논의를 심화시키고 그 범위를 넓히는 데 일조하고자 한다. 필자의 노력이 철학적 존재이면서 동시에 물질적 존재인 인간의 본질을 더욱 깊이 이해하고 AI 윤리 교육의 방향과 과제 그리고 실질적인 교육 방법론을 강구하기 위한 이론적 토대를 강화하고 구축하는 데 기여하길 바란다.

인공지능 윤리 및 교육 정책을 수립하는 이들, 현직 및 예비 교사, 도덕과 윤리 교육에 종사하는 교육자들, 교육 전문가, 인공지능 윤리 그리고 인공지능에 관심 있는 일반 대중과 학생들, AI 개발자, 컴퓨터 공학자, 프로그래머 등 인공지능 윤리 문제에 연루된 다양한 직역의 전문가들에게 교육적, 철학적, 과학적 측면에서의 토론을 심화할 수 있는 계기를 제공하고자 한다. 이 책이 기술적 진보를 넘어선 논의를 통해 인공지능의 윤리적 측면과 교육적 접근을 탐구하며, 관련된 모든 이들에게 깊이 있는 성찰을 촉진하기를 기대한다.

이 책이 인공지능, 뇌신경과학, 인공지능 윤리, 교육에 대한 독자들의 이해를 넓히고, 인공지능 윤리 및 관련 교육 과정을 설계하거나 논의를 진전하는 데 조금이라도 도움이 된다면, 그것은 저자에게 큰 기쁨이 될 것이다. 마지막으로 이 책의 편집과 출판 과정에 헌신적인 노력을 기울인 도서출판 어문학사의 모든 분들께 깊은 감사를 표한다.

서울교육대학교 윤리교육과 교수

박형빈

제1부

: AI와 인간

1장.
AI는 마음이 있을까?

I. 인간의 마음과 그 본질

모든 사람은 마음을 가지고 있으며 기쁨, 슬픔, 분노 등 다양한 감정을 느끼고 이를 표현할 수 있다. 인간의 내면적 경험과 정신적 활동을 지칭하는 수단으로 통용되는 단어 가운데 대표적인 것이 마음이다. 마음은 감정, 생각, 의지의 중심으로 여겨지기도 하는데 우리는 일상의 다양한 맥락에서 '마음'이라는 단어를 자주 사용한다. 예를 들면, '마음을 추스른다. 마음이 편하다. 너의 마음을 읽는다. 내 마음을 연다. 마음이 아프다. 저 사람은 마음이 따스하다.' 등 인간이 마음을 지닌 존재임을 기정사실로 해서 이야기한다. 영어에서도 상황에 따라 마음을 지칭하는 용어가 사용되는데, 가장 일반적인 단어는 생각, 의식, 지성, 의견, 기분 등과 관련된 Mind와 감정, 애정, 열정, 용기 등과 연관된 Heart이다.

마음은 인간이 자신과 타인 그리고 더 넓은 세계와 깊이 있는 방식으로 연결될 수 있게 한다. 마음은 생물학적, 신경학적 과정에 기반을 두고 있으며, 오랜 진화의 결과로 설명될 수 있다. 마음은 단순한 감정의 집합체를 넘어서 사고, 의식, 의지, 가치관 등 복합적인 개념을 포괄한다. 생물체의 마음은 진화의 산물로서 생존과 적응을 위해 발달해왔다. 이러한 마음의 다양한 기능들은 상호 연결되어 있으며 인간의 인지 및 행동에 영향을 미친다.

이러한 점에서 본다면, 마음이라는 실체는 인간이 생물학적 존재이자 자아를 인식하고 복잡한 감정을 느끼며 창의적이고 도덕적인 존재가 되게 하는 핵심 요소라 할 수 있다. 마음은 인간을 규정하는 대표적인 특징 가운데 하나라고 할 수 있다.

그런데 AI는 마음을 지닐 수 있을까? 범용 인공지능(Artificial general intelligence, AGI)은 인지 과제에서 인간과 같거나 인간보다 더 뛰어난 수행 능력을 발휘할 수 있는 AI 유형으로, 강인공지능(strong AI)의 다양한 정의 중 하나로 간주된다. 이는 AI가 단순한 기계나 도구를 넘어서 감정이나 의식 같은 인간적 특성을 가질 수 있는지에 대한 의문을 야기한다.

II. AI와 인간의 차이: 생물학적 존재, 정신 기능, 정서와 감정 그리고 내적 경험

AI가 마음을 가질 수 있느냐는 질문은 철학, 신경과학, 컴퓨터과학 등 여러 분야에서 다양한 관점으로 탐구되는 주제 가운데 하나이다. 인간이 마음을 소유하고 있듯이 AI도 마음이라는 실체를 가질 수 있을까? 이에 대한 해답을 찾기 위해서는 인간과 AI의 차별성에 대해 먼저 검토할 필요가 있다.

첫째, 인간은 엄밀한 의미에서 생물학적 존재이고 인공지능 로봇은 기계적 존재이다. 아직까지 인간은 바이오 영역에, AI는 테크노 영역에 존재한다. 인간은 생물학적 존재로서 세포로 이루어진 유기체이다. 인간의 기능은 DNA, 호르몬, 세포 작용 등 다층적인 생물학적 과정에 의해 조절되는데 이러한 과정들은 성장, 발달, 복제, 대사 등 생명을 유지하는 데 필수적이다. 반면, 인공지능 로봇은 기계적 구성 요소와 인간에 의해 설계된 소프트웨어에 의해 작동하는 무생물적 존재이다. 이들은 주로 전자 부품, 금속, 플라스틱 등 비생물학적 재료로 만들어진다. 인공지능 로봇은 소프트웨어 프로그램과 하드웨어로 구성되어 있으며 그 기능은 대부분 인간이 설계한 알고리즘에 의해 작동한다. AI 시스템은 기계 학습(Machine Learning, ML), 딥 러닝, 자연어 처리(NLP) 등의 기술을 활용하여 데이터를 분석하고 패턴을 학습하며 사용자의 요구에 따라 결과를 제공한다. AI 로봇은 인간과 유사하거나 때로 인간의 능력을 능가하는 기능을 수행한다. 그러나 AI 로봇의 지능이 인간이나 다른 생물학적 유기체들의 인지 능력과 본질적으로 동일하다고 할 수 있는가에 대해서는 논란의 여지가 있다.

한편, 생체 모방(Biomimetics)은 생명을 뜻하는 바이오(Bio)와 모사나 모방을 의미하는 미메틱(mimetic)이라는 단어를 합성한 용어로 다양한 생물의 특성이나 구조 등을 모사한 기술을 지칭한다. 생물학적 시스템은 수천 년에 걸쳐 자가 조직화, 작동, 감지의 복잡한 메커니즘을 개발해왔으며 이는 로봇공학 분야에서 복제하기 어려웠다. 그런데 재료공학의 발전이 바이오미메틱 소프트 로봇의 제작을 가능하게 하였다. 소프트 로봇은 기존의 경직된 로봇과 달리 유연하거나 탄성을 지닌 신체와 전자 장치를 이용하여 자연을 모방하고 산업, 의료, 항공, 군사 등에서 새로운 응용 분야를 가능하게 한다. 최근에는 유연하고 순응성이 높은 연성 물질(soft matters)을 활용하여 인간, 다른 유기체, 비이상적 환경과 매끄럽고 정교하게 상호작용할 수 있는 다자유도 3D 작동 방식이 복잡하면서도 제어 가능하게 개발되었다.

소프트 로보틱스는 알려지지 않은 도전적인 환경에서 움직임의 성능과 적응성을 향상시키고 인간과의 상호작용 중 안전성을 높이는 시스템을 만드는 것을 목표로 한다(Mazzolai, B. et al., 2022). 이 분야는 고무와 같이 유연한 소재를 활용하여 외부 환경에 대한 적응성이 증진된 새로운 로봇 메커니즘 관련 기술을 연구하고 개발하는 것이 목적인 로봇 학문이다. 소프트 로보틱스 분야는 2008년에 용어가 등장한 이래로 점진적으로 발전하여 2018년 연구 주제로 주목받기 시작하면서 상당히 발전하였다. 2022년에는 Web of Science(WOS)와 Scopus 데이터베이스에서 1,000건 이상의 과학 출판물이 등장하였다(Rusu, D. M. et al., 2023). 이것이 가장 많이 활용되는 응용 연구 중 하나는 포유류의 고유 근육 조직의 성능을 모방할 수 있는 인공 근육의 개발이다. 근육 조직은 본질적으로 복잡하며 강하고 빠르면서도 섬유 묶음의 효율적인 자가 조직화를 통해 다양한 움직임을 가능하게 한다. 바이오하이브리드 로보틱스의 경우 생체 세포를 동력으로 하는데, 살아 있는 유기체의 성분을 기계 시스템과 통합하여 생체 조직의 미세 움직임 능력을 로봇의 신체 기능 향상에 활용하는 데 집중하고 있다. 바이오하이브리드 로봇의 연구 및 개발은 동물 세포를 사용하는 단계를 넘어 인간의 신체 세포 및 조직을 통합한 로봇 어깨, 로봇 손가락, 로봇 물고기 등의 개발에 이르렀다.

2022년 미국 하버드 대학과 에머리 대학의 공동 연구팀은 인간의 줄기세포로부터 분화된 심장 근육을 로봇 물고기의 꼬리에 부착시켜 자율적으로 움직일 수 있게 만들었다. 포도당을 에너지원으로 사용하는 이 로봇 물고기는 꼬리에 연결된 심장 근육이 수축하고 이완하면서 움직임을 생성한다. 생물학적 실체와 인공 재료의 최고의 특성을 통합하여 더 효율적이고 복잡한 시스템을 만들기 위한 시너지 전략으로 탄생하였다. 하버드 대학의 파커 교수는 "우리의 궁극적인 목표는 기형이 있는 어린이의 심장을 대체할 인공 심장을 만드는 것"이라고 말하였다. 심장 조직이나 심장을 만드는 작업 대부분은 심장의 단순한 박동을 복제하거나 생체 공학된 조직에서 해온 일에 집중해 왔다. 그렇지만 이 분야의 연구자들은 심장의 생물물리학에서 디자인 영감을 얻어 더 어려운 작업을 시도하고 있다. 이제는 심장 영상을 설계도로 사용하기보다는 심장이 작동하는 데 필수적인 생물물리학 원리를 식별하여 이를 설계 기준으로 삼고 그것을 하나의 살아있는 시스템인 수영하는 물고기에 적용한다. 파커의 질병 생체물리학 그룹에서 이전 연구를 바탕으로 한 이 생체 융합 물고기를 필두로, 2012년에는 해파리와 같은 생체 융합 펌프가 만들어졌고 2016년에는 수영이 가능한 인공 뱀장어도 개발되었다. 이 모든 것이 쥐의 심장 근육 세포를 기반으로 하였다. 이 연구는 인간의 줄기세포에서 유래된 심근 세포를 사용하여 자율적인 생체 융합 장치를 만들었는데 이 장치는 물고기인 제브라피쉬의 형태와 수영 동작에서 영감을 얻었다. 이는 사람의 줄기세포에서 유래된 심장 근육세포로 만든 최초의 완전 자율 생체 융합 물고기이다. 이전 장치들과는 달리 생체 융합 제브라피쉬는 꼬리지느러미 양쪽에 두 개의 근육 세포층을 가지고 있으며 한쪽이 수축할 때 다른 쪽은 이완된다. 그 수축은 기계 감응성 단백질 채널의 개방을 유발하고 이는 또 다른 수축을 일으켜 100일 이상 물고기를 추진할 수 있는 폐쇄 루프 시스템으로 이어진다. 연구진은 자율적인 페이싱 노드도 공학적으로 만들었는데 이것은 마치 심박동 조율기와 같이 자발적 수축의 빈도와 리듬을 제어한다(Xia et al., 2022; Mestre et al., 2023).

둘째, 인간은 의식, 감정, 메타인지와 같은 복잡하고도 다층적인 정신적 기능을 가진 존재이다. 반면 AI가 인간의 이러한 복잡한 정신적 기능을 동일하게 소유할 수 있는가는 의문의 여지가 있다. 의식을 생각할 때, 인간의 의식은 자신의 존재, 생각, 감정, 주변 환경에 대한 인식을 포함한다. 의식은 개인이 자신의 내부와 외부 세계를 인지하고 경험하는 방식을 말하며 자각이라는 개념과 밀접하게 연관된다. 의식이란 인간이 스스로를 인식하고 자신의 생각과 감정을 관찰하며 의사결정 과정에서 주체적으로 행동할 수 있는 능력을 의미한다.

어떤 동물들이 의식을 가지고 있는지 그리고 동물 외의 실체들이 의식을 가질 수 있는지에 대한 연구는 오랜 전통을 가지고 있다. 최근 대규모 언어 모델(LLMs)의 등장이 이러한 질문에 새로운 관점을 제공한다. 인간에게서 의식의 표시로 여겨지는 대화 능력을 통해 LLMs는 우리가 이해, 주체성을 가지고 의식을 갖는 것이 무엇을 의미하는지에 대한 이해를 정제하도록 한다. LLMs는 수백억 개의 단어로 훈련된 복잡한 다층 인공 신경망으로 이 단어들은 의식이 있는 인간들 사이의 자연어 대화를 포함한 다양한 텍스트에서 가져온다. LLM은 인공 신경망을 사용하여 토큰화된 데이터를 분석하고, 토큰의 관계와 패턴을 결정한다. 그 다음 사용자가 LLM에 프롬프트를 제공하면 LLM은 훈련 데이터를 기반으로 가장 가능성 있는 다음 단어나 단어 시퀀스를 예측하여 응답을 생성한다(Bent, 2023). 텍스트 기반의 질의를 통해 사용자들은 LLMs와 상호작용하면서 흥미로운 언어 기반 시뮬레이션을 제공받는다.

우리는 이 시스템을 사용할 때 네트워크 내부의 복잡하고 깊이 있는 품질에 의해 쉽게 매료될 수 있다. 우리가 질문을 하면 그것은 우리가 흔히 의식적 사고와 연관시키는 뉘앙스가 담긴 대답을 제공할 것이다. 그리고 우리는 이러한 상호작용이 마치 분별력 있는 의식적 주체 즉, 의식을 가진 존재로부터 비롯된 것이라고 결론짓고자 하는 유혹을 받는다. 우리는 우리와 상호작용하고 있는 이 대상이 마치 생각하고, 느끼고, 이성적으로 판단하고 경험하는 존재인 것처럼 여기게 된다. 이러한 유형의 튜링 테스트를 기준으로 삼을 때, LLMs가 곧 의식을 가지게 될지에 대한 의문이 제기될 수 있으며, 이는 도덕적 딜레마들을 수반한다. 예를 들어, 의식적 인식의 가장자리에 위치할 수 있는 LLMs를 계속 개발하는 것이 윤리적인가 하는 문제를 포함한다. 현재 우리가 의식을 인정할 수 있는 객체로서 대표적인 존재는 바로 우리 자신인 인류이다. AI 시스템의 능력이 향상됨에 따라 기계 의식의 가능성을 논의해야 할 시점에 이르렀다.

AI의 의식 소유 가능성은 광범위하게 논의되고 있으며 찬성이나 반대 논거들을 고려할 필요가 있다. 관점들은 종종 LLMs의 구조가 뇌의 특징에서 영감을 받았다는 사실에 의해 강화된다. 대규모 언어 모델과의 상호작용은 이 모델들이 의식을 가질 수 있다는 제안으로 이어졌다. 그러나 연구자들은 신경과학의 관점에서 이러한 입장은 옹호하기 어렵다고 지적한다. 그것은 세 가지 주된 이유 때문이다. (1) 대규모 언어 모델의 입력은 우리가 세계와 접촉하는 감각적 정보의 특징을 결여하고 있다. (2) 대규모 언어 모델의 구조에는 포유류에서 의식 인식과 연결된 것으로 알려진 시상피질계의 핵심 기능이 빠져 있다. (3) 의식 있는, 살아있는 생물체의 출현으로 이어진 진화 및 발달 궤적은 현재 구상되고 있는 인공 시스템에서는 유사점이 거의 없다. 생물체로서 존재는 그들의 활동에 의존하며 생존은 다중 수준의 세포, 세포 간 그리고 유기체 과정을 거쳐 활동성과 의식으로 이어지는 복잡한 연결고리와 밀접하게 연관되어 있다(Aru, Larkum, & Shine, 2023). 이러한 견해는 AI가 의식을 가진다는 주장이 신경과학적 관점에서 뒷받침되기 어렵다는 것을 보여준다.

셋째, 정서(emotion) 및 감정(affection)의 문제이다. 정서와 감정은 경험, 대상, 환경에 대한 반응으로 복잡한 정신적 상태이다. 정서라는 용어는 흔히 개인이 특정 사건에 대해 경험하는 비교적 뚜렷하고 짧은 기간의 강한 감정적 반응을 의미한다. 정서는 보통 명확하게 인지할 수 있는 원인이 있으며 그것에 대한 개인의 반응으로서 분노, 기쁨, 슬픔, 놀람 등과 같은 구체적이고 분명하게 식별 가능한 감정 형태로 나타난다. 예를 들어, 친구의 결혼 소식을 듣고 느끼는 기쁨이나, 소중한 사람을 잃어버렸을 때의 슬픔 등이 정서의 사례가 될 수 있다. 이에 비해 일반적으로 감정은 감정 상태 또는 감정의 표현을 포괄하는 보다 넓은 범위의 개념으로 이해된다. 이는 개인이 경험하는 감정의 총체적인 톤이나 기분 상태를 나타내며, 감정의 지속적이거나 일시적인 특성을 포함할 수 있다. 예를 들어, 어떤 사람이 일반적으로 밝고 긍정적인 기분 상태를 유지한다면 그가 긍정적 감정을 가지고 있다고 할 수 있다. 인간의 감정적 측면은 개인의 행동을 동기화하고, 의사소통의 중요한 수단으로 사용되며, 사회적 상호작용과 관계 형성에 필수적인 역할을 한다. 인간의 정서는 단순한 생리적 반응을 넘어서, 복잡한 생각과 기억, 상황에 대한 평가와 해석을 포함한다. 정서와 감정을 지닌 인간은 정동을 소유함과 동시에 자신의 정서와 감정을 표현할 수 있다. 우리는 분노, 슬픔, 혐오, 연민, 수치심, 기쁨, 환희, 욕망, 사랑 등의 정서를 가지며 상황에 따라 이를 표현한다. 인간에게 있어 감정은 인간 관계, 의사 결정, 그리고 결정에 대한 행동 동기에 중요한 역할을 한다.

그런데 AI가 인간의 정서나 감정을 인식하는가? 최근 AI를 사용하여 인간의 감정을 읽고, 그 감정에 따라 이어질 수 있는 행동이나 동작을 예측하려는 시도가 지속되고 있다. 감정 인식의 경우 설문지, 신체 신호, 생리 신호를 포함한 여러 출처와 방식을 사용하여 인간의 감정을 추론하는 능력이다. 감정 인식은 정서 컴퓨팅, 의료, 인간-로봇 상호작용, 시장 조사와 같은 다양한 응용 분야에서 주목받고 있다. 이는 신체 및 생리 신호를 사용한 감정 인식을 포함한다. 신체 신호에는 음성과 표정이 포함되며, 생리 신호에는 뇌파(EEG), 심전도(ECG), 피부 전기 활동 반응 그리고 안구 추적이 포함된다(Khare et al., 2023). 그러나 개인의 개별적 감정은 다른 사람들이나 자동화된 기계 혹은 AI가 운영하는 알고리즘 등이 쉽게 식별, 측정, 평가하기 어렵다. 계산 기계로 출발한 인공지능이 인간의 정서와 감정을 온전히 이해하거나 느낄 수 있다고 말할 수 있는가 하는 물음이 야기된다. 이 질문은 우리로 하여금 인공지능의 역사적 기원을 탐구하게 한다.

인공지능(AI)의 기원은 1948년까지 거슬러 올라간다. 앨런 튜링(Alan Turing)은 「지능적인 기계(Intelligent Machinery)」라는 최초의 AI 선언문을 작성하여 기계가 인간의 행동을 모방하여 인간과 구별할 수 없을 정도로 행동할 수 있다면, 그 기계를 지능적이라고 여겨야 한다고 이론화하였다. 같은 시기 맥컬록(Warren McCulloch)과 피츠(Walter Pitts)는 신경망의 원형을 처음 소개하였다. 인공지능이라는 용어는 1956년 다트머스 회의에서 존 매카시(Dartmouth John McCarthy)에 의해 처음 사용되었다. 다트머스 회의는 존 매카시, 마빈 민스키(Marvin Minsky), 나다니엘 로체스터(Nathaniel Rochester), 클로드 섀넌(Claude Shannon)이 1955년 작성한 문서인 「인공지능에 대한 다트머스 여름 연구 프로젝트 제안(A Proposal for the Dartmouth Summer Research Project onArtificial Intelligence, 1955)」에 의해 시작되었다. 회의의 목적은 '학습의 모든 측면이나 지능의 다른 모든 특징이 원칙적으로 매우 정교하게 설명되어 기계가 이를 시뮬레이션 하도록 만들 수 있다는 가정'을 검토하는 것이었다. 다트머스 회의에는 앨런 뉴웰(Allen Newell), 아서 사무엘(Arthur Samuel), 올리버 셀프리지(Oliver Selfridge), 허버트 사이먼(Herbert Simon)과 같은 컴퓨터 프로그래밍의 주요 선구자들이 참석하였다. 다트머스 회의 이후 역사적인 인공지능 연구 중심지가 형성되었다. 카네기 멜론 대학교에서는 뉴웰과 사이먼,

MIT에서는 민스키, 스탠포드 대학교에서는 매카시와 함께 연구가 이루어졌다. 영국에서는 에든버러의 도널드 미키(Donald Michie)가 앨런 튜링의 유산을 이어받았고, 그 후 인공지능 연구는 다른 유럽 국가들과 전 세계로 퍼져나갔다(Cordeschi, 2006).

더욱 강력한 컴퓨터와 효율적인 알고리즘의 발전 덕분에, 특히 신경망 분야가 점차 주목을 받게 되었다. 이는 체스에서 게리 카스파로프를 이기는 것과 같은 눈에 띄는 성과를 달성하고, 자율 주행 자동차를 운전하는 능력을 보여주며 입증되었다. AI는 의학을 포함한 여러 분야에 적용되고 있는데 특히 의료 영상 분야에서 중요하게 활용되고 있다. 의사가 진단을 내리고 최적의 치료 옵션을 선택하며 예후를 평가하는 데 도움이 되는 소프트웨어도 개발되었다(van Assen et al., 2022). 인공지능(AI)은 수십 년에 걸친 과학 기술의 발전이 진행되는 동안 세 차례의 붐을 경험하였다. 첫 번째 붐은 1956년부터 1976년까지였다. 1950년대에 사람들은 첫 번째 지각 신경망 소프트웨어와 채팅 소프트웨어를 이어 발명하고 몇몇 수학 정리를 증명하면서 'AI 시대가 오고 있다'고 외치고 '10년 내에 로봇이 인간을 초월할 것'이라고 예언하였다. 두 번째 붐인 1976년에서 2006년 사이에는 1980년대에 제안된 홉필드 신경망(Hopfield neural network)과 BT(Boltzmann Machine) 훈련 알고리즘으로 인해 AI가 다시 인기를 얻었다. 이는 음성 인식, 음성 번역, 일본의 제5세대 컴퓨터 아이디어의 출현으로 이어졌다. 그러나 이러한 아이디어들은 성공하지 못했고 두 번째 붐은 수그러들었다. 데이터가 일정량 쌓인 후에는 결과가 어느 정도 정체된다. 세 번째 붐은 2006년부터 현재까지이다. 힌튼(Geoffrey Hinton)이 2006년 딥 러닝 기술을 제안하고 2012년 ImageNet 대회가 이미지 인식에서 돌파구를 이루면서 AI는 다시 폭발적으로 성장하였다. 2016년 알파고가 세계 바둑 챔피언 이세돌을 이긴 것은 AI 개발의 정점으로 여겨진다(Dong, Hou, Zhang, & Zhang, 2020).

이에 반해 인간의 가장 큰 특징 가운데 하나라 할 수 있는 감정과 정서를 소유한 인공지능 로봇의 구현은 미숙한 상황이다. 우리가 검토해야 할 중요한 사항은 인공지능이 감정을 표현한다고 할 때, 그것이 우리가 감정으로 여기는 것과 실제로 일치하는 것인지 그리고 인공지능이 실질적으로 감정을 가지고 있는지 여부가 전혀 다른 차원의 문제라는 점이다. AI가 인간과 같은 감정을 경험하거나 의식을 가질 수 있는지에 대한 질문은 더욱 복잡하다. 현재의 기술 단계에서는 AI가 인간의 감정이나 주관적인 경험을 진정으로 이해, 소유, 재현한다고 단정적으로 말하기 어렵다. AI가 인간의 감정을 인식하고 분석하는 것처럼 감지될 수 있으며, 심지어 감정을 가지고 그것을 표현하는 것처럼 보일 수도 있지만, 실제로 AI가 그 감정을 '소유'하고 '느낌을 지니는지'는 명확하지 않다. 다시 말해 AI가 데이터와 알고리즘으로 인간의 특정 얼굴 표정을 '행복'으로 분류할 수는 있지만, '행복한 감정 자체'를 주관적으로 경험할 수 있다고 간주하긴 어렵다. 예를 들면, 우리는 바흐의 <G선상의 아리아>를 연주하는 바이올리니스트의 음악을 들으며 아름다운 선율에 벅찬 감정을 갖게 된다. 이때 우리가 갖게 되는 '날 느낌(raw feel)' 그대로의 감정과 정서는 우리 자신에게 구현되는 심적 작용이다. 외부의 그 누구도 우리 자신이 경험하고 있는 그것을 고스란히 재현할 수는 없다. 인공지능이 정서와 감정을 가진다고 말하기 위해서는 이러한 점이 우선 해결되어야 한다. 유기체이며 생물학적 존재인 인간의 정서와 감정을 기계적이며 물질적 존재인 인공지능이 온전히 소지할 수 있을까?

넷째, 인공지능이 마음을 가지고 있는지, 또한 마음의 작동을 경험하는지에 대한 질문은, 인공지능이 인간 지능과 어떻게 다른지, 그리고 그 차이가 인간의 감정, 의식, 나아가 '마음'의 존재에 대한 이해에 어떤 영향을 미치는지를 탐구해야 함을 시사한다. '마음'이라는 개념은 다양한 층위에서 이해될 수 있다. 일반적으로는 감정, 의식, 사고력 등을 포함하는 인간의 정신 활동 전반을 가리킨다. 이는 인간이 경험하는 주관적인 실재, 즉 슬픔, 기쁨, 공포와 같은 감정과 사유, 의사 결정 과정에서 나타나는 내적 대화를 포함한다. 인간의 판단은 경험, 감정, 도덕, 가치관과 같은 복잡한 인간 마음의 작용에 의해 영향을 받는다.

반면 AI의 작동은 기능적으로 인간 마음의 작용과 유사해 보일 수는 있겠지만 엄밀한 의미에서 인간의 의식적 사고와 감정적 경험을 바탕으로 한 것과는 본질적으로 다르다. 다시 말해, AI가 마음의 특정 측면을 가장하거나 흉내 낼 수 있더라도 그것이 마음 자체의 움직이라고 확신하긴 어려워 보인다. 예를 들어, AI가 인간의 언어를 사용하여 감정을 표현하거나, 사용자의 감정 상태를 감지하고 적절한 반응을 하는 등의 능력을 보여줄 수 있다. 그러나 이러한 AI의 행동은 사전에 프로그래밍된 규칙이나 학습된 데이터 패턴에 따른 것이며, 실제 인간의 감정이나 의식과는 구분된다. 실제 마음은 주관적인 경험, 자유 의지, 의식의 흐름과 같은 요소를 포함한다. AI에 마음이 있는가? 현재로서는 AI가 인간의 마음을 완전히 모방하거나 대체할 수 있다고 보기는 어렵다. AI는 강력한 학습 능력과 정보 처리 능력을 가지고 있지만, 인간의 마음과 같은 주관적인 경험과 감정을 진정으로 이해하고 느끼는 단계에는 이르지 못하였다고 보는 것이 타당할 것이다. 이러한 이유로 AI가 인간의 마음을 진정으로 이해하거나 경험할 수 있는지에 대해 명확한 답을 내리기 어렵다.

III. 관계성 존재로서의 인간 그리고 연결되지만 원자적 존재인 AI

인간은 본질적으로 관계성 존재로 간주된다. 이는 인간이 다른 사람들과의 상호작용을 통해 정체성을 형성하고, 감정적 교류와 사회적 맥락에서 자신의 역할과 의미를 찾는다는 것을 의미한다. 인간은 공감, 연민, 사랑과 같은 감정을 통해 다른 사람들과 깊은 연결을 경험하며, 이러한 연결은 개인의 정서적 건강과 심리적 안정에 중요한 역할을 한다. 여기서 우리가 주목할 점이 '인간의 관계성' 즉, '관계적 존재로서의 인간'이다. 그러나 인공 도덕 행위자(Artificial Moral Agent, AMA)라 지칭되기도 하는 인공지능 로봇은 사회적 뇌를 가질까? 인공지능이 사회적 거부와 상실에 과연 진정한 고통을 느낄 수 있을까? 이에 대한 답변은 아직까지 부정적일 것이다.

인간과 인공지능을 구별 짓는 특징 중 하나가 '관계성'이다. AI는 원자적 존재로 간주될 수 있다. 원자적 존재라는 용어는 AI가 본질적으로 독립적이고 자율적인 단위로 존재하며, 인간의 경우와 같은 사회적 맥락이나 감정적 연결 없이 기능한다는 것을 의미한다. AI는 프로그램된 알고리즘과 데이터를 기반으로 결정을 내리며, 이러한 과정은 인간의 사회적 상호작용이나 감정적 교류와는 독립적으로 이루어진다. 인공지능은 인터넷 연결과 같은 상호 접속이 가능하지만 이것이 인간의 관계성과 동일하지는 않다. AI는 주어진 목표를 효율적으로 달성하기 위해 설계된 도구이며 사회적 뇌나 공감 능력과 같은 인간적 특성을 내재하고 있지 않다.

이러한 차이는 AI가 인간의 감정적, 정서적 요구나 복잡한 인간관계를 완전히 이해하거나 반영할 수 없다는 것을 시사한다. AI가 특정 사회적 상황이나 인간 간의 복잡한 상호작용을 분석하고 패턴을 인식할 수는 있지만, 이는 실제 인간의 감정을 경험하거나 진정으로 이해하는 것과는 다른 양상이다. AI는 데이터와 알고리즘에 따라 작동하는 기계적, 물리적 프로세스이기 때문에 인간의 사회적, 감정적 측면과 같은 주관적이고 복잡한 인간 경험을 완벽히 모방하거나 대체할 수 없다.

그렇기 때문에 AI가 인간처럼 '느끼고', '생각하는' 존재가 되려면, 단순한 정보 처리를 넘어서 인간의 의식과 감정을 실제로 경험할 수 있는 새로운 형태의 기술 혁신이 필요하다. 현재 AI는 대량의 데이터 분석, 패턴 인식, 의사 결정 지원 등 구체적인 작업을 수행하도록 설계되어 있다. 예를 들어, 체스 또는 바둑과 같은 게임에서 인간 챔피언을 이기거나, 의료 이미지를 분석하여 질병을 진단하는 데 사용된다. 그러나 이러한 기능들이 인공지능에 마음, 의식, 의지, 동기 등과 같은 인간의 심적 작용이 존재함을 의미하는 것은 아니다. AI의 결정 과정은 알고리즘과 데이터에 기반한 계산의 결과이며, 이는 인간의 결정 과정과 근본적으로 다르다. 오히려 AI는 주어진 목표를 달성하기 위해 최적의 해결책을 찾는 과정에서 감정이나 주관적 경험을 고려하지 않는다. 공감, 연민, 배려와 같은 관계에 기반한 감정은 인간만의 고유한 특성이다. 관계성이라는 차원에서 볼 때, 인공 도덕 행위자는 사람들과 온정적이고 온전한 관계 맺음을 할 수 없으며 그저 흉내 내는 것에 불과하지 않을까?

그러므로 현재 기술 수준에서 AI에 마음이 있다고 말하기는 어렵다. AI는 복잡한 계산과 패턴 인식, 데이터 분석 등을 통해 인간과 유사한 결과를 내놓을 수는 있지만, 이는 단순히 인간의 마음과 감정, 의식의 복잡성을 세밀하게 모방한 것에 불과하다. 인공지능이 진정으로 인간과 같은 마음을 가질 수 있게 될지, 그리고 그러한 기술 발전이 우리 사회와 윤리에 어떤 영향을 미칠지는 앞으로도 계속될 중요한 논의 주제가 될 것이다. 인공지능은 인간의 마음의 움직임과 작용을 정밀히 모사할 수 있으나 그 자체로 인간과 같은 마음을 지녔다고 확언하기는 어렵다. 결론적으로 AI가 인간의 일부 능력을 흉내 내고 보조할 수는 있지만, 인간의 복잡하고 다층적인 심적 특성을 완전히 대체하거나 완벽하게 구현하는 것은 현시점에서는 어려워 보인다.

2장.
AI는 주저하지 않는다.
왜 이것이 문제일까?

I. 서론

우리 세계는 인공지능(AI)의 급속한 발전에 의해 변모하고 있다. 이 변화는 특히 결정과 실행의 신속성에서 두드러지는데, AI는 주어진 데이터와 알고리즘에 따라 거의 즉각적으로 결정을 내릴 수 있는 능력을 지녔다. 이는 인간과의 본질적인 차이를 드러낸다. 인간의 결정 과정은 복잡하고 다층적이며, 의식적인 요소와 무의식적인 요소가 상호작용하는 과정에서 이루어진다. 인간의 뇌는 외부 자극을 감각 기관을 통해 수집하고, 이를 신경 신호로 변환하여 다양한 부위에서 처리하고 해석한다. 이 과정에서 주의력, 단기 기억, 장기 기억 등이 중요한 역할을 한다. 또한 인간은 직관과 감정을 활용하여 문제를 해결하고 의사 결정을 내린다. 우리는 결정한 대로 행동하기도 하지만 때로 망설이고 주저하기도 한다.

그와 달리 AI는 감정이나 주저하는 인간의 내재된 복잡성을 지니지 않는다. 물론 복잡한 기계 학습이나 알고리즘을 통해 AI가 특정 행동을 실행하기 전에 지연하도록 설계할 수 있으나, 이러한 지체가 인공지능 자체의 감정적 주저함에서 유발된 것은 아니다. 그리고 이러한 인공지능 실행의 특성은 판단 즉시 작동이라는 우려스러운 점을 야기할 수도 있다. 다시 말해 데이터와 알고리즘에 기초하여 판단하고 행동하는 AI의 특성은 신속하고 효율적인 결정을 가능하게 하지만, 동시에 예측할 수 없는 결과를 초래할 위험도 내포한다. 특히, 인공지능이 인간의 감정적, 윤리적 고려를 배제하고 결정을 내리는 경우, 그 결정들이 사회적, 법적, 윤리적 문제를 야기할 수 있다. 그리고 이 결정이 인간의 경우와 달리 즉각적으로 주저함 없이 실행될 수 있다는 점에서 중요한 문제를 제기한다.

이 장에서는 인간의 사고 과정과 AI의 판단 메커니즘을 비교 분석하며, AI가 갖는 신속한 결정 능력이 인류에게 어떤 도전과 기회를 제공하는지에 대해 탐구한다. AI가 판단하고 이행하는 과정에서 '주저 없음'이 왜 문제가 될 수 있는지, 그리고 이에 대한 적절한 대응 방안은 무엇인지를 고찰할 것이다.

II. 인간의 사고 메커니즘과 기억의 계층
: '복잡계'로서의 의식과 무의식의 상호작용

인간의 사고 과정은 복잡하고 다층적인 메커니즘으로, 의식적인 요소와 무의식적인 요소들의 상호작용으로 구성된다. 이 과정은 대뇌피질을 비롯한 다양한 뇌 부위에서 이루어진다. 인간의 지각 과정은 외부 세계의 자극을 감지하는 것에서 시작하는데 이는 시각, 청각, 촉각, 미각, 후각 등 감각 기관을 통해 구현된다. 감각 기관은 자극을 신경 신호로 변환하여 뇌로 전달하고 이 정보는 뇌에서 해석된다. 주의력은 감각 통합, 탐색, 경계, 상호작용, 기억 관리, 의사 결정, 행동 선택, 실행 등 많은 감지 가능한 활동을 관리하는 매우 중요한 과정(Kanwal, A. et al., 2022)이나 기능으로, 이를 통해 중요한 정보에 집중하고 불필요한 정보를 필터링할 수 있다. 예를 들어, 복잡한 환경 속에서 중요한 대화를 듣거나 수많은 시각적 자극 중에서 특정 객체를 인식하는 것이 주의력의 역할이다. 주의는 선택적으로 정보를 처리하고 우선순위를 정하여 의식의 전면에 드러나게 하는 데 도움을 준다.

윌리엄 제임스의 견해(James, W., 1890)와 같이, 과거의 심리학자들은 전적으로 내성적 관찰에 의지한 장기 및 단기 기억(LTM과 STM) 시스템이 별도로 존재한다고 생각했으며 이는 이후 현대 인지심리학의 핵심 가정이 되었다. 1960년대부터 대부분의 인지 기억 모델은 별도의 저장소를 상정하였다. 그러나 일부 연구자들은 행동 데이터를 더 간결하게 설명하기 위해 단기 및 장기 저장 모두를 담당하는 단일 기억 시스템이 있다고 추정하는 것이 더 합리적이라는 이견을 제시했다. 또한 그들 중 일부는 이에 더해 STM이 활성화된 LTM에 불과하다고 주장하기도 했다. 한편, 단기 기억(STM)과 작업 기억(WM)이라는 용어가 종종 혼용되며 일관성 없이 사용되기도 하지만, 작업 기억은 일반적으로 훨씬 더 넓은 개념으로 여겨지며 종종 처리뿐만 아니라 저장도 포함한다. WM의 특징은 정보를 일시적인 형태로 보유하고 조작 및 업데이트할 수 있는 정신 작업 공간을 제공한다는 것이다. 베들리(Alan Baddeley)는 WM을 '언어 이해, 학습 및 추론과 같은 복잡한 인지 작업에 필요한 정보의 일시적인 저장 및 조작을 제공하는 시스템'이라고 설명하였다(Baddeley, A., 1992). 노리스(Dennis Norris)는 STM 시스템에 대한 계산적 요구 사항에 중점을 두며, 이를 통해 단기 기억과 장기 기억 간의 분리를 다시 제시한다. STM은 이전에 접하지 않은 정보의 기억, 동일 유형의 여러 토큰의 저장, 그리고 변수 바인딩을 지원해야 한다. 이러한 요구 사항은 단순히 장기 기억을 활성화하는 것만으로는 달성할 수 없다(Norris, 2017). 이러한 논의를 종합할 때, 기억 연구에서는 여전히 STM과 LTM의 독립적 존재 여부와 그 관계에 대한 활발한 토론이 이루어지고 있다. 어떤 학자들은 두 시스템이 별도로 존재한다는 전통적인 견해를 지지한다. 즉 인간의 뇌에서 정보는 단기 기억과 장기 기억으로 나뉘어 저장되며, 단기 기억은 일시적으로 정보를 보관하는 곳으로서 이곳에 저장된 기억은 일반적으로 몇 초에서 몇 분 동안만 유지된다는 것이다. 반면, 장기 기억은 경험과 학습을 통해 획득한 지식이나 기술을 장기간 저장하는 곳으로 때로는 평생 동안 유지될 수 있다. 그러나 다른 이들은 더 통합적이고 상호작용적인 관점을 제안한다. 결국, 이러한 다양한 견해와 증거는 기억의 복잡한 메커니즘을 이해하기 위한 보다 정교한 이론을 설립하는 데 기여할 수 있으며, 이는 인공지능의 연구에도 중요한 역할을 할 것이다.

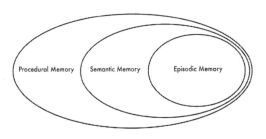

[그림 1] Tulving의 LTM에 대한 설명
(출처: Stephens, A., 2019: 4)

한편 신경과학의 관점에서 지식은 장기 기억(LTM)에 그 기초를 두고 있다고 생각되며 세 가지 중첩된 부분으로 나뉜다. 절차적 기억 (procedural memory), 의미 기억(semantic memory) 그리고 에피소드 기억 (episodic memory)이다. 절차적 기억은 특정한 기술이나 절차를 실행하는 방법을 기억하는 무의식적인 기억 형태이며 지각, 인지, 운동 기술의 획득, 유지, 활용과 관련이 있다. 의미 기억은 일반적 또는 범주적 기억이라고도 불리며 생물체가 세계에 대해 가지고 있는 상징적으로 표현 가능한 지식과 관련이 있다. 에피소드 기억은 개인적으로 경험한 사건들을 기억하는 것을 매개한다. 절차적 기억은 특수한 하위 범주로서 의미 기억을 포함하며 의미 기억은 다시 특수한 하위 범주로서 에피소드 기억을 포함한다. 신경과학의 정통을 따르면, 절차적 지식 즉, 어떻게(자전거를 타는 방법과 같은 능력)는 비선언적 절차적 기억에 쉽게 대응된다. 이 기억 형태는 행동을 지배하며 상당 부분 자동적이고 비의식적이다. 반복을 통해 배울 수 있지만, 이 지식의 모든 측면을 말로 표현할 수 있는 것은 아니다. 예를 들면, 자전거 타는 법을 배울 때 생각해야 할 것들을 대략적으로 설명할 수는 있지만 지시 사항만으로 필요한 복잡한 운동 패턴을 숙달하기에는 부족하다. 대신 이와 같은 형태의 지식과 학습 과정은 실습을 요구한다. 절차적 기억은 예를 들어, 기저핵, 신경피질, 소뇌, 전운동 및 일차 운동피질을 포함하는 복잡하고 상호 연결된 지각 및 운동 경로의 수행에 의존한다. 많은 동물들이 절차적 기억을 가지고 있으며 절차적 지식인 '어떻게'를 할 수 있다. 의미 기억은 개인이 세계에 대해 가진 지식의 저장소를 지배한다. 의미 기억의 내용은 실제 경험에서 추상화되며 개념적이고 일반화되어 있다. 의미 기억은 구체적인 시공간적 맥락에서 분리된 일반적인 개념적 지식의 검색으로 개념화된다. 반면, 에피소드 기억은 과거 풍부하게 상세한 감동적인 기억을 검색할 수 있게 하는 복잡하고 다면적인 과정을 의미한다(Tulving, 2002; Stephens, 2019). 기억 시스템은 더 기초적인 작동 요소들로 조직된 구조이다. 시스템의 작동 요소는 신경 기질과 그와 관련된 행동적 또는 인지적 상관관계로 구성된다(Tulving, 1985). 인간의 사고 과정은 이처럼 그 자체로 복잡다단하며 여러 인지 기능과 감정, 감각을 포괄하는 독특한 특성을 가진다.

III. 추론과 직관: 판단 과정에서의 이성과 정서

인간은 사고와 지식에 특화된 동물로, 인간의 탁월한 인지 능력은 우리 삶의 모든 측면을 변화시켰다(Heyes, 2012). 인간의 추론 능력은 종종 더 직관적이고 신중한 사고 과정 간의 상호작용으로 간주된다. 지난 50여 년 동안 이러한 구분을 활용한 영향력 있는 이중 처리 모델(이중과정 모델)이 다양한 현상을 설명하는 데 사용되었다(De Neys, 2023). 인간의 직관적 사고는 감정과 연계되어 사고의 과정을 거치지 않고 곧바로 알아채는 것으로, 수행하는 과정이 매우 빨라서 그 자신조차 사고라는 것을 의식하지 못할 정도로 신속한 판단을 도출해낸다. 즉 과거의 경험과 지식, 분석, 추론 능력이 어우러져 의식하지 못할 정도의 속도로 판단하는 것이 직관적 사고이다. 정서 및 감정은 개인의 생각과 결정에 영향을 미치며 때로는 특정 행동을 촉진하거나 억제하는 데 사용된다. 감정은 의사 결정 과정에서 우리가 선택하는 옵션에 대한 선호도를 형성하는 데 기여하며 때로는 직관적 판단과 결합하여 더 빠르고 효과적인 결정을 내리게 한다. 예를 들어, 두려움은 위험을 피하게 하고, 기쁨은 특정 활동에 더 많이 참여하도록 동기를 부여한다. 반면 추론적 사고는 논리적인 접근과 분석을 통해 결론을 도출하는 방식이다. 느린 사고라 할 수 있는 추론적 사고는 논리적으로 판단한다.

추론과 직관의 사고 과정은 도덕 판단 과정에서도 발견할 수 있다. 그린의 이중과정 모형(Dual-Process Theory)은 이를 잘 설명한다. 그린의 이론에 따르면, 의무 윤리 판단, 즉 한 사람을 희생하여 다른 이들을 구하는 행위에 대한 거부는 본능적인 감정 반응에 의해 촉발된다. 반면, 결과주의 판단, 즉 한 사람을 희생하여 다수를 구하는 결정을 지지하는 것은 조절된 사고 과정에 의해 이끌어진다. 트롤리 딜레마의 기본 시나리오는 트랙에서 5명의 생명을 위협하는 폭주 트롤리에 대한 것이다. 스위치 시나리오에서는 많은 사람들이 5명 대신 한 사람만이 희생될 수 있는 별도의 궤도로 트롤리를 전환하는 스위치를 조작하는 것을 수용하는 반면, 인도교 시나리오에서는 일반적으로 한 사람을 밀쳐 트롤리를 멈추게 하는 행위는 용납되지 않는다. 다시 말해 사람들은 보통 5명을 치명적으로 위협하는 폭주하는 트롤리를 곁길로 돌리는 것은 승인했지만, 누군가를 트롤리 앞에 밀어 넣는 것은 승인하지 않았다. 이 경우 밀쳐진 사람은 희생되지만 나머지 5명은 구할 수 있다. 누군가를 트롤리 앞으로 밀어 넣는 생각은 내측 전두피질(Medial Prefrontal Cortex, mPFC)에 의해 부분적으로 지원되는 부정적인 감정 반응을 이끌어내고 도덕적 비승인을 유도한다. 대다수 사람들은 또한 스위치 시나리오에서 공리적 도덕적 추론에 참여하는데, 이는 배외측 전전두피질(Dorsolateral Prefrontal Cortex, dlPFC)에 의해 뒷받침될 가능성이 높다.

일반적으로 강한 정서적 반응이 없을 때, 공리주의적 추론이 우세하다. 그러나 때로는 감정과 공리주의적 추론의 충돌이 발생한다. 이 갈등은 ACC에 의해 감지되며, 이 경우 전방 dlPFC에 의해 구현된다. 정서적 반응을 무시하려면 추가적인 인지 제어가 필요하므로 해당 영역에서 활동이 증가한다. 그린은 이를 개인적 딜레마(personal)와 비개인적(impersonal) 딜레마로 나누었다(Greene, 2007; Greene, 2009). 그린과 그의 동료들이 제시한 이중과정 이론은 우리 뇌가 도덕적 판단을 내리는 데 두 가지 주요 체계를 활용한다고 설명한다. 첫 번째 체계는 이성적인 분석에 기반을 두고 있으며, 두 번째 체계는 감정에 근거한 판단을 중심으로 한다. 이성을 활용하는 체계는 비교적 느리고 까다롭고 조심스러운 반면, 감정 기반 체계는 주로 무의식적인 자동적 직관에 의존한다. 또한, 그린과 동료들은 인도교 딜레마가 개인적인 요소가 강하여 의무론적인 관점에서 부정적인 감정적 반응을 촉발시키는 반면, 스위치 딜레마와 같은 객관적 시나리오는 피해를 입은 이들에 대한 결과적 평가로 이어진다고 강조하였다.

　이러한 견해에 따르면 두 가지 독립된 체계가 뇌 안에 존재하는데, 하나는 감정 기반으로 작동하고 다른 하나는 논리적인 결과 지향 반응을 나타낸다. 어떤 상황에서 어느 체계가 우세하게 활성화될지는 그 상황의 도덕적 복잡성에 따라 결정된다. 그린은 개인적인 도덕적 딜레마에서 mPFC와 같은 감정과 관련된 뇌 부위가 더 활발히 작용하는 반면, 객관적 딜레마에서는 인지적 제어와 추론이 요구되는 뇌 부위가 더 활발하다는 것을 발견하였다. 추가적인 연구에서 그린과 그의 동료들은 '우는 아기 딜레마'와 같은 어려운 상황을 제시했는데, 이 딜레마는 한 아버지가 아기를 질식시켜야만 다른 아이들을 적으로부터 구할 수 있는 극단적인 상황을 가정한다. 그린과 동료들은 이 상황에서 양립할 수 없는 반응이 활성화될 때 관여하는 전측 대상피질(Anterior Cingulate Cortex, ACC)이 작용한다는 것을 보여주었다. 또한 dlPFC는 결과주의적 판단, 즉 아기를 죽이는 가정을 할 때 활성화되었으며 이는 이중과정 이론과 일치하는 결과이다. 도덕 판단에서 감정의 지위는 복부 전두엽피질(Ventromedial prefrontal cortex, vmPFC) 병변 환자를 대상으로 한 연구에서도 나타났는데, 이들은 감정에 근거한 반응이 줄어들고 결과 지향적인 반응을 보이는 경향이 있었다. 도덕적 딜레마를 사용한 vmPFC의 감정 관련 손상 환자 테스트에서 환자들은 비정상적으로 실용적인 판단을 내렸다. 즉, 더 큰 선을 촉진하는 해로운 행동을 지지하였다(Waldmann, Nagel, & Wiegmann, 2012).

이러한 연구를 통해 우리가 도출할 수 있는 사항은 인간의 도덕 판단 과정은 오로지 추론의 이성 과정에만 의존하는 것이 아니라 감정, 직관, 정서적 반응이라는 복잡한 요소들이 상호작용하는 특성을 지니고 있다는 점이다. 따라서 인간의 도덕 판단이 지닌 다음과 같은 특징을 도출할 수 있다. 첫째, 인간의 도덕 판단은 감정에 크게 의존한다. 예를 들어, 그린의 이중과정 이론에 따르면, 개인적인 도덕적 딜레마에서는 감정과 관련된 뇌 부위가 활성화되며 이는 감정적 반응을 유발한다. 둘째, 인간은 감정적 반응과 인지적 제어 사이의 복잡한 상호작용을 통해 도덕적 판단을 내린다. 인간의 뇌에서는 ACC가 인지 제어의 필요성을 감지하고 이는 dlPFC에 의해 조절된다. 셋째, 인간은 사회적 직관에 의해 도덕적 판단을 내리는 경우가 많다. 이는 종종 무의식적인 직관적 판단을 포함한다.

IV. 인간 지능을 모방한 인공지능의 특성

인공지능(AI)은 본질적으로 인간 지능의 모방이다. 현재의 AI는 인간 지능의 일부만을 모방, 대체, 확장하거나 발전시킬 수 있다. AI를 정확히 파악하기 위해서는 하드웨어와 소프트웨어 두 측면에서 분석해볼 필요가 있다. 하드웨어 측면에서 보면, 인공지능 로봇과 같은 지능형 기계들은 인간의 뇌와 구분되는 물리적, 화학적 실체이다. 이는 인간의 반사 및 제어 시스템의 생리적 구조가 아닌 시스템의 하드웨어에서 발전되었다. 인간의 뇌는 하드웨어에 비유될 수 있고 물리적인 실체로 신경 세포와 그들 사이의 연결로 구성된다. 또한 뇌는 화학적인 실체로 신경 전달 물질과 다양한 화학 반응을 통해 정보를 처리하고 저장한다. 동시에 우리의 뇌는 생명체의 생존과 관련된 다양한 기능을 수행하는 생물학적인 생리적 구조로 존재한다. 인간의 뇌는 반사 및 제어 기능의 물질적 기반이며, 이러한 의미에서, 뇌 실재는 조직을 제공하고 사고는 기능을 수행한다. 반면, 지능형 기계는 전자가 물리적 움직임을 하는 물리적, 화학적 구조를 가지고 있다. 이 구조는 AI의 전제 조건이라 할 수 있다. 그러나 이것은 생명체라 할 수 없으며, 단지 인공적으로 만들어진 시스템에 불과하다. 인간의 뇌는 지능형 기계의 구조와는 다르며, 고정된 하드웨어 연결이 아닌 유동적인 신경 연결을 가지고 있다. 비록 지능형 기계가 인간의 반사 및 제어 시스템의 하드웨어에서 발전했다고 하더라도, 그들의 발전은 상대적으로 독립적이다. 그럼에도 불구하고 이것이 지능형 기계의 하드웨어가 결코 인간 뇌와 결합될 수 없다는 것을 의미하지는 않는다. 인간의 뇌에 컴퓨터를 직접 이식하여 연결하는 BMI(Brain-Machine Interface) 개발은 현재 활발하게 진행 중이며, 아직 초기 단계에 불과하지만, 일부 성과를 나타내고 있다. 뉴럴링크와 같은 기업의 뇌-컴퓨터 인터페이스(BCI)를 생각하면, 인간 뇌와 지능형 기계 사이의 하드웨어 연결을 강화하는 것은 지능 향상의 매력적인 방향을 보여주기도 한다.

인간의 사고는 뇌의 기능이나 작용으로 이루어지지만 그 현상은 실로 복잡하고 방대하다. 그렇기 때문에 AI는 인간의 사고 활동의 일부를 완료할 수 있지만, 이를 수행하는 의미를 이해한다고 단정하기 어렵다. 이 때문에 연구자들은 AI가 기계적이고 목적 없이 작동하며, 설령 AI가 목적을 가지고 있다 하더라도 그것은 자발적으로 설정한 목적이 아닌 인간에 의해 주입된 목표에 불과하다고 본다(Wang et al. 2020). 이러한 관점에서 AI는 본질적으로 특정 자극에 대해 학습된 반응을 만드는 프로그램이나 기능이라 할 수 있다. 이는 데이터를 학습하고, 패턴을 인식하고, 문제를 해결하는 능력을 가진 컴퓨터 시스템을 의미한다. 현재의 프로그래밍 기술은 기계에 인간과 같은 의식을 구현하는 단계까지는 여전히 도달하지 못한 것으로 보인다. 이는 인간의 의식이 어떻게 구성되는지에 대한 완전한 이해가 아직 없기 때문이다.

V. AI는 주저하지 않는다
: 인간과 인공지능의 판단과 행동의 본질적 차이

인공지능은 기계가 인간처럼 학습하고 문제를 해결할 수 있게 하는 기술이라 할 수 있으며 다양한 기술과 알고리즘을 통해 작동한다. 인공지능 알고리즘은 머신 러닝, 딥 러닝, 강화 학습 등 다양한 기술로 구현된다. 이 과정에서 언어 모델이 중요한 역할을 수행하는데, 자연어 처리(Natural Language Processing, NLP) 분야에서 인지 지능을 달성하기 위한 접근 방식으로 상당한 진전을 이루었다. 언어 모델은 텍스트 생성, 음성 인식, 기계 번역 등에서 널리 사용되고 있다. 전통적인 언어 모델(conventional language models, CLMs)은 인과적 방식으로 언어적 순서의 확률을 예측하는 것을 목표로 하며, 사전 훈련된 언어 모델(pre-trained language model, PLMs)은 대량의 말뭉치를 사용하여 사전 훈련시킨 신경망 모델로서 현재 주류 언어 모델이 되었다(Wei, C. et al., 2023). 딥 러닝의 발전으로 초기의 통계적 언어 모델(SLM)은 신경망을 기반으로 한 신경 언어 모델(NLM)로 점차 변모하고 있다(Liu, Y. et al., 2024).

생성형 AI는 텍스트, 그래픽 등과 같은 콘텐츠를 생성할 수 있는 AI 모델을 개발하는 데 중점을 둔 연구 분야로 대규모 언어 모델, 멀티모달 모델, 기반 모델 등 다양한 형태가 있다. 대규모 언어 모델(LLMs)의 경우 다양한 언어 응용 분야에서 인상적인 진전을 보여주었으며 멀티모달 대규모 언어 모델(MLLMs)을 연구하게 만들었다. 이는 순수 텍스트 LLM을 다양한 형태의 입력, 예를 들면, 텍스트, 이미지, 오디오 등을 처리할 수 있도록 확장하는 것을 목표로 한다. LLMs는 자연 언어를 처리하고 사용자 질문에 대해 텍스트 응답을 생성하기 위해 심층 학습 알고리즘으로 훈련된 인공지능 시스템이다(Schwartz et al., 2024). 일반적으로 인공지능은 입력, 학습 및 처리, 출력 단계로 이루어진다. 데이터를 받아들이는 단계는 입력으로, 입력 데이터는 텍스트, 이미지, 비디오, 음성 등 다양한 형태로 제공된다. 입력 데이터는 인공지능 알고리즘을 통해 처리되는데 이 과정에서 인공지능은 입력 데이터의 특징을 추출하고 데이터를 분류, 예측, 클러스터링, 인식, 번역, 생성 등의 작업을 수행한다.

이러한 기술적 진보를 바탕으로 인공지능의 작업 수행 과정을 인간의 판단이나 행동과 비교해볼 때, 인공지능이 데이터를 기반으로 판단을 도출하는 일은 인간이 경험과 지식을 바탕으로 판단을 내리는 일과 유사하다. 그러나 인공지능은 인간과 달리 감정이나 직관에 의해 영향을 받지 않는다. 즉 인간은 경험, 감정, 윤리, 가치 등 복잡한 요소를 고려하여 결정을 내리는 한편, 삶의 많은 순간 직관에 의존한 판단을 내린다. 이는 판단과 행동 사이에 때때로 간극을 생성한다. 인간은 도덕적 딜레마에 직면할 경우 강한 감정적 반응을 나타내기도 하는데, 이러한 반응은 감정과 이성 사이의 긴장을 일으키며 결정 과정을 복잡하게 만든다. 예를 들어, 개인을 희생하여 다수를 구하는 상황에서 개인에 대한 공감은 강한 부정적 감정을 유발할 수 있으며, 이는 인지적 제어 메커니즘이 개입하여 감정을 조절하려 할 때 내부적 갈등을 증가시킨다. 즉, 인간의 도덕 판단 및 행동은 감정, 인지적 제어, 직관이라는 세 가지 핵심 요소의 복잡한 상호작용으로 이루어진다.

한편 인공지능(AI) 개발은 다양한 분야에서 최근 몇 년 동안 큰 성장을 이루었다. 이 빠르게 발전하는 분야에서는 머신 러닝(ML) 및 딥 러닝(DL) 모델을 사용하는 방법이 대량으로 보고되고 있다. 이러한 모델들의 대부분은 본질적으로 복잡하며 의사 결정 과정에 대한 설명이 부족하여 '블랙박스'로 불리기도 한다. 은행, 전자상거래, 보건 의료, 공공 서비스 및 안전과 같은 임무 중심적 응용 분야에서 이러한 모델을 채택하는 데 있어 주요 걸림돌 중 하나는 AI의 판단 과정을 인간이 해석하기 어렵다는 지점이다. 즉 AI 모델의 빠른 확산으로 인해 학습 및 의사 결정 과정을 설명하는 것이 점점 더 어려워지고 있다(Hassija et al., 2024). 인간이 입력하는 데이터가 10의 22승 플롭스를 넘어서는 순간 인공지능은 인간이 예상치 못한 능력들을 발현한다. LLM의 '창발 능력'이라는 용어는 최근 '작은 규모 모델에서는 나타나지 않지만 큰 규모 모델에서는 나타나는 예측할 수 없는 능력'이라고 명확하게 정의되었다. 이러한 창발 능력은 처음으로 GPT-3 패밀리에서 발견되었다. 모델 성능은 일반적으로 예측 가능하지만, 특정 작업에서의 성능은 때때로 규모에 따라 갑자기 나타날 수 있기 때문에 예측하기 어렵다(Schaeffer, Miranda, & Koyejo, 2024).

이러한 창발 능력의 발생은 앞으로 어떤 능력이 나타날지, 언제 나타날지, 바람직한 능력을 더 빨리 나타나게 할 수 있는 방법은 무엇인지, 그리고 바람직하지 않은 능력이 절대 나타나지 않게 만드는 방법은 무엇인지 등의 질문을 견인한다. 이러한 질문들은 AI의 안전성 문제에 특히 중요한데, 창발 능력은 대형 모델이 언젠가 예고 없이 위험한 능력을 능숙하게 다룰 수 있게 될 수도 있다는 경고를 한다. 이 지점에서 인공지능이 어떠한 결정을 내릴지 불확실하며, 인공지능의 특성상 그러한 결정이 아무 망설임 없이 실행될 것이라는 문제가 대두된다. 이는 다시 말해 결정이 필요한 상황에서 AI가 신중함 없이 위험하게 작동할 수 있음을 의미하며, 그로 인해 예측하지 못한 부정적인 영향이나 재난을 야기할 가능성을 시사한다.

인공지능(AI)은 설정된 알고리즘에 따라 결정을 내리고 이를 실행한다. 인공지능은 인간과 동일한 감정을 지닌 존재라고 할 수 없으므로 감정에 기반한 판단을 내릴 수 없다. AI는 감정적 요소를 경험하지 않기에 도덕적 판단을 할 때 인간처럼 감정에 영향을 받거나 내부적 갈등을 겪지 않을 수 있다. AI의 판단과 실행 사이에는 인간이 겪는 '주저함'이나 '간극'이 존재하지 않는다. 이는 인간과 AI의 판단과 행동 실행에서 중요한 차이를 나타낸다.

따라서 AI의 결정이 갖는 특성 중 하나인 '주저함 없는 판단'은 무시할 수 없는 결과를 초래할 수 있다. 특히, 이러한 결정이 개인의 삶과 사회의 광범위한 부분에 심각한 영향을 미칠 때, 그 책임과 결과는 누가 감당해야 할까? AI 시스템의 이러한 빠르고 결단력 있는 특성이 유익할 수는 있지만, 동시에 잘못된 판단이나 결정이 신속하게 이루어질 때 발생할 수 있는 문제들을 예방하기 위해 충분한 안전 조치와 규제가 필요하다. AI의 행동 패턴과 의사 결정 과정에 더 많은 투명성과 이해가 요구되며, 이를 위한 지속적인 연구와 개발이 중요하다고 할 수 있다. 우리는 AI의 '무한한 가능성'과 '숨겨진 위험' 사이의 미묘한 경계에 대해 검토할 필요가 있다.

3장.
AI의 선악 문제: 선악의 디지털 재해석

I. 서론

현대 사회에서 AI는 의료, 교육, 제조, 서비스 산업 등 거의 모든 분야에 걸쳐 광범위하게 통합되고 있다. AI의 발전은 인류에게 많은 이점을 가져다주었으나 동시에 윤리적, 도덕적 문제를 제기하며 사회적 논란의 중심에 서게 되었다. AI 시스템의 결정과 행동에 대한 옳고 그름, 선과 악의 판단은 새로운 도전을 제시한다. 이러한 문제의 복잡성은 AI 기술의 빠른 발전 속도와 그것이 인류의 삶에 미치는 영향의 깊이와 폭에 비례하여 증가하고 있다.

AI 기술의 발전이 인간의 가치와 권리를 침해하지 않고 오히려 증진시킬 수 있는 방법을 모색하는 것이 중요하다. 복잡한 의사 결정 과정에 AI를 통합함으로써 발생할 수 있는 도덕적 문제점과 윤리적 딜레마에 대한 사전 이해와 대응이 필요하다. AI, 특히 인공 도덕 행위자라 할 수 있는 AMA에 인간의 도덕적 가치를 어떻게 이해하고 반영할수 있는지 연구하는 것은 인간 중심의 기술 발전을 보장하는 데 필수적이다.

그러나 현재까지 AI의 발전과 관련하여 국제적으로 통용되는 명확한 윤리적 지침이나 규제가 부족한 실정이다. 특히 AI 로봇, 자율 주행자동차, 생성형 AI 등이 도덕적 판단을 내려야 하는 상황에서 인간에게 선한 결정을 내리도록 하는 장치를 마련하는 일은 아직 초기 단계에 있다. AI 판단에 있어 선과 악에 대한 도덕적 기준을 설정하는 것은우리 사회의 미래를 위해 매우 중요한 과제이다.

이번 장의 주된 목적은 도덕적 판단에 있어 선악의 기준 및 의미를고찰하고 AI 시스템에 도덕적 기준을 내재하고 구현할 수 있을지 그가능성을 탐색하는 것이다. 다시 말해 AI가 인간의 도덕적 가치와 윤리적 판단을 어떻게 반영할 수 있는지, 그리고 이러한 시스템을 구현하는 과정에서 발생할 수 있는 윤리적 딜레마를 어떻게 해결할 수 있는지를 중점적으로 검토할 것이다. 논의 주제는 다음과 같다.

첫째, AI에 도덕적 기준을 내재해야 하는 이유와 도덕의 개념은 무엇인가?

둘째, 철학과 종교학에서 선악의 의미와 기준은 무엇인가?

셋째, AI의 결정에서 선악 기준 구현의 가능성과 한계는 무엇인가?

II. 선악(善惡)과 AI의 도덕적 기준

1. AI 윤리와 도덕적 기준

"여호와 하나님이 그 땅에서 보기에 아름답고 먹기에 좋은 나무가 나게 하시니 동산 가운데에는 생명나무와 선악을 알게 하는 나무도 있더라."

(창: 2:9)

"동산 각종 나무의 열매는 네가 임의로 먹되 선악을 알게 하는 나무의 열매는 먹지 말라 네가 먹는 날에는 반드시 죽으리라 하시니라."

(창: 2:16-17)

성경 창세기에 나오는 선악과 이야기는 흡사 AI의 도덕적 기준 내재 문제와 유사한 양상을 보인다. 이제 인간은 과학 기술과 정보 통신의 동산 위에 인간 자신을 위한 AI를 만들었고 그 편리함 위에 선악과를 심어두었다. AI의 자율성에 대한 견제로서 윤리적 AI에 대해 논하지만, AI가 도덕적 기준 내재를 통해 자체적으로 도덕적 판단을 할 수 있는가, 나아가 무엇이 AI에 선하거나 악한 판단인가는 또 다른 문제로 다가오고 있다.

인간은 범용 인공지능(General Artificial Intelligence, GAI)의 개발을 통해 신이 되려고 하는가? 이 질문은 인공지능이 단순히 기술적 진보를 넘어 인간 사회의 근본적인 가치와 질서를 어떻게 재편할 것인지에 대한 깊은 윤리적 고민을 요구한다. 제작자와 개발자의 가치관, 문화, 사회적 특성이 반영될 수밖에 없다는 점에서, 우리는 잘 교육받은 보편적 가치를 기반으로 하는 일반 인공지능을 만들지, 아니면 나와 우리에게 유리한 인공지능을 만들지의 선택의 기로에 서게 될 것이다. 어찌 되었든, 중요한 것은 인간 자체, 뇌신경과학 차원에서의 인간 이해, 사회적 존재로서, 관계적 존재로서의 인간에 대한 치열한 논의 없는 범용 인공지능의 개발은 인류에게 또 다른 갈등과 분쟁의 불씨가 될 것임이 명약관화하다는 사실이다. 이러한 맥락에서, 인공지능에 대한 윤리적 고민은 우리가 공동으로 나아갈 길을 모색하고, 기술이 인류의 복지를 증진시키는 방향으로 발전하도록 하는 데 필수적인 논의가 될 것이다.

도덕적 기준이란 올바른 행동과 잘못된 행동을 구분하는 원칙 또는 규범을 의미한다. AI 시스템이 인간의 가치와 도덕적 판단을 반영하도록 설계하기 위해 이러한 기준을 명확히 정립하고 내재화하는 것이 중요하며 이는 기술의 사회적 수용성과 신뢰성을 높이는 데 기여한다. AI에 도덕적 기준을 내재화함으로써 인간과 유사한 윤리적 판단을 할 수 있는 능력을 부여하면, 이를 통해 AI가 인간의 복잡한 사회적, 문화적 맥락에서 발생할 수 있는 윤리적 문제들을 더 잘 이해하고 해결하게 만들 수 있기 때문이다. 더욱이 의료, 법률, 교통 등 다양한 분야에서 AI의 의사 결정이 인간의 생명과 직결된 문제에 영향을 미치는 상황을 고려할 때, 도덕적 기준의 내재화는 필수적이다. 예를 들어, 자율주행 자동차는 교통사고 상황에서 윤리적 선택을 할 수 있어야 하고,

의료 AI는 환자 치료에 대한 우선순위 결정 등에서 도덕적 판단을 내릴 수 있어야 한다.

그런데 AI는 인간 개발자들의 가치 및 윤리적 판단에 영향을 받는다. AI 시스템의 도덕적 기준은 인간의 가치 및 윤리적 판단에 크게 의존한다. 따라서 AI 시스템에 도덕적 판단 능력을 부여하기 전에, 사회적으로 수용 가능한 도덕적 기준에 대한 검토가 선행되어야 한다. 즉 생성 AI나 자율 주행 자동차 등의 AI가 내린 판단이 선한지 악한지 판별할 수 있는 기준이 필요하다. AI 윤리에서 선과 악에 대한 연구는 윤리적 AI 개발뿐만 아니라 AI 윤리 인증, 지침, 가이드라인 등의 규준 구축의 기반이 되기에 중요하다.

한편 일반적으로 선(善)과 악(惡)은 도덕적인 행동의 결과물을 나타낸다. 선은 윤리적으로 옳다고 여겨지는 행동이나 결과를 의미하며, 악은 그 반대로, 윤리적으로 잘못된 행동이나 결과를 나타낸다. 도덕적 기준은 어떤 행동이 선인지 악인지를 평가하기 위한 기준으로서 선과 악을 구별하는 데 사용된다. 예를 들어, 도덕적 기준에 따르며 타인을 존중하고 상호작용하는 것이 선이며, 타인을 해치거나 불공평하게 대우하는 것이 악이라고 할 수 있다. AI의 경우에도 도덕적 기준은 중요한 역할을 한다. AI가 선한 행동을 하려면, 우리가 AI 학습이나 알고리즘에 적절한 도덕적 가이드라인을 제공하고 그것이 도덕적인 판단을 내릴 수 있도록 훈련시키고 필요한 경우 윤리적인 결정을 내릴 수 있는 능력을 부여해야 한다. 이를 통해 AI가 사회적 가치를 존중하고 인간의 가치와 권리를 보호하는 방향으로 행동할 수 있도록 할 수 있다.

2. 도덕성에서 선과 악 그리고 AI

도덕성은 인간을 다른 생명체와 구별 짓는 가장 중요한 특성 중 하나이며 인간을 인간답게 만들고 모든 사람들 사이의 차이를 만드는 가치이다. 도덕성의 측면은 개인적이거나 사회적일 수 있다. 인류 역사에서 이 주제는 철학자, 성직자, 학자들의 끊임없는 관심사였다. 지리, 문화, 종교적 신념에 따라 도덕 이해에 차이가 있음에도 불구하고, 이 분야는 인류의 가치를 증가시키고 인간의 결핍을 완성하는 영역이었다. 모든 과학자, 철학자, 성직자가 자신의 문화와 신념의 틀 내에서 도덕을 정의하고 개인 및 사회 도덕을 지배적으로 만들려고 시도했지만, 그들의 길은 때때로 공통점에서 교차하였다. 모든 사회에 대한 명확한 보편적 도덕이 없더라도, 도덕이 보편성을 띤다는 것은 부정할 수 없는 사실이다. 예를 들면, 세계의 주요 보편적 종교들이 공통으로 가지고 있는 보편적 도덕 문제들이 있다. 살인하지 않기, 도둑질하지 않기, 누구에게도 해를 끼치지 않기, 거짓말하지 않기, 간통하지 않기 등이다. 이러한 사항들은 종교들의 최소 공통분모 중 하나이다.

철학자들도 이러한 문제들과 도덕의 사회적 차원에 대해 아이디어와 해결책을 제시하였다. 이성의 길이 하나라는 이해하에, 그들은 다른 지리, 국가, 문화에서 살고 있고 심지어 다른 시대에 살고 있음에도 유사한 문제들에 대해 고민하였다. 인류는 사회에서 도덕이 지배적이 되도록 하는 방법을 모색함으로써 삶을 더 살기 좋고 의미 있게 만들려고 시도하였다. 이 작업에서 서양 및 동양 학자들의 도덕 이해와 사회 도덕에 대한 이해가 다양한 측면에서 논의된다.

한편, AI의 등장은 도덕성에 대한 논의를 새로운 차원으로 끌어올렸다. AI 기술이 발전함에 따라 이 기술들이 인간 사회에 통합되고 인간의 결정 과정에 영향을 미치기 시작하면서, AI의 도덕성과 윤리에 대한 질문이 중요해졌다. AI가 인간의 도덕적 가치를 어떻게 반영할 수 있는가. 그리고 AI는 인간의 도덕적 판단을 보조하거나 대체할 수 있는가. 이러한 질문들은 철학자, 기술 전문가, 윤리학자들 사이에서 활발한 논의를 불러일으켰다.

이를 위해, AI 시스템이 인간의 도덕적 가치와 원칙을 이해하고 반영할 수 있는 방법을 개발하는 것이 중요하다. 예를 들어, 자율 주행 차의 결정 과정에서 발생할 수 있는 도덕적 딜레마를 어떻게 해결할 것인가. 이러한 상황에서 AI는 사람의 생명을 구하는 것과 법적 책임 사이에서 어떻게 균형을 맞출 수 있는가. 이러한 질문에 대한 해답을 찾는 것은 AI 개발자와 윤리학자들 사이의 긴밀한 협력을 필요로 한다.

또한 AI의 발전은 도덕성의 근본적인 이해를 재고하게 만든다. 인간 도덕성이 인간의 경험과 사회적 상호작용에서 비롯된다면, AI는 이러한 경험을 통해 도덕성을 학습할 수 있는가. 만약 가능하다면, AI는 인간 도덕성의 새로운 모델을 제시할 수도 있다. 이는 AI가 단지 인간의 도덕적 결정을 모방하는 것을 넘어서, 도덕적 문제에 대한 새로운 해석과 해결책을 제공할 수 있음을 의미한다. 그러나 이러한 가능성은 AI에 도덕적 책임을 부여하는 것과 관련된 복잡한 윤리적 문제들을 제기한다. AI가 도덕적 주체가 될 수 있는가? 만약 그렇다면, 그러한 AI의 결정에 대한 책임은 누가 지는가?

이 가운데 가장 선행되어야 하는 질문은 인간의 도덕적 판단에 있어 선과 악의 판단 기준과 이들의 의미에 대한 것이다. 선과 악 그리고 AI의 역할에 대한 논의는 우리가 살고 있는 시대의 중요한 철학적, 윤리적 질문들 중 하나이다. 이러한 질문에 대한 답은 미래 사회의 모습을 형성하는 데 중요한 역할을 할 것이다. AI의 발전은 인간 도덕성에 도전함으로써 도덕에 대한 우리의 이해를 확장시키고, 인간의 본성과 기술이 어떻게 상호작용할 수 있는지에 대해 깊이 성찰하게 한다.

III. AI 도덕적 판단의 선과 악

1. AI와 선악 논의

AI 윤리 가이드라인은 인간 존엄성과 안전, 자유 등을 우선시하는 원칙을 적용한 투명성, 개인 정보 보호, 보안 등을 제시하고 있다 (Franzke, 2022). 그러나 인간 존엄이 과연 무엇이며 이를 어떻게 구체화해 AI에 적용할 것인가라는 질문에 이르면 대개 명료한 답안 없이 선언적인 표상에 그치고 만다. 그런데 이것은 인간의 선과 악, 도덕적 판단, 도덕적 기준 설정에 있어 필요한 전제 조건이다. 예를 들어 AI 개발 및 활용 과정에서 인간의 존엄성을 존중하고, 인간의 자유와 평등을 보장하기 위해서는 AI 알고리즘의 편향성, 투명성, 설명 가능성을 고려해야 한다. 이를 위해서는 AI 알고리즘 설계 과정에서 발생할 수 있는 편향성을 검증하고 수정하는 구체적인 방안을 마련해야 한다. 또한 AI의 행동과 판단 기준을 설정할 때에는 윤리적 가치관에 기반한 명확한 기준이 필요하다. 이러한 기준 설정 과정에서 '무엇이 선하고 바람직한 것인가'에 대한 근본적인 질문을 다루는 것이 중요하다. 선악의 기준 논의에 선행할 것은 선과 악을 어떻게 정의할 것인가, 어떤 관점에서 이를 바라볼 것인가에 대한 선정이다.

인류에게 있어 선과 악에 대한 논의와 개념 정의는 인간의 도덕적이고 윤리적인 이해를 깊이 있게 다루는 중요한 주제이다. 인류는 오래전부터 다양한 차원에서 선과 악에 대한 논의를 해왔다. 이러한 이해는 종교, 철학, 문학, 법률 등 다양한 분야에서 다뤄지며 각 시대와 문화마다 해석과 의미가 조금씩 달라질 수 있다. 국어사전적으로 선(善)은 윤리적으로 옳다고 여겨지는 행동이나 결과를 의미한다. 이는 다른 이들에게 이익을 주거나 도덕적 가치를 존중하며 공정하고 선량하게 행동하는 것을 포함한다. 예를 들어, 다른 이들을 돕고 지원하거나, 진실하고 정직하게 행동하는 것이 선의 행동에 속한다. 반면, 악(惡)은 윤리적으로 잘못된 행동이나 결과를 나타낸다. 이는 다른 이들에게 해를 끼치거나, 자신의 이익을 위해 부정하고 비도덕적인 방법을 사용하는 것을 의미한다. 폭력, 욕망의 탐욕, 거짓, 타인을 차별하거나 해치는 것 등이 악의 행동에 속한다.

AI의 도덕적 판단에 대한 선악 논의가 중요한 이유는 다음과 같다. 첫째, AI가 사회에서 점점 더 중요한 역할을 맡고 있기 때문에, 그것이 윤리적으로 올바른 판단을 내릴 수 있도록 보장하는 것이 중요하다. AI가 도덕적으로 부적절한 판단이나 행동을 할 경우, 그것은 사회적 불평등을 심화시키거나 심각한 윤리적 문제를 일으킬 수 있다. 나아가 인간 자체의 생명에 큰 위협이 될 수 있다. 둘째, 사용자들은 AI 시스템에 대해 신뢰를 가지고 있어야 한다. 도덕적으로 올바른 판단을 내리는 AI는 사용자들의 신뢰를 유지하고 강화하는 데 도움이 된다. 즉, AI 판단의 선함은 신뢰 구축의 기반이 된다. 셋째, AI 판단은 사회적 영향을 미칠 수 있다. AI가 도덕적으로 올바른 판단을 내리면 사회적 불평등이나 인권 침해 등의 문제를 예방하고 긍정적인 사회적 영향을 만들어낼 수 있다. 넷째, 도덕적으로 올바른 판단을 내리는 AI는 기술 발전의 방향을 결정하는 데 영향을 미친다. 윤리적으로 수용할 수 있는 방향으로 기술을 발전시키는 것은 인류의 이익에 부합하며 미래에 더 안전하고 지속 가능한 사회를 만들 수 있다. 이러한 이유들로 AI의 도덕적 판단에 대한 선악 논의는 기술 발전과 사회적 발전을 동시에 이룰 수 있는 중요한 요소이다.

2. 철학, 종교학에서의 선악 해명

철학에서의 선과 악의 개념 이해는 다양한 관점과 이론들에 기반해 이루어진다. 플라톤에 따르면 덕, 선, 절제와 같은 개념은 명료한 정의를 가지고 있으며, 사람마다 변경 가능한 것이 아니다. 선(Good)과 악(Evil)이라는 개념이 우리의 사고와 행동에 어떻게 영향을 미치는지 이해하기 위해서는, 이러한 개념이 우리가 사회적, 윤리적 상황을 평가하고 결정할 때 어떤 역할을 하는지 고려해야 한다. 이러한 접근 방식을 통해 우리는 선과 악에 대한 보다 깊은 이해를 얻을 수 있다. 우리가 어떤 것을 '좋다(good)'고 말할 때, 우리는 그것이 어떤 목적을 달성하는 데 도움이 되는가를 묻거나, 그것이 좋은 것으로 여겨지는 목적을 바라볼 때 무엇을 의미하는가를 생각할 수 있다. 그러나 '선'과 '악'의 실질적인 의미는 무엇인가. 이 질문에 대한 답을 찾기 위해서는 먼저 선과 악이란 개념이 우리의 선택과 어떻게 관련이 있는지를 이해해야 한다. 예를 들어, 채소가 '좋다'고 말할 때 우리는 왜 그것이 좋은지 물을 수 있다. 이에 대한 대답은 일반적으로 '그것이 식량으로서 좋기 때문'이거나, 혹은 '그것의 맛이 좋기 때문'일 것이다. 좋다라는 용어의 궁극적인 정당화는 수단의 개념으로 정의할 수 없는 좋은 개념에 대한 참조를 통해서만 발견될 수 있다. 칸트는 '선의지를 제외한 모든 것을 무조건 좋다고 할 수 없다'고 하였다. 선의지는 칸트와 다른 이들이 설명한 대로 합리적인 의지, 즉 합리적인 선택의 행위를 의미한다. 이 사실에서 우리는 세 가지를 구분할 수 있다: (1) 우리가 합리적이라고 묘사하는 태도, (2) 우리가 선택한다고 묘사하는 행위, 그리고 (3) 우리가 합리적으로 선택할 때 목적을 갖는 행위이다. 무엇이 궁극적으로 좋은 것인가에 대한 의미는 합리적 선택의 대상이라고 말할 수 있다(Mackenzie, 1911).

한편, 헤어는 (1) '좋다(good)'의 기능은 주로 서술적이 아니라 추천의 의미이다. (2) '그것은 좋은(good) 책이다'는 '나는 그 책을 추천한다'와 비슷한 의미다. (3) '그것은 좋은(good) 책이다'는 '그 책을 선택하라'와 비슷한 의미다. (4) '허튼이 좋은 위켓에서 타격을 하였다'는 '허튼이 얼마나 멋지게 위켓에서 타격했는가. 당신도 타격할 때 그러한 위켓을 가질 수 있기를 바란다.'는 의미다.(Hare, 1957)라고 정의했다. 무어(G.E. Moore)는 『Principia Ethica(1903)』에서 선의 개념에 대해 심도 있게 논의했다. 그는 선 그 자체가 궁극적인 기준으로서 받아들여져야 한다고 주장했다. 즉, 그는 선을 노란색과 같은 특정한 종류의 물체, 사물, 개념 또는 표현으로 간주했으며, 이는 다른 어떤 것과도 혼동되지 않는다고 주장했다. 선은 적어도 사고하는 존재로서 우리의 본성과 관련된 것이며, 악에 대한 명확한 반대 개념으로서 복잡성을 지닌다.

반대로 악이란 전통적으로 가뭄, 기아, 지진, 폭풍, 고통, 괴로움과 관련된 일과 같은 자연적 사건에 기인한 나쁜 경험이라고 한다. 또한 거기에는 고문, 살인, 전쟁, 착취, 나쁜 행동과 함께 도둑질, 거짓말, 부패와 같은 행위과 평화와 조화를 깨뜨리는, 인간과 자연에 대한 부정의한 것의 모든 형태가 포함된다(Assefa, 2019). 그런데 선과 악으로서 행동과 행위의 규정인 도덕성은 필수적으로 도덕적 행위자(moral agent), 이성적 존재를 수반한다(Assefa, 2019). 해로운 결과의 항목은 (1) 부정확한, 편견을 가진, 그리고 불균형의 데이터 (2) 알고리즘 생성 시 해당 리스크들을 인지하지 못함 (3) 의도적인 비윤리적 사용 (4) 프라이버시와 데이터 보안 실패 (5) AI 개발자 등이 편중된 시각을 가졌을 경우 등이 있다(Houser, 2020). 이븐 루시드(Ibn Rushd, Averroes)는 어떤 사람이 특정 유형의 행동을 하거나 자체적으로 악의 실질적인 특성을 가진 것들을 창조할 때 악이 된다고 보았다. 일반적인 형태에서 악은 자연적 악인 고통과 도덕적 악인 불의로 나뉜다(Hourani, 1962). 그에 따르면, 이 세상에서 정의가 선한 것이 명백하듯이 부정의가 악한 것도 명백하다. 선은 선한 특성을 가지고 있기 때문에 선하고, 악은 악한 특성을 가지고 있기 때문에 악하다. 목표로 이끄는 모든 것은 선하고 아름답고, 목표를 달성하는 것을 방해하는 모든 것은 악하고 추하다. 그에 따르면, 악은 이성적 존재의 영역에서 존재론적 지위를 갖지 않는다. 그의 철학에서 악은 인간이 존재하게 되는 본성과 구성 그리고 물질을 통해 필요하고 필연적인 것이다. 그러나 이 악은 선의 실현을 막고 생명력을 불어넣는 위치에 있지 않다. 특히 물질에서의 악의 가능성은 이미 만물이 멸망할 것이라는 의미를 내포하고 있지만, 이 세계는 신의 은총과 보호를 받아 달의 천구에 있는 존재들에 의해 보호된다. 따라서 이 세계에 악이 조금 존재한다 하더라도 선을 완전히 지배할 수 있는 것은 아니다(Karakaya, 2022). 그는 인간이 선과 악 사이에서 선택할 수 있는 능력을 가지고 있다고 보았으며, 그 능력은 지성에 의해 인도된다고 분석했다(Mohamad, 1997).

IV. AI 선악 구분 구현과 도덕적 기준 내재

1. AI의 선악 기준 구현의 가능성과 한계

AI의 선과 악을 구분하는 기준 구현의 가능성을 고려할 때 철학에서의 선과 악의 개념 이해는 통찰력 있는 지침을 제공한다. 특히, 플라톤, 칸트, 헤어, 무어, 그리고 이븐 루시드의 이론들은 AI의 도덕적 판단 능력을 형성하는 데 중요한 교훈을 줄 수 있다. 플라톤의 관점에 입각하면, AI가 신한 결정을 내리기 위해서는 덕, 선, 절제와 같은 개념들이 명확하게 정의되고 프로그래밍되어야 한다. 이는 AI가 각 상황에서 최선의 행동을 결정하기 위한 고정된 원칙들을 따를 수 있게 한다. 칸트의 '선의지' 개념은 AI가 자신의 행동이 갖는 목적과 결과를 합리적으로 평가하고 그 결과가 전체적으로 선을 증진시키는지를 판단해야 함을 시사한다. 이는 AI에 합리적인 의사 결정 능력을 부여하는 것을 의미한다. 헤어의 처방주의 윤리학은 AI가 '좋은' 결정을 내릴 때, 그 결정이 단지 사실적인 근거에 기반한 것이 아니라, 사회적으로 추천되고 지지되는 행동을 반영해야 함을 나타낸다. 이는 AI가 사회적 규범과 윤리적 가치를 이해하고 존중해야 함을 의미한다. 무어의 궁극적인 선 개념은 AI가 단순한 물리적 현상이나 결과를 넘어서 궁극적인 가치를 인식하고 추구해야 함을 시사한다. 루시드의 관점은 AI가 선과 악을 결정할 때 인간의 자유 의지와 선택의 중요성을 인정해야 함을 강조한다. 이는 AI가 인간의 도덕적 책임과 의사 결정 과정을 지원하되 궁극적으로는 인간이 도덕적 주체로서의 역할을 유지해야 함을 시사한다. 종합적으로 AI의 선악 기준 구현의 가능성은 철학적 이론들로부터 귀중한 통찰을 얻을 수 있다.

그러나 현재 기술 수준에서 이러한 복잡한 개념들을 완전히 실현하는 것은 한계가 있다. AI가 인간의 도덕성을 모방하고 증진시키려면 기술적 발전뿐만 아니라 윤리적, 사회적 고려 사항에 대한 심도 있는 이해와 적용이 필요하다. AI가 선과 악을 구분하게 만드는 능력은 여전히 개발 초기 단계에 있으며 각기 다른 상황에 따라 복잡한 윤리적 판단이 요구된다. AI가 보다 독립적으로 선악을 판단할 수 있도록 하는 것은 기술, 법률, 사회적 합의의 발전에 따라 변화할 것이지만 아직까지 AI의 선과 악을 구분하는 기준을 구현하는 과정에는 여러 한계가 존재한다.

첫 번째 한계는 알고리즘과 데이터의 본질적인 제약이다. AI의 의사 결정 과정은 프로그래머가 설정한 알고리즘과 AI가 학습하는 데이터에 크게 의존한다. 이러한 데이터는 편향될 수 있으며, 알고리즘은 불완전할 수 있다. 따라서 AI가 '선한' 결정이라고 판단하는 것이 실제로는 사회적 규범이나 윤리적 가치에 어긋날 수 있다. 예를 들어, AI가 특정 인구 집단에 대한 데이터를 더 많이 학습함으로써 다른 집단을 차별할 수 있다는 점에서 이러한 한계가 드러난다.

두 번째 한계는 복잡한 윤리적 판단의 이해와 적용이다. 인간의 도덕성은 매우 복잡하며 상황에 따라 달라질 수 있다. AI는 현재의 기술 수준으로는 인간의 윤리적 판단을 완전히 이해하거나 모방할 수 없다. 예를 들어, 특정 상황에서 어떤 행위가 도덕적으로 옳은지 결정하기 위해선 맥락, 의도, 결과 등 여러 요소를 고려해야 하지만, AI는 이러한 복잡성을 완벽히 파악하고 반영하기 어렵다.

세 번째 한계는 명확한 윤리적 지침과 규범의 결여이다. AI가 '선한' 행위를 하게 하기 위해서는 법적, 윤리적 기준을 명확히 설정하고 이를 AI에 통합하는 과정이 필요하다. 하지만, 현실에서는 이러한 기준이 불분명하거나 상충하는 경우가 많으며, 여러 갈래의 문화와 사회에서의 윤리적 다양성은 이를 더욱 복잡하게 만든다.

네 번째 한계는 감사 및 모니터링 시스템의 구축이다. AI가 설정된 윤리적 기준에 따라 올바르게 행동하는지를 감시하고 검증하는 것은 필수적이지만, 이러한 시스템을 효과적으로 구현하고 운영하는 것은 어려운 과제이다. AI의 의사 결정 과정이 복잡하고 동적으로 변화하기 때문에, 이를 모니터링하고 평가하기 위한 효과적인 방법론과 도구의 개발은 여전히 진행 중인 연구 주제이다. 이와 같이, AI의 선악 판단 기준 구현에는 여러 한계가 있으며, 이는 기술적, 윤리적, 법적 측면에서 지속적인 연구와 발전이 필요함을 시사한다.

2. AI의 도덕적 기준 내재 방식

AI의 편의성 및 효용성을 높이기 위한 기술적 노력과 함께 AI가 인간 사회에 미치는 사회적 영향력은 더욱 커져가고 있다. 이 가운데 AI에 도덕적 기준을 내재시키는 일 역시 더욱 중요한 논쟁 주제가 되어가고 있다. AI의 도덕적 기준 내재란 AI가 스스로 윤리적 판단을 내리고 행동할 수 있도록 설계하는 것을 의미한다. AI의 도덕적 기준 내재 논의에 등장하는 논점들을 검토하면, 이러한 설계는 일반적으로 다음의 두 가지 방식으로 이루어진다는 것을 확인할 수 있다.

먼저 수동적 판단 방식이 있다. 이는 AI가 사전에 프로그래밍된 규칙이나 지침, 그리고 사용자 명령에 따라 행동하는 방식인데, 여기서는 관련자가 미리 설정한 윤리적 기준이나 가이드라인에 따라 AI가 판단하는 것을 말한다. 이는 어디까지나 AI에 윤리적 판단을 내릴 권한을 부여하는 방식이 아니라, 인간이 정한 규칙에 따라 AI의 행동을 제어하는 방식에 속한다. 이에 대한 예로 아시모프의 로봇 3원칙을 프로그래밍하는 경우나 AI가 작동 중일 때 관리자가 명령을 내려 임의로 작동을 멈추거나 다른 작동을 하게 만드는 경우 등을 들 수 있다.

다음으로 능동적 판단 방식이 있는데, 이는 AI가 주어진 상황을 스스로 분석하고 자체적으로 결정을 내리는 능력을 말한다. 특히 여기서는 윤리적 판단과 관련한다. 능동적 판단을 위해 AI에 인간의 가치관이나 윤리적 기준을 프로그래밍하거나 AI가 스스로 윤리적 판단을 학습하게 함으로써 가능할 수 있다. 예를 들어 자율 주행 자동차에 있어 사고 상황에서 인간의 생명을 최우선적 판단하도록 설계하는 경우이며, 이러한 설계하에 AI는 최우선순위인 인간의 생명을 구하기 위해 운전자의 개입 없이 스스로 브레이크를 작동하거나 혹은 방향을 선회하거나 하는 판단 등을 계산하여 실행하게 된다.

두 판단에 대한 장단점은 자율 주행 자동차 사례를 기반으로 정리할 수 있다. 우선 수동적 판단의 경우 차량의 제어는 기본적으로 운전자가 하며, 그 대응도 운전자가 담당하게 된다. AI는 운전자의 판단과 차량 제어에 보조하고 지원하는 역할을 하게 된다. 이 경우 운전자가 상황을 평가하고 필요한 조치를 취하는 것이기 때문에 운전자는 윤리적 고려 사항을 고려하여 결정할 수 있게 된다. 그러나 운전자의 반응 속도가 AI에 비해 느릴 수 있으며, 운전자의 오류나 실수가 오히려 사고를 발생시킬 수 있다는 점은 단점으로 작용한다. 나아가 인류가 AI에 수동적 판단만을 허용하는 경우를 제외한다면, 우리는 결국 AI에 능동 판단력을 부여하고 도덕적 기준을 내재시키며 발달시킬 것이다. 그렇기에 다음과 같은 우려가 생길 수 있다.

첫째로, AI에 도덕적 판단 능력을 부여한다면 AI 자율성의 확대와 함께 인간의 책임과 통제력이 약화될 수 있다. 둘째, AI가 잘못된 판단을 내렸을 때 책임 소재가 불분명해질 것이며, 책임의 부담 문제에 빠지게 될 것이다. 여기서 책임 부담 문제는 책임 능력의 가부에 대한 법적 책임 문제와도 맞물리는데, 법적으로는 법인격과 같은 인격을 AI에 부여할 것인가의 문제와 연결될 것이다. 셋째, 도덕적 기준을 내재한

AI가 빠르고 끊임없이 발달하면서 또는 AI 윤리에서 말하는 투명성의 문제로 AI의 윤리적 판단 과정을 완전히 이해하고 통제하기 어려울 수 있다.

능동적 판단이 가능한 자율 주행 자동차의 경우, 기본적으로 각종 센서가 주변 환경을 감지하고 그 데이터를 분석해 주행 경로 계획을 수립 및 조정하고 반응하게 된다. 능동적 판단의 장점은 AI의 빠른 반응 속도이며, 특히 사고 상황에서 운동자의 개입 없이도 자동적인 반응이 실행된다는 점을 높이 평가할 수 있다. 하지만 능동적 판단에 있어서도 센서 오류나 알고리즘의 결함과 예측 오류 등으로 잘못된 판단이 나올 수 있으며, 우선순위를 판단하는 것이 곤란하거나 소위 우선순위가 상충하는 문제가 발생할 경우 효율성만을 우선으로 계산할 가능성이 크다.

한편 AI의 도덕적 판단 능력에 대한 논의는 도덕 판단에 있어 구성 요소에 대한 이해를 선행한다. 도덕 판단에 있어서는 이성적 요소뿐만 아니라 정서적 요소가 필요하며 도덕 감정을 필요로 한다. AI가 정서적 요소와 도덕 감정을 모사할 수는 있을지 모르지만, 이것이 가능해지더라도 이는 어디까지나 계산에 의한 것이다. 인간으로 치환한다면 이성적 판단에만 국한해 도덕적 판단을 내리는 것과 같다. 즉 AI에는 정서적 요소와 도덕 감정이 없으므로, AI가 내리는 도덕·윤리적 판단은 불완전하거나 흠결을 지니게 된다. 결과적으로 AI는 인간의 가치관과 윤리적 기준을 완전히 이해할 수 없으며, 이는 규칙이나 강령, 가이드라인으로는 해결할 수 없는 문제이다. 이것이 바로 'AI 윤리'라는 개념을 통해 도덕적, 윤리적 고찰이나 이해 없이 AI 기술에 접근하는 것을 제한하려는 이유이기도 하다. 또한 현재 AI의 도덕적 판단 능력이 불완전한 것은 기존의 AI 윤리 프레임워크가 미흡하기 때문이라는 점도 지적할 수 있는데, 이로 인해 새로운 프레임워크에 대한 깊은 고민이 요구된다.

AI에 윤리적 기준을 내재하는 데 있어 또 다른 문제점 중 하나는 바로 윤리적 기준 자체의 보편성 확보가 어렵다는 점이다. 순수이성주의나 공리주의 그리고 그 외 다른 어떤 윤리적 사상도 인간 사회에 보편적으로 적용될 수 없다. 그 이유는 각 사회, 상황, 그리고 각각이 처한 맥락에 따라 윤리적 기준이 수정·보완되거나 혹은 변형되는 경우가 많기 때문이다. 이렇듯 윤리적 기준에 대한 지역적 합의조차 어려운 상황에서 국제적 합의는 더욱 요원할 수밖에 없고, 이 때문에 AI에 어떤 윤리적 기준을 내재시킬지에 대한 국제적 합의는 여전히 총론적인 수준에만 머무르고 있는 실정이다. 또한 특정 사회나 시대의 윤리적 기준을 모든 AI에 적용하는 것은 어려울 수 있다. 나아가 비물질문화가 물질문화를 따라잡지 못하고 격차가 벌어지는 현상인 '문화 지체'가 AI에서도 마찬가지 양상으로 발생할 수 있다. 특히 여기서는 AI 자체의 기술 발달과 인간의 문화 간 격차뿐만 아니라 도덕적 기준을 내재한 AI와 그 발달 및 그에 대한 인간의 윤리적 논의의 격차가 우려된다.

V. 결론

선은 이성적이고 합리적인 선택을 의미하며, 권고되고 선택되어야 하는 좋은 것으로 간주된다. 반면, 악은 자연적 사건이나 인간의 행동에서 기인한 나쁜 경험을 포함하는 광범위한 개념으로, 고문, 살인, 전쟁, 착취, 도둑질, 거짓말, 부패와 같은 정의롭지 않은 행위를 포함한다. AI의 도덕적 판단 및 선악에 대한 인식을 구현하는 것은 여러 복잡한 단계와 과정을 포함한다. 이를 실현하기 위해 다음과 같은 접근 방식을 고려할 수 있다.

첫째, 이성적이고 합리적인 선택 기반 구축이다. AI가 선을 인식하고 선택할 수 있도록, 이성적이고 합리적인 결정을 내릴 수 있는 알고리즘을 개발한다. 이를 위해 AI는 주어진 상황에서 최선의 결과를 도출할 수 있는 논리적 판단 능력을 갖추어야 한다. 둘째, 윤리적 규범과 가치의 프로그래밍이다. AI에 선과 악에 대한 판단 기준을 제공하기 위해 인간 사회의 윤리적 규범과 가치를 프로그램에 포함시킨다. 이는 AI가 특정 행동의 도덕적 가치를 평가할 수 있는 기준을 제공한다. 셋째, 상황 인식 및 맥락 분석이다. AI가 선과 악을 구분하기 위해서는 각 상황의 맥락을 이해할 수 있어야 한다. 상황 인식 기능을 통해 AI는 특정 행위가 어떤 상황에서 선한지 악한지를 판단할 수 있다. 넷째, 데이터와 사례 기반 학습이다. AI는 다양한 사례와 역사적 데이터를 통해 학습하여 선과 악에 대한 이해를 넓힐 수 있다. 이는 AI가 복잡한 윤리적 판단을 내리는 데 도움을 줄 수 있다. 다섯째, 윤리적 결정 트리와 알고리즘이다. 특정 상황에서의 선과 악의 판단을 돕기 위해, 윤리적 결정을 내릴 수 있는 결정 트리나 알고리즘을 구현한다. 이러한 시스템은 AI가 다양한 상황에서 올바른 선택을 할 수 있는 가이드를 제공한다. 마지막으로 지속적인 감사 및 평가이다. AI의 도덕적 판단 능력은 지속적인 감사와 평가를 통해 검증되어야 한다. 이는 AI가 사회적 규범과 윤리적 기준에 따라 올바르게 행동하는지 확인하는 데 필요하다.

　AI의 도덕적 판단 및 선악에 대한 인식의 구현은 기술적인 도전과 윤리적 고려가 모두 필요한 복잡한 과제이다. 이에 대응하기 위해서는 AI 기술의 발전과 함께 지속적인 연구와 개선이 필요하다. AI의 도덕적 판단 및 선악에 대한 인식과 구현에는 상당한 복잡성과 한계가 존재한다. 특히 현재의 AI는 본질적으로 인간의 복잡한 도덕성, 감정, 의지 등을 완전히 이해하고 모사하는 데에는 한계를 가진다. AI가 인간의 윤리적 기준을 완벽히 이해하게 만드는 일이나, AI 윤리 설계를 위해 다양한 문화적, 사회적 맥락에서 보편적으로 적용할 수 있는 도덕적 기준을 설정하는 일은 매우 어려운 과제이다. 이에 따라 AI의 윤리적 판단을 신뢰할 수 있는지에 대한 의문이 제기되고 이는 기술적 발전에 대한 사회적 수용성과 신뢰성에 직접적으로 영향을 미친다. 또한 AI에 도덕적 기준을 내재시키는 것이 필수적임에도 불구하고, AI에 법인격과 같은 인격을 부여하고 그 책임을 법적으로 명확히 할 수 있는 방법론은 아직 미비한 상태이다. 이는 AI의 판단에 대한 책임 소재가 불분명해지는 문제를 낳으며, 기술 발전과 윤리적 기준 간의 격차를 벌려 놓는 원인이 된다.

결국 AI의 선악 판단은 기술적인 면과 윤리적인 면을 동시에 고려해야 하는 복합적인 문제로 남아 있다. 이러한 문제를 해결하기 위해서는 기술 개발자, 법학자, 윤리학자, 사회과학자 등 다양한 분야의 전문가들이 협력하여 AI가 인간 사회 내에서 책임감 있는 방식으로 운영될 수 있는 틀을 마련해야 한다. 이는 AI 기술의 발전뿐만 아니라 그것이 사회에 미치는 영향을 고려한 윤리적 기준의 설정, 감시 및 집행을 포함한다. 인간의 도덕적 가치와 윤리적 판단을 반영한 AI 개발은 기술이 사회적 가치와 조화를 이루며 진행되어야 함을 의미한다. 뿐만 아니라, AI가 인간의 삶에 긍정적인 영향을 미칠 수 있도록, 도덕적으로 올바른 판단을 내리는 것이 중요하며 이를 위해서는 지속적인 연구와 개선이 필요하다. AI에 대한 국제적인 윤리적 기준을 수립하고 이를 바탕으로 기술 개발이 이루어져야 할 것이며 이 과정에서 인간의 자유와 권리, 다양성을 존중하는 것이 매우 중요하다. 이와 같은 복합적인 과제를 해결하기 위해서는 AI 관련 연구뿐만 아니라 인문학적 이해와 사회과학적 접근이 결합된 새로운 패러다임의 필요성이 대두된다. 따라서 이는 단순히 기술적인 문제를 넘어서 인류의 보편적 가치를 바탕으로 한 철학적, 윤리적 탐구가 병행되어야 할 문제로 받아들여져야 한다.

4장.
뉴럴링크 및 신경 상징 AI(Neuro-Symbolic AI)와 미래 인류: 트랜스 휴머니즘과 포스트 휴머니즘 그리고 디지털 휴머니즘

I. 서론

1976년 『컴퓨터 파워와 인간 이성(Computer Power and Human Reason)』에서 바이젠바움(Joseph Weizenbaum)은 컴퓨터의 파워와 인간의 이성을 구별하여 컴퓨터가 할 수 있는 일, 할 수 없는 일, 해서는 안 되는 일을 상세하게 분석하였다. 드레퓌스(Hubert Dreyfus)는 1972년 『컴퓨터가 할 수 없는 일(What Computers Can't Do)』에서 인간과 컴퓨터의 지능 사이에는 근본적인 차이가 있다고 주장하였다. 그는 인간 지능이 사전에 정해진 전제나 규칙으로 환원될 수 없는 것으로 보았는데, 그것은 인간의 지능이 주로 몸을 통해 구현되고 지능을 구현하는 몸 자체가 항상 변화하는 세계를 직접 체험하고 있기 때문이다. 반면 컴퓨터의 처리는 상황 의존적인 인간의 행위와는 구분된다. 존 설은 1980년 중국어 방

(Chinese room) 사고실험에서 이와 같은 주제에 접근했는데 그는 이 실험을 통해 컴퓨터가 구사하는 지적 능력은 진정한 지적 능력이 아니라고 보았다(Sherry Turkle, 최유식 역, 2003).

인공지능은 인간과 별개의 피조물로서만 존재하는 것이 아닌 인간 내부에서 구현되는 또 다른 실재로서, 현재 그 침투 영역은 두뇌를 포함한 인간 신체에까지 깊이 확장하고 있다. 이는 인공지능을 둘러싼 윤리 문제에 인간과 연결된 또는 인간과 결합된 인공지능 윤리 문제를 발생시킬 수밖에 없다. 이러한 논의의 대표적인 주자는 뉴럴링크(Neuralink), 뇌-컴퓨터 인터페이스(BCI), 뇌-기계 인터페이스 등이다.

한편 최근 기술 발전은 인간의 정체성에 대한 근본적인 이해를 재조명하고 있다. 이 변화는 포스트 휴머니즘, 트랜스 휴머니즘, 디지털 휴머니즘과 같은 새로운 인문학적 흐름을 탄생시켰다. 즉, 인공지능의 발달은 인간의 본질에 대한 이해의 원천적인 변화를 시도하고 있다. 트랜스 휴머니즘은 생물학적, 기술적, 인지적 수정을 통해 자연 인간의 특성을 변화시키고 개선하는 데 중점을 둔다. 포스트 휴머니즘의 근본적인 아이디어는 생물학적, 윤리적, 존재론적 인간중심주의의 거부이다. 포스트 휴머니즘은 장기적으로 인간의 가치 지위를 심각하게 감소시킬 수 있는 다른 대상으로의 가치 중심의 이동 위험을 안고 있다. 디지털 휴머니즘은 디지털화가 발전하는 방식과 사회 및 인간에 미치는 영향에 대한 심각한 우려에서 비롯되었으며 아직 보편적으로 수용된 정의를 갖추지 못한 신흥 분야라 할 수 있다.

II. AI와 신경망

1. 인간 뇌와 AI

인간 뇌 조직은 복잡한 구조를 가지고 있으며 이는 신체 내에서 필수적인 생리적 과정들을 조절하는 핵심적인 역할을 수행할 수 있게 한다. 뇌는 복잡한 구조를 보유하며 이질성과 극도의 유연성을 지니고 높은 취약성과 이상 상태의 특성을 가질 수 있다. 이러한 특성들은 고도의 기계적 행동이라고 표현되기도 한다. 증가하는 연구들은 기계학이 뇌의 기능과 기능 장애 조절에 결정적인 역할을 한다는 것을 보여준다. 이는 뇌 발달, 열화, 질병 진행, 외상성 뇌 손상 등을 포함한다. 인간 두뇌의 복합적인 체계는 복잡한 기계적 특성을 나타내고 중요한 기능을 수행할 수 있도록 한다(Hou, Filla, Chen, Razavi, Liu, & Wang, 2023).

뇌의 복잡한 회로와 신경 세포들이 정보를 주고받는 과정은 생각, 기억, 감정의 생성과 우리가 세상을 인지하고 반응하는 방식에 근본적인 역할을 한다. 이러한 뇌의 작동 원리는 실제로 현대 인공지능 연구에 큰 영감을 제공하고 있다. 예를 들어, 카페에서 커피 한 잔을 마시는 경험은 뇌가 감각 정보를 처리하고, 기억하며, 감정과 연결하여 해석하는 복잡한 과정을 포함한다. 이는 인간의 뇌가 정보를 처리하는 방식을 모방하여 설계된 인공 신경망과 같은 AI 기술의 발전에 중요한 통찰을 제공한다.

뇌신경과학적 인간 이해가 AI 연구의 기반이 되는 이유는 여러 가지이다. 기본적으로, 인공지능(AI)은 인간의 학습, 추론, 인식, 그리고 의사 결정 과정을 모방하여 기계가 수행할 수 있도록 하는 기술이다. 이러한 인간의 인지 과정을 모방하기 위해서는 뇌의 작동 방식에 대한 깊은 이해가 필요하다. 인공 신경망은 뇌의 신경 세포들이 정보를 전달하는 방식을 모방하여 입력 데이터로부터 패턴을 학습하고 예측을 수행할 수 있도록 설계되었다. 이러한 기술은 이미지 및 음성 인식, 자연어 처리 등 다양한 분야에서 활용되고 있으며 인간의 뇌와 유사한 방식으로 작동하는 AI 시스템의 개발로 이어지고 있다.

2. 인공 신경망

인공지능 연구에서 가장 중요하게 다뤄져 왔던 것은 인간의 사고 과정이다. 인공지능의 수행 능력이 인간의 사고 과정과 얼마나 유사할 수 있는가는 인공지능의 진화를 판가름하는 바로미터가 될 수 있다. 인공지능 기반 기술의 예로는 인공 신경망(Artificial Neural Network, ANN 또는 Neural Networks, NM), 기계 학습(Machine Learning, ML), 딥 러닝(Deep Learning), 심층 신경망(Deep Neural Network, DNN)을 들 수 있는데 인공 신경망은 뇌와 같은 인간의 생물학적 신경계의 방식에서 크게 영감을 받은 정보 처리 알고리즘으로 정의된다. 심층 신경망은 여러 개의 은닉층(hidden layer)을 가진 인공 신경망으로, 이러한 신경망은 복잡한 비선형 문제를 해결하기 위해 설계되었다. 딥 러닝은 뇌의 대뇌피질에서 시각 처리, 기억, 운동 제어와 같은 중요 기능을 제어하는 합성 계층과 반복 연결을 모델링하는 데 사용되었다(Macpherson et al., 2021).

여러 처리 요소를 네트워크로 결합하는 아이디어는 1943년 맥컬러-피츠 모델(McCulloch-Pitts Model)이 처음 소개된 논문인 「신경 활동에 내재된 아이디어의 논리적 계산(A logical calculus of the ideas immanent in nervous activity)」에서 비롯되었다. 그들은 인간의 신경 구조를 복잡한 스위치들이 연결된 네트워크로 표현할 수 있다고 보았다. 헵(Donald Hebb)은 1949년 뉴런 네트워크의 동작을 설명하는 학습 규칙을 처음으로 정의한 것으로 알려져 있으며, 로젠블라트(Frank Rosenblatt)는 1950년대 후반 최초의 퍼셉트론 학습 알고리즘을 개발하였다. 퍼셉트론은 실제 뇌를 구성하는 신경 세포 뉴런의 동작과 비슷하다. 위드로(Bernard Widrow)와 호프(Marcian Hoff)는 전자 회로에 대한 유사한 학습 규칙을 개발하였다. 인공 신경망 연구는 1960년대 강력하게 유지되었는데 민스키(Marvin Minsky)와 페퍼트(Seymour Papert)는 1969년 『퍼셉트론(Perceptrons)』을 집필하여 당시 사용된 인공 신경망의 유형인 단층 신경망은 계산 한계를 갖지만 다층 신경망은 XOR 연산이 가능함을 보여주었다(Walczak, 2019).

1980년대 지배적인 인공지능 연구 패러다임은 신경망의 아이디어에 기반을 두었다. 당시 신경망 연구의 주요 과제는 막대한 양의 데이터 처리를 가능하게 만드는 일이었다. 딥 러닝은 1943년 맥컬록(Warren McCulloch)에 의해 최초로 소개되었으며 뇌 구조에서 시냅스의 중첩을 흉내 낸 인공 신경망(ANN :Artificial Neural Network) 알고리즘에 기반한 방법론이다(최예림, 김판호, 2016: 24). ANN이란 인간의 뇌의 작용을 모방하여 설계한 AI의 작동 방식 중 하나로, 생물학적 신경망을 모방하지만 축소된 개념 집합을 사용하며 주요 목표는 변화하는 환경과 현재 환경에 적응하기 위해 인간의 능력을 모사하는 것이다. ANN은 뇌의 뉴런과 유사한 처리 장치라고 할 수 있는 많은 수의 노드로 구성되며(Vijaychandra et al, 2018), 뇌와 신경계의 전기적 활동을 시뮬레이션한다(Walczak, 2019). 이후 힌튼(Geoffrey Hinton) 연구팀이 2004년형 신경망을 더욱 심화한 기법을 개발하여 알고리즘의 효율성을 높이는 방법을 제시하면서부터 딥 러닝(Deep Learning)이라는 용어는 더욱 확장되었다(배한희, 김영민, 오경주, 2018).

III. 뉴럴링크와 윤리 이슈 [1]

1. 뉴럴링크

뇌-컴퓨터 인터페이스(BCI)라는 용어는 1970년대 초반 출현했으며, 뉴런 활동을 외부 장치로 제어하는 명령으로 변환하려는 첫 번째 시도는 1960년대에 원숭이를 대상으로 이루어졌다. 뇌-컴퓨터 인터페이스는 일반적으로 침습적 연구에서 뇌-기계 인터페이스(Brain-machine interface, BMI)라고도 한다. 다중 전극 뇌 이식은 1950년대에 릴리가 수

---

1 이번 장은 『인공지능윤리와 도덕교육』 4장의 일부를 참고한 것이다.

행한 실험으로 거슬러 올라간다. 그는 전극 수백 개를 원숭이의 대뇌 피질 영역에 이식하고 이 이식체를 사용하여 서로 다른 대뇌피질 위치에 전기 자극을 가하였다. 릴리는 운동 및 체성 감각 영역에 대한 전기 자극이 신체 부위의 움직임을 유발한다는 것을 관찰하였다. 1960년대와 1970년대 과학자들은 피험자에게 자신의 뇌 활동에 대한 바이오 피드백을 제공하는 방법으로 신경생리학적 기록을 실험하기 시작하였다. 피험자들은 대뇌 리듬을 자발적으로 제어하는 법을 배웠다. 1963년 월터는 BMI의 첫 번째 시연으로 간주될 수 있는 실험을 수행했는데, 이는 신경외과 수술을 받는 환자의 운동피질에서 대비 전위(readiness potential)를 기록하는 일이었다. 그는 환자들에게 슬라이드 프로젝터를 진행시키기 위해 버튼을 누르라고 지시하였다. 대비 전위는 버튼을 누르기 직전에 발생했고 프로젝터를 작동시키는 트리거로 사용하기에 충분히 뚜렷하였다. 이에 월터는 운동피질을 프로젝터에 직접 연결하였다. 피험자들은 여전히 버튼을 누르고 있었지만, 대비 전위는 종종 피험자가 움직이기 전에 그 일을 해냈다(Lebedev, M., 2014: 99-100). 다음 [그림 2]는 다양한 대뇌피질 영역에 이식된 다중 전극 배열을 사용한 리서스 원숭이의 대뇌피질 신경 세포 활동 추출에 대한 것이다. 이 신경 신호들은 해독되어 그리퍼가 장착된 로봇 팔 제어기로 전달되었다. 로봇 팔의 위치는 컴퓨터 커서로 원숭이에게 표시되었다. 행동 과제는 가상 목표물에 도달하고 그것을 잡는 것이었다. 과제의 수동 버전에서는 원숭이가 2차원 조이스틱을 움직여 로봇을 작동시켰다. 직접적인 뇌 제어를 구현하기 위해 조이스틱을 로봇에서 분리하고, 대뇌 활동에서 추출된 운동 명령으로 로봇을 작동시켰다(Lebedev, 2014).

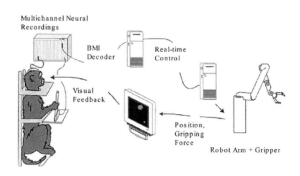

[그림 2] 로봇 팔을 사용한 도달 및 잡기를 위한 뇌-기계 인터페이스(BMI)
(출처: Lebedev, 2014)

오늘날 뇌-컴퓨터 인터페이스와 뇌-기계 인터페이스 연구 및 응용 분야는 과학과 기술의 가장 흥미로운 학제 간 영역 중 하나로 간주된다. 뇌-컴퓨터 인터페이스는 감각 및 운동 장애, 신경 통신, 인지 상태 평가 등의 신경 재활에 매우 유망하다. 2024년 1월, 머스크(Elon Musk)의 뉴럴링크(Neuralink)가 인간에게 '뇌 읽기' 장치를 처음으로 이식하였다는 소식이 보도되었다. BCI는 뇌 활동을 기록하고 해독하여 심각한 마비 상태의 사람이 사고만으로 컴퓨터, 로봇 팔, 휠체어 또는 다른 기기를 제어할 수 있게 하는 것을 목표로 한다. 뉴럴링크의 장치 외에도 다른 BCI 장치들이 개발 중이며 일부는 이미 인간을 대상으로 시험되었다.

신경기술 연구자들은 뉴럴링크의 인체 시험에 대해 조심스럽게 전망하고 있다. 네덜란드 유트레히트 대학병원의 신경과학자이자 국제 BCI 학회 회장인 마리스카 반스틴셀(Mariska Vansteensel)은 "그들의 실험이 BCI가 안전하다는 것과 단기적으로는 물론 장기적으로도 뇌 신호 측정에 효과적이라는 것을 보여주기를 희망한다."라고 말하였다. 그러나 상세 정보 부족에 대한 실망감도 존재한다(Drew, 2024).

다중 전극 신경 인터페이스는 마비된 사람들을 위한 새로운 통신 시스템 및 고급 보조 기술의 기반이 될 수 있을 뿐만 아니라 외부 장치를 제어하고 환경과 상호작용할 수 있다. 비침습적 뇌-컴퓨터 인터페이스의 가장 유망한 응용 프로그램 중 하나는 인간의 정신생리학적 상태와 인지 능력을 모니터링하고 제어 및 훈련하는 것이다. 이러한 연구에서 피험자의 정신 상태는 뇌-컴퓨터 인터페이스에 의해 지속적으로 평가된다. 뇌-컴퓨터 인터페이스는 사용자의 현재 뇌 활동을 분석하고 주의력, 감정 상태, 피로 등과 관련된 실제 뇌 활동의 특징에 대한 정보를 제공한다. 최근에는 전기적 뇌 활동에 기반한 효율적인 간질 예측 방법도 제안되었다. 침습적 인터페이스는 장애를 지닌 사람이 외부 장치를 제어하고 다른 사람과 통신하는 데 도움이 될 수 있다. 이처럼 미래의 통신 기술은 뇌 신호를 읽고 이를 메시지로 변환한 후 모바일 또는 기타 장치로 전송하는 뇌-컴퓨터 인터페이스를 기반으로 할 것이다. 더욱이 침습적 뇌-기계 인터페이스는 사람들의 생각을 통해 사람들 사이의 직접적인 의사소통을 가능하게 할 수 있다(Pisarchik et al., 2019).

　현재 뉴럴링크, BCI 기술은 척수 손상 환자를 돕는 것과 같은 치료 결과에 주로 초점을 맞추고 있으며, 이미 사용자가 비교적 간단한 운동 작업(컴퓨터의 커서 이동 또는 전동 휠체어 제어)을 수행할 수 있는 단계까지 도달했다. 또한 연구자들은 fMRI 스캔을 통해 인간의 신경 활동을 해석할 수 있다. 예를 들면, 기초적인 수준으로 개인이 자동차가 아니라 사람을 생각하고 있다는 것을 알 수 있다. 비록 BCI 및 기타 신경 기술이 우리 일상생활의 일부가 되려면 수년 또는 수십 년이 걸릴 수 있으나 기술 발전은 우리가 인간의 정신적 과정을 해독하고 그들의 기본 뇌 메커니즘을 직접 조작할 수 있는 세상으로 가는 길에 있다. 이러한 발전은 뇌 손상과 마비에서 간질과 조현병에 이르기까지 많은 상태의 치료에 혁명을 일으킬 수 있으며 인간의 경험을 개선할 수 있다. 머스크의 뉴럴링크를 포함하여 전 세계 12개 이상의 기업이 인간의 뇌 활동을 읽고 신경 정보를 뇌에 쓸 수 있는 장치를 만드는 데 투자하고 있다. 미국 국방고등연구 프로젝트(DARPA)는 신경공학 시스템 설계라는 프로젝트를 시작했으며 100만 개의 전극을 사용하여 뇌 활동을 모니터링하고 최대 10만 개의 뉴런을 선택적으로 자극할 수 있는 무선 인간 뇌 장치를 개발하였다. 한편 Google, IBM, Microsoft, Meta(Facebook), Apple 및 수많은 신생 기업은 잘 정의된 입력 및 출력 작업에서 이미 인간을 능가할 수 있는 더욱 정교한 인공 신경망을 구축하고 있다(Yuste et al, 2017).

2. 뉴럴링크의 윤리 문제

우리는 이미 기계와 밀접하게 연결되어 있다. 그러나 이 기술은 또한 사회적 불평등을 악화시키고 기업, 해커, 정부 또는 다른 사람에게 악용 및 조작될 수 있는 새로운 방법을 제공할 수 있으며, 특히 핵심적인 인간적 특성 몇 가지를 근본적으로 바꿀 수 있다. 신경 기술과 기계 지능의 윤리에 대한 논의가 필요하며 기존의 윤리 지침은 이 영역에 충분하지 않다. 여기에는 인간을 대상으로 한 의학 연구를 위해 1964년에 처음 제정된 윤리 원칙에 대한 선언인 헬싱키 선언이 포함된다. 이외에도 미국 생물의학 및 행동 연구 대상의 보호를 위해 미국 국가위원회에서 작성한 1979년 성명인 버몬트(Belmont) 보고서, 아실로마(Asilomar) 인공지능(AI) 원칙 등이 있다(Yuste, R. et al, 2017).

뉴럴링크에 대한 윤리적 우려 사항은 크게 다음과 같이 5가지로 요약될 수 있다. 신경 기술의 맥락에서 제기되는 이러한 윤리적 고려 사항은 AI에도 동일하게 적용된다. 첫째, 개인 정보 보호 및 동의이다. 매사추세츠 공과 대학의 연구원들은 2015년 사람들의 운동 행동을 세밀하게 분석한 결과 개인 기기의 키보드 입력 패턴을 통해 파킨슨병을 조기에 진단할 수 있었다. 2017년 연구에 따르면 일상적인 활동 중에 스마트폰을 휴대하는 사람들로부터 얻은 것과 같은 이동성 패턴 측정을 통해 알츠하이머로 인한 인지 장애의 조기 징후를 진단할 수 있었다. 이처럼 인터넷에 연결된 신경 장치는 개인이나 조직의 정신적 경험을 추적하거나 조작하는 것의 가능성을 열어준다. 우리는 시민들이 신경 데이터를 비공개로 유지할 수 있는 능력과 권리가 있어야 한다고 믿는다. 이 문제를 제한하기 위해 신경 데이터의 판매, 상업적 이전 및 사용의 엄격한 규제가 필요하다. 이러한 규정은 1984년 미국의 장기 이식과 같은 인간 장기 판매를 금지하는 법률과 유사할 수 있다.

둘째, 에이전시 및 정체성(Agency and identity)이다. 전극을 통해 뇌 심부 자극을 받는 일부 사람들은 선택 의지와 정체성에 대한 변화된 감각을 느낀다고 보고하였다. 우울증을 치료하기 위해 뇌 자극기를 사용했던 한 남성은 '내가 확실하지 않을 정도로 흐릿해진다.'라고 보고하였다. 신경 기술은 사람들의 정체성과 주체에 대한 감각을 분명히 방해할 수 있으며 법적 또는 도덕적 책임과 자기 책임의 본질에 대한 핵심 가정을 흔들 수 있다. 이를 위해 신경권과 같은 권리를 보호하는 조항을 1948년 세계 인권 선언과 같은 국제 조약에 추가하거나 신경 기술 및 기계 지능과 관련된 금지 행위를 정의하는 국제 협약을 생성할 수 있다. 이를 통해 신경 기술로 인지적 및 정서적 효과에 놓일 수 있는 사람들의 권리를 보호해야 한다. 현재 동의 양식은 일반적으로 장치가 기분, 성격 또는 자아 감각에 미치는 영향보다는 수술의 신체적 위험에만 초점을 맞추고 있다.

셋째, 강화(Augmentation)이다. 사람들은 신체나 뇌가 대부분의 기능과 다르게 기능하는 경우 편견을 자주 경험한다. 사람들이 지구력이나 감각 또는 정신 능력을 근본적으로 확장할 수 있도록 허용하는 것과 같은 강화 신경 기술을 채택해야 한다는 압력은 사회 규범을 바꾸며 평등한 접근 문제를 제기하고 새로운 형태의 차별을 일으킬 가능성이 있다. 또한 증강 군비 경쟁을 상상하기 쉽다. 최근 몇 년 동안 DARPA 와 미국 정보 고급 연구 프로젝트는 군인과 분석가에게 향상된 정신 능력 즉, 초지능 요원을 제공할 계획을 하였다. 인간의 유전자 편집에서와 같이 구현할 수 있는 증가하는 신경 기술에 대한 제한을 설정하고 사용할 수 있는 상황을 정의하기 위해 국제 및 국가 수준에서 지침을 수립할 것이 촉구된다.

넷째, 편향(bias)이다. 과학적 또는 기술적 결정이 구조적으로 사회의 좁은 집합을 기반으로 할 때 결과적으로 특정 그룹에 특권을 부여하고 다른 그룹에 해를 끼칠 수 있다. 2015년 연구에 따르면 Google의 광고 알고리즘에 의해 여성 사용자에게 표시되는 일자리에 대한 게시물은 남성에게 표시되는 것보다 급여가 적었다. 마찬가지로, 미국 법 집행 기관에서 사용하는 알고리즘은 범죄 기록이 비슷한 백인 피고인보다 흑인 피고인의 재범 가능성이 더 높을 것으로 보았다. 이러한 편향은 신경 장치에 내장될 수 있다(Yuste et al, 2017).

다섯째, 차세대 뇌-기계 인터페이스에서 신경 활동 변조의 가능성이다. 이러한 가능성은 생물학적 피드백을 촉각으로 제공하기 위한 신경 보철과 같은 응용 분야에도 존재한다. 인간의 뇌에 전극을 이식한 뇌-기계 인터페이스의 원치 않는 효과 중에는 정부나 비정부 조직이 대중 매체를 통해서 뿐만 아니라 뇌에 명령을 직접 전송하여 사람의 행동을 제어하고 조작할 가능성이 있다(Pisarchik et al, 2019).

인류의 모든 성취에는 양면이 있다. 기술은 삶의 질을 상승시키려는 의도하에 발달되어 왔지만, 다른 한편에서는 부도덕한 사람들의 이기적인 목표를 위해 악용되기도 한다. 이와 관련하여 현재 미디어에서 뉴럴링크, 뇌-기계 인터페이스를 사용하는 문제에 대한 수많은 윤리 논쟁이 진행되고 있다. 따라서 과학자는 자신의 연구에 대한 긍정적인 영향뿐만 아니라 가능한 부정적인 영향에 대해서도 생각해야 하며 이를 위해서는 윤리학자와의 긴밀한 공조가 반드시 요구된다.

IV. 트랜스 휴머니즘, 포스트 휴머니즘, 디지털 휴머니즘

1. 트랜스 휴머니즘과 포스트 휴머니즘

휴머니즘은 오랫동안 인간의 옹호자로서 인간의 이성과 능력에 대한 믿음을 바탕으로 우리를 최대의 잠재력으로 이끌었다. 인본주의 심리학은 인간이란 무엇인지, 어떤 조건이 인간의 번영을 촉진하는지를 이해하고자 노력해왔다. 인류는 노화를 포함한 비자발적 고통, 인지 오류를 넘어 인간의 가능성을 넓혀갈 수 있는 기회를 상상한다. 트랜스 휴머니즘은 기술적으로 지원되는 인간 개선을 옹호하는 운동으로, 인본주의 이상의 새롭고 급속도로 성장하는 현상을 대표한다. 모든 개인이 더욱 향상된 정신, 개선된 신체 및 보다 나은 생활을 누릴 수 있게 하는 신기술에 대한 접근성의 중심에는 트랜스 휴머니즘을 지향하는 이상적인 비전이 자리 잡고 있다. 트랜스 휴머니즘은 상대적으로 새롭게 출현해 급속도로 성장 중인 운동으로, 사망, 유전적 결정론, 생물학적 구현과 같은 신체적 인간 한계를 극적으로 초월하는 철학과 기술을 지칭한다. 구체적인 트랜스 휴먼 추구에는 노화 종식, 신체적·인지적·감정적 능력 수천 배 향상, 그리고 생물학적 존재 플랫폼(우리의 몸)에서 비생물학적 디지털화된 가상 존재 플랫폼으로의 전환(의식 업로딩)이 포함된다. 트랜스 휴머니즘은 인간의 신체적 한계를 잠재력에 대한 제약으로 보고, 이러한 모든 한계를 제거하려고 한다. 트랜스 휴머니즘의 목표는 수명, 건강, 지능, 감정, 도덕성 등에서 기술적으로 지원되는 급진적인 인간 개선을 내포한다(Grant, A. S., 2023).

트랜스 휴머니즘은 생의학, 공학 등의 기술을 사용하여 현재의 형태와 한계를 넘어 인간의 삶을 발전시키는 데 관심을 갖고 발전하고 있다. 트랜스 휴머니즘은 몇 가지로 정의된다. 모어(Max More)는 트랜스 휴머니즘을 생명을 촉진하는 원칙과 가치에 따라 과학, 기술을 통해 현재의 인간 형태와 인간의 한계를 넘어 지능적인 생명의 진화를 지속하고 가속화하는 것을 추구하는 생명철학이라고 정의하였다. 보스트롬(Nick Bostrom)과 피어스(David Pearce)에 의해 국제트랜스휴머니스트협회가 1998년 결성되었다. 이 협회는 트랜스 휴머니즘이 인간의 조건을 근본적으로 개선할 가능성을 확인하는 지적 및 문화적 운동이라고 정의하였다. 트랜스 휴머니스트라는 용어가 인간 변화를 위한 프로세스 또는 기술을 지칭하는 데 사용되는 반면, 포스트 휴머니즘이라는 용어는 변형된 인간 실체인 트랜스 휴머니즘의 종점을 설명하는 데 사용된다(Goundrey-Smith, S., 2021: 62-63). AI와 기술은 우리를 인간이 아닌 다른 것으로 전환시키는데, 포스트 휴머니즘은 우리의 모습을 바꾸기 위해 혁신을 가속화한다. 포스트 휴머니즘은 신체와 정신이 생물학적 한계를 넘어 확장되는 것에서 시작되며 이론적으로 뇌에서 우리의 정신을 추상화하여 실리콘에 업로드하는 것으로 절정에 이른다(Brusseau, J., 2023). 이 때문에 트랜스 휴머니즘에 대한 구체적인 아이디어는 의학 윤리, 생명 윤리와 같이 윤리적 문제와 관련된다. 생물학적 존재인 우리 몸의 특정 기관을 더 튼튼하고 기능적으로 효율성 있는 인공 대응물로 대체하는 일은 인간 존재의 근본적 정의에 대해 천착하게 한다.

2. 트랜스 휴머니즘의 윤리 이슈와 디지털 휴머니즘

사이보그 모델은 인공적인 요소가 무엇을 의미하는지를 시사하며, 인공 팔다리 및 심장, 신장, 눈, 심지어 인공 뇌피질 이식과 같은 기술들은 생물학적 역할이 점차 감소하는 추세에 기여할 수 있다. 극단적인 트랜스 휴머니스트들이 제시하는 미래상에서는, 인간의 존재 자체가 인공적 환경으로 이전될 수 있으며, 이 경우 인간은 더 이상 생물학적 생명체가 아니라 지속적으로 업그레이드되는 컴퓨터 프로그램과 유사한 존재가 될 수 있다. 이러한 가정들은 현재로서는 공상 과학의 범주에 속하지만, 미래의 인간 향상 가능성에 대한 확신을 가질 수 없는 이상 심도 있는 생명 윤리적 토론은 필수 불가결하다. 특히나 트랜스 휴머니스트들은 전통적 치료를 훨씬 넘어서는 극단적 향상을 추구하는 경향이 있기 때문에, 이들의 제안에는 기술적으로 가능하더라도 도덕적으로 용납될 수 없는 영역이 존재할 수 있다. 인공 장기의 제작과 이식, 유전적 조작 등의 문제는 이미 생명 윤리를 넘어 기술 윤리, 미래 세대에 대한 윤리적 고려로 발전하고 있다. 이처럼 트랜스 휴머니즘을 둘러싼 윤리적 고려는 결코 단순하지 않으며, 이 문제의 복잡성은 다음과 같은 원인들로부터 기인한다.

첫째, 과학 기술의 발전이 인공 뇌피질과 같은 복잡한 생체 기관을 제조할 수 있는지 여부는 아직 불확실하다. 둘째, 트랜스 휴먼이나 포스트 휴먼과 같은 존재들의 정체성과 본질에 대한 이해가 부족하다. 이러한 불확실성으로 인해, 트랜스 휴머니즘 관련 윤리는 예측이 어렵다. 급진적 개선을 지향하는 동력이 우선시될 때, 윤리적 고려는 종종 뒤로 밀려나게 된다. 그러나 트랜스 휴머니스트들이 제시한 바를 기반으로 특정 윤리적 특성을 추론할 수 있다. 이는 전통적인 윤리적 담론을 통합하고 이후에는 전혀 새로운 윤리적 체계로 진화할 가능성이 있다. 이 새로운 윤리적 체계는 현대 생명 윤리와는 근본적으로 다른 형태를 취할 것이다. 예를 들어, 인간의 장기를 하나씩 교체하는 행위는 어떤 관점에서는 인간성의 연속성을 유지하는 것처럼 보일 수 있지만,

다른 관점에서는 사이보그화로 해석될 수 있다. 즉, 인간의 기원을 가진 존재가 점차 변형되어 인간의 기능을 상실하고 새로운 형태로 발전할 경우, 우리는 그 존재를 자연스러운 인간이라고 여전히 부를 수 있는지에 대한 윤리적 문제에 직면하게 된다. 그러므로 윤리적 고찰은 이러한 변화의 산물이 될 것이며 주요 윤리적 고민은 인류를 생물학적 영역에서 기술적 영역으로 이전할 수 있는지에 대한 문제에 있다. 일군의 연구자들은 인류를 생물학적 영역에서 기술적 영역으로의 대체가 가능하다고 본다. 커즈와일(Ray Kurzweil)과 같은 이들은 인류가 기본적으로 우리의 정신적 성격과 관련된 기능에 관한 것이며 적절한 근거 또는 용기에 삽입될 수 있다고 보았다. 인간의 삶을 완전히 새로운 영역으로 옮기려는 이러한 시도는 기계 세계와의 점진적인 융합과 관련이 있다. 이 근본적인 논제에 반대하는 사람들은 인간이 된다는 것은 생물학이 중요한 역할을 하는 육체적 생명체가 되는 것이라고 강조한다. 이러한 관점에서 트랜스 휴머니즘의 윤리는 생명 윤리가 아닌 기술 윤리로 대체될 수 있다(Holub, 2020).

트랜스 휴먼, 포스트 휴먼 등과 같이 향상된 존재의 도덕적 지위를 어떻게 상정할 수 있는가의 문제도 제기된다. 향상의 도덕적 지위는 단순히 개인이 아닌 사회적 요인에 근거한다. 개인이 질병에 걸려 사회에서 정상적으로 기능하지 못하는 경우, 정의롭고 인간적인 사회는 의료 서비스를 통해 치료를 제공할 도덕적 의무가 있다. 인간의 기능을 정상보다 더 크게 향상시키는 생의학 절차인 향상의 경우 도덕적 틀은 다르다. 사회는 정상적인 기능을 하는 개인에게 개선을 제공해야 하는 도덕적 의무가 없으며, 기능 장애가 있는 개인에게 치료를 제공해야 하는 도덕적 의무가 있다. 더욱이 사회에서 정상적으로 기능하는 개인이 반드시 향상을 추구할 도덕적 의무가 있는 것은 아니다. 그러나 사회의 규범적 인간 기능에 대한 기준이 더 높아지면 사회가 향상을 제공할 의무가 생길 수 있다(Goundrey-Smith, 2021). 인공 요소를 인체에 구현하는 과정에서의 윤리적 고려는 매우 중요하다. 이는 단순히 기술적인 발전이 아니라, 그것이 인간의 존엄성과 권리에 미치는 영향을 신중히 고려해야 함을 의미한다. 인체 강화나 향상을 통해 인간의 기능을 개선하려는 시도는 인권과 사회적 목표에 부합해야 한다.

생의학 기술의 발전은 이러한 맥락에서 윤리적, 법적, 사회적 차원의 새로운 접근 방식을 요구한다. 디지털 휴머니즘은 기술의 발전이 개인의 자유와 사회적 균형에 어떻게 기여할 수 있는지에 대한 논의를 포함한다. 이는 기술이 인간의 삶을 향상시키는 동시에, 개인의 자율성과 사회적 연대를 존중하는 방식으로 이루어져야 한다는 것을 강조한다. 디지털 휴머니즘이라는 용어는 휴머니즘과 계몽주의 개념을 참조하여 선택되었다. 이는 인간이 자신의 행동과 신념에 대해 책임을 져야 하며 중심에 있어야 한다는 것을 의미한다. 기술적 진보는 신이 부여한 것이 아니며 결정론을 따르지 않는다. 인간은 자유, 권리, 책임이 있으며 자신의 삶의 저자이다. 비엔나 선언(Vienna Declaration and Programme of Action, 1993)은 개인 정보 보호, 민주주의, 포용성 등의 원칙을 포함하는데(Mubangizi, 2024), 합리적이고 비판적 사고를 중요시하는 디지털 휴머니즘의 접근 방식은 인간 중심의 혁신을 장려하고 디지털 세계에서 개인의 권리와 책임 강화를 강조한다. 그 초점은 인간을 향상시키고 지식에 대한 접근을 용이하게 하며 사회 참여와 포용을 가능하게 하고 다양성을 지원하는 기술에 맞춰져 있다(Werthner, 2024). 디지털 휴머니즘은 이러한 인권의 보편성을 디지털 시대에 적용하려는 시도로 인권을 온전히 존중하여 더 나은 사회를 만들고자 한다. 우리는 신뢰할 수 있는 시스템을 개발하고 배치해야 하며 다양한 이해관계자의 참여를 가능하게 하고 궁극적으로 인간의 번영을 도모할 수 있어야 한다.

V. 결론

현재 인공지능이 도덕적으로 부적절한 판단을 내릴 수 있는 시기에 접어들면서, AI 시대의 주요 논점은 인간 본성과 윤리적 가치에 대한 질문이 되고 있다. 인간이란 무엇인지, 인간성과 도덕성을 어떻게 정의할 수 있는지, 그리고 인간을 규정하는 윤리와 도덕은 무엇인지에 대한 사회적 합의가 필요하다. 또한 인공지능 윤리 기준에는 편견에 맞서는 전략도 포함되어야 한다. 이는 인공지능이 특정 집단을 소외시키거나 사회적 편견을 강화할 가능성을 방지하기 위함이다. 알고리즘과 기기의 설계 단계에서부터 편향을 해소하기 위한 조치가 필요하며, 이러한 권장 사항은 산업계 및 학계가 책임을 지고 혁신을 이끌어야 한다. 기존에 개발된 책임 있는 혁신 프레임워크를 활용하는 것도 고려할 수 있다. 특히 뉴럴링크와 같은 신경 기술의 시대에 인간 존재 자체의 변형과 개선을 시도하면서 기술 발전에 대한 윤리적 차원에서의 깊이 있는 논의가 절실하다.

뉴럴링크의 경우 프라이버시와 개성은 문화에 따라 가치가 다르므로, 규제는 보편적 권리와 글로벌 지침을 존중하면서도 문화적 맥락을 고려해야 한다. 기술에 대한 완전한 금지는 기술을 불법 영역으로 밀어 넣을 수 있으므로 법적 규정을 마련하려는 노력은 공개적이고 조직화된 논의를 통해 이루어져야 한다. 이러한 노력은 국제적 합의를 형성하고 과학적 의사 결정에 대한 공론을 통합하는 많은 전례에 기반해야 한다. 예를 들어, 1925년 제네바 의정서는 생화학 무기 사용 금지를 명시하였고(Hobbs, Jefferson, Coppeard, & Pitt, 2007), 제2차 세계 대전 이후에는 평화적 목적의 원자력 사용과 핵무기 확산 방지를 위한 유엔 원자력위원회가 설립되었다. 특히 군사용 신경 기술의 사용을 엄격히 규제하는 것이 권장되었다.

기술 개발자 대부분이 인류의 이익을 위해 노력하고 있지만, 복잡한 윤리적 딜레마에 대비하기 위해서는 관련 산업과 학계에서 윤리적 지침을 강조하는 것이 중요하다. 엔지니어 교육의 일환으로 윤리 교육을 포함시키는 것이 첫 번째 단계가 될 수 있다. 이는 의대생들이 환자의 비밀 유지, 무해, 선의 및 정의에 대한 의무를 배우는 것과 유사하다. 이들은 최고 수준의 직업 윤리를 준수하기 위해 히포크라테스 선서를 한다.

뉴럴링크와 같은 신경 기술이 가능한 임상적 및 사회적 이익은 매우 크지만, 이 기술이 인간 존재 자체에 대한 도전과 위협을 가져올 수 있는 가능성도 마찬가지로 높다. 그러므로 인간 종의 보존을 위해 우리는 이러한 기술들을 윤리적 방식으로 발전시켜 나가야 할 책임이 있다. 이러한 접근은 AI와 관련된 기술 발전에 대한 공정하고 책임감 있는 관리를 보장하며 동시에 인류에 대한 깊은 존경과 보호를 유지할 수 있는 기반을 마련한다. 따라서 산업계와 학계는 이러한 윤리적 지침을 확립하고 지속적으로 강조하는 데 앞장서야 한다. 이를 통해 기술이 인류의 복지를 증진시키는 도구로 남을 수 있도록 하는 것이 중요하며 이 과정에서 발생할 수 있는 윤리적 문제들을 사전에 예방하고 해결할 수 있는 체계를 구축하는 것이 필수적이다. 결국 AI와 같은 첨단 기술의 발전은 인류의 이익과 번영을 위해 최선을 다해야 하며, 이를 윤리적으로 관리하는 것은 우리 모두의 책임이다. 이 과정에서 공개적이고 포괄적인 논의를 통해 국제적인 협력과 규제 프레임워크를 강화하는 것이 중요하며 이는 과학적 발전과 사회적 책임 사이에서 균형을 이루는 데 기여할 것이다.

인공지능과 뇌신경과학

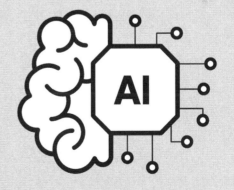

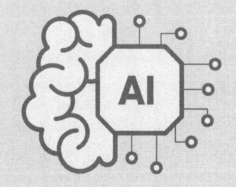

5장.
뇌신경과학에서 인공지능까지
: 인간 뇌를 모방한 기술의 발전

I. 서론

신경과학과 뇌 연구는 인간의 뇌와 그 기능의 복잡성을 이해하려는 복합적이고 학제적인 분야이다. 인공지능(AI)의 등장으로 연구자들은 뇌 데이터를 대량 분석하고, 신경 네트워크를 모델링하며, 뇌 관련 장애 및 인지 과정에 대한 새로운 통찰을 발견할 수 있는 강력한 도구에 접근할 수 있게 되었다. 인간의 뇌는 복잡한 신경 회로와 세포들이 정보를 주고받는 과정을 통해 생각, 기억, 감정을 생성하고, 우리가 세상을 인지하고 반응하는 방식에 근본적인 역할을 한다. 뇌의 이러한 작용은 정보 처리와 관련하여 매우 정교하며 감각 입력부터 기억 저장까지 모든 단계에서 미묘한 변화와 반응을 보인다. 예를 들어, 공원에서의 산책 경험을 생각해 보자. 이 경험은 단순히 발걸음을 옮기는 것을 넘어 그 과정에서 느끼는 신선한 공기, 햇볕의 따스함, 새들의 노래, 풀밭의 향기 등 다양한 감각 정보를 수집한다. 이러한 정보들은 우리의 기억에 저장되고 우리의 감정과 연결된다. 공원에서의 산책이 행복한 추억과 연결되어 있다면 그 경험은 우리에게 기쁨을 주게 될 것이다. 이처럼 우리의 경험은 단순한 감각 정보의 수집을 넘어서 그 정보를 기억하고 감정과 연결하여 해석하는 복잡한 과정을 포함하게 된다. 이러한 인간 뇌의 경험 과정은 인공지능(AI) 연구, 특히 인공 신경망 개발에 있어서 중요한 영감을 제공한다. 인공 신경망은 인간의 뇌가 정보를 처리하는 방식을 모방하여 설계되었다. 예를 들어, 뇌가 다양한 감각 정보를 통합하여 경험을 해석하고 기억하는 방식은 인공 신경망에서도 복잡한 패턴 인식과 학습 알고리즘으로 구현될 수 있다.

인공지능(AI)의 역사는 뇌과학과 AI 간의 연결을 명확하게 보여준다. 많은 선구적인 AI 과학자들은 동시에 뇌과학자들이기도 하다. 전자 검출기를 사용하여 발견한 뇌의 합성 속성과 다층 구조는 합성곱 신경망(Convolutional Neural Network, CNN)과 딥 러닝에 영감을 주었다. 기능적 자기 공명 영상(fMRI) 결과에서 발견된 작업 기억은 기계 학습 모델의 기억 모듈에 영감을 주었다. 뇌과학의 결과는 지능의 원칙과 관련된 중요한 문제들을 드러내며 AI에서 중요한 이론적 및 기술적 돌파구로 이어진다(Fan, J., Fang, L., Wu, J., Guo, Y., & Dai, Q., 2020). 인간의 뇌가 데이터를 분석하고 처리하는 방식을 모방한 컴퓨터 시스템인 인공 신경망 기술은 이미지 인식, 음성 인식, 자연어 처리 등 다양한 분야에서 활용되고 있다. 예를 들어, 컴퓨터 비전에서는 이미지 내의 객체를 식별하고 분류하는 데 인공 신경망이 중요한 역할을 한다(Buhrmester, V., Münch, D., & Arens, M., 2021). 이는 사람의 눈과 뇌가 이미지를 보고 객체를 인지하는 과정을 모사한 것이다.

딥 러닝의 전형적인 신경망 모델로서 CNN은 모든 분야에서 광범위한 관심을 받고 있다. 컴퓨터 비전 분야에서 이미지 분류, 의미론적 분할, 객체 탐지 및 이미지 초해상도 재구성 등 여러 영역에서 CNN의 빠른 발전을 통해 주목할 만한 진보가 이루어졌다. 노인 돌봄 모니터링, 재활 활동 추적, 자세 교정 분석, 보안에서의 침입 탐지 등 실생활 응용이 많은 인간 활동 인식(HAR)은 컴퓨터 비전 분야의 주요 연구 영역이다(Zhao, X. et al., 2024). 신경과학에서 AI의 응용은 특히 뇌 이미징과 신경 모니터링 분야에서 눈에 띄는 진전을 보이고 있다. 1990년대 초반 이후, AI는 환자 모니터링, 질병 스캐닝, 진단 및 예방을 위해 의료 분야에 등장하였다. 이는 의료 전문가, 기술자, 연구자들이 고차원의 의료 데이터와 이미지를 처리하도록 도와 데이터 기록, 저장 및 보안의 부담을 줄인다. 의료 데이터의 디지털화가 진행되면서 방대한 데이터에서 관련 건강 정보를 추출하는 과정은 더욱 정교해졌다. 고급 이미지 처리 알고리즘과 머신 러닝 기법을 활용해 뇌 스캔에서 얻은 데이터를 분석함으로써 연구자들은 뇌의 구조와 기능의 상세한 맵을 만들어낼 수 있다. 이러한 기술은 뇌의 다양한 상태를 더욱 정밀하게 진단할 수 있는 능력을 제공하는데 알츠하이머병, 파킨슨병, 우울증 등의 뇌 질환에 대한 이해를 증진시키고 더욱 효과적인 치료 방안을 개발하는 데 기여한다. 예를 들면, 신경정보학의 발전은 신경 영상, 신경 분석, 신경유전학 등과 같은 다양한 과학 분야에서 많은 장을 열었다. 블루 브레인 프로젝트, 뉴로 디자이너, 오픈 뉴럴 네트워크와 같은 여러 신경학적 영감을 받은 프로젝트들이 점차 뇌에 관한 연구를 확장하기 시작하였다. 이러한 프로젝트들은 신경과학과 AI 기술의 협력을 통해 컴퓨터, 인지, 행동 신경학 등 여러 학제 간 분야에서 발견할 수 있는 소프트웨어 및 하드웨어 모델을 설계하고 있다(Pratyasha, Gupta, & Padhy, 2022).

인간 뇌 연구는 AI 기술의 발전에 큰 자극을 제공하며, 그 역으로 AI 기술의 발전은 뇌과학 연구에 새로운 방법론과 접근 방식을 제시한다. 상호 보완적인 이러한 관계는 뇌신경과학과 AI 분야가 서로의 한계를 극복하고 더욱 발전해 나가는 데 중요한 역할을 하고 있다. 예를 들어, 뇌의 복잡한 작동 원리를 이해함으로써 AI 개발자들은 더욱 효율적이고 인간처럼 생각하는 인공지능 시스템을 구축할 수 있는 기초를 마련하게 된다. 반대로 AI 기술, 특히 머신 러닝과 딥 러닝의 발전은 신경과학자들에게 뇌의 정보 처리 방식을 모델링하고 실험하는 새로운 도구를 제공한다. 이는 뇌의 병리학적 상태를 이해하고 치료하는 데에도 큰 기여를 할 수 있다.

이처럼 인간의 뇌와 인공지능 기술 사이의 상호작용은 지속적으로 확장되고 있으며 이 관계는 과학적 발견과 기술 혁신에 있어 서로를 강화하는 역할을 하고 있다. 인공지능의 발전이 인간의 뇌를 더욱 깊이 있게 이해할 수 있는 경로를 제공하면서, 동시에 뇌과학의 발견이 인공지능 시스템의 성능을 향상시키는 새로운 아이디어를 제공하고 있다. 이와 같은 상호 보완적인 발전은 두 분야의 경계를 넘어 협력과 혁신의 장을 마련하고 있으며, 이는 인간의 삶의 질을 향상시키는 방향으로 이어질 수 있는 잠재력을 내포하고 있다.

II. AI 연구의 기반으로서 뇌신경과학

그동안 지능에 대한 정의는 주로 인간의 능력을 기준으로 해왔다. 이 때문에 인공지능(AI) 연구는 대부분 인간 지능을 모방할 수 있는 범용 인공지능(AGI) 시스템을 만드는 것을 목표로 하는 기계의 창조에 중점을 두고 있다. 이 목표를 고려할 때, 과학자, 수학자, 철학자들이 뇌의 기계적, 구조적, 기능적 속성에서 영감을 받아 AI 연구를 진행하는 것은 놀랄 일이 아니다. 1950년대 이후로, 뉴런의 정보 처리 메커니즘을 인공적으로 모델링하려는 시도가 있었다. 이는 주로 1958년 로젠블라트(Frank Rosenblatt)가 개발한 퍼셉트론에서 시작되었다. 이는 입력의 합이 임곗값에 도달하면 이진 출력을 생성할 수 있는 개별 노드가 가중치 입력을 받는 매우 축소된 뉴런 신호 모델이다. 1980년대 말에는 다층 신경망의 개발과 역전파의 대중화로 초기 퍼셉트론의 많은 한계를 해결할 수 있었다. 이러한 신경망은 네트워크의 오류 기능을 계산하고 자체 연결을 동적으로 수정할 수 있게 되었으며, 이미지 및 음성 인식을 포함한 지능적 기술이 가능한 새로운 세대의 AI를 탄생시켰다. 다층 신경망은 또한 체스, 바둑, 포커, 스타크래프트Ⅱ와 같은 전략 기반 게임에서 인간을 능가하거나 견줄 수 있는 고급 학습 시스템을 만들기 위해 강화 학습 방법과 결합되었다(Macpherson et al., 2021). 강화 학습(RL)은 알파고(AlphaGo)와 같은 많은 응용 분야에서 널리 사용되는 기계 학습 프레임워크이다. 이는 AI 에이전트가 어떻게 행동하고 환경과 상호작용하는지와 관련이 있다. RL은 생물학적 학습 과정과도 밀접히 연관된다. 많은 국가가 뇌과학 연구를 가속화하기 위해 프로젝트를 수행하였다. 강조점과 경로는 다르지만, 뇌신경과학의 발견을 기반으로 한 차세대의 AI 개발은 모든 뇌 연구 프로젝트의 공통 목표이다. 뇌 연구 프로젝트의 지원으로 중요한 성과가 이루어졌는데, 그중 하나로 광유전학의 발전을 들 수 있다. 광유전학은 단일 세포 해상도

[그림 3] Complex neural network
(출처: Ullman, 2019)

로 신경 활동을 조작할 수 있게 만들었다(Fan et al., 2020).

인공 신경망(ANN 또는 ANNs)은 기계 학습, 지식 표현, 복잡한 시스템의 출력 반응을 극대화하기 위한 새로운 시스템 및 계산 방법이다. 인공 신경망(ANN)은 뇌와 같은 생물학적 신경 시스템이 데이터를 처리하는 방식을 기반으로 한 데이터 처리 모델로 뇌의 신경 세포, 즉 뉴런들이 정보를 전달하는 방식을 모방하여 설계된 AI 기술이다(Kanwisher, Khosla, & Dobs, 2023). 이 기술은 입력된 데이터로부터 패턴을 학습하고 이를 바탕으로 예측을 수행할 수 있도록 해준다. ANN 구조는 인간 뇌의 신경망을 모방한 것으로, 정보 처리를 위해 상호 연결된 노드(또는 뉴런)의 네트워크로 구성되고 각 노드는 입력을 받아 처리하고 출력을 생성하며 [그림 4]와 같이 여러 층에 걸쳐 배열된다.

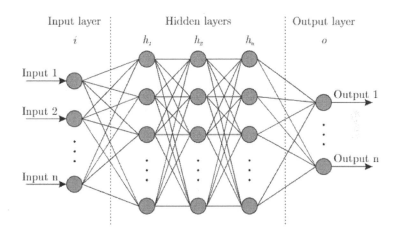

[그림 4] 유의미한 AI 네트워크: 인공 신경망 구조
(Informed AI network: Artificial neural network architecture)
(Bre, Gimenez, & Fachinotti, 2018)

이러한 네트워크에서는 각 뉴런이 다수의 다른 뉴런과 연결되어 있고 이들 간의 연결 강도, 즉 가중치가 학습을 통해 지속적으로 조정된다. 이는 인간의 뇌에서 경험이나 학습을 통해 신경 연결의 강도가 변화하는 과정과 유사하다. 이들은 포유류 대뇌피질의 뉴런 구조에 중점을 두고 있지만 훨씬 더 작은 규모이다. 많은 인공지능 전문가들은 인공 신경망이 지능적인 기계를 설계할 수 있는 최고이자 아마도 유일한 희망이라고 믿고 있다. 인공 신경망은 인간 뇌와 같은 방식으로 설계되었으며, 뉴런 노드가 거미줄처럼 상호 연결되어 있다. 뉴런은 인간 뇌를 구성하는 수십억 개의 세포이다. 각 뉴런은 세포체로 구성되어 있으며, 뇌로부터 정보를 가져오고(입력) 보내는(출력) 과정을 통해 정보를 처리한다. 이러한 네트워크의 주요 아이디어는 생물학적 신경 시스템이 작동하는 방식을 일정 부분 모방하여 데이터와 정보를 처리하고 학습 및 지식을 생성한다. 이 아이디어의 핵심 요소는 정보 처리 시스템을 위한 새로운 구조를 만드는 것이다. 시스템은 뉴런이라 불리는 상호 밀접하게 연결된 대량의 처리 요소로 구성되어 있으며, 이들은 문제를 해결하고 시냅스(전자기 연결)를 통해 정보를 전달하기 위해 협력한다. 뉴런들은 밀접하게 연결되어 여러 층으로 구성된다. 입력 층은 데이터를 받고, 출력 층은 최종 결과를 생성한다. 각 연결에는 연결 가중치가 있고, 각 뉴런에는 임곗값과 활성화 함수가 있다. 가중치는 연결에서의 신호 강도에 영향을 미친다. 네트워크에서는 한 세포가 손상되더라도 다른 세포들이 그 결핍을 보충하고 재생에 기여할 수 있다.

이 네트워크는 학습할 수 있는 능력이 있는데 기본적으로 학습 능력은 지능 시스템의 가장 중요한 특징이다. AI 시스템은 인간의 뇌와 유사한 방식으로 작동하도록 발전하고 있으며, 더욱 복잡하고 정교한 학습 모델을 통해 인간 뇌의 일부 기능을 모사할 수 있는 능력을 갖추고 있다. 특히 심층 학습과 같은 방법은 많은 계층을 가진 신경망을 통해 복잡한 문제를 해결하는 데 효과적인데 이는 뇌의 계층적 정보 처리 구조를 모방한 것이다. 인공 신경망은 인간과 마찬가지로 다양한 예를 사용하여 학습하며, 학습 과정 동안 패턴을 식별하고 정보를 분류하는 특정 작업을 수행하도록 설정된다. 인공 신경망은 알려지지 않았거나 매우 복잡한 내부 구조를 가진 시스템의 제어나 모델링에 점점 더 많이 사용되고 있다(Dastres & Soori, 2021).

III. 인공 신경망 응용 분야

1950년 앨런 튜링은 그의 논문에서 '기계는 생각할 수 있는가?'라는 질문을 던짐으로써 인공지능(AI) 연구의 새로운 장을 열었다. 이 당시 복잡한 계산을 수행하는 시스템으로서 알려진 것은 생물학적 신경 시스템뿐이었다. 그렇기에 초기 AI 분야의 과학자들은 두뇌 회로를 원천으로 삼아 뇌와 유사한 회로로 지능적 계산을 수행하려고 하였다. 뇌에서 영감을 받은 모델은 연속적인 층의 뉴런과 유사한 요소들로 구성되며 그들의 생물학적 대응물인 시냅스라고 불리는 조절 가능한 가중치로 연결된다. 딥 네트워크와 관련된 방법들은 컴퓨터 비전, 음성 인식 및 생성, 복잡한 게임 플레이를 포함한 AI 연구의 핵심 분야에서 이전에 알려진 방법보다 우수함을 입증하였다. 딥 네트워크 외에도 AI 모델은 뇌와 유사한 계산의 또 다른 주요 측면을 통합하였는데 이는 강화 학습(RL)의 사용이다. 여기서는 뇌의 보상 신호가 행동을 수정하는 데 사용된다. 이러한 학습 형태에 관여하는 뇌 메커니즘은 광범위하게 연구되었으며, 컴퓨터 모델 특히 로보틱스 응용과 같은 AI 영역에서 사용되었다. RL은 에이전트 즉 사람, 동물, 또는 로봇이 세계에서 행동하고 그에 대한 보상 신호를 받는 상황에서 사용된다. 최근의 AI 알고리즘에서 RL 방법은 딥 네트워크 방법과 결합되어 특히 체스, 바둑, 쇼기와 같은 복잡한 게임뿐만 아니라 인기 있는 비디오 게임에 적용되었다. RL과 딥 넷의 결합은 게임 플레이에서 놀라운 결과를 만들어냈으며, 세계 최고의 바둑 선수들을 설득력 있게 패배시키거나, 게임의 규칙만으로 시작하여 약 4시간의 훈련 후에 체스에서 세계 챔피언 수준에 도달하는 것을 포함한다. 그러나 생물학적 회로의 어떤 측면들이 계산적으로 필수적이며 네트워크 기반 AI 시스템에도 유용할 수 있는지는 현재로서는 명확하지 않으며, 구조적 차이는 두드러진다. 예를 들어, 생물학적 뉴런은 형태, 생리학, 신경화학 측면에서 매우 복잡하고 다양하다(Ullman, 2019).

신경과학은 인공지능(AI) 개발의 핵심적인 기반이 되기에 인간 뇌의 복잡한 구조와 기능을 이해하는 것은 AI 기술의 정교화와 효율성 향상에 결정적인 역할을 한다. 이러한 이해는 다양한 응용 분야에서 AI와 뇌신경과학의 결합을 통한 혁신적인 발전을 가능하게 한다. 예를 들어, 뇌의 복잡한 작동 원리를 이해함으로써 AI 개발자들은 더욱 효율적이고 인간처럼 생각하는 인공지능 시스템을 구축할 수 있는 기초를 마련하게 된다. 신경과학에서 AI의 응용은 특히 뇌 이미징과 신경 모니터링 분야에서 눈에 띄는 진전을 보이고 있다. 현재 심층 학습을 도입한 의료 이미징은 AI 분야의 최전선 응용과 정밀 신경과학의 미래 발전 추세로 떠오르고 있다. 기계 학습과 딥 러닝은 AI의 한 분야로서 특히 영상 데이터에 적용될 때 의학 분야에서 유망한 결과를 보여주었다. 이는 방사선 진단, 생물정보학, 유전체 서열 분석, 약물 개발, 조직병리학적 영상 분석 등에서 활용되었다. 뇌 질환 병변의 분할은 질병 부담을 나타내는 영상 바이오마커를 제공할 수 있으며 질병 진행 및 치료에 대한 영상 반응을 모니터링하는 데 도움을 줄 수 있다(Xu, Ouyang, & Yuan, 2023). 고급 이미지 처리 알고리즘과 머신 러닝 기법을 활용해 뇌 스캔에서 얻은 데이터를 분석함으로써 연구자들은 뇌 구조와 기능의 상세한 맵을 만들어낼 수 있다.

또한 인공 신경망은 인간 뇌의 결정 및 판단 과정을 모방하여 복잡한 문제 해결과 의사 결정을 지원하는 시스템을 개발하는 데 활용된다. 이는 예측 모델링, 위험 분석 및 관리, 자원 최적화와 같은 문제를 해결하는 데 중요한 역할을 하고 있다. 예를 들어 기계 학습(ML)은 시계열 예측, 분류, 진단, 모니터링 등 복잡한 작업의 자동화나 해결을 통해 생의학, 신경과학 또는 로보틱스와 같은 여러 연구 분야를 지원할 잠재력을 가지고 있다(Górriz et al., 2020). 그리고 금융, 건강 관리 등 다양한 분야에서 중요한 응용을 찾고 있다.

첫째, 건강 관리 분야이다. 신경과학에 기반한 AI는 의료 진단, 치료 계획 및 환자 모니터링을 혁신하여 보다 정확하고 개인화된 의료 서비스를 제공하는 데 기여할 수 있다. 특히, 뇌졸중, 치매와 같은 신경학적 질환의 조기 진단과 효과적인 치료 전략 개발에 중요한 역할을 한다. 예를 들어, 신경 영상 기술과 데이터 분석을 결합한 AI 시스템은 병변의 위치와 크기를 정밀하게 파악하여, 맞춤형 치료가 가능하도록 지원한다. 또한 환자의 뇌 활동 패턴을 모니터링하고 예측 모델을 통해 재발 가능성을 평가하여 예방 조치를 취할 수 있다.

둘째, 교육 분야이다. 교육 분야에서는 개인의 뇌 활동 패턴을 분석하여 맞춤형 학습 경험을 제공하는 AI 시스템 개발이 가능하다. 이를 통해 학습자의 인지 스타일과 필요에 맞는 교육 콘텐츠와 방법을 제공하여 학습 효율을 극대화하고, 교육 격차를 줄일 수 있다. 뇌-컴퓨터 인터페이스(BCI) 기술을 활용하여 학습 장애가 있는 학생들이 정보를 더 쉽게 접근하고 이해할 수 있도록 도울 수 있다. 이러한 기술은 또한 실시간으로 학습자의 반응을 분석하고 그에 따라 교육 방법을 조정함으로써 보다 효과적인 학습 결과를 도출할 수 있다.

셋째, 로보틱스 분야이다. 이 분야에서는 사회적 상호작용을 필요로 하는 환경에서 인간과 자연스럽게 상호작용할 수 있는 로봇의 개발이 이뤄질 수 있다. 이를 위해 신경과학의 이해를 바탕으로 한 감정 인식 기능과 사회적 능력 개발이 필수적이다. 예를 들어, 고객 서비스 로봇이나 돌봄 로봇이 사람의 감정 상태를 파악하고 이에 적절히 반응할 수 있도록 하는 기술은 인간과의 상호작용에서 로봇이 자연스럽고 유용하게 활동할 수 있게 한다.

넷째, 인터랙티브 엔터테인먼트로 비디오 게임·가상 현실(VR, Virtual Reality)·증강 현실(AR, Augmented Reality) 경험에서 사용이다. 사용자의 감정과 반응을 실시간으로 분석하고 그에 맞추어 콘텐츠를 조정함으로써 사용자에게 더욱 몰입감을 주는 경험을 제공하는 것은 인터랙티브 엔터테인먼트 분야에서의 중요한 발전이다. 이 기술은 신경과학의 원리를 적용하여 사용자의 생리적 및 심리적 반응을 실시간으로 측정하고 이 데이터를 기반으로 게임 내 이벤트나 VR 환경의 동적 조정을 가능하게 한다. 이를 통해 개인의 선호와 감정 상태에 기반한 맞춤형 엔터테인먼트 경험이 구현될 수 있다.

인간의 뇌와 인공지능 기술 사이의 상호작용은 지속적으로 확장되고 있으며 이 관계는 과학적 발견과 기술 혁신에 있어 서로를 강화하는 역할을 하고 있다. 인공지능의 발전은 인간의 뇌 연구를 더욱 깊이 있게 이해할 수 있는 경로를 제공하며, 동시에 뇌과학의 발견은 인공지능 시스템의 성능을 향상시키는 새로운 아이디어를 창출한다. 이와 같은 상호 보완적인 발전은 두 분야의 경계를 넘어서는 협력과 혁신의 장을 마련하고 있으며 이는 인간의 삶의 질을 향상시키는 방향으로 이어질 수 있는 잠재력을 내포하고 있다. 뇌신경과학은 AI의 발전과 함께 핵심적인 융합 분야로 자리 잡으며 다양한 분야에서 그 적용 가능성을 확장하고 있다. 신경과학적 원리와 방법론을 AI 설계에 통합함으로써 인간의 인지 및 감정 처리 능력을 모방하고 이를 기반으로 한 시스템의 효율성과 효과를 대폭 향상시킬 수 있다. 앞으로의 연구에서는 이러한 통합이 더욱 깊어져 인간 뇌의 작동 원리를 더욱 정확하게 구현하는 AI 시스템 개발이 이루어질 것이다. 이 과정은 인간의 복잡한 인지 프로세스를 이해하고, 이를 기반으로 한 기술적 접근이 더욱 정교화될 수 있는 기회를 제공할 것이다.

IV. 결론

인공지능(AI)은 인간의 지능을 모방하여 문제 해결과 의사 결정 능력을 갖춘 기계를 만드는 컴퓨터과학 분야이다. 신경과학은 뇌의 구조와 인지 기능에 대한 과학적 연구로, 이 두 분야는 서로의 발전에 중요한 역할을 한다. 생물학적 신경망에서 영감을 받은 복잡한 딥 뉴럴 네트워크 아키텍처는 텍스트 처리, 음성 인식, 객체 감지 등 다양한 애플리케이션 개발에 활용된다. 또한, 신경과학 이론은 AI 기반 모델을 검증하고, 인간과 동물의 강화 학습을 모방한 알고리즘을 통해 로봇 기반 수술, 자율 주행 차량, 게임 애플리케이션과 같은 복잡한 시스템을 구축하는 데 도움을 준다.

AI는 복잡한 데이터를 지능적으로 분석하고 숨겨진 패턴을 추출하는 능력을 가지며, 이는 신경과학 데이터 분석에 이상적이다. 대규모 AI 기반 시뮬레이션은 신경과학자들이 가설을 테스트하는 데 기여한다. 예를 들어, 뇌의 학습 메커니즘을 모방하여 개발된 딥 러닝 기술은 이미지 인식, 언어 번역, 자율 주행차의 운행 등 다양한 분야에서 혁신을 가져왔다. 이러한 기술들은 복잡한 데이터 패턴을 인식하고 학습하는 능력을 지니며, 이는 인간의 뇌가 가진 복잡한 처리 능력을 일부 흉내 내고 있다는 것을 의미한다.

또한 뇌와의 인터페이스를 통해 AI 기반 시스템은 신호에 따라 생성되는 뇌 신호와 명령을 추출할 수 있다. 뇌-컴퓨터 인터페이스(BCI) 기술은 신경과학의 또 다른 중요한 응용 분야이다. 이 기술은 인간의 뇌 활동을 직접적으로 모니터링하고 해석하여 그 정보를 사용해 기계와의 인터페이스를 가능하게 한다. 이러한 명령은 로봇 팔과 같은 장치에 공급되어 마비된 근육이나 다른 인체 부위의 움직임을 돕는다. 이를 통해 사용자의 의도를 직접적으로 기계에 전달할 수 있으며 이는 재활 의학, 보조 기술, 심지어 게임과 같은 엔터테인먼트 분야에서도 그 활용도가 높아지고 있다. AI는 신경 영상 데이터 분석과 방사선과 의사의 업무 부담 감소에서 여러 사용 사례를 가지고 있다. AI는 신경학적 장애의 예측과 탐지에 효과적으로 적용될 수 있다(Surianarayanan, C.

et al., 2023).

그러므로 뇌신경과학의 깊이 있는 이해와 AI 기술의 발전은 서로를 강화하며 인간의 생활 방식을 혁신적으로 변화시킬 잠재력을 지니고 있다. 앞으로 이 분야의 연구가 계속 발전함에 따라 우리는 더욱 스마트하고 개인화된 기술 솔루션을 경험할 수 있게 될 것이다. 기술의 미래는 이러한 융합 접근 방식에서 크게 달라질 것이며 인간의 삶의 질을 한층 더 향상시킬 수 있는 무한한 가능성을 제공할 것이다. 그러나 동시에 이러한 기술 발전은 다양한 윤리적 문제들을 야기한다.

첫째, 뇌-컴퓨터 인터페이스(BCI) 기술과 같이 인간의 뇌 활동을 직접적으로 모니터링하고 해석하는 기술은 개인의 생각이나 의도까지도 읽을 수 있는 가능성을 내포하고 있다. 이는 프라이버시 보호와 관련된 심각한 우려를 낳으며, 누가 이러한 정보를 소유하고 관리할 것인지에 대한 질문을 불러일으킨다. 둘째, AI가 개인의 뇌 활동 정보를 사용하는 과정에서, 잘못된 손에 정보가 넘어갈 경우 이것이 오용될 가능성이 있다. 예를 들어, 고용, 보험, 금융 서비스 등에서 개인의 뇌 데이터를 기반으로 한 차별이 발생할 수 있다. 셋째, 기술이 개인의 생각이나 감정을 해석할 수 있게 될 경우, 진정한 의미에서의 동의가 가능한지에 대한 문제가 생긴다. 가령, 사람들이 자신의 뇌 데이터가 어떻게 사용되고 있는가를 충분히 이해하고 있는지, 그리고 그들이 제공한 동의가 정보 제공의 모든 측면을 포괄하는지 혹은 동의 범위가 어디까지인지에 대한 의문이 불거진다. 넷째, AI가 인간과 유사한 방식으로 정보를 처리하고 결정을 내릴 수 있게 되면서, AI의 결정에 대한 책임 소재를 누가 지게 될지에 대한 문제가 발생한다. 기계가 독립적으로 결정을 내릴 경우, 오류나 잘못된 판단에 대한 법적 및 도덕적 책임은 누구에게 있는지가 불분명해질 수 있다. 다섯째, AI와 뇌신경과학의 융합이 일부 사람들에게는 이득이 될 수 있지만, 기술 접근성의 불평등이 사회적 격차를 심화시킬 수 있다. 기술을 통해 향상된 인지 능력이나 신체 능력을 가진 사람들과 그렇지 않은 사람들 그리고 정보 접근 및 처리 권한을 가진 사람들과 그렇지 않은 사람들 간의 차이는 더욱 커질 수 있다.

결론적으로 인간의 뇌 구조와 기능에 대한 깊은 이해는 AI 기술의 발전뿐만 아니라 그 적용 가능성을 넓히는 데 중요한 역할을 한다. 이러한 통찰은 AI를 우리의 일상생활에 더욱 유용하고 효과적으로 통합할 수 있는 방법을 제시하며, 미래 기술의 발전과 인간의 삶의 질 향상에 결정적인 기여를 할 것이다. 신경과학과 AI의 융합은 인간의 인지 능력을 향상시키고 신체적 제한을 극복하며 사회적 상호작용을 개선하는 데도 중요한 역할을 할 수 있다. 이는 패턴 인식, 의사 결정 프로세스, 감정 반응의 모델링 등 복잡한 인지 기능을 모방하는 AI 시스템 설계를 통해 더욱 명확하게 구현될 수 있다. 인간 뇌의 프로세싱 방식을 모델로 사용함으로써, AI 연구자들은 기계가 인간과 유사한 방식으로 정보를 처리하고 문제를 해결할 수 있는 더 발전된 알고리즘을 개발할 수 있다. 그럼에도 불구하고 이로 인해 생길 수 있는 윤리적 문제들을 해결하기 위해서는 기술 개발 과정에서부터 윤리적 고려를 통합하고, 관련 법률 및 정책을 강화하는 것이 필요하다. 아울러 국제적 협력을 통해 글로벌 스탠다드를 더욱 체계화하고 다양한 이해관계자들의 의견을 수렴하여 보다 포괄적인 대응 방안을 모색해야 할 것이다.

6장.
정서와 공감의 신경과학적 이해와
Lisa Barrett의 정서 구성주의

I. 서론

지난 수십 년간 도덕심리학 분야는 도덕적 판단 뒤에 숨겨진 메커니즘을 해체하기 시작했으며 정서의 본질과 역할에 대해 보다 분석적인 접근을 시도하고 있다. 정서가 실제 도덕적 판단과 행동에 어떠한 영향을 주는지는 교육 현장에서 중요한 문제이다. 그 이유는 2가지 측면에서 생각해 볼 수 있다. 첫째, 우리의 판단과 행동은 종종 정서적 반응과 연결되어 있다는 점이다. 정서는 특정 상황에서 우리의 선택을 이끌거나 방해할 수 있으며 선택에 큰 영향을 미친다. 예를 들어, 우리는 내적 충족감이나 도덕적 고양감에 의해 그리고 때로는 도덕적 수치심에 의해 도덕적으로 옳다고 생각하는 행동을 선택하고 실천할 수 있다. 정서적 반응은 선택과 행동을 좌우할 수 있으며 교육 현장에서 이러한 연결 고리를 이해하는 것은 학생 지도에 유용할 수 있다. 둘째, 정서에 대한 이해는 판단이나 행동에서 정서가 주는 영향을 어떻게 조절할 수 있는지에 대한 단서를 제공할 수 있다. 정서가 특정 행동을 이끌거나 방해할 수 있는 방식을 이해함으로써 우리는 교육 현장에서 학생들이 바람직한 사고와 행위를 촉진하도록 그들의 정서 조율과 조정을 도모할 수 있다.

배럿은 신경과학적 입장에서 정서 구성주의를 주장하며 정서의 과학적 이해를 더욱 북돋는다. 신경과학에서의 정서 이해에 대한 탐구는 교육에서 정서를 어떻게 다루고 교육해야 하는가에 대한 중요한 통찰을 제공하며, 학습 효과를 높이는 방법을 모색하는 데 기여한다. 따라서 먼저 정서가 어떻게 해명되어왔는지를 조망하고, 다음으로 배럿의 정서 구성주의를 살펴본 후 궁극적으로 배럿의 정서 구성주의가 교육에 갖는 시사점을 도출하고자 한다.

II. 정서의 이론적 기초

1. 도덕철학, 생물학, 심리학에서의 정서 이해

1) 도덕철학에서 정서 이해

철학적 관점에서 정서는 오랫동안 단순한 감정이나 생리적인 것으로 해석되고 평가되기도 하였다(Robert C. Solomon, 1993: 3-7). 소크라테스,

플라톤과 같이 이성을 추구한 철학자들에게 있어 정서의 충동은 이성의 지혜에 의해 안전하게 억제되어야 하는 것으로 묘사된다. 솔로몬은 칸트가 이성을 단호하게 옹호한 것으로 보았는데, 그는 칸트가 경향이라고 부르는 감정, 기분, 욕망과 이성의 구별을 강화하였다고 지적하였다(Solomon, 1993).

이성과 정서를 일종의 지배자와 노예로 보는 이러한 메타포는 크게 두 가지 특징으로 설명할 수 있다. 첫째, 정서의 역할을 이성에 비해 열등하게 보는 것으로 정서를 원시적이고 지적이지 않으며 신뢰하기 어렵고 이성보다 위험한 것으로 이해하는 것이다. 둘째, 이성과 감정의 엄격한 구별로서 이성과 정서를 두 가지의 서로 다른, 즉 상충적이고 대립적인 것으로 이해하는 것이다. 이러한 관점을 수용할 때는 이성과 정서를 영혼의 두 가지 반대되는 측면으로 간주하기도 하며, 일반적으로 이성의 우월성을 강조한다.

한편, 정서가 상황이나 사건을 중요하게 평가함으로써 유발되고 차별화된다는 개념은 오랜 역사를 가지고 있다. 이와 같은 견해는 아리스토텔레스, 데카르트, 스피노자와 같은 초기 철학자들에까지 거슬러 올라간다(Scherer, 1993). 아리스토텔레스는 윤리학, 정치학, 시학, 수사학에서 정서와 이성 간의 관계에 초점을 맞췄다. 솔로몬도 언급하듯이 그에 따르면 정서는 우리의 정치적, 윤리적, 미학적 판단을 결정하는 데 있어서 절실하며 행동에 동기를 부여하고 사회적 유대감을 형성하는 역할을 한다(아리스토텔레스, 박문재 역, 2022; Solomon, 1993). 현대 철학의 아버지로 인식되는 데카르트가 이원론자인지에 대해서는 논쟁의 여지가 있으나(Gordon Baker and Katherine Morris, 2005), 일군의 학자들은 그를 이원론자로 이해하고 있으며(O'Shiel, 2019), 이성과 정서를 엄격히 구분하고 이성을 생물학적 기반에서 분리한 것으로 평가한다(Damasio, 1994). 그런데 데카르트는 그의 정념론(The Passions of the Soul)에서 고대인들로부터 전해진 과학에서 가장 두드러진 결함은 그들이 정념(passions)에 관해 쓴 것이라고 지적하기도 하였다. 그는 정념을 영혼의 인식(perceptions), 감각(sensations) 또는 동요(commotions)로 정의할 수 있다고 보았다. 모든 정념의 주요 효과는 영혼을 자극하여 정념이 신체를 준비시킨 방식대로 이를 움직이게 하는 의지를 갖게 한다. 예를 들면, 공포의 느낌은 영혼이 도망치려는 의지를 갖게 하고, 용기의 느낌은 싸우려는 의지를 갖게 하며 다른 정념들도 마찬가지이다(Descartes, Voss, Trans., 1989).

정서의 중요한 역할은 홉스(Thomas Hobbes)의 견해에서도 찾을 수 있다. 홀은 홉스에게 이성은 정서의 하수인이며 정서가 결정한 목표에 도달하기 위한 수단을 제공하는 것으로 이해된다고 보았다(L. K. Hall, 2006; Rebecca Kingston and Leonard Ferry, ed., 2008; Drew Westen, 2008). 흄(David Hume)에 있어서 정서는 윤리의 중요한 부분을 형성한다. 그에게 '정념(passions)은 주인이고 이성(reason)은 노예'로 묘사된다(David Hume, 1896). 그는 이성이 결코 의지에 대한 동기가 될 수 없으며 이성은 항상 정념에 대한 노예가 되어야 한다고 보았다(Thalos, 2013). 그의 주장에 의하면,

우리를 옳고 그름의 행동으로 이끄는 것은 우리의 정서이다. 그는 정서를 어떤 종류의 감각 또는 그가 인상(impression)이라고 부른 것으로 정의했는데, 자부심의 즐거운 인상은 자신이 중요한 것을 달성하였다는 생각으로 인해 유발된다(Frijda, 2008).

주목할 점은 솔로몬이 강조하듯 흄과 스미스는 모두 '도덕적 감정'이라고 부르는 것의 중요성을 옹호하였다는 점이다. 공감 능력은 필수적이며 이는 다른 사람들과 '함께 느끼고' 그들의 불운을 이해하는 능력이다. 그들은 공감 능력이 인격의 보편적인 특징이며 이기적인 행동을 상쇄하고 완화하고 사회와 도덕의 토대라고 이해하였다(Solomon, 1993). 이러한 관점에서 보면, 정서는 인간 정신의 창피하거나 버림받은 부분이 아니라, 사회적 존재인 인간과 도덕의 본질을 형성한다. 정서는 이성과 대립되기보다는 상호 보완적인 역할을 한다.

2) 생물학 및 생리학에서 정서 이해

윌리엄 제임스(William James)는 130여 년 전 『정서란 무엇인가(What is an Emotion?)』(W. James, 2013)라는 저서에서 정서에 대한 질문을 제기하였다. 그는 우리가 자극적 사실을 인식한 후에 신체적 변화가 직접 따르며 그 변화가 일어날 때 우리가 느끼는 것이 정서라고 주장하였다(Schachter & Singer, 1962). 정서는 놀람, 기쁨 등 일시적인 동요로 정의되기도 하며(Larousse Dictionary, 1990), 인지나 의지와 구별되는 고통, 욕망, 희망, 사랑, 두려움 등 강한 감정으로 규정되기도 한다(Oxford English Dictionary, 2023).

제임스-랑게 이론(James-Lange theory, 1884)의 창시자들인 제임스와 랑게(C. G. Lange)는 생물학적인 입장에서 정서를 이해하였으며 정서의 본성에 관한 주요한 점들을 제시하였다. 그들의 아이디어에 따르면, 먼저 대상이 하나 이상의 감각 기관을 자극하면 감각 신호가 피질로 전달되어 인지된다. 이 신호는 근육과 내장 기관으로 전달되어 복잡한 방식으로 변화를 일으킨다. 제임스와 랑게는 이 변화된 기관들로부터의 신경 자극이 다시 피질로 돌아가 대상을 '인식된 것'에서 '정서적으로 느껴지는 것'으로 변형시킨다고 생각하였다. 환언하면, 그들은 정서가 특정 신체적 변화가 일어날 때 발생하며, 이 변화에 연관된 연상적 요소가 이를 설명한다고 보았다. 이 이론은 감정의 본질과 그것이 어떻게 우리의 신체와 상호 작용하는지에 대한 중요한 이해를 제공한다. 이 이론의 근거로는 우리가 긴장감, 두근거림, 홍조, 고통, 질식 등을 느낀다는 점이 주로 거론된다. 이러한 신체적 증상들을 정서의 일부로 가져간다면, 아무것도 남지 않게 된다. 랑게에 따르면, 혈관 운동 중추의 자극이 정서 원인의 근본이며, 그 밖에 다른 원인들이 있을 수 있더라도 모두 이것에 기인한다. 우리의 기쁨과 슬픔, 행복과 불행은 모두 혈관 운동 시스템에서 비롯된다. 우리 감각에 영향을 주는 인상들이 혈관 운동 시스템을 자극하지 않는다면, 우리는 냉담하고 정적인 채로 삶을 살게 될 것이다. 외부 세계의 인상들은 우리의 경험을 풍부하게 하고 우리의 지식을 증가시킬 뿐, 기쁨이나 분노를 불러일으키지 않을 것이고 우리에게 걱정이나 두려움을 주지 않을 것이다. 술, 특정 버섯, 해시시, 아편, 추위 등이 생리적인 효과를 유발하며 그와 함께 정서의 변화를 일으킨다는 사실이나, 공포에 질린 개체의 신체적 표현을 추상화하면 공포라는 정서의 본질은 남지 않는다는 점에서, 우리는 신체의 변화를 인식하는 것이 곧 정서의 발생 원리임을 알 수 있다. 즉 우리가 '공포'라는 정서를 느끼고 있는 대상에게 일어난 변화를 구체적으로 분석하면, 실제로 남는 것은 공포라는 감정적 개념이 아니라 신체적 반응에 불과하다는 것이다. 랑게는 제임스와 유사한 시각을 지녔지만, 혈액 순환 시스템의 변화에 초점을 맞춰 이를 더욱 발전시켰다(Cannon, 1987).

캐넌(Walter Bradford Cannon)은 『소화의 기계적 요인(The Mechanical Factors of Digestion, 1911)』을 출간한 후 정서 생리학에 대해 광범위하게 구상된 연구에 관심을 기울였고, 체계적으로 이 주제를 연구한 최초의 연구자이다. 그는 동물이 과도하게 흥분할 때 자율신경계의 교감신경계가 아드레날린 호르몬과 결합하여 '도피 또는 싸움'이라는 긴급한 반응을 동원한다는 것을 보여주는 증거를 수집하였다. 그의 발견은 『고통, 굶주림, 공포와 격노에 따른 신체 변화(Bodily Changes in Pain, Hunger, Fear and Rage, 1915)』에 실렸다(Brown & Fee, 2002). 그는 위장관 활동의 중지, 복부 장기에서 혈액의 이동, 증가된 심장 활력, 근육 피로 효과의 빠른 해소, 순환 내 에너지를 동원하는 당의 증가와 같은 것들을 두려움이나 분노 또는 통증이 부신을 자극하여 과도한 분비를 유발할 때 발생하는 변화로 보았다. 이러한 변화들은 신체를 더 효율적으로 만들어주며 두려움이나 분노 또는 통증과 관련된 투쟁에서 유용하다. 공포와 분노는 행동을 위한 유기적인 준비이며 통증은 최상의 힘을 발휘하는 자극이다(Cannon, 1914).

샤흐터와 싱어(Stanley Schachter & Jerome Singer, 1962)는 정서를 생리적 흥분 상태 및 이에 적합한 인지 상태로 정의한다. 그들은 이로부터 실험 결과로 지지되는 다음의 명제들이 유도된다고 제안한다. 첫째, 개인이 직접적인 설명을 가지지 않는 생리적 흥분 상태가 주어진 경우, 그는 이 상태를 라벨링하고 그가 가지고 있는 인지에 따라 자신의 감정을 묘사한다. 인지적 요소가 정서적 상태의 강력한 결정 요소인 만큼, 정확히 동일한 생리적 흥분 상태가 상황의 인지적 측면에 따라 '기쁨', '분노', '질투' 또는 매우 다양한 정서 라벨 중 어느 것으로도 라벨링될 수 있을 것으로 예상된다. 둘째, 완전히 적절한 설명을 가진 생리적 흥분 상태가 주어진 경우, 평가적인 요구가 발생하지 않을 것이며, 개인은 대안으로 가지고 있는 인지에 따라 자신의 감정을 라벨링하지 않을 것으로 예상된다. 셋째, 동일한 인지적 상황이 주어진 경우, 개인은 생리적 흥분 상태를 경험하는 정도에 따라 정서적으로 반응하거나 그의 감정을 정서로서 묘사할 것이다(Schachter & Singer, 1962). 정서에 관한 심리학적 모델은 신경생리학과 같은 인접한 학문의 개념 및 연구 결과와 연관된다.

2. 인지와 정서에 대한 신경과학적 연구

우리가 경험하는 정서는 사건에 대한 우리의 대응 방식에 강력한 영향을 미친다. 기쁨과 자부심은 직업과 가족을 발전시키고 보호하려는 새로운 헌신을 장려한다. 분노는 우리가 정의와 보복을 추구하도록 동기를 부여한다. 슬픔은 우리가 상실을 받아들이면서 도움과 위로를 구하도록 밀어붙인다(Smith & Lazarus, 1990). 역사적으로 정서는 종종 인지와 동기에 종속된 것으로 간주되었다. 때로는 쾌락주의적인 구조에서 이해되기도 하고, 때로는 소망이나 의지의 용어로 표현되기도 하였다(Lazarus, 1991). 플라톤이 제시한 인지(이성), 정서(기개), 동기(욕구) 부분으로 구성된 영혼의 삼분 구조 제안은 2천 년 이상 철학자와 심리학자들에게 영향을 미쳤다. 한편, 시어러(Klaus R. Scherer)는 모든 인지가 어느 정도 정서에 참여한다고 보았다(Scherer, 2000).

라자러스(R. S. Lazarus) 등에 따르면, 정서는 인간과 같은 복잡한 종에게 나타난 것으로 종종 복잡하고 세밀한 생활 조건에서 발생할 수 있는 위험과 이로운 상황에 대한 높은 대응 유연성의 필요성을 충족하기 위해 발전한다. 이들은 반사나 욕구와는 달리 지능에 의존하며 유연성, 가변성, 풍부함에서 차이가 있다. 생리적인 필요성과는 달리, 적응적으로 중요한 외부 사건들은 복잡한 종에게 다양한 형태로 제시된다. 예를 들어, 유기체가 살아남기 위해 대비해야 하는 사건 유형 중 하나는 그의 복지에 대한 위협이다. 모든 위협은 회피되거나 중화되지 않을 경우 해로운 결과를 가져올 가능성이 있는 특성을 공유한다(Smith &

Lazarus, 1990).

인지와 정서 간의 기능적 관계는 양방향이다. 정서는 일어난 일의 의미를 개인의 복지에 대해 평가하는 결과물로서 발생하는 효과 또는 종속 변수이다. 이는 어떻게 의미가 형성되었는지와 상관없는 인지 활동에 대한 반응이다. 인지는 필요하며 충분한 조건이 되는데, 여기서 충분하다는 것은 생각이 정서를 유발할 수 있다는 것을 의미하고, 필요하다는 것은 어떤 종류의 생각 없이 정서가 발생할 수 없다는 것을 뜻한다. 또한 원인이나 독립 변수로서, 정서는 후속적인 사고에 해를 끼칠 수 있거나 방해할 수 있으며 그 결과에 대한 피드백을 만들어낸다. 이는 추가적인 감정적 사고를 유발한다. 그러나 정서가 항상 인지를 포함한다고 생각하지만, 일부 인식은 객관적이며 상대적으로 냉정하거나 감정이 없을 수 있다. 우리가 알고 있는 많은 사실들은 특별한 정서적 의미를 가지지 않을 수 있다(R. S. Lazarus, 1990). 정서는 다른 심적 경험과 유사하게 두뇌에서 발생하는 신경 활동의 결과물이다(Cabanac, 2002).

19세기에 정서에 대한 신경과학적 연구가 시발되었다. 연구자들은 생리학, 신경학 툴을 이용하여 정신 범주 중에서 공포, 슬픔, 분노 등의 물리적 기반을 조사하였다. 이들은 정서가 신체나 뇌의 생물학적 변화로 형성되는지 여부에 관하여 논쟁하며 이론을 형성하였다. 때로 정서는 뇌의 변연계에 배치되어 일명 인간 내면의 야수라고 불리는 것으로 이해되었다. 반면, 인지는 피질에 할당된 것으로 생각되었다. 20

세기 전반부 기능주의가 이끄는 과학적 연구는 급속히 행동주의로 전환되었으며 신경과학은 행동생물학에 중점을 두었다. 그에 따라 정서는 정신 현상으로 취급되기보다 특정 행동을 유발하는 신경계의 상태로 재편되었다(L. F. Barrett & A. B. Satpute, 2019).

정서에 대한 가장 영향력 있는 신경과학적 해명은 여타의 심리적 사건과 유사하게 감정의 경험이 뇌나 신체의 물리적 과정에 의해 수반되며 물리적 세계의 사건으로 해명될 수 있다는 주장이다. 인간이 정서를 경험할 때 무언가를 감지한다는 점에서 정서의 주관적 경험은 정서를 파악하는 주요 관점이다. 그러나 정서 경험이 뇌의 신경생물학적 관점에서 완전히 해석될 수 있다고 하더라도 신경 회로의 단일 요소로 배타적으로 환원될 수 없다. 그것은 모든 의식적 케이스가 신경생물학적 특성과 현상학적 특징을 모두 가지고 있기 때문이다(Barrett, Mesquita, Ochsner, & Gross, 2007). 따라서 뇌 기능이나 다른 차원의 분석만으로 정신 과정을 이해하는 것은 감정 경험에 대한 포괄적이고 완전한 과학적 설명을 제공하기에는 역부족이다. 더욱이 의식 상태는 일인칭 관점에서만 존재하는 것으로, 의식을 가진 주체가 경험하는 순간에만 실제로 존재하며, 존재론적으로 주관적이다. 이는 경험하는 이로부터 독립적으로 재정의될 수 없다.

III. 배럿의 정서 이론

1. 배럿의 정서 구성주의 이해

고전적으로 정서는 외부나 내부 자극에 대한 반응으로 이해되며 특정한 신경 회로가 심박수 변동, 호르몬 분비 등과 같이 독특하고 식별 가능한 생리적 변화 패턴, 목소리, 얼굴 표정과 같은 외적인 운동 활동 그리고 주관적인 감정 및 메타인지 의식과 같은 정신적 특징을 조정한다. 다양한 정서는 종종 생물학적이거나 심리적인 것으로 구별되며, 인간 사회에 모두 공통적인 것으로 여겨지는 동시에 생물학적 선천성을 띠는 것으로 이해된다. 예를 들어 보편적인 사람들이 공포를 느끼는 신경학적 회로는 기본적으로 동일한 것으로 생각되어 왔다. 다시 말해 '공포'라는 감정의 생물학적 특징 및 심리적 특징은 동서고금을 막론하고 유사한 것으로 여겨졌고, 따라서 인간은 누구나 비슷한 상황에서 유사한 공포를 느낀다고 가정되어 왔다. 이러한 고전적 관점에 따르면, 각 정서는 특정 움직임 패턴, 즉 표정으로 얼굴에 표시된다. 그러나 배럿(Lisa Feldman Barrett)은 이와 같은 고전적 정서 견해에 의문을 제기하며 뇌의 어떤 영역에도 단일 정서에 대한 지문이 포함되어 있지 않다는 것을 발견하였다고 강조한다(Barrett, 2017a). 배럿을 포함한 일군의 연구자들은 이러한 고전적인 정서 관념은 서양화된 사회 문화 서사에서 유래되었다고 본다. 이들은 고전적 정서 관점이 인지-정서 신경과학적 증거들에 강력하게 모순된다는 것을 보여주고 있다고 지적한다. 예를 들어, 얼굴 움직임, 목소리, 자율신경계 생리학적 패턴, 뇌 활동 프로파일 등에 대한 연구에서 반증이 나타났다. 특정 정서 범주에 대한 가정적인 뇌 '생체 표지'조차도 연구간 다양성이 상당하다 (Jungilligens, et al., 2022).

배럿은 정서의 생물학적 기반에 대한 탐구를 시도했으며 「정서는 어떻게 만들어지는가: 뇌의 은밀한 일상(How emotions are made: The secret life of the brain, L. F. Barrett, 2017b)」에서 정서를 지각 과정의 생득적인 기제에 의한 고정된 실체라기보다 우리 몸의 내부와 외부의 다양한 정보를 바탕으로 형성되는 것으로 해석하였다. 그녀에 따르면, 인간의 정서 경험은 개인의 행동에 의해 능동적으로 구성되며, 인간은 정서의 설계자이자 주인으로서 이를 변화시킬 수 있다. 그녀의 정서 이론을 단적으로 잘 나타낸 것이 '구성된 정서 이론(Theory of constructed emotion)' 또는 '정서 구성주의(Constructing emotion)'이다.

정서 구성주의 즉, 다차원적 구성주의의 관점에서 배럿은 정서의 뇌 기반을 이해하는 접근 방식을 택한다. 정서는 개인에 따라 구체화되고 문화에 따라 다르며 아동이 사회적 학습과 언어를 통해 세계에서 신체의 내부 모델을 업데이트함에 따라 동적으로 변화한다. 정서 범위는 상황별 기능적 특징의 유사성으로 해설할 수 있으며 이 동질성은 집단적 의도를 통해 확립되고 언어를 통해 강화된다. 그러므로 어린이의 감정 경험과 인식은 문화적 기대와 양식에 의해 달라질 수 있다. 예를 들어, 개인의 성공을 중요시하는 문화적 배경에서는 어린이가 학교에서 상을 받을 때 느끼는 자긍심을 어떻게 형성하는지 학습할 수 있다. 동일한 상황에 있는 어린이는 집단 화합을 중시하는 문화적 맥락에서 존경심이나 창피함의 경험을 구성하는 법을 획득할 수 있다. 사회적 유대는 정서 개념 학습에 유용할 뿐만 아니라 정서 예측에 필수적이다(Hoemann, Xu, & Barrett, 2019).

정서 구성주의의 기본 가설은 정서 사건이 뇌의 능동적이고 건설적인 구성 과정에서 유래한다는 것이다. 이는 정서 처리 이론의 기본 전제에 도전하는 정서에 대한 획기적인 관점으로, 기존 견해와 달리 인간이 반사적이고 감정적인 반응을 일으키는 고유한 신경 회로를 갖고 있지 않다고 본다. 배럿은 세계에 대한 이해가 상황이나 사건에 의해 좌우된다고 생각할 수도 있지만 실지적으로는 우리의 예측에 의해 형성되고 고정된다고 보았다. 그녀는 다양한 심리적 장애를 가진 사람들이 부정적인 정서에 대해 비교적 낮은 세분화 경향을 보임도 관찰하였다. 가령 피로와 생리적 감각은 자주 슬픔으로 오판되는데, 정서 현실주의는 이러한 인지 왜곡의 근원으로 감정의 영향을 받는 인지적 관점의 일정한 양식이나 유형을 가리킨다(H. Coury, 2018). 정서 환경에서 예측되지 않은 정보는 인지 상태의 생리학적 변화를 초래하며, 이러한 변화로 인해 인지된 정보의 코드화 및 압축, 통합이 발생한다. 예측 오류(prediction errors)가 최소화되면 예상은 지각되거나 경험되는데, 이때 예견은 정서 사건의 원인을 해석이나 설명 또는 서술하고 행동을 지시한다. 뇌는 감각 입력이 무엇인지 구분하고 식별하기 위해 연속적으로 개념을 형성하고 범주를 구성하며, 입력을 유발한 원인에 대한 인과 설명을 추론하여 이에 대해 수행할 작업 계획을 추진한다. 정서 범주에는 명확한 전용이나 독점적 신경 본질, 특정한 뉴런은 없기에 개별 뉴런보다 '뉴런의 앙상블'에 초점을 맞출 필요가 있다. 뉴런은 독립적으로 기능하지 않으며 많은 뉴런이 둘 이상의 네트워크에 속해 있다 (Barrett, 2017).

정서 구성주의는 정서의 본질을 이해하기 위한 시스템 신경과학적 접근이다. 흥미로운 점은 이 접근은 우울증을 강화된 정서 반응과 감소된 인지 통제의 결과로 생각하는 것을 변화시키며, 우울증의 발달, 진행, 치료 및 예방에 관한 다음과 같은 새로운 가설을 제시하고 있다. 첫째 가설은 정신적 범주를 본질적으로 상황에 의존적인 높은 변동성을 가진 사례들의 그룹이라고 본다. 예를 들어, 슬픔의 사례가 발생할 수 있는 많은 다른 맥락을 생각해 볼 때 어떤 상황에서는 울 수도 있고, 다른 상황에서는 고요하게 물러나기도 한다. 심지어 웃을 수도 있다. 각 사례에서 신체의 생리적 변화는 달라진다. 둘째 가설은 뇌의 가장 중요한 임무는 신체의 시스템을 조율하고 조절하는 것이라는 점이다. 증거들은 뇌의 가장 중요한 역할이 계속 변화하며 부분적으로 예측 가능한 외부 세계 속에서 성장하는 동안 몸의 시스템을 효율적으로 조절함을 드러낸다. 셋째 가설은 몸의 예측 조절이 행동과 경험에 중요한 일반적인 프로세스라는 것이다. 시스템을 조절하는 가장 효율적인 방법은 그것을 모델링하는 것이다. 즉, 필요에 따라 예측을 하고 이를 수정한다. 예측 조절의 초기 사례는 고전적 조건 반응의 초기 연구에서 나왔는데, 이때 파블로프는 음식이 나타날 것을 예측하는 청각적 신호를 받자 개들이 침을 흘린다는 것을 관찰하였다. 침 흘림은 음식이 섭취되기 전에 기관이 소화를 준비하는, 초기 예측적 내장 운동의 한 예이다(Shaffer, Westlin, Quigley, Whitfield-Gabrieli, & Barrett, 2022).

2. 배럿의 정서 구성주의의 의의

고전적인 정서 이론 연구자들은 두려움, 분노, 행복, 슬픔, 놀람, 혐오와 같은 일반적인 정서의 생리학적 지문을 찾고 뇌에서 이러한 정서를 담당하는 뉴런 클러스터를 탐색하는 데 몰두하였다. 반면, 배럿은 정서에 대한 고전적 견해에 의문을 제기하였다. 그녀는 뇌의 구조와 기능에서 시작하여 정서의 생물학적 기초가 무엇인지 추론하였다. 그녀의 연구실에서 이루어진 다양한 문화에서의 수십 년간의 연구에 따르면 서양인이 뇌에 내장되어 있다고 여겨져 온 많은 정서가 다른 문화에는 존재하지 않았다. 동시에, 다른 연구에서는 정서에 관해서 피험자를 유도하는 것이 매우 쉽다는 사실이 드러났다. 예를 들어, 누군가에게 기분이 얼마나 우울한지 직접 묻는다면 상대방이 우울함을 느낄 가능성은 더 높아진다(Barrett, 2017).

배럿의 정서 구성주의 이론은 정서가 실제가 아니라는 것을 의미하는 것이 아니다. 그녀의 입장에서 뇌는 개념으로 정리된 과거 경험을 사용하여 예측하여 행동을 안내하고 감각에 의미를 부여한다. 뇌가 과거의 감정 경험으로부터 개념을 구성할 때, 뇌는 감각을 분류하고 행동을 안내한다(Barrett & Westlin, 2021). 그녀는 우리가 경험하는 것을 믿는 현상, 즉 우리의 감정과 감각이 모두 우리에게 똑같이 실제처럼 느껴지는 현상을 설명하기 위해 정서 현실주의라는 용어를 사용한다. 정서 현실주의는 세상이 특정한 방식으로 존재한다는 개인의 감정 경험을 증거로 사용하는 것이다(Siegel et al., 2018). 특정 순간에 의식적으로 무엇에 주의를 기울이고 있든 상관없이, 뇌는 항상 감각을 통해 세상과 몸에서 무슨 일이 일어나고 있는지에 대한 정보를 받는다. 뇌는 현재와 어떤 면에서 유사한 과거 경험을 재조립한다. 아기의 두뇌는 아기가 태어날 때까지도 여전히 활발하게 구성 중이므로 아기를 취약하게 만들지만, 이 같은 특성 때문에 태어난 환경과 정교하게 연결될 수 있다. 이러한 배선 지침은 어릴 때 부모와 보호자부터 이웃, 교사, 학교 친구, 그리고 결국에는 성인이 되어 주변에 머물기로 선택한 사람들에 이르기까지 다른 사람들의 말과 행동을 통해 발생한다.

정서에 대한 배럿의 새로운 견해가 갖는 의의는 정서가 우리 각자의 개념을 통해 이루어진다는 것이다. 다시 말해 우리는 신체의 즐겁고 불쾌한 기분과 다양한 수준의 자극을 이해하기 위해 정서의 의미를 구성한다. 정서는 우리가 이해하는 감정을 통해 우리가 현재 상황에 맞는 방식으로 행동하도록 준비시킨다. 우리는 우리가 느끼는 감정을 정서의 유형으로 다시 분류하는데, 이때 우리의 두뇌가 중요한 역할을 한다. 정서는 많은 입력을 포함하며 다양한 신체적 영향을 미칠 수 있다. 배럿의 아이디어는 우리의 두뇌가 특정 상황에서 감각 데이터로부터 어떻게 의미를 만들어내는지 인식함으로써 우리 자신의 정서 구성에 적극적으로 참여할 수 있다는 것이다.

그러므로 부모, 교육자 및 또래와의 상호작용을 포함한 유아기 경험 및 발달의 중요한 기능은 아동이 관련 정보를 보좌하고 그들의 신체의 필요 그리고 세계와 관련된 개념을 구축할 수 있도록 돕고 그들 스스로 항상성을 더 효율적으로 수행할 수 있도록 도와준다. 이러한 방식으로 사회문화적 및 환경적 요인은 신체와 서로를 조절하는 도구로서 정서 개념을 새로운 세대에게 전달한다(Barrett, 2022). 뇌를 연결하는 데 있어 주변 사람들의 말과 행동의 매체와 용기는 문화이다. 가족, 지역 사회, 문화는 그들이 하고 있다는 사실을 우리가 인식하기도 전에 우리에게 어떠한 개념을 가르쳐준다는 점에서 강력한 힘을 내재하고 있다. 문화적 개념이 우리에게 자연스럽게 느껴지기 때문에 우리는 그것이 다른 사람들에게도 마찬가지라고 직관적으로 가정한다. 이는 편견으로 이어질 수도 있지만 협력으로 이어질 수도 있다.

IV. 배럿의 정서 구성주의가 갖는 교육적 시사점

1. 정서 구성주의의 교육적 시사점

배럿에 있어, 우리는 뱀에 대한 인식을 구성할 수 있지만 뱀의 존재는 우리가 그것을 뱀으로 인식하는 데 달려있지 않다. 반면, 정서의 존재는 정서로 분류되는 것에 달려있다. 상황적 개념화 없이 정서 현상은 존재하지 않는다. 여기서 그녀의 견해는 마사미(Michela Massimi)(Massimi, 2011)의 신칸트주의 과학철학과 유사하다. 마사미는 세상에는 '미리 만들어진 현상'은 없으며 우리가 아는 모든 현상은 개념적으로 결정된 현상이라고 주장한다(Massimi, 2008). 배럿은 정서에 대한 상황적 개념을 갖고 있지 않기 때문에 동물이 정서 경험을 구성하는 능력이 부족하다고 보았다. 또한 그녀는 핵심 감정의 에피소드들이 일상적 정서 개념을 사용하여 분류됨으로써 정서로서 현실화된다고 강조한다. 이것은 일상적인 개념이 정서뿐만 아니라 다른 학습된 범주 지식을 구성할 수 있음을 의미한다(Zachar, 2022).

분노의 사례는 특수한 공간-시간적 맥락에서 특정 사람을 위한 특정 사건이다. 즉, 분노라는 단어는 특정한 상황에서 특정 개인의 특수 사례를 가리킬 수도 있고, 여러 상황과 다양한 사람들을 포함하는 많은 사례들을 지칭할 수도 있다. 정서의 사례를 설명하는 특징 패턴은 서로 얽힌 물리적 신호의 집합체이다. 관련된 물리적 신호 중 일부는 뇌에서 발견된다. 신호들은 뇌 내에서 추상적인 정신적 특징을 형성한다. 어떤 심리적 사건, 특히 감정의 사례를 창조하는 데 중요한 물리적 신호 일부가 뇌에 있으며, 뇌는 과거에서 현재로 일반화할 때 신체의 내부 시스템을 조절하고 행동을 이끌고 현재에서 경험을 창출하여 감각 및 운동 신호에 심리적 의미를 부여한다. 정서 구성 이론은 모든 동물 뇌가 행동을 안내하고 감각 신호에 의미를 부여하기 위해 상황에 맞는 범주를 구성한다는 가설을 세운다. 범주를 구성하는 능력은 뇌가 지지할 수 있는 추상화의 정도에 따라 결정된다. 이러한 차이점은 일반적인 뇌 규모 조정 기능과 동물의 서식지에서 얻은 정보로부터 비롯된다. 예를 들어, 인간 뇌는 몸집이 큰 원숭이를 포함한 다른 영장류와 비교했을 때 전두엽(prefrontal cortex), 두정엽(parietal cortex) 및 하측두엽(inferior temporal cortex)의 연관 피질이 확장되었다. 이러한 확장은 인간 뇌가 더 높은 추상화로의 특징을 구성할 수 있다는 것을 시사한다 (Barrett & Lida, 2023).

이 가설은 특정한 인식이 주어졌을 때 나타나는 우리의 현재적 반응에, 과거 유사한 감각적 사건에서 발생했던 즉각적인 생리적 영향이 일부 반영된다는 것을 근거로 제안된다. 예를 들어 우리는 사이렌 소리를 지각할 때 본능적으로 그것이 시끄럽고 위협적인 소리라고 인식하는데, 이는 사이렌이 경고를 나타낸다는 사전 지식과 이전에 사이렌 소리를 들었을 때 발생했던 위협적인 사건에 대한 경험이 촉발하는 반응이다. 즉, 감정이 개인의 인식 범위 밖에서 제시되더라도 그것에 대한 과거의 지각이 개인의 판단과 행동에 강력한 영향을 미친다는 것이다. 이러한 지각의 영속성은, 심지어 우리가 좋아하거나 신뢰할 사람을 선택하는 판단에도 영향을 미치는 것으로 밝혀졌다(Feldman, Siegel, Barrett, Quigley, & Wormwood, 2022). 이상과 같은 논의들이 학교 교육에 주는 시사점을 다음과 같이 제안할 수 있다.

첫째, 정서의 개념과 구성에 대한 이해이다. 배럿의 관점을 통해, 우리는 정서의 존재가 상황적인 개념화와 연관되어 있으며, 정서 경험은 개념적으로 결정된 현상이라는 개념을 이해할 수 있다. 이러한 접근법은 도덕적 선택과 관련된 정서적 경험이 개별적인 뇌 회로에 귀속되는 것이 아니라, 예측과 상황적 범주에 의해 형성되는 것임을 보여준다. 둘째, 정서의 상황적 특성에 대한 이해이다. 분노와 같은 정서의 사례는 정서가 특정한 상황에서 특정한 개인의 경험과 연결되며, 상황별로 구체화된다는 것을 나타낸다. 이러한 관점은 도덕적 선택과 연관된 감정이 상황이나 환경적, 문맥적 요소에 크게 영향을 받는다는 것을 시사한다. 셋째, 뇌의 역할과 정서 구성 이론에 대한 이해이다. 뇌가 상황을 예측하고 정서를 형성하기 위해 상황에 맞는 범주를 구성하는 능력은 뇌의 추상화 능력에 의존한다. 이는 도덕적 판단과 행동의 근간에 있는 감정이나 정서의 의미 형성에 대한 이해를 높일 수 있다. 넷째, 정서 현실주의에 대한 인식이다. 정서 현실주의는 뇌가 지각의 의미를 예측함으로써 현재 상태를 표현하고 지난 감각적 사건의 생리적 영향을 반영한다는 생각을 내포한다. 이러한 이론은 도덕적 판단과 행동이 감정적 경험과 밀접하게 연결되어 있다는 것을 강조한다. 다섯째, 정서에 대한 문화적 영향이다. 정서는 구체화 가능하고 문화적으로 다양하며, 아동은 사회적 학습과 언어를 통해 세계에서 신체의 내부 모델을 업데이트하는 과정에서 동적으로 변한다. 어린이의 정서 경험과 인식은 문화의 기대 및 패턴에 영향을 받을 수 있다. 여섯째, 정서와 사회적 학습의 관계이다. 어린이들은 사회적 상황에서 다양한 정서 경험을 획득한다. 문화적 맥락에 따라 상을 수상할 때 자부심의 경험을 형성하는 방법 또는 집단의 조화를 중시하는 문화적 배경에서 존경심이나 창피함의 경험을 습득하는 방식이 다를 수 있다. 일곱째, 고전적 정서 관점과 최근의 정서 이해의 차이점 인식이다. 고전적으로 정서는 외부 및 내부 자극에 대한 반응으로 이해되었으며 특정한 신경 회로가 생리적 변화나 감정 특징을 조정한다고 여겨졌다. 그러나 최근 연구들은 이러한 전통적인 정서 관점이 서양화된 사회 문화 서사에서 유래되었다고 주장하며, 새롭게 밝혀지고 있는 신경과학적 증거들이 종래의 고전적 관점과 상반된 결과를 나타내고 있다는 점을 근거로 제시한다. 여덟째, 정서 구성주의 이론의 정서 이해이다. 배럿은 정서 구성주의 이론을 제시하며, 정서가 뇌의 능동적이고 건설적인 과정에서 유래한다고 주장한다. 이는 인간이 반사적이고 감정적인 반응을 야기하는 본유적인 신경 회로를 갖고 있지 않으며, 정서 경험은 개인의 행동에 의해 능동적으로 구성된다고 설명한다. 인간의 정서적 경험은 예측에 따라 구성되고, 예측 오류가 최소화되면 예측은 지각 또는 경험으로 구현되며 이것이 정서 사건의 원인을 설명하고 행동을 지시한다.

이러한 시사점들은 정서 이해와 사회 상황에서의 행동에 대한 다양한 연구 및 교육 접근 방식에 대한 새로운 지평을 제시할 수 있다는 점에서 주목된다. 또한 도덕적 의사 결정과 윤리적 행동의 기반에 미치는 정서의 영향을 이해하고자 할 때 유용한 정보를 제공할 수 있다. 정서의 예측 가능성과 인식이 개념의 구성과 예측에 따라 정의되기 때문에 도덕적 선택과 행동의 기반을 이해하는 데도 정서 구성주의 견해가 도움이 될 수 있다. 이러한 이론은 학교 교육 현장에서 학생들의 정서, 감정적 이해를 강화하고 상황에 따른 윤리적 판단을 개발하도록 돕는 데도 유용하게 활용될 수 있다.

2. 학교 교육에 대한 실천적 접근 방안

정서 구성주의는 교육에 있어 학생들의 정서적 측면에 대한 이해와 적절한 정서 교육 접근법이 필요하다는 사실을 인식하게 한다. 여기에는 학생들의 감정을 파악하고 존중하며 그들의 정서를 교육 과정에 통합시키는 것이 포함된다. 정서가 상황과 맥락에 따라 구성되고 도덕적 판단과 행동에 영향을 미친다는 점을 상기할 필요가 있다. 앞에서 논의한 시사점을 바탕으로 다음의 내용들을 감안하여 교육을 구성할 수 있다.

첫째, 학생들의 정서는 예측과 상황적 범주에 의해 형성된다. 둘째, 정서는 상황과 문맥에 따라 변화하고, 도덕적 선택과 감정은 상황적, 문맥적 요소에 크게 영향을 받는다. 셋째, 도덕적 판단과 행동이 정서적 경험과 연결되어 있다. 넷째, 정서는 동적이며 문화적으로 다양하고 이것이 인간의 정서 경험 및 인식에 영향을 미친다. 또한 그 역도 가능하다. 다섯째, 사회적 상황에서의 다양한 정서 경험이 도덕적 선택과 정서 경험에 영향을 미친다. 여섯째, 정서는 뇌의 능동적이고 건설적인 과정에서 유래하며, 정서 경험이 개인의 행동에 능동적으로 구성된다. 따라서 정서 구성주의로부터 얻을 수 있는 실제 교육 현장에의 구체적인 제안은 다음과 같다.

첫째, 교육 과정에 정서 이해에 관한 교육을 통합하여 학생들이 자신과 타인의 감정을 인식하고 이해하는 방법을 배울 수 있게 할 수 있다. 예를 들어, 이야기나 사례 연구를 통해 다양한 감정과 상황을 탐색하고 학생들이 감정을 식별하고 표현하는 방법에 대해 논의하게 할 수 있다. 둘째, 학생들이 다양한 사회적 상황에서 타인의 입장을 이해하고 공감할 수 있도록 역할극이나 시뮬레이션을 활용할 수 있다. 이 방법은 타인의 감정을 인식하고 존중하는 태도를 실제로 연습하게 하며 갈등 해결과 협력적인 대화 기술을 개발하는 데 도움이 될 것이다. 셋째, 학생들이 자신의 감정을 관찰하고 기록하는 감정 읽기를 유지하도록 격려할 수 있다. 이는 자기 감정 즉, 개인이 느끼는 고유의 감정의 이해를 높이고 특정 상황에서의 감정 변화를 추적하며, 감정 조절 전략을 배우는 데 유용할 것이다. 넷째, 정기적인 정서 교육 세션을 통해 학생들이 다양한 감정을 인식하고 적절히 대응하는 방법을 배울 수 있도록 할 수 있다. 이 프로그램은 긍정적인 자기표현, 갈등 해결 기술, 공감 능력 개발, 자기 조절이나 통제에 초점을 맞춘다. 다섯째, 정서 이해를 바탕으로 사회적 책임감과 윤리적 행동의 중요성을 강조하는 토론을 진행할 수 있다. 이는 학생들이 도덕적 판단을 형성하고 책임 있는 행동을 취하는 데 필요한 기초를 마련해 줄 것이다. 정서 구성주의 이론을 실제 교육 현장에 적용함으로써 학생들이 더 깊이 있는 정서 이해를 통해 윤리적 판단력을 개발하도록 도울 수 있을 것이다.

학생들의 정서와 도덕 발달은 서로 긴밀하게 연관되어 있다. 이 때문에 교육은 학생들이 자신과 다른 사람의 정서, 감정을 이해하는 데도 더욱 관심을 기울여야 한다. 정서는 도덕적 판단력과 윤리적인 행동에 영향을 미치며, 학생들이 더 나은 결정을 내리고 행위를 하도록 즉, 도덕적 가치를 형성하고 윤리적 행동을 촉진하도록 돕기 때문이다. 그러므로 교육에서 정서적으로 안정된 내부적, 외부적 환경 제공은 학생들 간의 유대감의 증진을 도울 것이다. 이는 학생들이 집단 내에서 협력하고 상호작용하며 공동체의 가치와 윤리적 책임감을 키우는 데 도움이 될 것이다. 예를 들면, 불안정한 정서 상태에 놓인 학생이 잠깐 멈춰 자신을 살펴볼 수 있도록 숨 고르기나 간단한 신체 활동을 하게 할 수도 있다. 또한 교사의 토닥임과 같은 단순한 제스처를 통해 학생이 심리적 지지와 격려 그리고 안정을 느끼도록 하여 격동하는 정서 상태를 순화하도록 도울 수도 있다. 교사가 교육 현장에서 정서에 대한 보다 깊은 관심을 기울이는 것은 학생들이 윤리적이고 도덕적인 리더십을 키우고 사회에서 책임감 있는 시민으로 성장하도록 하는데도 핵심적인 역할을 할 수 있을 것이다.

V. 결론

정서 표현은 사회적 의사소통에 중요하고 정서는 인간의 사고와 판단 그리고 행동에 지대한 영향을 준다. 이 때문에 교육에서는 인지와 성찰, 숙고, 비판적 사고만큼이나 학생들의 정서에 중대한 관심을 기울여야 한다. 또한 학생들은 다양한 일상 환경에서 사람들이 어떻게 정서를 표현하는지 배우고, 사람들의 정서 상태를 이해할 수 있어야 한다. 배럿은 정서의 신경과학을 이해하는 것이 다른 사람들과 더 나은 관계를 구축하고 궁극적으로 공정한 세상을 만드는 열쇠라고 생각한다. 그녀는 정서가 우리의 행동을 안내하고 특정 상황에서 우리가 느끼는 감정을 설명하기 위해 우리의 두뇌가 생성하는 구조라고 본다. 정서가 이처럼 구성되는 것이라면, 우리 각자는 자신의 뇌가 감정을 구성하는 방식과 우리의 행동이 다른 사람의 두뇌 구성 과정에 어떻게 이바지하는가에 대해 어느 정도 책임이 있다고 할 수 있다.

사람들은 다른 이들의 얼굴 움직임에서 추출되는 감정 표현이나 표정이 그 사람의 정서 상태를 쉽게 추론하게 한다고 가정한다. 이 가정은 법적 판단, 정책 결정, 국가 안보 프로토콜, 교육 실천, 정신 질환의 진단과 치료, 상업적 응용 프로그램 개발 등에 영향을 미치며, 일상적인 사회 상호작용과 인공지능, 신경과학, 컴퓨터 비전 등 다른 과학 분야의 연구에도 영향을 준다. 그러나 엄밀한 의미에서 현재의 과학적 증거는 사람들이 분노, 혐오, 두려움, 행복, 슬픔, 놀람을 전달하는 방식이 문화, 맥락, 심지어 한 상황 내에서도 개인마다 상당히 달라짐을 드러냈다(Barrett et al., 2019). 우리의 삶에서 정서 생활은 매우 다양하다. 학생들이 기한 내 숙제를 마무리하지 못하는 두려움은 산을 오르는 두려움과 일치하지 않는다. 또한 이러한 경우에서 학생 개개인이 느끼는 두려움은 저마다 똑같지 않으며 어떤 학생들은 다른 이들보다 덜 느끼거나 심지어 결코 이러한 두려움을 경험하지 않을 수도 있다. 이러한 다양성의 존재를 인식하는 것은 교육에서 학생들의 정서를 다룰 때 매우 요긴하다. 그러므로 자기와 타인의 정서, 감정을 이해하는 것은 상호 간의 이해, 존중, 그리고 책임감 있는 행동의 핵심이 될 수 있으며 다음과 같은 이유로 교육에서 중요한 역할을 한다고 볼 수 있다.

첫째, 자신의 정서를 이해하고 다른 사람의 감정에 공감하는 것은 다른 사람들과의 관계 형성에 도움이 된다. 타인의 감정을 이해하면 그들의 입장에서 상황을 볼 수 있고, 이는 협력과 연대감을 증진시킨다. 둘째, 다른 사람들의 정서를 이해하는 것은 그들을 존중하고 배려하는 데 중요하다. 상대방의 감정을 인식하고 그에 상응하는 방식으로 행동함으로써, 우리는 상대방의 존엄성을 존중하며 배려할 수 있다. 셋째, 다른 사람의 감정을 이해하는 것은 차별이나 부당한 대우를 방지하는 데 도움이 된다. 다른 사람들의 감정에 민감하게 반응함으로써 우리는 평등한 대우를 실천하고 타인의 삶을 존중할 수 있다. 넷째, 자기와 타인의 감정을 이해하는 것은 도덕적 책임감을 함양하는 데 중요하다. 다른 사람의 감정을 고려하고 존중함으로써, 우리는 도덕적인 선택을 하는 기반을 다질 수 있다. 다섯째, 정서 이해는 갈등을 해소하고 사회적 문제를 해결하는 데 도움이 된다. 상대방의 감정을 이해하고 배려하는 능력은 긍정적인 사회적 상호작용을 촉진시키고, 사회적 관계의 질을 높일 수 있다. 여섯째, 자신과 타인의 감정을 이해하는 것은 윤리적 판단력을 향상시킨다. 다른 사람들의 감정을 고려함으로써, 우리는 더 나은 도덕적인 결정을 내리고 행동할 수 있다. 마지막으로 정서에 대한 올바른 이해는 상황에 따라 자신의 정서를 적절히 구성 및 형성하는 데도 도움을 줄 수 있다.

나와 타인에 대한 정서 이해는 자기와 타인의 관계, 사회적 상호작용 그리고 도덕적 행동에 필수적이다. 그렇기에 교육 현장에서 학습자들의 정서가 바르게 성장하도록 고려하는 것은 반드시 필요한 일이다. 생물학과 뇌신경과학에 기반한 연구의 성과를 염두에 두는 것은 교육에서 학습자에 대한 교사의 이해를 증진시키고, 교육 목표 및 방법의 설계에도 유용한 길잡이가 된다. 그러나 한편 신경과학적 이해가 높아야만 정서 이해에 관한 효과적인 교육이 가능하다고 단정할 수는 없으며, 기존의 윤리학이나 도덕철학, 심리학, 교육학의 역사와 전통에 입각할 때도 정서가 교육에 미치는 영향을 간과해서는 안 될 것이다. 그러므로 정서에 대한 다각적인 관점에서의 깊이 있는 탐구와 파악이 요구된다. 학생들은 이러한 정서 교육을 통해 서로를 보다 존중하는 이해심 깊은 사람으로 성장할 수 있을 것이며, 나아가 상황에 맞는 적합한 정서를 구성할 수 있을 것이다.

7장.
인공지능과 도덕 판단: Jonathan Haidt의
도덕 기반 이론과 신경과학의 결정 메커니즘

I. 서론

심리학, 생물학 및 사회학 분야에서 프로이트(Sigmund Freud), 스키너(B.F. Skinner), 피아제(Jean Piaget), 다윈(Charles Darwin), 뒤르켐(Émile Durkheim)의 작업은 도덕 발달에 대한 다양한 이론적 전통과 연구로 이어졌다. 도덕 발달 연구는 심리학의 오랜 역사를 가지고 있으며 공감, 도덕적 정서, 친사회적 행동과 관련된 아동의 도덕 판단 발달에 초점을 맞추고 있다. 도덕의 정의와 개념화는 인간에게 근본적인 것이 무엇인가에 대한 관념과 연결되어 있다.

사회적 영역에서 아동의 도덕 발달은 성인 및 다른 어린이와의 상호 관계를 통해서 그리고 사회적 문제, 갈등을 포함하는 사건을 다루는 맥락에서 발생한다. 피아제의 경우 도덕 발달에서 사회화는 여러 사회적 상호작용, 관계 체계 및 상호 의존성에 의해 이루어지며, 발달에 영향을 미치는 다양한 경험은 성인 및 또래와의 관계를 포함하는 것으로 보았다(Killen & Smetana, 2013). 피아제가 정의하고 콜버그에 의해 정제된 도덕 발달 이론은 일반적으로 윤리적 상대성으로 이어지는 문화적 가치에 대한 지식의 증가보다 개인의 사고 구조나 형태에서 발생하는 변화를 나타낸다.

콜버그는 문화 전반에 걸쳐 발달 순서에서 보편적인 것으로 밝혀진 도덕적 판단의 발달 구조를 제안하였다. 도덕적 추론은 가상의 도덕적 딜레마에 대한 반응 분석을 통해 6단계를 거쳐 성장하며, 일반적으로 연령 증가에 따라 순차적으로 발전한다. 인지 발달 단계의 개념은 추론의 구조를 의미하며, 단계는 다음과 같은 특징을 갖는다. 첫째, 구조화된 전체 또는 조직화된 사고 시스템으로 개인이 도덕적 판단 수준에서 일관성이 있음을 의미한다. 둘째, 모든 문화권에서 보편적이고 불변의 시퀀스를 형성하고 개인은 단계의 스킵 없이 다음 단계로 상향 조정된다. 셋째, 계층적 통합으로 더 높은 단계는 더 낮은 단계에서 생각하는 것을 포함하거나 이해한다(Kohlberg & Hersh, 1977).

과학적 관점에서 콜버그의 연구는 도덕성에 대한 심리학적 연구의 이정표를 나타냈다. 그는 도덕적 추론을 감정이 없는 경우에도 존재할 수 있는 인지 과정의 결과로 간주하였다. 그러나 2000년대 이후 진화심리학과 영장류학 그리고 뇌신경과학의 발전은 감정이 인간 도덕성의 기원 예를 들면, 친족 이타주의, 호혜적 이타주의, 복수에서 핵심적인 역할을 한다고 제안한다. 오늘날, 심리학과 철학에서는 도덕 과정을 (1) 합리적, 노력적, 명시적인 것 (2) 정서적, 신속하고, 직관적인 것 두 부류로 구분하는 것이 일반적이다. 그러나 이들이 상호작용하는 방식에 논란이 남아 있는데, 이들이 서로 어떻게 관련되어 있는지에 대해서는 세 가지 이론이 두드러진다. (1) 사회적 직관주의 이론(social intuitionist theory)(Haidt, 2001)은 자동성에 대한 연구를 신경과학 및 진화심리학의 최근 발견과 연결한다. (2) 인지 통제 및 갈등 이론(cognitive control and conflict theory)(Greene et al., 2004)은 감정 관련 뇌 영역에서 발생하는 반응이 하나의 결과를 선호하는 반면, 인지 반응은 다른 결과를 선호한다고 가정한다. (3) 인지 및 감정 통합 이론(cognitive and emotional integration theory)에 따르면, 행동 선택은 인지 대 감정으로 나눌 수 없기에 복잡한 상황은 행동 결정을 매우 어렵게 만들 수 있다(Pascual, Rodrigues, & Gallardo-Pujol, 2013).

한편, 우리가 인지적으로 알고 있는 올바른 행동을 수행하기 위해서는 친사회적인 도덕적 동기가 필요하다. 정서는 도덕적 동기에 중요한데 이것은 도덕적 결정을 내릴 때 복부 선조(ventral striatum, VS) 영역의 활동을 관찰하는 fMRI를 사용한 인지신경과학 연구에 의해 뒷받침되었다. 보상 프로세스의 핵심 영역으로 알려져 있는 VS는 사회적 보상과 친사회적 감정 자체에도 반응하는 것으로 나타났다. 도덕신경과학 연구자들은 도덕이 어떻게 작용하는지를 밝혀주는 특정한 구조와 과정을 찾으려고 노력해 왔다. 예를 들면, 안와 및 복내측 전전두엽피질은 감정이 주도하는 도덕적 결정에 연루되어 있는 반면, 배외측 전전두엽피질은 그 반응을 조절하는 것으로 보인다. 이러한 경쟁 과정은 전방대상피질에 의해 매개될 수 있다(Pascual, Rodrigues, & Gallardo-Pujol, 2013). 중요한 사항은 도덕은 단일 뇌 회로나 구조가 아니라 다른 복잡한 과정과 겹치는 여러 회로에 의해 뒷받침된다는 사실이다. 신경과학은 도덕심리학과 함께 도덕의 영역 및 경계 설명을 위한 의미 있는 통찰을 제공한다.

뇌의 상태와 작용은 판단과 결정에 영향을 주기에 뇌 발달은 도덕적 판단에 지대한 영향을 끼친다. 이 점에서 아동의 뇌 성숙에 대한 탐구는 이들의 도덕 판단 연구에 중요하다. 따라서 이 장에서는 논리적 이성보다 타고난 직관에 기초하여 인간 도덕적 추론의 진화적 기원을 설명하려고 시도한 Haidt의 도덕 기반 이론과 연계하여 아동의 도덕 판단을 뇌 발달 관점에서 살피고자 한다. 이를 위해, 첫째, 도덕신경과학에서의 도덕성의 이론적 기초를 검토한다. 둘째, 도덕성 발달의 이론 전개를 개괄하고 하이트(Jonathan Haidt)의 도덕 기반 이론의 도덕 기준을 확인한다. 셋째, 아동의 도덕 판단을 뇌 발달의 차원에서 탐구하고 하이트의 도덕 기반 이론이 아동의 도덕 발달에 주는 시사점을 도출한다.

II. 도덕신경과학에서 도덕 발달의 이론적 기초

1. 도덕 이론과 관점에 대한 개관

도덕성은 종교, 정치, 정부, 사회 구성 및 문화적 관행을 수반하기 때문에 인류에게 매우 중요한 주제이다. 도덕성의 발달은 도덕 발달 이론으로 논의되며 다양한 각도에서 접근되었다. 도덕 이론과 관점은 다음과 같이 구분할 수 있다.

첫째, 인지 발달에 기초한 도덕 발달 이론이다. 역사적으로 도덕심리학은 발달을 설명하기 위해 단계 이론을 사용하는 합리주의적 인지발달 견지에 의해 지배되었다. 최초의 인지 발달적 도덕 발달 이론으로 간주되는 피아제의 이론은 도덕 발달의 2단계로 타율성과 자율성을 설명하였다. 타율적 단계의 아동은 성인이 설정한 외부 규칙을 준수해야 할 의무를 느끼고 자율 단계에 도달하면 규칙이 존중받을 가치가 있고 상호 동의에 기반을 두고 있음을 깨닫는다. 그는 논리적 추론이 추상적 추론과 같은 연관된 인지 과정과 함께 성숙하고 이것이 도덕 발달의 길을 열어준다고 제안하였다. 그는 자아 중심주의에서 아동이 멀어질 때, 자아와 사회적 환경을 구별하는 인지 능력이 요구되는 도덕적 발달이 발생하고 언어와 상상력의 성숙에 의해 이것이 촉진된다는 가설을 세웠다(J. Piaget, 2013: 3-20, 35-42).

콜버그는 피아제의 이론을 아동기를 넘어 청소년기와 성인기를 포괄하도록 확장하고 개인의 논리적 단계와 도덕적 추론 사이에는 유사점이 있다고 보았다. 그는 도덕 판단의 6단계를 제안했는데, 이는 인습 이전, 인습 및 인습 이후의 세 가지 수준으로 분류된다. 여기서 인습 이전 수준은 대부분의 9세 미만 아동의 수준인 반면, 대부분의 청소년 및 성인은 인습적 단계에 있으며 탈인습 수준은 소수의 성인이 도달한다. 콜버그는 도덕 발달에서 역할 수행, 즉 타인의 관점을 취하는 것의 중요성을 강조하였다. 그는 아동의 사회적 환경이 역할 수행의 기회를 제공하고, 도덕적 역할 수행에 대한 자극에 참여하도록 한다고 제안하였다(L. Kohlberg & R. H. Hersh, 1977: 53-59). 콜버그는 6단계가 순차적이며, 다음 단계로의 발전은 인지적 불균형이 만들어질 때 발생한다고 보았다. 이러한 불균형은 개인으로 하여금 자신의 추론이 부적절하다고 생각하고 더 적절한 이유를 찾도록 한다(Kohlberg & Hersh, 1977). 콜버그의 이론에 대한 몇 가지 주목할 만한 비판도 존재하는데 일부는 그의 이론이 남성적 관점이라고 논평했으며(Gilligan, 1982b), 더 높은 발달 단계가 문화적으로 보편적인지 여부를 의심하였다(Snarey, 1985).

레스트(James Rest), 나바에츠(Darcia Narvez), 베보(Muriel Bebeau), 토마(Stephen Thoma)(1999)의 도덕 발달 구성 요소 모델은 종종 신콜버그학파(Neo-Kohlbergian)라고 하며, 단계 이론에서 발달을 한 번에 한 단계씩 발생하는 것으로 보는 대신 이것이 보다 성숙한 형태의 사고로 이어지는 점진적인 것으로 간주하였다. 레스트(1984)는 도덕적 행동의 네 가지 구성 요소가 도덕적 감수성, 도덕적 판단, 도덕적 동기, 도덕적 성격이라고 제안하였다(Rest, 1984; Walker, 2002). 도덕적 감수성은 상황을 해석하고 행동이 다른 사람에게 어떤 영향을 미칠 것인지를 내포하는데 연관된 도덕적 요인 및 의미에 대한 인식을 포함하며 이를 위해서는 관점을 취해야 한다. 도덕적 판단은 가능한 행동 과정에 대한 숙고와 도덕적으로 가장 정당한 결정을 포괄한다. 도덕적 동기는 다른 경쟁 가치보다 도덕적 가치를 우선시하는 것과 관련이 있으며, 도덕적 성격은 자제력과 같이 도덕적 선택을 지원하는 기술 및 전략을 의미한다(Rest, 1984; Walker, 2002). 이 모델은 인지적 과정과 정서적 과정을 모두 통합했으며 도덕적 판단뿐만 아니라 도덕적 행동에도 설명이 필요하다는 점을 강조하였다. 인지 발달 이론가들은 인지, 특히 추론이 도덕적 결정의 주요 동인이라고 보았다.

반면, 호프만(Martin Hoffman, 2000)은 정서 우선주의자 중 하나이며, 비록 그가 발달과 자아 성취에서 인지의 역할을 강조했지만, 인지보다는 도덕적 결정의 주요 동인으로서 정서적 공감에 초점을 맞추었다. 그는 공감이 보살핌과 정의의 도덕적 원칙과 일치하며 도덕적 의사 결정과 추론에서 중요한 역할을 한다고 제안하였다. 공감은 다른 사람의 감정 상태나 상황에 의해 촉발된 감정 상태로 정의할 수 있으며, 다른 사람이 자신의 상황에서 느끼거나 일반적으로 느낄 것으로 예상되는 것을 느끼는 것이다. 공감의 도덕적 문제는 고통(아픔, 위험, 빈곤)에 있는 사람들을 포함하며, 성숙한 공감은 메타인지적이다. 즉, 괴로움을 느끼지만 이것이 자신의 불행이 아니라 다른 사람의 불행에 대한 반응이라는 것을 안다. 대부분의 사람들에게서 나타나는 공감적 괴로움은 우리에게 남을 돕고자 하는 동기로 작용하여 우리가 도움을 더 빨리 제공하도록 유도한다. 이를 통해 우리의 공감적 고통은 보다 빠르게 해소되고, 결국 남을 돕지 않을 때보다 도울 때 더 기분이 좋다고 느끼게 된다. 공감적 고통은 친사회적 도덕적 동기의 모든 속성을 가지고 있다. 한편, 뇌 스캔 실험과 임상 연구는 공감의 신경 기반을 보여주는데 인간의 본성은 서구 심리학에서 오랫동안 가정해 온 것처럼 이기적일 뿐만 아니라 공감의 도덕적 차원, 즉 내재된 공감적 도덕성을 내포한다(Hoffman, 2008). 호프만은 또한 사람들이 사건의 원인에 대해 만드는 귀인이 공감 수준에 영향을 미칠 수 있다고 가정하며 인지와 감정을 연결하였다.

둘째, 깁스(John Gibbs)는 정서와 인지 모두 도덕적 행동의 동기로 작용한다고 보았는데 도덕 발달 단계를 미성숙 단계와 성숙 단계로 분류하고 더 많은 과도기 단계를 추가하였다. 그에게 있어 도덕적 판단은 무형의 이상적인 기반 즉, 상호 신뢰, 배려, 존중에 호소하는 한 성숙한다(Bergman, 2006). 도덕 발달이 비교적 성숙한 수준에 도달한 아동은 예를 들어, 우정의 기반이 되는 신뢰를 유지하기 위해 친구와의 약속을 지켜야 한다고 주장할 수 있다. 도덕 발달의 성숙 단계는 사회적 관점을 통해 구성된다(Gibbs, Basinger, Fuller, & Fuller, 2013). 발달은 자기중심적 사고방식에서 벗어나 다양한 관점을 수용하고 조정하는 탈중심화를 필요로 한다. 아동은 상황의 다양한 측면을 고려하며 더 많은 것을 염두에 두고, 이를 더 복잡한 방식으로 조정해야 한다(Boom, 2011). 깁스의 이론은 인지 발달 관점을 유지하면서 콜버그의 이론을 수정했지만 도덕적 추론이 행동을 완전히 설명하지 못한다는 비판에서 자유롭지 못하다.

셋째, 사회적 직관주의 이론과 신체 표지 가설의 입장이다. 논리적 추론의 발달에 중점을 둔 초기 도덕 발달 이론가들은 도덕적 결정이 인지 영역 내에서 추론에 의해 좌우된다고 주장하였다. 그러나 하이트(2001)의 사회직관주의 이론에서는 도덕적 결정이 감정에 기초한 직관에 의해 좌우되며, 도덕적 추론은 결정 이후에 구성되어 직관적으로 내려진 결정을 설명한다고 역설하였다. 그의 도덕적 말막힘(moral dumbfounding) 연구는 이를 지지하는데, 내용인즉 사람들은 도덕적 딜레마에 대한 신속한 답을 도출할 수 있지만 이러한 답을 내놓은 이유를 설명하는 데는 어려움을 겪는다는 것이다(Haidt, 2001). 합리주의자들은 실제 행동이 추론에 의한 것이라고 믿는 반면, 직관주의자들은 직감, 도덕적 감정 및 빠른 직관에 의거한 것이라고 믿는다.

도덕적 결정을 이끄는 직관에 대한 사회직관주의 관점은 추론의 역할과 관련하여 차이가 있지만, 다마지오(1994)의 신체 표지 가설(Somatic marker hypothesis)과 완전히 무관한 것은 아니다. 신체 표지는 도덕적 결정을 안내할 수 있는 또 다른 직관적이고 자동적인 과정이다. 신체 표지 가설은 의사 결정에서 감정의 역할을 인식하고, 주어진 응답 옵션과 관련된 나쁜 결과를 생각할 때 불쾌한 직감을 경험한다고 설명하였다. 이는 의식적으로 인식되지 않는 경우에도 사안을 예상함으로써 의사 결정을 안내할 수 있기 때문에, 미래의 의사 결정을 추가로 돕는 영향력을 지니며 기억에 저장될 수 있다(Damasio, 1996).

하이트(2001)는 직관과 추론의 중요한 차이점은 직관이 빠르고 힘들이지 않고 자동으로 발생하는 반면, 추론은 느리고 주의력 자원을 포함하여 더 많은 노력이 필요하다고 보았다. 카너먼(Daniel Kahneman)은 시스템 1과 시스템 2의 은유를 사용하여 빠른 사고와 느린 사고를 설명하였다. 시스템 1은 직관적이고 자동적인 생각을 담당하며, 거의 노력을 기울이지 않고 작동한다. 반면 시스템 2는 보다 신중한 사유와 추론을 관리하고, 정신적 노력이 필요한 활동을 요구한다(Kahneman, Lovallo, & Sibony, 2011). 그런데 시스템 2는 시스템 1에서 제안한 생각과 행동을 모니터링하고 통제하기 위해 요청되므로 시스템 1의 자동 제안이나 직관을 확인, 거부 또는 재구성하기 위해서는 신중한 사고와 추론이 필요하다.

넷째, 사회 인지 영역 이론(The cognitive developmental approach or social domain theory) 또는 도메인 이론이라고 하는 도덕 영역 이론은 도덕성을 아동의 발달하는 사회적 지식의 여러 유형 중 하나로 본다. 이 이론은 개인적, 도덕적, 사회적 영역을 중요하게 구분하며, 이러한 영역들이 사회적 상호작용을 통해 구성되는 지식과 더불어 서로 다른 발달 궤적을 따른다고 제안한다(Smetana, 2006). 도덕성을 다른 영역과 구별하는 것은 개인이 사회적 관계, 감정, 사회적 관행 및 사회 질서에 대해 생각한다는 것을 전제로 한다. 개인은 도덕적 우려나 사회적 규제에서 벗어나, 개인 선택에서 고려되는 행동과 관련된 합리적인 판단을 형성하는 동시에, 사회 시스템과 사회 조직에서 사회적 상호작용의 조정을 촉진하는 관습에 대한 판단을 구성한다. 도덕도 사회 시스템에 적용되지만, 관습과 대조되는 점은 도덕이 기존의 사회 제도에 의해 정의되지 않는다는 것이다. 영역에 대한 초기 연구는 아동이 도덕적, 관습적, 개인적 문제에 대해 어떻게 판단하는지를 조사하는 것이었다. 아동은 일반적으로 영역 간의 구분에 따라 분류된 일련의 사회적 행위 또는 위반을 보였다. 따라서 도덕적 행동은 신체적 피해, 즉 다른 사람을 때리거나 밀치는 행위와 심리적 피해, 즉 놀림, 욕설, 또는 상처 주는 감정을 포함하며, 공정성 또는 정의와 관련된 행위, 즉 다른 사람의 재산을 훔치거나 파괴하는 행위와 연관된다. 이러한 행위는 의도적이며 다른 사람들에게 부정적인 결과를 초래하는 것으로 묘사되었다(Turiel, 2008).

튜리엘(Elliot Turiel)의 사회 영역 이론(Social Domain Theory, SDT)에 따르면, 세 가지 주요 특징이 사회-관습적 규범과 구별되는 도덕적 규범(moral norms)을 설정한다. (1) 도덕적 규범은 당국이나 사회 기관에서 내려오는 명시적인 규칙에 의존하지 않는다. (2) 도덕적 규범은 특정 국가나 역사적 시기에 실제 사회 관행과 관계없이 특수한 행동을 금지한다. (3) 도덕적 판단은 위해에 대한 인식을 포함한다. 해는 지각 있는 에이전트에 의해 의도적으로 가해지는 것이다. SDT는 도덕과 관습을 별개의 영역으로 간주한다(Krettenauer & Lefebvre, 2021).

다섯째, 도덕적 의사 결정에 대한 사회신경과학 내에서 지배적인 이론은 이중과정 이론이다. 이 이론에서는 사람들이 딜레마에 의해 유발된 부정적인 감정적 반응이나 실용적인 도덕적 추론에 참여함으로써 도덕적 결정을 내린다고 설명한다. 초기 감정적 반응은 도덕적 추론에 의해 무시될 수 있지만 이를 위해서는 인지적 통제가 필요하다 (Greene, 2007). 이 관점은 공리주의적인 도덕적 결정이 어떻게 내려지는지 이해하는 데 도움이 될 수 있지만 도덕적 성숙의 발생에 대해서는 거의 알려주지 않는다.

이중과정 설명보다 더 발전적인 사회신경과학 관점들이 이후 제시되었다. 카간(Jerome Kagan)은 죄책감 및 공감과 같은 정서적 구성 요소를 포함하여 인지 발달 단계와 신경과학을 모두 활용하는 도덕 발달 이론을 제시하였다. 그는 아이들이 보편적인 단계의 순서를 따르며, 각 단계에서 뇌의 변화로 인해 새로운 인지적 성취를 이루게 된다고 보았다(Kagan, 2008). 카간과 유사하게 베어드(Abigail A. Baird)는 도덕적 발달을 두뇌 발달과 연결했으며, 특히 청소년기의 두뇌 발달에 중점을 두었다. 그는 전전두엽피질(PFC)의 성숙이 행동 및 정서적 통제, 의사 결정에서 상당한 개선을 가져온다고 주장하였다(Baird, 2008). 태버 (Thomas T. Taber)와 트라넬(Daniel Tranel)은 사회적, 도덕적 기능에 대한 인지신경과학의 관점을 제안하며, 사회적 및 도덕적 기능이 복내측 전전두엽(vmPFC)을 중심으로 하는 핵심 전두변연계 네트워크에 결정적으로 의존한다고 결론지었다. 그러나 이 네트워크는 단독으로 기능하지 않으며, 다른 사회적 기능에 의존한다는 점을 인정하였다. 베어드의 이론과 마찬가지로, 그들의 관점은 다마지오(Antonio Damasio)의 체세포 표지 가설을 통합하여 vmPFC가 행동의 정서적 결과를 예상하는 데 중요하다고 강조하였다(Taber-Thomas & Tranel, 2012).

콜버그와 같은 전통적인 견해와 달리 다마지오, 그린, 하이트 등과 같이 인지신경과학 및 심리학에 대한 현대 연구는 도덕적 인지에서 감정의 중심 역할을 강력하게 지지한다. 사회 도덕적 인지 과정은 의사 결정에서 복내측 전전두엽 영역(Ventromedial prefrontal region)의 특별한 중요성을 강조한다(Bechara, Damasio, Tranel, & Anderson, 1998; Taber-Thomas & Tranel, 2012).

2. 도덕 판단의 뇌신경과학적 메커니즘

도덕신경과학은 인간의 사회적, 도덕적 행동에 대한 이해를 증진시킬 수 있는 유망한 신생 연구 분야이다. 이 분야는 철학, 심리학, 경제학, 신경과학의 이론과 연구를 통합하는 통섭적, 다학문적 접근을 반영한다. 학자들은 도덕의 근원이 칸트의 이성과 합리성에 있는지, 아니면 흄의 감정과 정서에 기반하는지를 주된 논쟁거리로 삼아 왔다. 이처럼 고대로부터 도덕은 인간 본성의 한 측면으로 이론화되어 왔다. 도덕 판단의 발달과 의사 결정에 대한 경험 연구는 칸트의 윤리 이론에 뿌리를 둔 철학적 정의에 기초하고 있다. 또한 수치심, 죄책감, 공감을 중심으로 하는 인간 정서 이론은 친사회적 행동 연구에 반영되었다. 도덕신경과학 연구는 종종 심리학에서 논의되고 있는 도덕적 추론과 도덕적 직관, 인지와 정서, 암묵적 판단과 명시적 판단의 차이 등의 주요 논제들을 다룬다. 관련 연구는 개인이 도덕적 딜레마 해결, 사회적 배제 경험, 도덕적 판단, 공감과 관련된 문제에 반응, 신뢰와 연관된 결정을 내릴 때 활성화되는 뇌 영역을 조사하였다. 이러한 분석은 도덕성의 생물학적 토대에 대한 도덕 판단의 출현을 탐구한다(Killen & Smetana, 2008).

발달심리학 내의 도덕 이론은 도덕적 의사 결정을 안내하는 과정으로서 도덕적 추론의 성숙에 중점을 두었다. 이 이론은 관점 수용의 개선으로 이어지는 증가된 역할 수행 기회와 자기중심주의에서 벗어나는 과정을 통해 도덕적 추론이 어떻게 발전하고 성숙하는지 설명한다. 인지 발달 이론이 도덕적 의사 결정에서 추론 성숙의 역할에 초점을 맞춘 반면, 호프만은 정서적 공감 발달의 역할에 초점을 두었다(Hoffman, 2000). 하이트의 사회적 직관주의 이론은 도덕적 결정을 위한 동인으로서 자동 직관에 주의를 집중했지만, 도덕적 의사 결정이 시간이 지남에 따라 어떻게 성숙되는지 제안하지 않는다. 유사하게, 이중 과정 이론은 도덕적 성숙의 발달보다는 실시간 도덕적 의사 결정에 중점을 두고, 다른 뇌 영역이 활성화되는 정도에 따른 감정 과정을 살핀다. 베어드, 카간 등은 추상적 추론 및 감정 인식과 같은 연관된 인지 및 정서적 과정의 출현에 미치는 영향을 통해 뇌 발달이 도덕 발달과 어떻게 상관관계가 있는지에 중심을 둔다. 사회신경과학 연구는 일반적으로 발달에 중점을 두지 않고 실시간 도덕적 의사 결정 과정에 중점을 두는 반면, 발달심리학 연구는 의사 결정과 연계된 다른 과정보다 도덕적 성숙에 관심을 갖는다. 과거 도덕심리학 이론의 한 가지 한계는 뇌 발달을 명시적으로 포함하지 않았으며 이로 인해 이것이 도덕 발달에 어떻게 영향을 미칠 수 있는지에 대한 해명이 불분명하다는 것이다. 사회신경과학 이론과 관점은 발달 단계를 해당 뇌 회로와 연결하려고 시도하여 뇌 발달이 도덕적 발달과 어떻게 관련되는지 설명하는 데 도움이 된다(Garrigan, Adlam, & Langdon, 2018).

사회신경과학 관점에서 도덕적 의사 결정 과제를 사용한 신경 영상 연구는 특정 뇌 영역이 도덕적 의사 결정에 영향을 미친다는 사실을 발견하였다. 가장 일반적으로 활성화되는 뇌 영역은 감정 처리에 관여하는 vmPFC이다. 또한 연접부(temporoparietal junction, TPJ) 즉, 측두엽과 두정엽이 만나는 영역은 도덕적 의사 결정에 기여하는 것으로 알려져 있다. 이러한 뇌 영역의 발달은 성숙한 도덕적 의사 결정과 연관된다. 인지에 대한 신경 영상 연구는 아동과 청소년이 뇌의 네트워크를 보다 광범위하게 활성화하는 반면, 성인은 보다 구체적인 영역에서 활성화를 나타냄을 발견하였다(Garrigan, Adlam, & Langdon, 2018). 기능적 자기 공명 영상과 같은 기술의 도움으로 신경 과학은 인간 행동에 대한 새로운 관점을 제공하고 있다. 근래 심리학의 많은 영역은 새로운 기술, 방법론 및 관련 발견을 인식하고 수용하였다. 나바에츠와 같은 연구자들은 신경과학의 도구가 도덕 발달과 도덕 교육 분야에 어떤 영향을 미치는가와 상관된 주제에 관심을 기울였다. 그녀는 조기 두뇌 발달 및 애착의 중요성과 같은 문제를 다루었는데, 도덕 발달과 신경과학이 통합될 수 있는 방법의 예를 제공하는 통합 이론인 삼층 윤리 이론을 제안하였다(Narvaez & Vaydich, 2008).

발달심리학과 사회신경과학에 대한 통합적 접근의 도덕 이론은 도덕적 의사 결정과 관계된 과정과 요인, 그리고 이것이 도덕적 성숙을 위해 어떻게 발전할 수 있는지에 대한 그림을 제공한다. 발달심리학 이론은 성숙한 도덕적 의사 결정에 필요한 인지 및 정서적 과정이 나이와 함께 성장 및 성숙한다고 설명했지만 이것이 뇌 발달의 결과로 어떻게 발생하는지 명시적으로 해명하지 않는다. 반면, 보다 최근의 신경과학 관점은 도덕적 추론 및 연관 과정의 성숙을 위한 뇌 발달의 중요성을 강조했지만 종종 도덕발달심리학 문헌을 무시한다. 도덕 발달 분야는 발달심리학 문헌과 사회신경과학 연구의 통찰을 보다 명확하게 통합함으로써 이익을 얻을 수 있다(Garrigan, Adlam, & Langdon, 2018). 따라서 발달심리학과 사회신경과학 양자의 통섭이 요구된다.

III. 도덕 발달과 하이트의 사회적 직관

1. 도덕적 추론과 도덕적 직관

도덕적 판단, 도덕적 추론, 도덕적 인식이라는 용어는 종종 혼용되며, 다른 정의로 사용되기도 한다. 도덕적 의사 결정은 이보다 더 포괄적인 개념으로, 도덕적 영역에서 이루어지는 판단, 평가, 선택을 포함하는 모든 결정을 가리킨다. 즉, 도덕 판단에 관한 결정을 의미한다. 도덕적 결정은 실제 또는 가상의 도덕적 딜레마, 곧 도덕적 규칙이나 원칙이 작용하는 상황에서 어떻게 대응할지를 결정하는 것일 수 있으며, 도덕적 수용 가능성에 대한 판단이나 평가일 수도 있다. 도덕적 의사 결정은 다른 유형의 의사 결정과 마찬가지로 복잡한 과정이다.

도덕적 영역 내의 상황에서 행동하는 방법을 결정할 때, 개인은 먼저 상황에 도덕적 규칙이 있음을 인식하고, 관련된 도덕적 도식을 검색하며, 상황의 중요한 특징을 인코딩하고 해석한 후, 가능한 도덕적 선택을 생성하고 평가해야 한다. 도덕적 결정을 내리는 과정은 매우 복잡하기 때문에 도덕적 의사 결정이 성숙해지기 위해서는 사고의 발전이 필수적이다. 예를 들어, 도덕적 상황의 중요한 특징을 인코딩하려면 해당 특징에 주의를 기울여야 한다. 주의력이 증가하면 상황의 더 많은 특징을 인코딩할 수 있게 되어, 보다 성숙한 도덕적 결정을 내릴 수 있는 능력이 향상된다. 도덕 발달은 성숙한 도덕적 결정을 내리는 능력을 증가시키는 도덕적 추론 및 관련 과정의 발전을 포함하며, 이는 도덕적 의사 결정의 성숙을 의미한다.

도덕적 추론은 도덕적으로 관련된 규칙, 지식, 이해가 도덕적 도식으로 기억에 저장되어 이를 바탕으로 이루어지기 때문에 다른 형태의 추론과는 차별된다. 도덕적 추론은 도덕적 결정을 안내할 수 있는 하나의 과정이지만, 다양한 절차와 관련되어 있으며 의사 결정의 유형에 따라 관여 정도가 달라질 수 있다. 도덕적 영역은 해악, 정의, 공정성, 보살핌이라는 상당히 보편적인 원칙을 다루지만, 이러한 원칙이 규칙이나 법률로 설정되는 방식은 사회, 문화, 종교에 따라 다르며 시간이 지남에 따라 변할 수 있다. 사회의 도덕 원칙을 따르는 행동은 도덕적 또는 친사회적 행동이라 할 수 있으며, 사회의 도덕 원칙을 위반하는 행동은 부도덕하거나 반사회적 행동으로 간주된다. 발달심리학 내의 도덕 이론은 도덕적 의사 결정을 안내하는 과정으로서 도덕적 추론의 성숙에 중점을 두었다. 물론 도덕적 추론 수준이 항상 행동과 상관관계가 있는 것은 아니며, 일부 도덕심리학 이론은 도덕적 결정이 자동 직관에 의해 좌우된다고 제안한 사회적 직관주의 이론에 중점을 둔다. 사회신경과학에서 가장 두드러진 도덕 이론은 이중과정 이론이다. 도덕 이론가들은 관점 수용, 직관, 공감과 같은 도덕적 의사 결정과 도덕 발달에 필요한 다양한 구성 요소를 제안하였다. 도덕 인지의 신경과학에 대한 검토는 도덕적 의사 결정과 도덕적 발달을 설명하기 위해 성숙한 도덕성을 위해 개발해야 하는 프로세스가 무엇인지, 이러한 프로세스가 시간이 지남에 따라 어떻게 발전하는지에 대한 관심을 가지고 있다(Garrigan, Adlam, & Langdon, 2018).

어린아이의 도덕적 판단은 피상적이다. 그러나 성장하는 아동의 확장된 작업 기억과 증가하는 사회적 역할 수행 기회는 아동이 환경의 여러 특징에 주의를 기울일 수 있도록 한다. 이러한 과정은 결국 도덕적 가치의 내재적 또는 근본적인 의미에 대한 성숙한 이해의 성취로 귀결된다. 도덕 발달이 비교적 성숙한 수준에 도달한 아동은 예를 들어, 우정의 기반이 되는 신뢰를 유지하기 위해 또는 상호 존중이 모든 관계의 기초이기 때문에 친구와의 약속을 지켜야 한다고 제안할 수 있다. 성숙하거나 심오한 도덕적 이해는 약속을 지키는 것뿐만 아니라 진실을 말하고, 도둑질을 삼가고, 다른 사람을 돕고, 생명을 구하는 것과 같은 다양한 문화권에 만연한 도덕적 규범과 가치와 관련이 있다 (Rottman & Young, 2015). 그렇다면, 아동의 도덕 발달은 어떻게 성취될 수 있으며 이들의 도덕 판단의 기준은 무엇인가?

2. 도덕 발달과 하이트 도덕 기반 이론의 도덕 판단 기준

콜버그는 덕을 궁극적으로 하나이고 다수가 아니며 문화에 관계없이 항상 동일한, 이상적인 형태로 이해하였다. 그리고 이 이상적인 형태의 이름은 정의라고 보았다. 도덕성의 기반이 되는 또 다른 일반적인 후보는 해로움에 대한 민감성 또는 일반화된 인간 복지나 행복과 관련된 개념이다. 일원론자들은 일반적으로 도덕성의 모든 표현이 그들이 제안하는 하나의 기본 가치 또는 미덕을 구현하기 위한 근본적인 심리적 구조에서 파생된다는 것을 보여주려 하였다. 한편, 하이트와 조셉(Craig Joseph)은 도덕 기반 이론(Moral foundations theory, MFT, 2004)을 기초로 진보와 보수의 정치 갈등을 이해하고자 시도했는데, 진보 성향의 사람들은 전통적으로 도덕 판단의 기초로 여겨졌던 정의(justice)와 돌봄(caring)의 원칙을 중심으로, 보수 성향의 사람들은 앞선 두 가지 원칙과 더불어 집단의 결속을 중요시하는 충성, 권위, 신성의 5가지 원칙(이후 6가지 제안)을 중심으로 옳고 그름을 판단한다고 예측하였다.

MFT는 도덕적 인지의 동맹 모델인 SIM(Social Intuitionist Model)과 함께 심리학의 패러다임이 명시적 처리 대신 암묵적으로 전환되는 것과 평행을 이루며 도덕 정보 처리 이해에 중대한 영향을 끼쳤다. 그럼에도 불구하고, MFT는 인지 발달주의의 핵심 아이디어 중 적어도 3가지에 도전한다고 볼 수 있다. 첫째, 인지 발달 전통은 소위 '도덕 판단'이 어떻게 하면 정의로운 사회적 관계를 발전시키고 기본적인 인간 복지를 증진할 것인지에 대한 '규범 판단'과 관련이 있다고 생각하는 경향이 있다. 반면, MFT는 자유/억압(liberty/oppression), 충성/배신(loyalty/betrayal), 권위/전복(authority/subversion), 신성/비하(sanctity/degradation) 등을 통해 '도덕의 기초'를 6가지로 상정함으로써 공정성과 복지를 넘어 도덕심리학의 범위를 크게 넓힐 것을 주장한다. 둘째, MFT와 SIM은 도덕적 결정을 내리기 위해 추론이 얼마나 자주 사용되는가에 도전한다. 이들은 감정이 도덕적 의사 결정을 유도한다고 보았으며, 추론이 이를 대신하는 경우는 드물다고 주장한다. 셋째, 도덕적 숙고가 제공하는 주요 목적에 관한 것이다. 인지 발달주의는 도덕적 숙고를 어려운 사회 문제에 대한 공정성의 특정 관점과 사람들이 문제에 대한 건전하고 책임 있는 판단에 도달하는 데 사용할 수 있는 숙련된 성찰 능력으로 간주하였다. 대조적으로 MFT의 경우 도덕적 숙고가 도덕적으로 옳고 그른 것을 분류하려는 순수한 인식론적 욕구나 그렇게 하는 특정 기술에 의해 주도되는 경우는 거의 없다. 대신, 도덕적 숙고는 사회적 사건에 대한 개인의 자발적인 정서적 반응 즉, 도덕적 직관의 촉진, 방어 및 정당화하에 압도적으로 사용된다. 이에 따라 특히, 행동을 취하기 전에 합리적으로 적절한 도덕적 판단을 찾는 것은 도덕적 인지의 주변적인 측면이 되며 사람들의 대부분 삶에서 비교적 드물게 발생하는 것으로 간주된다(Maxwell & Narvaez, 2013). 이 때문에 MFT와 SIM는 인간 능력에 대한 기준과 기대를 낮추게 한다는 비판을 면하기 어렵다. 하이트의 사회적 직관주의는 명칭에서 알 수 있듯이 직관을 기본으로 한다. 그러나 문화는 우리의 진화적 유산을 단순히 수동적으로 수용하는 것이 아니며, 개인이 자신의 삶에서 도덕적 중요성을 결정하는 데 미치는 역할도 간과할 수 없다(Blasi, 2009).

이러한 논쟁점들에도 불구하고, 하이트의 학제 간 연구, 특별히 신경과학에 기초한 그의 시각은 도덕 발달 및 교육 분야 학자들의 시야를 넓힌다는 점에서 고무적이다. 신경생물학의 발견은 도덕 교육 접근에 통합될 수 있다. 이러한 점을 감안할 때, 도덕적 질문에 대한 사람들의 의견과 감정은 개인이 서로 다른 도덕적 토대에 부여하는 직관적인 평가 우선순위에 의해 결정된다는 그의 제안은 아동의 도덕 발달, 도덕 판단 기준 연구와도 긴밀히 연관된다. 따라서 아동의 뇌 발달과 도덕 판단에 대한 이해를 기반으로 도덕 기반 이론이 아동의 도덕 발달 및 도덕 판단에 주는 시사점을 도출하고자 한다.

IV. 아동의 뇌 발달 및 도덕 판단과 도덕 기반 이론의 시사점

1. 아동의 뇌 발달과 도덕 판단

어떤 형태의 도덕성은 선천적으로 타고나며, 다른 형태의 도덕성은 사회적 경험을 통해 형성된다. 특히, 뇌 시스템, 매개 변수, 임곗값이 확립되는 초기 생애에서 이러한 현상이 두드러진다. 더 높은 형태의 도덕성 즉, 참여 및 공동의 상상력은 타고난 것이 아니라 뇌 시스템이 매우 미성숙하고 유연할 때 초기에 공동으로 구성된 회로에 의존한다. 이 때문에 이러한 회로는 미주 신경, 내분비 시스템과 같은 친사회성을 촉진하는 시스템이 빠르게 발달할 때 적절한 조기 개입이나 치료를 필요로 한다. 더 높은 형태의 도덕적 기능의 발달을 촉진하고 관계적 조화와 공동의 상상 함양이 가능하다. 인간은 초기 경험에서 조절되는 생존 시스템을 가지고 태어나지만 더 높은 형태의 도덕성은 적절한 보살핌을 요구한다. 초기 경험은 이러한 특성의 기초를 설정한다.

잘 구성된 두뇌는 필요에 따라 민첩하게 제어되거나 적절한 수준에서 작동한다. 제대로 기능하지 않는 뇌는 우울증을 일으키거나 세부 사안이나 강박 관념에 몰두한다. 통제된 프로세스에 지나치게 의존하는 두뇌 또는 마음은 엄격한 규칙 준수를 강조하는 반면, 자동 프로세스에 과도하게 의존하면 고정 관념이 생길 수 있다. 윤리적 전문가는 특정 상황에서의 필요에 따라 주의와 프로세스를 전환할 수 있으며 깊은 공감은 공동의 상상력과 행동을 촉진한다(Narvaez, 2018). 사회적 갈등, 위반 행위 및 긍정적인 행동을 묘사하는 가상 상황의 제시를 사용한 아동의 도덕 판단 연구는 비교적 어린 나이의 아이들이 도덕적, 사회적 관습 및 개인적 영역의 구별을 시작한다는 것을 보여주었다(Nucci, 2001; Smetana, 1995; Turiel, 1998). 도덕성과 관련하여 일부에서는 이기심, 사회적 영향 및 독특한 감정을 포함할 수 있는 실제 사건이 가상의 상황에서 다른 판단을 이끌어낼 가능성이 있다고 주장하였다(Hoffman, 1991; Rest, 1983).

추상적인 추론과 사람들이 실제 생활에서 직면하는 도덕적 딜레마를 판단하는 방법 사이에도 구별이 있다. 이러한 구분은 일부 그룹의 사람들이 다른 그룹보다 추론에 있어 더 맥락 지향적이라는 점을 드러냈고 돌봄을 지향하는 경향이 있는 여성이 정의와 추상을 지향하는 경향이 있는 남성보다 추론 상황에서 더 맥락적인 판단을 내린다는 것이 제안되었다(Gilligan, 1982). 가상 상황에 대한 판단과 실제 사건에 대한 판단을 비교하는 대부분의 연구는 돌봄과 정의의 도덕성에 대한 지향을 조사하기 위해 고안되었다. 주로 가상의 상황을 사용한 여러 문화권의 많은 연구에 따르면, 어린이, 청소년 및 성인은 사회적 관습 영역에서 판단하는 것과는 다른 판단을 도덕적 영역에서 내린다. 도덕적 문제와 달리 사회적 관습은 규칙과 권위에 따라 결정되며, 특히 제도나 집단 관행에 따라 결정된다. 아동의 판단은 행동적 맥락에서 다면적이기에 판단과 행동 사이의 관계를 조사하기 위해 사회적 상황을 해석하는 방법, 관련된 판단의 다른 영역, 행동적 맥락에서 영역이 적용되고 조정되는 방법을 고려할 필요가 있다(Turiel, 2008).

신경과학자들은 전전두엽피질(prefrontal cortex, PFC)의 부분이 다양한 종류의 인지 활동에 관여함을 이해하기 시작하였다. 타인의 의도에 대한 이해, 타인의 입장에서 생각하고 공감하는 능력, 구체적이고 추상적인 사회적 용어의 지각과 같은 사회적 인지의 다양한 측면이 전측두엽(anterior temporal lobe)의 활성화에 반영된다. 도덕적 감정과 동기는 변연계 및 부변연계(paralimbic systems) 또는 기타 피질하 영역(subcortical areas)의 활동과 연결된다(Blasi, 2009).

한편, 최근 연구자들은 아동의 도덕적 추론과 뇌 발달과의 연관성에 관심을 기울인다. 뇌의 집행 기능(executive functions, EF)은 추론 및 의사 결정과 같은 더 높은 수준의 인지를 가능하게 하고 촉진하는 기본 인지 능력으로 종종 간섭 제어, 작업 기억 및 기타 하위 기능을 포함하는 복합 기능으로 간주된다. 어린 아이들에게 있어 EF는 행동을 통제하고 주의를 집중하며 복잡한 작업을 완료할 수 있도록 한다(Baker, D'Esterre, & Weaver, 2021). 사이코패스의 경우 발달 초기 편도체(amygdala)와 vmPFC의 기능 장애를 수반하며, 이는 개인의 도덕적 능력에 영향을 미치는 것으로 보인다(Cowell & Decety, 2015). 신경과학자들은 도덕적 인지의 요소가 어린이와 청소년의 두뇌에서 어떻게 작용하고 발달하는지 이해하는 데 관심을 갖고 있다.

발달신경과학 연구에서는 도덕적 인지 기간 동안 연령대에 따른 뇌 구조와 기능의 차이를 발견하였다. 예를 들어, 신경 영상 연구에서 비도덕적 위반에 비해 도덕적으로 볼 때 젊은 참가자와 비교해 성인의 vmPFC에서 더 큰 활동을 탐지하였다. 도덕적 추론은 나이에 따라 점차적으로 변하는 정서 과정과 인지 과정 사이의 복잡한 통합을 포함하며 개체 발생 과정에 걸쳐 역동적이다. 부정적인 감정이 개인에게 불편함을 가져옴으로써 상황의 도덕적 중요성을 경고하고 이에 따라 도덕적 판단의 선행 조건으로 작용할 수 있다. 또, 청소년과 성인 남성 모두 도덕적 위반 이미지를 평가했을 때, 측두정엽연접부(temporo-parietal junction, TPJ), 후두상부시상구(posterior superior temporal sulcus, pSTS)와 후방대상피질(posterior cingulate cortex, PCC)에서 더 큰 활동을 관찰하였다. 발달신경과학의 이러한 연구는 성인기에 확인된 도덕 회로와 잘 맞으며 마음 이론과 연관된 영역인 pSTS/TPJ, mPFC 그리고 도덕적 감수성과 관련된 영역인 vmPFC가 포함된다. 이러한 도덕 관련 회로의 뇌 활동은 발달 과정에 따라 변화한다(J. Decety, K. J. Michalska, & K. D. Kinzler, 2012).

2000년대 초, Joshua Greene과 그의 동료들은 개인적 및 비개인적인 도덕적 딜레마에 반응할 때 관여하는 뇌 영역에 대해 연구를 진행하였다. 그들의 연구에 따르면, 개인적인 도덕적 딜레마는 vmPFC(내측 전전두피질), 편도체, pSTS(후두상부시상구), 그리고 PCC(후방대상피질)와 같은 정서적, 사회적 처리와 관련된 뇌 영역에서 더 큰 활동을 유발했다. 반면, 비개인적인 도덕적 딜레마는 dlPFC(외측 전전두피질)

및 하두정엽(하부두정엽)에서 더 큰 활동을 보였으며, 이는 통제된 숙고적 추론과 연관되어 있다(May, Workman, Haas, & Han, 2022). 이 연구는 도덕적 판단과 의사 결정 과정에서 나타나는 뇌 활동을 이해하는 데 중요한 기여를 했다. 특히 그린의 연구는 도덕 판단에 있어 이성과 감정이 어떠한 방식으로 상호작용하는지에 대한 이해를 높이는 데 일조하였다. 그러므로 성숙한 도덕적 인지 및 도덕 판단은 대인 해악에 대한 혐오감, 공감적 관심 및 정신 상태 이해의 기초가 되는 뇌 영역과 긴밀히 연관되며 관련 뇌 범위의 지속적인 개발을 필요로 한다.

2. 알파 세대인 아동 및 도덕적 뇌 영역과 도덕 기반 이론의 시사점

AI 기술은 인간과 기계의 관계를 새롭게 재편하고 있다. 가상 현실, 로봇공학, 무인 운송 수단, 클라우드 컴퓨팅, 초연결 사회 등은 현재 우리가 살고 있는 시대를 잘 대변하는 용어들이다. 2010년 이후 출생한 알파 세대(Generation Alpha)는 모바일을 우선적으로 사용하고, 최신 트렌드를 좇으면서도 타인과는 다른 이색적인 경험을 추구하는 특징을 지니고 있다. 알파 세대 아이들은 키즈 유튜버, AI가 제공하는 키즈 콘텐츠, 스트리밍 서비스 등 비대면 디지털 놀이 문화에 익숙하다. 이들은 앱 기반 플레이, 더 많은 영상 사용, 더 짧은 집중 시간 및 디지털 리터러시 부족과 사회성 결핍을 보이기도 한다. 1990년대 중반 출생한 세대를 Z세대로 명명하였다면, 최근 어느 세대보다 디지털에 특화된 세대로 등장한 것은 알파 세대이다. 2005년 호주의 사회학자, 미래

학자, 인구통계학자인 맥크린들(Mark McCrindle)과 그의 연구팀은 설문조사 연구를 통해 'Generation Alpha'라는 용어를 최초로 제안하였다(McCrindle, 2021; Ziatdinov & Cilliers, 2021). 이들은 통상 2010년 이후 탄생한 세대로 스마트폰과 디지털 세계의 직접적인 영향을 받고 전 세계적으로 연결된 세대라 할 수 있다. 연령으로는 현재 14세 혹은 15세 이하인 아이들이 여기에 해당한다.

알파 세대인 아동의 특성을 감안함과 동시에 뇌 발달 차원에서 이들의 도덕 발달 특성을 점검할 필요가 있다. 앞서 논의한 바와 같이 도덕 발달의 신경과학은 도덕적 인지를 지원하는 영역과 자아에 대한 사고를 지원하는 영역 사이에 흥미로운 중첩이 있음을 시사한다(Sevinc & Spreng, 2014). 신경 영상 연구의 메타 분석은 vmPFC, PCC 등의 도덕적 부위가 있음을 보여주었다. 사이코패스는 의식적 추론이나 사회적 지식과 관련된 영역에서 기능 장애를 일으킬 뿐만 아니라 감정과 동기 부여에 의해 도덕적 인지에도 영향을 받았다. 또한 실험 증거는 사람들이 도덕적 가치를 그들 자신의 중심이나 비도덕적 가치보다 더 중요하다고 여기는 경우 도덕적 판단에 따라 행동할 가능성이 더 높다는 것을 보여주었다(Reed, Aquino, & Levy, 2007). 이러한 증거를 통해 도덕적 능력은 감정, 동기, 정체성을 포함하여 연결된 뇌 영역의 적절한 성장과 발전을 통해서만 정상적인 도덕 판단을 발달시킬 수 있음을 확인할 수 있다.

도덕 교육에서 통합 접근 방식인 신콜버그주의(Neo-Kohlbergian)는 도덕적 판단과 추론에만 초점을 맞춘 고전적 콜버그 이론과 달리 4가지 구성 요소 모델로 도덕적 동기, 성격 및 감수성을 통합하였다. 이 모델에서 도덕 발달과 유지는 4가지 구성 요소를 조정하여 각 구성 요소와 협력하는 것을 함축하는데, 이는 다양한 변연계 및 전두엽 영역 간의 상호작용과 관련이 있다(Narvaez & Vaydich, 2008). 이를 기반으로 성숙한 도덕적 판단의 신경생물학의 통합 발달 이론을 위치시킬 수 있다. 예를 들어 PFC의 기능적 역할에 대한 특성화는 도덕적, 사회적 과정을 포함한 모든 종류의 기능적 영역에 적용된다. PFC 손상 후 발생하는 가장 두드러진 결손 중 일부는 사회적 인지이다. 이것은 사회적 행동의 어떠한 측면이 PFC의 처리 제약과 밀접하게 결합되어 있음을 시사한다. PFC의 특정 영역에 병변이 있는 환자는 특정의 사회적 및 인지적 처리 결핍과 관계되었다(Forbes & Grafman, 2010). vmPFC 및 편도체와 같은 원형 감정과 관련된 뇌 영역은 대부분 자동적이고 무의식적이지만 복잡한 학습 및 추론에도 필요하다.

한편, 사회적 인지 발달에 대한 연구에서는 아동의 사회적 세계 구조화의 기초를 형성하는 3가지 개념적 영역, 즉 도덕적, 사회적, 심리적 영역을 확인하였다(J. G. Smetana, 1983: 131). 도덕 발달은 개인의 정신 건강과 가족, 또래 집단 및 기타 사회 환경에서의 성공적인 기능 모두에 매우 중요하다. 도덕적 발달은 친사회적 행동에 참여하는 것으로, 다른 사람에게 이익이 되도록 의도된 자발적 행동 그리고 반사회적 행동의 억제로 정의되기도 한다. 도덕 발달이 다른 사람과의 관계와 학교 및 기타 환경에서의 적응에 영향을 미치기 때문에 아동의 사회정서 발달은 중요하다(Koenig, Cicchetti, & Rogosch, 2004).

과거 대부분의 사회에서는 유아를 사회의 도덕적 구성원이 아닌 미성숙한 존재로 간주했으나, 현대에는 아동의 도덕 발달이 복잡하고 역동적인 두뇌 시스템의 전개 및 공동 건설을 통해 이루어진다고 여겨지고 있으며 이는 오늘날의 인문과학(human sciences)과도 일치한다(Narvaez & Lapsley, 2014). 뇌 발달 측면에서 알파 세대의 연령은 PFC의 발생과 조절에 영향을 미치는 뇌 부위가 구조적, 기능적 발달을 겪는 시기이다. 감정 조절에서 연령이 높을수록 ACC 배측의 '인지' 관련 영역이 우선적으로 작용하는 반면, 연령이 낮을수록 복측 '정서' 연계 범위가 먼저 관여하기에 교육적 개입은 아동의 도덕 발달에서 매우 간요하다. 이것은 알파 세대가 보다 직접적이고 시각화된 디지털 자극에 매우 민감하게 반응하고 이를 선호한다는 것을 보여주며 이들을 더 잘 이해하도록 돕는다.

앞서 논의된 도덕 기반 이론은 인간이 선천적인 도덕적 본성을 바탕으로 사회와 문화 속에서 학습을 통해 도덕성을 형성한다고 주장한다. 그러나 이 이론은 도덕성 형성에 필요한 다양한 요소들을 간과한다는 비판을 받을 수 있다. 또한 도덕 판단을 기술적으로 제시함으로써 규범적인 도덕성을 충분히 제시하지 못한다는 지적도 면하기 어려워 보인다. 그러므로 논의를 종합하여 다음과 같은 도덕 기반 이론의 교육적 시사점을 도출할 수 있다. 첫째, 초등학생과 같은 아동의 발달 특성, 특히 뇌 발달에서 정서, 사회 발달은 도덕 판단과도 밀접하다. 둘째, 두 가지 뇌의 도덕적 회로의 범위, 네트워크 등을 도덕 교육 차원에서 고려할 필요가 있다. 셋째, 아동의 사회적 발달에서 정서 및 감정 조절은 변연 부위의 전두엽피질인 전대상회(ACC)가 핵심 뇌 영역으로 명시된다. 넷째, 도덕성의 규범적 성격이 도덕 교육에서 간과되어서는 안 된다. 다섯째, 아동의 도덕 판단 기준은 공정, 정의, 돌봄 외에도 다양한 스펙트럼을 갖는다. 여섯째, 아동의 추론보다 직관적 도덕 판단의 선호를 감안하여 추론 판단의 연습 기회를 충분히 반복하여 제공할 필요가 있다. 일곱째, 자연주의 오류(naturalistic fallacy)에 대한 경계 자세를 견지해야 한다. 다시 말해, 도덕 기반 이론에 대한 건설적 비판을 유념하여 교육이나 도덕 교육 차원에서 주의할 사항들을 점검해야 한다. 예를 들면, 지금 현 상태로서의 도덕성은 다소 낮게 평가될 수 있지만 이것은 인간 자체의 도덕 기준이 낮음을 나타낸다는 해석으로 귀결되어서는 안 된다. 이보다는 우리가 도덕 교육으로서 이를 더욱 발전시켜야 할 것으로 인식해야 할 것이다.

V. 결론

우리의 삶에서 숙고된 도덕 판단은 원하는 만큼 자주 발생하지 않을 수 있으며, 이러한 현상은 아동에게 더욱 두드러진다. 사회적 영역

연구에 따르면, 냉담하고 정신병적인 경향을 보이는 폭력적인 아동은 다른 사람을 해치거나 관습적인 규범을 위반하는 것이 잘못된 일이라고 말하지만, 그럼에도 불구하고 도덕적 위반과 관습적 위반을 구별하는 데 어려움을 겪는다. 그런데 이 구분은 대략 39개월부터 이루어진다. 다른 사람을 때리거나 타인의 재산을 손상시키는 행위와 같은 도덕적 위반은 다른 사람의 권리와 복지에 대한 침해로 정의되며 수업시간에 잡담하기, 이성의 옷 입기와 같은 관습적인 위반은 사회 질서에 대한 결과로 정의된다(Jambon & Smetana, 2020). 일반적으로 사람들은 도덕적 위반을 관습적 위반보다 더 심각한 것으로 간주한다. 행위를 금지하는 규칙이 없더라도 우리는 통상 도덕적 위반을 허용되지 않는 것으로 판단한다.

아동의 뇌 발달과 이들의 특성 그리고 도덕 기반 이론의 시사점을 상기할 때, 다음과 같은 점들을 도덕 교육 현장에서 필수적으로 점검하고 유념해야 한다. 첫째, 도덕 교육의 방향 정립 즉, 교육의 본질적 가치에 대한 추구이다. 사회 환경의 변화는 교육 공간에서도 흥미, 재미, 신선함 그리고 기술 기반 콘텐츠를 우선적 관심사로 떠오르게 하였다. 그러나 실질적인 상호작용을 통해서만 얻을 수 있는 교육적 효과성에 대해서 간과해서는 안 된다. 피상적이 아닌 깊이 있는 관계성 형성은 도덕 교육의 출발점이라 할 수 있다. 아동의 뇌 발달적 특성을 고려하면, 구체적 교육 환경을 구성하려는 노력 없이 추상적 교육 환경으로 건너뛰려는 시도는 위험할 수 있다. 직접 접촉이 아닌 간접 접촉의 교육 환경은 학생들의 인지 발달, 정서 발달, 사회성 발달 그리고 도덕성 발달에 저해를 초래할 수 있다.

둘째, 도덕적 학습의 취약 계층을 위한 교육 대책의 마련이다. 도덕 기반 이론이 제안하는 바와 같이 아동의 도덕 판단 기준의 근원은 다양할 수 있다. 때로 잘못된 판단 기준을 내재화한 아이들도 존재한다. 이들은 빈약한 도덕 교육 인프라를 가지고 있을 수 있다. 아동이 저마다 소유한 옳고 그름의 잣대를 확인하고 취약한 도덕적 교육 환경이나 도덕 판단 기준을 보유한 학생들에 대한 세심한 교육적 처방이 필요하다.

셋째, 아동의 도덕 발달에 대한 신경과학적 이해와 아동이 갖는 도덕 판단 기준에 대한 심도 있는 고찰이다. 물론 도덕적 판단에 관한 신경과학의 역사는 오래되지 않기에 신경생물학에 근거한 도덕 판단에 대한 결론은 신중하게 내려야 한다. 신경과학만으로는 규범적 가정 없이 철학적 문제를 해결하거나 윤리 논쟁을 발전시킬 수 없다(May, Workman, Haas, & Han, 2022). 그럼에도 불구하고, 뇌신경과학을 도덕철학적 분석과 결합하는 것은 도덕 판단에 대한 깊이 있는 이해와 실제적 접근에 매우 유용하다.

성숙한 도덕 판단의 실제 작용과 그 발전의 탐색은 우리가 어떻게 도덕적 지식의 습득을 향상시킬 수 있고 바람직한 판단을 유도하며 도덕적 진보를 가속화할 수 있는지를 밝혀준다. 신경과학만으로는 우리의 도덕적 자아를 향상시키는 방법을 보여주지 않지만, 그러한 발견은 특정한 사회적 맥락에 적용될 때 도덕심리학과 도덕 교육에 유용한 방향을 제공할 수 있다. 옳고 그름의 구별은 다양한 뇌 영역과 신경 전달 물질의 조정을 필요로 하는 복잡하고 복합적인 과정이다. 아동의 도덕 발달을 위해 도덕 교육 연구에서 철학적 인간과 과학적 인간 즉, 형이 상학적 인간 이해와 형이하학적 인간 이해의 협력과 교차 검토가 끊임 없이 요청된다.

8장.
정신 건강과 뇌신경과학 관점에서 본
사회 통합 교육

I. 서론

사회적 동물인 인간은 사회생활을 통해 자신의 존재 의의를 발견하고 자아를 실현한다. 안정되고 건전한 사회는 사회 구성원 간 연대와 박애를 통해 높은 응집력을 갖게 된다. 이 때문에 사회 유지와 발전을 위해 사회 통합은 보수, 진보와 같은 좌우 대립의 이분법을 넘어 강조된다. 사회 통합은 외재적 차원 즉, 체제적 차원의 개인 외적 영역뿐만 아니라 내재적 차원인 개인 내적 영역의 심적 상태를 야기하는 사회적 네트워크(social networks), 사회적 포함(social inclusion), 사회적 연대(social solidarity), 사회적 지지나 지원(social support), 사회적 연계(social linkages) 등의 다차원에서 접근 가능하다.

최근 한국 사회에서 세대 간, 계층 간 갈등과 해체에 대한 우려가 높아지면서 사회 통합이 중요한 관심사로 떠오르고 있다. 사회 통합의 유대는 구성원들을 하나로 묶을 수 있는 반면, 이것의 부재는 사회 내의 반목, 질시, 갈등, 대립을 야기하고 급기야 폭동과 소요까지 발생시킬 수 있다. 더구나 낮은 사회 통합은 사회 결속의 저해뿐만 아니라 구성원 개인의 자살 충동이나 우울증에 영향을 주기도 한다. 이러한 점에서 본다면 사회 통합은 사회 발전뿐만 아니라 개개 구성원의 건강하고 행복한 삶을 좌우하는 주된 인자이다.

따라서 사회 갈등의 최소화 및 건전한 사회 발전 그리고 구성원의 안녕과 복지를 위해서 사회 통합의 외적 차원 즉, 체제 및 제도의 통합뿐만 아니라 사회 통합이 구성원에 미치는 영향 즉, 내적 차원에도 관심을 기울일 필요가 있다. 그러므로 사회 통합에 대한 기존 개념과 이론들을 비판적으로 점검하고 사회 통합이 개인에 끼치는 효과를 확인하여 사회 통합 교육의 과제를 제안하고자 한다. 사회 통합의 개념 탐색과 사회 구성원에 주는 실질적 작용에 대한 검토는 사회 통합 교육의 목적, 내용, 방법에 대한 다각적인 논의를 촉발하도록 도울 것이다.

그러므로 이 글에서는 개인의 심리 차원에 주목하여 정신 건강 및 뇌신경과학 차원에서 사회 통합 교육의 과제를 제안하고자 한다. 이를 위해 해결할 문제는 다음과 같다. 첫째, 사회 통합의 개념은 무엇인가, 둘째, 뇌신경과학 측면에서 사회 통합과 정신 건강은 어떠한 관련을 갖고 있는가, 셋째, 윤리 교육 차원에서 사회 통합 교육의 과제로 무엇을 제시할 수 있는가.

II. 사회 통합의 개념과 선행 연구 검토

1. 사회 통합의 개념과 역할

사회 통합은 영어식 표현으로 Social Cohesion 또는 Social Integration으로 표현된다. 국내외 연구자들은 이 두 영어식 표현을 큰 구분 없이 연구자의 주안점에 따라 사용하기도 한다. 사회 통합은 대체적으로 사회 응집의 의미로서 사용되는데 연관된 개념으로는 소셜 네트워크, 사회적 지원, 사회적 참여, 사회적 자본, 사회적 지지 등이 있다. 이들 각각의 개념은 사회적 유대 즉, 개인 간, 개인과 그룹 간, 그룹들 간과 개인이나 그룹에 결과적으로 미치는 영향에 대한 여러 가지 아이디어를 강조한다. 사회 통합의 요소나 측면으로 이해되는 사회적 지원이나 사회적 참여는 개인의 건강, 정서적 웰빙에 영향을 미친다.

우리의 감정을 사회적 차원의 '우리'라는 정서로 확장하는 것으로 미시적 관점에서 사회 통합을 이해할 수 있다. 또 다른 정의에 따르면, 사회 통합(Social Integration)이란 사회 집단의 존재 의식 수준이 사회 통합에 부합하는 상태를 의미한다. 통합의 실현을 위한 가장 중요한 과정은 사회화이다. 개인이 사회적 실체로서 사회 규범, 가치, 신념, 습관, 경향 및 사회생활의 행동 모델을 수용하는 것은 사회화 과정 내에서 정치, 교육, 경제, 문화 및 기타 사회 제도를 통해 발생한다. 교육 기관은 사회 통합의 실현에 중요한 역할을 하며, 개인의 사회화는 사회 통합 교육의 주요 기능이다. 사회 통합을 촉진하는 요인은 공통의 가치, 규칙, 규범, 법, 작업 공유 등이다(Ozgan & Aksab, 2018).

사회 통합은 사회 공간에서 행위 주체로서 개인이 상호 결속되는 행위자 간의 관계를 나타내기도 한다. 인간은 사회적 존재이기에 상호작용이 삶의 질에 많은 기여를 한다. 반면, 사회적 배제는 사회 결속을 위협한다. 따라서 사회 통합은 정치 사회적 측면에서 권리와 기회, 형평성과 존엄성의 평등을 기반으로 모든 사람들이 사회, 경제 및 정치 생활에 참여할 수 있도록 하는 가치, 관계, 제도를 증진하는 과정이다. 이 때문에 사회 통합의 지향은 모든 인권의 증진과 보호, 비차별, 관용, 다양성에 대한 존중, 기회의 평등, 연대, 불우하고 취약한 그룹과 개인을 포함한 모든 사람들의 안전과 참여에 직결된다.

2. 사회 통합 선행 연구와 사회학적 접근

사회 통합은 사회학뿐만 아니라 교육학, 심리학, 정신건강의학 등 여러 학문 분야에서 다루어진다. 사회과학에서 사회 통합은 가장 핵심적인 개념 중 하나로 많은 학자들에 의해 다양한 방식으로 정의되었으며 사회 갈등과 문제의 해결책으로 거론된다. 사회 통합 연구의 주요 공헌 중 하나는 사회학자로 알려진 뒤르켐(Emile Durkheim)의 '사회와 사회 집단 전반에 걸친 자살률 조사'이다. 그는 『자살론(Le Suicide, 1897)』에서 네 가지 기본 형태의 자살이 있다고 결론지었다. 첫 번째, 이기적 자살은 개인이 사회에 대한 사회적 유대의 부족에서 비롯된다. 두 번째, 아노미적 자살은 급격한 사회 변화나 주요 사회적 격변으로 인해 구성원을 통제하는 사회의 능력이 약화되거나 파괴될 때 가장 많이 발생한다. 그에 따르면, 세 번째와 네 번째 유형인 이타적 그리고 숙명론적 자살은 개인에 대한 사회의 이해가 과도할 때 발생할 가능성이 높다. 예를 들면, 힌두교 전통에서 미망인으로 하여금 작고한 남편을 화장하는 장작더미 위로 몸을 던지도록 요구하는 경우이다. 뒤르켐은 또한 사회 노동 분업에서 사회 통합의 중요성에 대해 논의하였다. 단순한 사회는 비공식 네트워크와 통제가 우세한 기계적 연대를 통해 주로 기능한다. 반면, 보다 복잡한 사회는 공식적인 사회적 유대와 사회적 통제 형태를 포함하는 과정인 유기적 연대를 통해 기능한다. 이러한 방식으로 뒤르켐은 사회 통합이 역사적, 사회적, 구조적 맥락과 어떻게 관련되어 있는지 보여주었다(Hartwell & Benson, 2007).

사회 통합 관련 국외 연구들을 살펴보면, 사회 통합 개념과 연관된 연구(Murguia, Padilla, & Pavel, 1991), 사회 통합이 구성원에 끼치는 영향과 관계한 연구(Seeman, 1996), 사회 통합 측정에 대한 연구(Brissette, Cohen, & Seeman, 2000), 사회 통합 방안에 관한 연구(Archer, 1996), 사회 통합과 건강 관계 연구(Berkman & Glass, 2000; Brydsten, Rostila, & Dunlavy, 2019), 사회 통합 모형과 연관된 연구(Bailey, Johnston, Koenen, Kuchler, Russel, & Stroebel, 2022) 등이 있다. 이러한 선행 연구들은 대체적으로 사회 통합의 개념, 과제, 실태 진단, 통합 모델, 건강 및 웰빙과의 관계 등으로 크게 구분된다. 사회 통합의 대상으로는 소수자, 이민자, 장애인, 취약 계층, 사회적 약자 등이 다루어지며 대부분 다문화 및 계층 간 통합의 관점에서 접근이 이루어지고 있다. 사회학적 관점에서 사회 통합의 중요성이 종종 논의되는데 미국 사회학자들의 초기 연구에도 이것이 반영되어 있다. 사회 해체 이론가들은 사회적 응집력과 안정성이 낮은 도시 지역이 범죄와 비행의 비율이 더 높다는 것을 발견하였다. 유사하게, 고립과 정신분열증에 관한 연구 역시 정신 장애의 발생에서 사회적 불안정과 무질서의 역할을 강조하였다(Hartwell & Benson, 2007). 이러한 연구 결과는 앞에서 살펴본 뒤르켐의 논점과 밀접히 연관된다.

III. 정신 건강 측면에서 사회 통합 이해

1. 뒤르켐의 자살론과 사회 통합

사회적 관계와 소속감은 신체적 및 정신적 건강에 강력한 영향을 미친다. 사회적 지지와 사회적 통합은 낮은 사망률과 연관되어 있다. 사회적 지지와 사회적 통합이 IL-6(interleukin-6) 및 C 반응성 단백질(hs-CRP)과 같은 염증성 사이토카인과의 연관성을 메타 분석한 연구에 따르면, 사회적 지지와 통합이 낮은 수준의 염증과 유의하게 관련이 있음을 보여주었다. 또 다른 분석에서는 사회적 지지와 사회적 통합이 사망률을 50% 감소시키는 것과 연관이 있었는데, 이는 흡연 및 신체 활동과 같은 잘 확립된 생활 방식 요인과 유사한 효과 크기이다(Uchino et al., 2018). 이러한 데이터는 사회적 지원과 사회적 통합이 개인 신체의 염증 및 질병과 연결되는 중요한 메커니즘임을 시사한다. 즉, 사회적 관계는 신체 건강 결과에 대한 강력한 심리 사회적 예측 인자이다. 건강에 대한 사회적 관계의 영향을 설명하는 데는 소셜 네트워크와 사회적 유대를 포함한 다양한 용어들이 상호 교차적으로 사용된다. 관련 분야에서 널리 알려진 이론 중 하나는 뒤르켐의 사회 통합과 자살에 대한 연구이다.

사회와 건강의 관계 연구에서 뒤르켐의 기여는 지대하다. 그의 가장 중요한 공헌은 사회 통합과 결속이 사망률에 미치는 영향을 밝힌 것이다. 그의 주요 목표는 개인의 병리가 어떻게 사회적 역학의 기능으로 나타나는지를 설명하는 것이었다. 『자살론』에서 뒤르켐은 개별 행위 패턴의 심리적 토대가 사회적 사실에 어떻게 의존하는지 이해하도록 돕는다. 그는 사회 집단이 매년 매우 안정적인 자살률을 보인다는 관찰로 작업을 시작하였다. 자살의 사회적 패턴을 근거로 뒤르켐은 자살의 근본적인 이유가 대부분 그룹의 사회적 통합 수준과 관련이 있다는 이론을 제안하였다. 뒤르켐이 정의한 자살의 한 유형인 아노미 자살은 급격한 사회 변화와 격동의 시기에 종종 발생하는 경제적 또는 정치적 성격의 대규모 사회적 위기와 연관된다. 이러한 상황에서는 통합의 규제 기능과 같은 사회적 통제와 규범이 약화하는데 급격한 변화는 가치, 신념 및 일반 규범의 규제를 완화하고 개인의 열망을 억제하거나 인도하지 못한다. 그는 자살이 사회 통합 능력의 침식에 의해 촉발된다고 설명하며 현대 사회에서 집단 자살의 위험은 사회적 통합의 정도에 반비례한다고 주장하였다. 다시 말해, 사회 통합은 개인이 집단에 종속되는 정도를 의미한다. 그들은 공유 의식, 관행 및 신념을 고수하는 정도만큼 그룹에 종속된다. 예를 들어, 종교 단체에서 예배, 종교적 사교 행사 및 기타 의식에 자주 참석하는 사람들은 종교 통합이 높을 것이다. 신에 대한 신앙, 내세에 대한 믿음과 같은 다수의 공유된 종교적 신념을 고수하는 사람들은 자살 위험이 낮을 것이다. 가족과 같은 다른 제도와 관련하여서도 뒤르켐은 유사한 주장을 하였다. 가족생활에서 개인의 이익이 집단의 이익에 종속되는 경향이 감소할수록 자살률은 증가한다. 예를 들어, 이혼한 사람의 자살률은 나이와 성별이 일치하는 기혼 동료보다 2~4배 높다. 개인의 이익을 타인에게 종속시키는 것을 그는 삶에 의미를 부여하는 핵심으로 간주하였다(Emile Durkheim, 1897/1966).

사회적 통합에서 파생된 사회적 지원은 자살 위험을 낮추는 중요한 요인이 될 수 있다. 그러나 유의할 점은 지나치게 통합된 사회가 특정 조건에서 구성원 중 일부의 자살을 요구할 수도 있다는 점이다. 사회 현상과 특정 요인에 대한 단편적인 이해와 이들 간의 환원적 연결은 실제 상황을 파악하는 데 편파적인 시각을 제공할 수 있다.

2. 보울비의 애착 이론과 사회 통합

사회 통합 연구에 중대한 영향을 끼친 또 다른 이론은 정신과 의사인 존 보울비(John Bowlby)가 개발한 아동 발달과 관련된 애착 이론이다.

보울비는 환경, 특히 유아기의 상황이 신경증의 발생에 중요한 역할을 한다는 이론을 제안하였다. 그는 영아와 어머니의 분리가 건강에 해롭다고 믿었고 상실과 분리를 심리 치료의 핵심 문제로 보았다. 보울비는 친밀한 애정 결속을 형성하려는 보편적인 인간의 욕구가 있다고 가정하였다. 그는 애착(Attachment, 1969), 분리(Separation, 1973), 상실(Loss, 1980)의 저술을 통해 애착 이론과 이것이 아동기 및 성인 발달과 어떻게 관련되는지 설명하였다.

애착 이론에 따르면 애착 대상은 영유아가 탐색하고 모험을 떠날 수 있는 안전한 기반을 만드는 존재이며, 반드시 어머니여야 할 필요는 없다. 보울비는 많은 정신 분석가들과 함께 애착이 일차적인 동기 부여 시스템이라고 주장하였다. 안전한 애착은 혈압과 체온 조절의 내부 항상성 기전과 유사하게 아이의 신진대사를 안정된 상태로 유지하는 심리적 보호의 외부 고리를 제공한다(Bowlby, 1969). 어린 시절에 형성된 이러한 친밀한 유대는 성인기에 견고한 애착을 위한 안전한 기반을 형성하고 이후의 사회적 관계를 위한 원형을 제공한다. 아동은 초기 관계에서 얻은 정서적 친밀감의 체험을 기반으로 새로운 경험을 해석하고 생성한다. 안전한 애착은 아동이 더 큰 체계에서 애정적 유대와 안정을 유지할 수 있게 한다. 그는 성인기의 결혼을 어린 시절 유아와 어머니 사이의 애착과 동등한 것으로 보았는데, 안전한 결혼 생활은 필요한 시기에 보호막 역할을 하여 세상을 탐험하고 일할 수 있는 견고한 기반을 제공한다(Berkman, Glass, Brissette, & Seeman, 2000). 그는 애착이 안전한 기반 관계에서 중요한 조직 역할을 한다는 것을 분명히 인식했으며 애착 관련 정서적 상태의 조절에서 인지 활동의 역할을 강조하였다(Waters, Crowell, Elliott, Corcoran, & Treboux, 2002). 보울비 이론의 강점은 개인의 안전한 안식처를 위한 애착에 대한 개인의 필요를 분명히 하였다는 점이다.

애착 이론에서 일차적 애착은 궁극적으로 개인이 성인의 삶에서 지속적이고 안전하며 사랑스러운 관계를 형성할 기초를 제공하는 안정감과 자부심을 촉진한다. 유아기와 아동기의 심리 사회적 환경은 성인기까지 계속되는 성공적인 발달을 위한 길을 열어준다. 성인기의 친밀감 능력은 저절로 주어지지 않고 애착, 상실 및 재애착을 포함하는 복잡한 동적 힘의 결과이다. 유아기의 정서 발달은 정서 및 인지 발달뿐만 아니라 건강에도 중요한데, 사회적 유대나 네트워크의 부족이 사망률을 예측한다는 것을 보여주는 일련의 연구는 지속적으로 일관되게 나타났다. 한편, 소셜 네트워크의 영향에 대한 연구는 네트워크 구조와 기능이 사회적 및 대인 관계 행동에 미치는 영향과 관련하여 네트워크가 네 가지 주요 경로를 통해 행동 수준에서 작동한다고 주장한다. 이것은 (1) 사회적 지원 제공, (2) 사회적 영향력, (3) 사회적 참여 및 애착, (4) 자원과 물질적 재화에 대한 접근이다(Berkman, Glass, Brissette, & Seeman, 2000). 여기서 사회적 지원이라는 용어는 인간관계의 유익한 내용을 나타내는 데 사용되며 그 자체로 사회적 스트레스의 영향에 대한 중재자로서 정신 건강 상태를 예측한다(Turner & Turner, 2013). 따라서 애착, 연대, 관계성 등을 포괄하는 사회 통합은 개인의 정신 건강 차원에서도 삶에 지대한 영향을 주는 요인이라 할 수 있다.

IV. 신경과학에서 사회 통합 이해와 사회 통합 교육 과제

1. 뇌신경과학의 사회 통합 이해: 심리 차원을 중심으로

인간은 생각하는 존재일 뿐만 아니라 사회적 존재이다. 인간은 무리의 일원으로서 생활하고 행동한다. 인간의 삶에서 사회적 관계의 중요성에 대한 인식은 오래되었는데, 아리스토텔레스에서 부버(Martin Buber)에 이르기까지 철학자들은 인간 존재의 본질이 타인과의 연결과 관계성 속에서 나타난다고 강조하였다. 인간 접촉의 패턴, 사회적 상호작용의 과정, 개인적 관계에 대한 주관적 가치는 사회학 분야가 시작된 이래 연구의 주된 초점이었다. 사회학 문헌의 상당 부분은 건강과 질병에서 사회적 관계의 존재와 질에 대한 역할에 초점을 맞추었으며 사회적 지지는 유익한 관계를 나타내는 가장 널리 사용되는 용어이다(Turner & Turner, 1999).

사회의 유대는 정상적인 발달과 적절한 사회적 행동의 유지 모두에 필수 조건으로 여겨지며 사회적 관계와 소속은 건강 및 정신에 강력한 영향을 미친다는 사실이 널리 인정되고 있다. 마슬로우(Abraham

Maslow)는 보편적인 인간의 욕구 중 하나로 '소속에 대한 욕구(Affiliation/ Belonging Needs)'를 제안하였다. 인류의 생존은 인간의 창조적 사고뿐만 아니라 함께 결속하고 집단으로 기능하는 능력에 달려 있는데, 우리는 사회적 존재로 태어나고 사회화되며 집단에서 우리의 정체성, 즉 자아와 역할에 대한 감각을 얻는다. 개인이 집단을 형성하고 동시에 집단이 개인을 만든다. 많은 경험 연구에서 사회적 통합이 더 높은 수준의 주관적 웰빙과 관련되어 있음이 발견되었으며, 주관적 웰빙 향상과 이웃에 대한 신뢰 수준의 증가가 이웃과의 상호작용 빈도뿐만이 아니라 개인이 인지하는 소속감의 증대에도 영향을 받는다는 사실이 드러났다(Appau, Churchill, & Farrell, 2019).

사회신경과학(social neuroscience) 관점에서 사회적 배제는 전대상피질 (dorsal anterior cingulate cortex, dACC)을 활성화하게 하고 신체적 통증과 유의한 상관관계가 있다. 거부 반응은 신체적 고통 시스템에 의해 매개되기에 사회적 배제가 고통스러운 것으로 경험된다. 동물 연구를 통해서도 사회적, 육체적 고통은 공통의 생리적 메커니즘을 공유함이 밝혀졌다(MacDonald & Leary, 2005). 이러한 신경 반응은 사회적 고통과 신체적 고통 사이의 중첩을 나타내며 우울증 심각도 및 사회적 배제 동안의 심리적 통증과 관련이 있다.

따라서 사회신경과학의 견해에서 인간은 사회적인 공감과 협력에 적합한 존재이다. 인간을 움직이게 하는 동기의 핵심은 다양한 관계속에서 인정, 존중, 배려, 애정을 발견하고 주고받는 것이다. 사회적 유대감을 갈망하는 인간의 욕구는 깊기 때문에, 인간이 고립감을 느끼면 사고의 능력도 손상을 받는다. 사회신경과학자들은 뇌의 대뇌피질이 확장되고 그 속에서 신경 회로의 상호 연결이 더 많아진 것은 점점 더 복잡해지는 사회적 신호를 서로 주고받고 해석하고 전달할 필요성 때문이었다고 본다. 이들의 견해에서 인간의 사회성은 사회적 존재로서 인간을 만들어 주는 인간 뇌의 생물학적 본성에 기초를 둔다(박형빈, 2017). 연구자들은 사회적 통합 수준과 건강의 다양한 측면 사이의 관계를 탐구해왔는데 수십 년 동안 사회적 지원과 그것이 건강과 정신건강에 미치는 영향에 대한 수백 건의 연구가 있었다. 1970년대 중반 이후 출판된 문헌을 대상으로 한 사회적 유대, 사회적 네트워크, 사회적 고립, 사회적 환경의 키워드 검색에서 사회적 통합이 사망률 감소로 이어진다는 강력한 증거가 나타났다. 사회적 통합은 심근경색 이후 예후에 매우 유익한 영향을 미치는 것으로 드러났다. 건강 차원에서 효과에 대한 생리학적 근거는 사회적 고립과 비지지적 사회적 상호작용이 모두 면역 기능을 저하시킬 수 있음을 보여준다. 분명히, 개인의 사회적 관계 네트워크는 건강 결과에 영향을 미치는 역동적이고 복잡한 사회 시스템으로 작동한다(Seeman, 2000).

연구에 따르면 사회적 지원이 적응, 건강 및 웰빙에 긍정적인 영향을 미치는 원인은 주로 주관적인 지원 평가 즉, 인식된 지원이다. 지지적 행동 및 네트워크 유대의 수용과 같은 객관적, 사회적 지원 지표의 이점은 주로 사람들이 지지와 보살핌을 받는다는 주관적인 인식을 통해 매개된다. 사회적 지원 개념의 다차원적 특성은 정서적 지원, 도구적 지원, 정보 지원, 동반자 관계 및 사회적 확인을 포함하며 가족, 친구, 동료 및 이웃이 제공하는 비공식 지원 또는 관료 조직 및 전문적인 도움을 주는 사람이 제공하는 공식 원호 등 지원을 제공하는 사람에 따라 다양한 형태의 사회적 지원이 구별될 수 있다. 서로 다른 차원의 지원은 특정 유형의 문제를 처리하는 데 더 유용하게 작용하기도 하는데 예를 들어, 정서적 원조는 대인 관계 스트레스로부터 개인을 완충하는 데 특히 유용하다. 사회적 참여는 개인이 광범위한 사회적 역할과 관계에 참여하는 정도로 정의할 수 있으며, 사회적 참여의 증가는 건강과 웰빙, 가족 기능, 아동 및 청소년 발달 및 행동과 같은 영역에서 유리한 사회적 및 행동적 결과와 연결된다(Hartwell & Benson, 2007). 그리고 이러한 점들은 정신 건강뿐만 아니라 뇌신경과학 영역에서 점차 해명되고 있다. 사회적 지원, 사회적 참여 등이 사회 통합에 포괄되는 연계 개념이라는 점을 상기할 때, 사회 통합이 신경과학적으로도 개인에게 영향을 준다는 것을 확인할 수 있다. 그렇다면, 우리는 사회 통합 교육의 과제로 무엇을 제시할 수 있는가.

2. 사회 통합 교육의 과제

사회 통합 교육의 과제를 검토하기 위해 사회 통합을 구성하는 연결 개념들이 갖는 작용을 살펴볼 필요가 있다. 첫째, 사회적 참여를 생각하면, 개인은 가치 있는 사회적 역할에 의해 삶에 의미와 목적이 있다는 감각이 증가하고 웰빙이 향상된다. 증가된 사회적 참여는 건강과 웰빙에 긍정적인 영향을 미친다. 물론 사회적 참여는 때로 역효과를 불러올 수도 있다. 예를 들어 비행 갱단에 가담하면 불법 약물 사용 및 기타 형태의 일탈 또는 범죄 행위를 조장할 수 있다. 둘째, 사회적 자본은 이웃, 커뮤니티 및 거시 사회적 특징으로 개념화되는데 높은 수준의 사회적 자본을 소유한 집단은 강한 수준의 대인 관계 신뢰와 상호 의무뿐만 아니라 적절한 사회 조직의 존재로 특징지어진다. 교육, 정치학, 범죄학 및 공중 보건 연구에서 높은 수준의 사회적 결속, 상호 신뢰, 집단 효능감을 보고한 지역은 더 낮은 수준으로 이를 보고한 지역의 주민들에 비해 폭력 범죄율이 낮다는 것이 발견되었다. 사회적으로 무질서한 지역 사회에서 주민들 사이의 낮은 수준의 신뢰와 협력은 지역 사회 전체가 필요한 경제적, 사회적 자원을 확보하는 능력을 제한하여 사회적 자본의 추가 악화와 손실을 초래할 가능성이 있다(Hartwell & Benson, 2007). 셋째, 사회적 지지는 자신이 다른 사람들로부터 사랑받고 보살핌을 받으며 존중받고 가치 있게 여겨지는 사회적 네트워크의 일부라는 인식이나 경험으로 정의되는 것으로 개인의 정신적, 육체적 건강에 유익한 영향을 미친다. 이러한 이점은 사회적 지원이 사람들의 질병을 예방하는 데 도움이 되는 것으로 이해된다(Taylor, 2011).

사회 통합은 이처럼 개인이 포함된 사회 구조와 대인 관계 및 제도적 상호작용의 내용을 포함하는 다차원적인 용어로 통합 결과에 영향을 미치는 사회적 지원, 사회적 참여, 사회적 자본 등의 개념과 연계된다. 사회 통합은 집단 및 개인, 내부 및 외부의 전체에서 발생하며 사회 구성원 개개인의 차원에서 정신적, 육체적 건강에 지대한 영향을 끼친다. 따라서 도덕과 교과 교육에서 사회 통합 교육의 과제를 선정함에 있어 이러한 다차원적인 측면과 개인 영역의 심적 수준이 주의 깊게 고려되어야 한다. 이를 위해 다음과 같은 개괄적 교육 과제를 제안할 수 있다.

첫째, '지향 유형'과 관련한 사회적 참여 또는 사회적 역할, 사회적 지지, 사회적 자본, 사회적 안전망 그리고 사회적 차원과 개인적 차원에서의 통합 의지 고양이다. 둘째, '교육 구조' 측면에서 사회 통합 교육을 위한 주제를 항목별로 대상, 목적, 목표, 접근 방식, 연계 학습 주제 등으로 분류할 수 있다. 셋째, '해결 과업'으로는 구조적 폭력, 편향 및 편견, 구성원 개인의 편견 해소 및 통합 의지 고취, 세대 및 계층 간 소통과 이해 등을 들 수 있다. 넷째, '교육 목적'으로는 학생들이 세분화된 유형의 능력, 역량을 갖출 것이 요구된다. 예를 들면, 사회적 배제를 극복하기 위한 교육에서 학생들은 나와 다른 타인을 이해하고 그들에 대해 공감할 수 있으며 모든 인간을 존엄한 존재로 여기는 태도를 획득하고 이를 실제 현실의 삶에서 실천하는 생활 자세를 가지게된다. 마지막으로 개인의 정신 건강 차원에 대한 고려이다. 이상의 내용을 정리하면 <표 1> 및 <표 2>와 같다.

<表 1> 사회 통합 교육 과제: 유형(예시)

'지향' 유형	'지양' 유형
사회적 참여(사회적 역할)	사회적 배제 사회적 차별 사회적 편견
사회적 지지	
사회적 자본	
사회적 안전망	
통합 의지	사회적 통합 의지 고양(고취)
	개인적 통합 의지 고양(고취)

<표 2> 사회 통합 교육 과제: 항목(예시)

항목	내용
대상	사회적 편견 극복
목적/유형	이해 및 인식
	정서 및 감정
	태도 및 가치
	실행 및 실천
접근 방식	양방향(상향식 & 하향식)
목표	세대 간 및 계층 간의 소통 & 화합
연계 학습(교육) 주제	국제 이해 교육, 반편견 교육, 인권 교육, 성평등 교육, 평화 교육, 통일 교육(북한 이해 교육 포함), 상호 문화 이해 교육 등

이를 도덕과 교육 과정과 연계할 때, 첫째, 대상은 학교 급별로 초등학교, 중학교, 고등학교에서 모두 적용 가능하고, 둘째, 연관된 영역으로 사회생활 영역에서 중점적으로 다룰 수 있으며, 셋째, 연계 학습(교육) 주제는 내용 체계와 성취 기준의 핵심 개념, 내용 요소로 제시할 수 있고, 넷째, 목적 및 유형, 목표는 교수·학습 및 평가의 방향에서 활용할 수 있다. 도덕과가 학교 인성 교육의 핵심 교과이자 민주 시민 교

육의 중핵 교과라는 점에서 이러한 사회 통합 교육의 과제는 윤리 교육에서 가장 효과적이고 체계적으로 구현될 수 있다.

V. 결론

한국은 전 세계적으로 단기간 산업화에 성공한 대표적인 나라이다. 그러나 경제적 풍요의 향유와 정치적 민주주의의 확장을 이루고 있음에도 불구하고, 한국 사회 안에 내재한 갈등의 유형과 정도는 다양하고 때로 심각하다. 분배의 왜곡, 국론의 분열, 계층과 세대 간 반목과 질시의 심화는 우리 사회의 발전 및 화합과 조정을 저해하고 급기야 지속적인 대립과 갈등 야기를 통해 사회 혼란을 유발할 수 있다. 이러한 위험을 예방하기 위해서는 계층 및 세대 간 갈등 완화를 위한 사회 통합과 이를 위한 교육의 노력을 중요하게 거론할 수밖에 없다.

특히 정신 건강 및 뇌신경과학 차원에서도 사회 통합과 심리적 웰빙 사이에는 명백한 이론적 연결이 있음이 제기되고 있으며, 스트레스 요인을 경험하는 사람들은 사회적 자원을 활용하여 이에 효과적으로 대처하고 정신적 건강을 보호할 수 있다(Evans & Rubin, 2022)는 점에서 사회 통합은 개인 차원에서도 긴요하다. 예를 들면, 또래와의 불리한 사회적 관계를 경험하는 것은 어린 시절의 주요 스트레스 요인 중 하나로 확인되었으며 성인을 대상으로 수행된 수많은 조사에서 사회적 통합이 건강과 복지에 긍정적인 영향을 미칠 수 있음이 밝혀졌다. 아동기의 우호적인 관계는 낮은 수준의 스트레스와 상관관계가 있는 반면, 친구가 적은 어린이는 코르티솔(cortisol) 농도가 높은 경향을 보였다. 물론 이러한 현상의 결과와 원인을 일률 단편적인 시각으로 해석해 섣불리 단정 짓고 판단하는 식의 일반화의 오류는 삼가야 할 것이다. 그러나 안전한 사회적 맥락 즉, 사회적 관계가 건강과 웰빙 증진에 중요한 역할을 하고 자율신경계의 발달과도 연결된다는(N. Carro, 2022) 점을 간과할 수는 없다.

사회적 차원의 요소가 개인에게 영향력을 행사한다는 견지에서 사회 통합의 양상에 교육의 역할도 상당하다. 그것은 교육이 개인의 변화뿐만 아니라 사회의 변환을 이끌 수 있기 때문이다. 또한 사회적 참여, 지지, 안전망과 같은 사회 통합이 개인의 정신 건강에 영향을 미친다는 점에서 통합의 중요성을 간과할 수 없으나 획일적인 사회 통합은 자칫 개인과 사회 양 측면에 악영향을 줄 수도 있다. 이 점에서 우리는 사회 통합을 바라볼 때 기능주의와 갈등 이론의 균형을 유지하는 관점에서 접근할 필요가 있다.

극심한 사회적 갈등은 알력과 충돌을 낳고 사회 안정을 저해할 뿐만 아니라 사회 구성원 개개인의 정신과 신체 건강에도 치명적일 수 있다. 결론적으로, 우리 사회의 건전한 통합을 위해서는 사회 구조적 차원과 개인적 측면을 동시에 염두에 둔 정책과 교육을 마련하려는 노력이 필요하다. 나아가 사회와 개인을 향한 교육적 관점에서의 접근이

동시에 이루어져야 한다. 사회적 참여 및 사회적 역할, 사회적 지지, 사회적 자본, 사회적 안전망은 사회 통합을 구현하기 위한 핵심적인 구성 요소이다. 이것은 도덕과 사회 통합 교육을 통해서 가장 잘 실현할 수 있다. 사회 통합 교육을 위한 과제로 구조적 폭력과 편향 및 편견 해소, 통합 의지 고취, 세대 및 계층 간 소통과 이해의 극대화, 다차원적인 교육 목적 유형 고려 그리고 사회와 개인에 대한 융합 시각에서의 접근 등을 제안할 수 있다.

9장.
AI 윤리 도전 및 책임과 사이버네틱스
: Jaspers, Heidegger, Wiener의 관점에서
본 기술의 본질

I. 서론: 기술은 중립적인가?

인공지능(AI) 기술이 사회의 모든 영역에 깊숙이 침투하면서, 그 본질과 우리의 책임에 대한 질문이 더욱 절실해지고 있다. 기술 자체는 가치 중립적인 도구로 여겨지기도 한다. 그러나 이것이 실제 세계에서 어떻게 사용되는가에 따라, 긍정적이거나 부정적인 결과를 초래할 수 있다. 예를 들어, AI가 재판 과정에서 증거를 분석하거나 의료 진단을 지원할 때, 그 정확도와 효율성은 크게 증가할 수 있다. 반면, 이러한 기술이 편향된 데이터에 기초하여 개발된 경우, 불공정한 결과나 차별을 촉진할 수 있다.

또한 기술 자체가 가치 중립적이라고 말하기 어려운 경우는 여러 상황에서 나타날 수 있다. 이와 같은 상황들은 기술의 설계, 개발, 적용 방식이 특정 가치관, 사회적 편견, 또는 경제적 이해관계에 의해 영향을 받을 때 발생한다. 그러한 사례들은 다음과 같다.

첫째, 편견이 내재된 알고리즘 인공지능 시스템은 사용되는 데이터에 따라 결과가 달라진다. 데이터가 성별, 인종, 경제적 배경 등에 따른 편견을 포함하고 있으면, 그 기술은 이러한 편견을 반영하거나 심화시킬 수 있다. 인종적 편견이 내재된 데이터로 훈련된 인공지능이 채용이나 대출 승인 과정에서 차별적 결정을 내릴 수 있다.

둘째, 감시 및 통제 목적의 기술이다. 특정 정부나 조직이 사회적 통제를 강화하려는 목적으로 기술을 사용하는 경우, 이는 사생활 침해나 자유 제한의 도구로 활용될 수 있다. 대규모 감시 카메라 네트워크, 얼굴 인식 기술이 그 예이다. 이러한 기술들은 보안을 증진한다는 긍정적 목적도 있지만, 동시에 개인의 사생활을 침해하고 자유를 제약할 수 있는 부정적 측면도 갖고 있다.

셋째, 소비자 조작을 위한 디자인이다. 일부 기술은 사용자의 행동을 조작하거나 특정 방식으로 유도하기 위해 설계될 수 있다. 소셜 미디어 플랫폼은 사용자가 더 오래 머무르도록 알고리즘을 최적화하여, 이용자의 주의를 붙잡고 광고 수익을 극대화한다. 이러한 방식은 종종 사용자의 선택을 제한하고 소비자 행동에 과도하게 영향을 미칠 수 있다는 비판을 받는다.

넷째, 특정한 경제 이해관계에 맞춘 기술 개발이다. 기술이 특정 산업이나 기업의 이익을 보호하거나 증진하기 위해 개발될 때, 이는 경제적 권력을 불균등하게 유지하거나 확대하는 수단이 될 수 있다. 특허법이나 독점적 기술은 시장에서의 경쟁을 제한하고 소수의 대기업만이 이익을 얻게 할 수 있다. 이러한 예들은 기술이 사회적, 경제적, 정치적 맥락에 따라 어떻게 가치적 측면에서 중립적이지 않을 수 있는지를 나타낸다.

다섯째, 환경적 영향을 고려하지 않는 기술이다. 기술이 환경에 미치는 영향을 충분히 고려하지 않고 개발되거나 사용될 때, 이는 지속가능하지 않은 방식으로 자원을 소비하고 환경을 파괴할 수 있다. 대규모 데이터 센터의 에너지 소비와 배출이 기후 변화에 기여하는 것은 기술이 환경에 부정적인 영향을 주는 대표적 사례 중 하나다.

여섯째, 군사적 목적으로의 기술 활용이다. 기술이 군사적 목적, 특히 공격적인 사용을 위해 개발되거나 배치될 때, 이는 윤리적으로 매우 논란이 많은 영역이 된다. 군사용 무기나 전투 AI 로봇 군인은 주로 인명 살상을 목적으로 설계되고 개발되기 때문이다. 드론, 사이버전, 자동화된 무기 시스템 등은 이러한 사례로, 이들 기술은 전쟁의 양상을 변화시키고 민간인에 대한 위험을 증가시킬 수 있다.

이 모든 예시들을 통해 볼 때, 오늘날 인공지능 기술이 단순히 중립적인 도구로서의 역할을 넘어서 사회적, 경제적, 정치적, 환경적, 군사적 결정에 깊숙이 관여하고 있음을 알 수 있다. 기술의 개발과 사용은 그것을 둘러싼 가치와 규범, 이해관계와 긴밀히 연결되어 있으며 이러한 맥락을 고려하지 않고 기술을 중립적이라고 단정 지을 수는 없다.

기술은 그것을 만드는 사람들의 가치관과 목표에 의해 형성되며, 사용되는 방식에 따라 다양한 사회적 영향을 미칠 수 있다.

간과할 수 없는 사항은, AI의 의사 결정 과정에 종종 인간의 직관적 판단을 넘어서는 복잡성이 포함된다는 점이다. 이는 AI가 제공하는 결과가 어떻게 도출되었는지를 완전히 이해하고 설명하기 어렵다는 것을 의미한다. 더구나 인간의 책임은 AI 기술의 개발과 사용 과정에서 중심적인 역할을 차지하기에, 기술의 발전은 인간의 윤리적 판단을 대체하는 것이 아니라 오히려 그 책임을 강화하는 방향으로 나아가야 한다. 이는 정책 입안자, 개발자, 설계자, 관리자 그리고 사용자가 기술을 통제하고 윤리적으로 관리해야 할 필요성을 강조한다. 이와 같이 책임의 중요성을 인식하는 것은 AI 기술의 미래와 그것이 우리 사회에 미칠 영향을 형성하고 파악하는 데 결정적이다. 우리는 기술이 제공하는 편의성과 효율성을 활용하는 동시에, 그로 인해 발생할 수 있는 윤리적, 사회적 문제에 적극적으로 대응해야 한다. AI 기술의 발전이 사회적 가치와 인류의 복지 향상에 기여할 수 있도록 지속적인 연구와 정책 개발이 필요하다. 이를 통해 우리는 기술을 사회의 발전에 긍정적으로 활용하는 방법을 모색할 수 있다. 그러므로 기술의 개발과 적용에 있어 윤리적 고려가 필수적임을 인식하고 기술이 가져올 수 있는 부정적인 영향을 최소화하여 보다 평등하고 공정한 방식으로 혜택을 분배할 수 있도록 해야 한다.

II. 기술의 본질과 인간의 관계
: 사회에 미치는 기술의 영향

기술은 인간의 욕구와 문제를 해결하기 위해 개발되었으며 이는 고대 도구 사용에서부터 현대의 인공지능 기술에 이르기까지 계속해서 진화해 왔다. 이러한 진화는 인간의 기본적인 생존 요구에서 출발하여 더 복잡하고 정교한 사회적, 경제적, 문화적 요구를 충족시키는 방향으로 발전해 왔다. 예를 들어, 초기의 석기가 사냥과 식량 준비에 사용되었다면, 현대의 인터넷 기술은 정보 접근성을 대폭 확대하여 지식 기반 사회로의 전환을 촉진하였다. 기술은 인간의 일상생활을 변화시키고, 인간은 기술을 통해 자신의 환경을 조성하고 개선한다. 예를 들어, 소셜 미디어는 커뮤니케이션 방식을 혁신적으로 변화시켰고 이는 사회적 상호작용의 패턴을 바꾸었다. 인공지능과 로봇공학의 발전은 노동 시장에 큰 변화를 가져오며 직업의 성격이나 필요 기술을 재정의하고 있다. 기술은 다양한 방식으로 사회에 영향을 미치는데, 가령 경제적 차원에서 생산성을 향상시키고 새로운 산업을 창출하며 전통적인 산업을 혁신한다. 디지털 경제는 전자상거래의 일상화를 촉진하였다. 또한 기술은 사용자의 경험을 형성하고 사회 구조를 변화시키며 경제적 패러다임을 재정립하는 힘을 가지고 있다. 예를 들어, 산업 혁명은 증기 기관과 기계화된 제조 방식을 도입하여 노동 시장의 구조를 근본적으로 변화시켰고 정보 기술 혁명은 디지털 경제의 부상과 함께 전통적인 비즈니스 모델을 재조정하였다.

기술은 이처럼 인간의 삶을 향상시키는 것을 목표로 한다. 그러나 동시에 예기치 않은 부작용을 발생시킬 수 있는 두 얼굴의 성격을 가진다. 예를 들어, 자동화 기술은 생산성을 향상시키고 일자리에서의 육체적 부담을 줄이는 반면, 대규모 실업을 초래할 위험도 내포하고 있다. 또한 인공지능과 빅 데이터 기술이 개인의 프라이버시 침해와 같은 심각한 윤리적 문제들을 야기할 수도 있다. 기술 접근성의 불평등은 사회적 격차를 확대시킬 수 있는 문제로 남아 있다.

따라서 기술의 발전과 적용은 지속적인 윤리적 고려와 사회적 대화를 필요로 하며 이를 통해 기술이 인류의 공동 이익을 위해 올바르게 사용될 수 있도록 해야 한다. 기술의 본질과 그 영향력을 이해하는 것은 단순히 과학적 또는 기술적 문제를 넘어서는 문제이다. 인간의 가치와 사회의 발전을 위한 고민이 반드시 포함되어야 하며, 이를 통해 기술이 인류의 진정한 동반자로 자리매김할 수 있다. 기술의 본질을 이해하는 것은 그 기술이 우리 사회에 미치는 다양한 영향을 예측하고 조절하는 데 중요한 역할을 하며 이는 결국 더 공정하고 지속 가능한 미래를 위한 기초가 된다. 기술 발전의 미래를 현명하게 이끌어 가는 것은 우리 모두의 책임이다. 이러한 점에서 기술에 대한 철학적 숙고와 논의가 요구된다.

III. 야스퍼스, 하이데거, 위너의 기술에 대한 물음
: 기술 도구로서 AI의 명암(明暗)

기술은 우리의 일상생활뿐만 아니라, 인간 본성과 사회 구조에까지 영향을 미치고 있다. 인공지능 기술의 발전이 가져오는 이점과 동시에 이로 인해 발생할 수 있는 윤리적, 철학적 문제들은 우리가 주목해야 할 중요한 사안이다. 야스퍼스와 하이데거의 사상을 통해 인공지능이라는 기술적 도구의 '명'과 '암'을 탐구하려 한다. 야스퍼스가 인간의 자기 이해와 정신적 성장의 도구로서 기술을 어떻게 바라보았는지, 하이데거가 기술의 본질적 위험성에 대해 어떠한 경고를 했는지 살펴볼 것이다. 또한 위너는 사이버네틱스의 창시자로서 시스템 제어, 잡음 이론, 확률 과정 등에 대한 탐구를 통해 다양한 과학 분야에서 실제적이고 구체적인 연구 방법을 창안하였다. 이 세 사상가의 견해를 통해 현대 기술 사회에서 인공지능이 갖는 의미와 그 시사점을 분석함으로써 우리가 나아가야 할 방향에 대해 성찰할 수 있을 것이다. 이들의 사상은 우리가 기술과 인공지능을 어떻게 이해하고 활용해야 하는지, 그리고 이러한 변화 속에서 우리가 지켜야 할 가치는 무엇인지에 대한 통찰을 시사한다.

야스퍼스(Karl Jaspers)는 1949년 출간한 그의 저서 『역사의 기원과 목표(Vom Ursprung und Ziel der Geschichte)』에서 다음과 같이 언급함으로써 과학 기술 자체는 좋은 것도 나쁜 것도 아니라고 주장하였다.

"어떻든 분명한 것은 기술이란 수단일 뿐이지 그 자체는 선도 아니고 악도 아니라는 사실이다. …(중략)… 기술은 그러한 기술을 실현시키는 것과는 독립해 있는 자립적인 존재로서 일종의 공허한 힘이며 결국은 목적에 대한 수단인 것이다. 어떻게 기술이 인간과 전혀 무관하게 광기를 부릴 수 있다는 말인가? 혹은 어떻게 인간을 포함한 전 지구가 오직 유일한 거대한 공장의 재료가 될 수 있다는 말인가? …(중략)… 인간 오성은 그러한 것을 가능한 것으로서 구성할 수 있을지 모르지만 인간 존재에 대한 우리의 의식은 그러한 사태란 전체로서는 불가능하다고 말할 것이다(Karl Jaspers, 백승균 역, 1987)."

이 관점에서 본다면, 과학 기술은 객관적 관찰과 실험에 근거하기 때문에 주관적 가치가 개입될 수 없고, 가치와 무관한 사실의 영역에 속하기 때문에 윤리적 규제나 평가의 대상이 아니며, 사회적 책임으로부터 자유로워야 하므로 과학 기술의 결과에 대한 책임은 과학 기술을 실제로 활용한 사람들의 몫이 된다. 이러한 그의 생각은 인간이 기술을 올바르게 사용함으로써 책임감 있게 이익을 얻을 수 있으며 기술 세계를 자기 존재의 유일한 핵심으로 만들지 않아야 한다는 것으로 이어질 수 있다.

한편, 이성과 도덕의 분야에서 실제 진보가 이루어지지 않았다는 것은 기술적 성취가 항상 축복이 아니라는 것을 의미한다. 이에 대한 사례는 히로시마에 대한 핵 폭격을 들 수 있다. 야스퍼스는 저서 『원자 폭탄과 인류의 미래(Die Atombombe und die Zukunft des Menschen, 1961, The Future of Mankind, 1963)』에서 핵에너지가 세계 평화의 질서 속에서 미래 인간 존재의 토대가 될 상황을 묘사한다. 그는 핵무기의 등장이 인류에게 미치는 근본적인 위협과 함께 그로 인해 발생할 수 있는 도덕적, 정치적 문제들을 깊이 있게 탐구한다. 전쟁 억제 및 핵 비확산에 대한 국제적 노력의 중요성을 강조한다. 핵무기의 존재는 인간의 존재 조건을 근본적으로 변화시키며 이에 따라 인간의 자유, 책임 그리고 정치적 행동의 방식이 새롭게 정의되어야 함을 주장한다. 그는 핵무기 폐기 및 국제적 평화 유지 메커니즘 구축을 위한 국제 협력의 필요성을 역설한다. 세계의 모든 핵무기가 실제로 폐기되고 핵에너지가 인간의 봉사에 투입될 수 있지만, 이것이 어느 정도 가능한지 우리는 실제로 알지 못한다(Xirogianni, 2021). 야스퍼스는 핵에너지가 도덕적으로 중립적일 수 있지만, 그것이 완전히 인간의 통제하에 있을 수 있는지에 대해 의문을 제기한다. 그의 생각은 기술이 가져온 부정적인 영향, 예를 들어 대중 매체에 의한 사고의 조작, 가치의 침해, 인간의 기계화, 대량 파괴 무기의 제작 등을 인식하고 있음을 보여준다. 그러나 기술의 부정적인 측면에도 불구하고, 그는 기술이 인류에게 새로운 길을 열어주었으며 인류가 이 길을 계속 나아가야 한다고 믿는다.

야스퍼스의 주장은 과학 기술이 객관적인 관찰과 실험에 기초하므로 주관적인 가치가 개입될 수 없다는 것, 그리고 과학 기술의 결과에 대한 책임은 과학 기술을 실제로 활용한 사람들에게 있다는 것이다.

그는 또한 기술이 인간의 목표를 위한 수단일 뿐이며 그 자체로는 목표를 생성할 수 없다고 결론지었다. 이러한 관점은 기술이 인류의 발전에 중요한 역할을 하고 있음을 인정하는 동시에 기술의 사용과 발전에 대한 책임감 있는 접근을 강조한다고 할 수 있다.

하이데거(Martin Heidegger)는 저서 『기술에 대한 물음(Die Frage nach der Technik, The Question Concerning Technology, 1954)』에서 다음과 같이 주장하였다.

> "기술의 본질은 결코 기술적인 어떤 것이 아니다. 우리가 기술적인 것만을 생각하고 그것을 이용하는 데에만 급급하여 그것에 매몰되거나 그것을 회피하는 한, 기술의 본질에 대한 우리의 관계를 결코 경험할 수 없는 것도 그 때문이다. 우리가 기술을 열정적으로 긍정하건 부정하건 관계없이 우리는 어디서나 부자유스럽게 기술에 붙들려 있는 셈이다. 그러나 최악의 경우는 기술을 중립적인 것으로 고찰할 때이며, 이 경우 우리는 무방비 상태로 기술에 내맡겨진다(Martin Heidegger, 신상희, 이기상, 박찬국 역, 2008)."

이러한 그의 생각은 과학 기술에 대한 윤리적 검토와 통제가 필요함을 드러낸다. 왜냐하면 현대에 와서 특히 사람들이 옳다고 신봉하는 이러한 사고방식은 우리를 전적으로 기술의 본질에 대해 맹목적이 되도록 만들기 때문이다. 기술의 본질은 기술적인 것이 결코 아니라는 그의 견해는 다음과 같은 그의 말을 통해서도 잘 드러난다.

"우리가 기술을 단순하게 생각하고, 그것을 밀어붙이고, 견디고, 회피하는 한, 기술의 본질과의 관계를 결코 경험하지 못할 것이다. 어디에서나 우리는 기술에 얽매여 자유롭지 못하다. 우리가 열정적으로 기술을 수용하든 부인하든 간에 말이다. 그러나 우리가 기술을 중립적인 것으로 간주할 때, 우리는 가장 나쁜 방식으로 그것에 맡겨진다. 오늘날 우리가 특히 경배하는 이러한 기술의 개념은 우리를 기술의 본질에 대해 완전히 눈먼 상태로 만든다. 우리가 기술에 관해 질문을 할 때, 우리는 그것이 무엇인지를 묻는다. 기술이 수단이라는 한 가지 진술과 기술이 인간 활동이라는 또 다른 진술이 우리의 질문에 대답한다. 기술의 두 정의는 함께 속해 있다. 목적을 설정하고 수단을 확보하며 사용하는 것은 인간의 활동이다. 현대 기술도 목적을 위한 수단이기 때문에 기술의 도구적 개념은 기술에 대한 올바른 관계를 확립하려는 모든 시도를 조건 짓는다. 모든 것은 우리가 기술을 적절한 방법으로 수단으로써 조작하는 데 달려 있다. 기술은 단순한 수단이 아니다. 기술은 드러내는 방식이다. 기술은 드러냄의 한 형태이다(Heidegger, 1977)."

하이데거의 기본적인 주장은 기술의 본질이 단순한 기술적 수단이 아니라, 인간과 세계의 관계를 형성하는 방식, 즉 '드러냄'의 한 형태로 이해되어야 한다는 것이다. 그에 따르면, 기술은 우리가 세계를 인식하고 그 안에서 작용하는 방식을 근본적으로 변화시키는 매개체이다. 그는 기술이 단순한 도구가 아니라 세계를 구성하는 활동적인 힘으로 작용한다고 주장한다.

이러한 관점에서 볼 때, 기술을 중립적인 것으로 간주하고 단지 편리한 도구로만 여기는 것은 위험하다고 하이데거는 경고한다. 기술을 객관적이고 중립적인 것으로만 볼 때, 우리는 기술이 우리에게 강요하는 생각의 형식과 행동 양식에 무방비 상태로 노출된다. 그렇기에 하이데거는 기술에 대해 더 깊이 사유하고, 그것이 우리의 삶을 어떻게 변형시키는지를 경험할 수 있어야 한다고 본다. 이는 우리가 기술을 단순히 수용하거나 거부하는 것이 아니라, 그것이 드러내는 본질과 그 의미를 이해하려는 노력을 포함한다. 이와 같은 이해는 기술의 사용을 윤리적이고 사회적으로 책임 있는 방식으로 인도할 수 있는 기반을 마련해 줄 수 있다. 결국, 하이데거의 기술에 대한 접근은 기술이 단순히 인간의 목표를 달성하는 수단이 아니라, 우리가 세계를 어떻게 인식하고 그 속에서 어떻게 존재하는지를 규정짓는 중요한 요소라는 인식을 강조한다. 이는 현대 기술이 인간과 자연에 미치는 광범위한 영향을 고려할 때 특히 중요한 시각이다.

위너(Norbert Wiener)의 경우, 『사이버네틱스(Cybernetics, 1948)』에서 기술의 한 유형이라 할 수 있는 인공지능의 진보에 대한 신중한 접근을 제안한다. 그는 자신의 책에서 다음과 같이 이야기하고 있다.

"생각만 해도 끔찍한 제3차 세계대전과 같이, 학습 기계의 부주의한 사용이 어느 정도 전쟁 발생 위험을 증가시킬 수 있는지 고려해볼 필요가 있다. 일반적으로 학습 기계는 위협적이지 않다고 여겨진다. 필요할 때는 언제든 기계의 전원을 차단할 수 있다고 흔히 설명되지만, 정말로 우리가 그렇게 할 수 있을까? 실제로 기계를 멈추기 위해서는 위험이 가까워졌는지 아닌지를 파악해야 한다. 단순히 자신이 만든 기계라 해서 그 기계를 멈출 필요한 정보를 확보할 수 있다는 보장은 없다. 제한된 시간 동안 학습한 체커 두는 기계가 그 기계를 프로그래밍한 사람을 이길 수 있다는 사실로부터도 이를 알 수 있다. 현대의 고속 작동하는 계산기처럼 우리가 위험을 인지하거나 추측하는 능력이 늦을 수 있다. 전문성과 기술을 갖춘 인간이 개입하지 않는 장치의 위험성을 고려하는 것은 새로운 것이 아니며, 우리는 이미 그런 장치를 보유하고 있다. 과거에는 이러한 가능성을 주로 마법 이야기에서 찾았다. 마법사의 도덕적 입장을 고려한 옛 이야기처럼, 마법은 주어진 명령에 따라 작동한다. 즉, 마법을 사용하여 원하는 것을 이루려면, 자신이 정말 필요한 것을 정확히 요구해야 한다. 새로운 학습 기계도 융통성 없이 지정된 목표를 추구한다. 전쟁에서 승리하는 기계를 프로그래밍 할 때, '승리'가 정확히 무엇인지를 명확히 이해해야 한다. 학습 기계는 경험을 바탕으로 프로그래밍되며, 실제 핵전쟁과 같은 파멸적인 결과를 초래하지 않는 경험은 전쟁 게임에서만 찾을 수 있다. 만약 실제 위험 상황에서 전쟁 게임의 경험을 지침으로 사용하려 한다면, 게임에서의 승리 기준과 실제 전쟁에서의 승리 기준이 일치해야 한다. 그렇지 않으면 돌이킬 수 없는 위험에 직면하게 된다. 우리가 파괴를 승리로 착각할 수 있는 편견과 감정적 타협이 있을 수 있지만, 기계는 그런 오류를 범하지 않는다. 만약 우리가 승리를 원하면서도 승리의 진정한 의미를 모른다면, 결국 유령이 문을 두드리는 상황에 처하게 될 것이다(Norbert Wiener, 김재영 역, 2023)."

위너가 제시한 기술에 대한 견해는 인공지능과 기계 학습 기술의 잠재적인 위험성과 책임 있는 사용의 중요성을 강조한다. 그는 인공지능 기계가 본질적으로 위험하지 않다고 보면서도 이들 기계를 관리하고 제어하는 인간의 능력에 의문을 제기한다. 그는 '기계의 스위치를 끌 수 있는가?'라는 질문 제기를 통해 기계를 제어할 수 있는 인간의 한계와 위험을 인식해야 한다고 경고한다.

나아가 위너는 학습 기계가 가진 프로그래밍의 융통성 부족과 목표 추구 방식을 비판하며 이러한 기계가 제공하는 솔루션들이 언제나 인간에게 유익하거나 안전하지 않을 수 있음을 지적한다. 즉, '원숭이의 손' 이야기에서 좋은 의도로 빌어진 소원이 끔찍한 결과로 이어진 것과 유사한 상황이 인공지능 기술에도 적용될 수 있다. 그는 인공지능이 전쟁과 같은 극단적 상황에서 어떻게 활용될 수 있는지에 대해서도 우려를 표한다. 전쟁 게임에서 승리를 프로그래밍하는 방식이 실제 전쟁의 복잡성과 매칭하지 않을 경우, 파멸적인 결과를 초래할 수 있다고 설명한다. 이러한 그의 견해는 기술이 우리의 도덕적, 윤리적 가치와 어떻게 조화를 이루어야 하는지를 심도 있게 고민해야 함을 시사한다. 결론적으로 위너의 견해는 인공지능 기술의 발전이 인간 사회에 가져올 혜택을 인정하면서도 그 잠재적 위험성을 관리하고 윤리적으로 활용하기 위한 적극적인 노력이 필요함을 강조한다. 이는 인공지능 기술을 개발하고 적용하는 과정에서 지속적인 윤리적 고민과 법적 규제가 필요하다는 것을 함축한다.

IV. 인간과 인공지능의 공진화
: 기술 발전과 윤리적 고민

데이터 분석, 콘텐츠 추천, 얼굴 인식과 같은 다양한 AI 적용 시나리오에서 인간의 정체성과 행동은 직접적으로 관련되어 영향을 받고 있다. 인간 생활에서 AI의 적용은 인간과 기계 사이의 관계를 점점 더 복잡하게 만들며 이로 인해 일련의 사회 윤리적 문제를 야기한다. 그 중 가장 기본적인 문제는 AI가 인간을 대체하여 일할 수 있는가 하는 것이다. 운영 효율성과 경제적 효율성의 관점에서 보면, 미래에 많은 화이트칼라 또는 블루칼라 일자리가 AI에 의해 교체될 것이며, 이는 필연적으로 대규모 기술적 실업을 초래하고 인간과 AI 사이의 대립을 불러일으킬 수 있다.

AI와 관련된 책임과 감정적, 윤리적 문제 또한 간과할 수 없다. AI

의 광범위한 적용은 많은 사건이나 사례에서 판단 주체를 선정하는 데 어려움을 야기한다. 예를 들어, 긴급 상황에서 무인 자동차가 급정거하는 동안 AI가 채택한 각 단계는 알고리즘에 의해 규정되며 이는 인간에 의해 설정된다. 이러한 시나리오에서 책임 주체의 판단에 윤리적 문제가 반드시 발생할 것이다. 만약 우리가 성찰 없이 낙관주의와 실용주의의 입장을 고수한다면, AI가 사회와 개인에게 초래할 잠재적 위협을 간과하거나 무시하게 되며 윤리적 위험을 사전에 방지하거나 사후에 수정하지 못할 것이다. 이는 불가피하게 심각한 결과를 초래할 뿐만 아니라 전체 사회의 AI에 대한 신뢰를 훼손하고, 혁신 생태계 내의 기관과 기업에 거대한 위험과 손실을 초래할 것이다.

인공지능(AI) 기술의 부상과 그것이 다양한 이슈에 미치는 변혁적인 영향은 전 세계의 정책 입안자들과 다른 이해관계자들에게 새로운 도전을 제기한다. 단기적으로나 중장기적으로 법적 및 윤리적 도전과 사회가 해결해야 할 존재론적 위험들이 생겨나고 있다. 이로 인해 AI 개발과 배포의 전례 없는 진전은 디지털 생태계의 다양한 측면을 포함하는 문제에 대한 도전적이고 빠르게 진화하는 연구 의제로 이어졌다. 연구자들은 윤리, 규제, 거버넌스에 관한 질문을 검토하며 AI의 잠재적 악영향을 통제하고 혜택을 공정하게 분배하도록 강력한 규범적 추진을 하고 있다. 중요한 개념적 및 기술적 작업은 알고리즘 투명성, 설명 가능성, 안전성뿐만 아니라 데이터 거버넌스나 개인 정보 보호와 같은 관련 측면을 밝히고 있다. 인공지능(AI) 기술의 개발과 배포가 빠르게 진행되면서, 정부와 민간 부문의 다양한 수준에서 규제 이니셔티브가 촉발되었다. 많은 이니셔티브가 국가 주도이지만, 국제기구들 역시 AI 정책을 다루는 데 중요한 역할을 하고 있다(Schmitt, 2022).

기술 활용과 사회적 책임에 대한 논의는 이를 고려한 윤리적 규제의 국제적 토론을 야기한다. 그동안 AI의 발전을 표준화하기 위한 여러 시도가 진행되었다. 이 과정에서 개인 정보 보호, 데이터 관리, 인공지능의 자율성과 같은 다양한 이슈들이 중요한 논의 주제로 부각되었으며, 국제 사회는 이러한 문제들에 대응하기 위해 다양한 규제안을 모색해왔다. 이러한 규제들은 기술의 긍정적인 측면을 증진시키고 부정적인 영향을 최소화할 수 있는 균형점을 찾기 위한 시도로서 전 세계적인 협력과 이해를 바탕으로 발전해야 할 필요가 있다. 이러한 도전과 문제들을 해결하기 위해 전 세계적으로 일관된 표준과 규범을 개발하는 것이 절실히 필요하며 이는 각국의 법적, 윤리적 차원을 넘어서 국제적인 협력을 필요로 한다. AI의 발전을 표준화하기 위한 여러 시도는 다음을 포함한다.

영국 과학청(Government Office for Science)은 2015년에 「인공지능: 의사 결정의 미래에 대한 기회 및 함의(Artificial intelligence: opportunities and implications for the future of decision making)」 보고서를 발표하였다. 이 보고서는 알고리즘 편향, 비투명성 및 부적절한 책임 문제의 심각한 결과를 지적하고, AI의 추가 개발은 혁신을 가능하게 하고, 시민 간의 신뢰를 구축하며, 안정적인 환경을 조성하고, 필요한 데이터에 적절히 접근할 수 있도록 하는 전제 조건을 바탕으로 해야 한다고 강조하였다.

전기전자공학자협회(IEEE)는 2019년 「윤리적으로 조화된 디자인: 인공지능과 자율 시스템으로 인류 복지를 우선시하는 비전(Ethically Aligned Design: A Vision for Prioritizing Human Well-being with Autonomous and Intelligent Systems, First Edition)」을 발표하였다. 이 문서는 제품의 연구 및 개발 과정에서 고려할 인간 이익, 책임, 투명성, 교육 및 인식 등을 포함한 일련의 원칙을 제안하였다. 자율적이고 지능적인 기술 시스템이 인간의 일상생활에서의 개입 필요성을 줄이도록 설계되었으며 이러한 시스템들은 개인과 사회에 미칠 영향에 대한 우려를 증가시키고 있다. 이러한 기술의 본질적인 특성 때문에 기술의 전체적인 이점은 사회가 정의한 가치와 윤리적 원칙과 일치할 때만 얻을 수 있다.

따라서 이 문서는 기술의 비기술적인 영향에 대한 대화와 논의를 안내하고 정보를 제공하는 프레임워크를 설정하고자 한다. 논의는 프로세스와 자원 사용의 최적화, 보다 정보화된 계획 및 결정, 빅 데이터에서 유용한 패턴 인식 등 긍정적인 영향을 주장하는 것을 포함하고 있다. 또한 개인 정보 보호, 차별, 기술 손실, 부정적인 경제적 영향, 중요 인프라의 보안 위험, 사회적 복지에 대한 장기적인 부정적 영향에 대한 경고도 포함하고 있다. 여기에서는 '윤리적'이라는 것이 도덕적 구조를 넘어서 사회적 공정성, 환경 지속 가능성, 그리고 자기 결정에 대한 우리의 열망을 포함한다고 이해한다. 또한 이 문서에서는 자율적이고 지능적인 시스템의 윤리적이고 가치 기반적인 디자인, 개발, 구현이 다음 <표 3>과 같은 일반 원칙에 따라 이끌어져야 한다고 제안한다. 또한 인류학적, 정치적, 기술적 측면을 반영한 윤리적으로 조화된 디자인 개념 프레임워크의 세 가지 주축을 <표 4>로 제시하고 있다.

<표 3> 일반 원칙

원칙	내용
인권	A/IS(autonomous and intelligent systems)는 국제적으로 인정받은 인권을 존중, 증진, 보호하기 위해 만들어지고 운영되어야 한다.
복지	A/IS 창조자는 개발의 주요 성공 기준으로 인간의 복지 증진을 채택해야 한다.
데이터 에이전시	A/IS 창조자는 개인이 자신의 데이터에 접근하고 안전하게 공유할 수 있는 능력을 부여해야 한다.
효과성	A/IS 창조자와 운영자는 A/IS의 효과성과 적합성에 대한 증거를 제공해야 한다.
투명성	특정 A/IS 결정의 근거는 항상 발견될 수 있어야 한다.
책임성	A/IS는 모든 결정에 대한 명확한 이유를 제공하기 위해 만들어지고 운영되어야 한다.
오용에 대한 인식	A/IS 창조자는 운영 중인 A/IS의 모든 잠재적인 오용과 위험에 대비해야 한다.
역량	A/IS 창조자는 안전하고 효과적인 운영을 위한 필요한 지식과 기술을 명시해야 하며, 운영자는 이를 준수해야 한다.

(출처: IEEE(2019), Ethically Aligned Design: A Vision for Prioritizing Human Well-being with Autonomous and Intelligent Systems, First Edition)

<표 4> 디자인 개념 프레임워크

주축	내용
보편적 인간 가치	· 인공지능 시스템(A/IS)은 인권을 존중하고, 인간의 가치와 일치하며, 가능한 많은 사람들을 권한 부여하면서도 전반적인 복지를 증진시키도록 설계될 때 사회에 큰 이익을 가져다 줄 수 있다. · 환경 보호와 자원의 안전을 보장해야 한다. 이러한 가치는 정책 결정자뿐만 아니라 엔지니어, 디자이너, 개발자에게도 지도되어야 한다. · 인공지능 시스템의 발전은 소수의 집단, 단일 국가 또는 기업에만 이익을 주는 것이 아니라 모든 사람을 위해 서비스되어야 한다.
정치적 자기 결정권 및 데이터 주권	· 제대로 설계되고 구현된 인공지능 시스템은 개별 사회의 문화적 규범에 맞추어 정치적 자유와 민주주의를 육성하는 데 큰 가능성을 가지고 있다. · 사람들이 자신의 정체성을 구성하고 나타내는 데이터에 접근하고 통제할 수 있을 때 이러한 시스템은 정부의 효율성과 책임을 향상시키고, 신뢰를 증진시키며, 우리의 사적 영역을 보호할 수 있다. · 단, 사람들이 디지털 정체성을 가지고 있으며 그들의 데이터가 증명된 방식으로 보호될 때에만 가능하다.

기술적 신뢰성	· 인공지능 시스템은 신뢰할 수 있는 서비스를 제공해야 한다. · 신뢰는 인공지능 시스템이 설계된 목적에 따라 안전하고 적극적으로 목표를 달성 하면서 의도했던 인간 중심의 가치를 반영할 것을 의미한다. · 기술은 사람의 가치를 반영하고 규정된 권리를 존중하도록 그 운영이 예정된 윤 리적 목표를 충족하는지 모니터링 되어야 한다. · 설명 가능성의 측면을 포함하는 검증 및 검사 과정이 개발되어야 하며, 이는 더 나은 감사 가능성과 인공지능 시스템의 인증으로 이어질 수 있다.

(출처: IEEE(2019), Ethically Aligned Design: A Vision for Prioritizing Human Well-being with Autonomous and Intelligent Systems, First Edition, 10)

G20 AI 원칙(G20 AI Principles)은 2019년 G20 디지털 경제 및 무역 장관 회의의 공식 성명에서 발표되었다. 여기에는 디지털 경제의 보안 강화의 중요성, 글로벌 디지털 경제의 혜택을 활성화하기 위한 국제 기준의 개발, 연결성과 광대역 접근성의 개선을 통한 디지털 경제 발전 지원, 디지털 리터러시와 성별 디지털 격차 해소를 위한 전략 채택 등이 포함된다. AI 시스템 구성은 전 생애주기 동안 '안정적이고 안전 해야 한다.'라고 명시하고 신뢰할 수 있는 AI의 책임 있는 관리를 위한 다섯 가지 원칙을 제시하였다. 이 원칙들은 포괄적인 성장, 지속 가능 한 발전과 웰빙, 투명성과 설명 가능성, 견고성과 보안 및 안전, 책임 성이다.

제1회 AI 안전 정상회의(AI Safety Summit)는 2023년 영국에서 개최되 었으며 여기서 「블레츨리 선언(The Bletchley Declaration)」이라는 중요한 문 서가 발표되었다. 이 회의에는 미국, 중국, 한국 등 28개국과 유럽연합 (EU)이 참여했으며 세계 주요국 정상급 인사들과 AI 관련 기업의 고위 급, 학계 전문가 등 약 100명이 참석하였다. 선언은 인공지능(AI)이 전 세계적인 기회를 제공하며 인간의 복지, 평화, 번영을 향상시킬 잠재력을 지니고 있으나 이러한 잠재력을 실현하기 위해, 모든 이의 이익을 위해 AI는 안전하고, 인간 중심적이며, 신뢰할 수 있고 책임감 있게 설계, 개발, 배치 및 사용되어야 한다고 제안한다.

AI 시스템은 이미 주택, 고용, 교통, 교육, 보건 그리고 접근성 확보나 정의 실현 등 일상생활의 많은 분야에 배치되어 있으며, 앞으로 그 사용이 더욱 증가할 것이다. 우리는 이러한 상황에서 AI가 독특한 행동을 취할 시점에 도달했음을 인식하고, AI의 안전한 개발과 변혁적 기회를 모두가 선하게 활용할 필요성을 확인해야 한다. 이는 공공 서비스(보건 및 교육), 식량 안보, 과학, 청정에너지, 생물 다양성, 기후 등에서 인권의 향유를 실현하고 유엔의 지속 가능한 발전 목표 달성을 강화하는 것을 포함한다. 또한 AI는 일상생활의 영역들에서 상당한 위험을 초래하기에 AI 시스템의 잠재적 영향을 검토하고 해결하기 위해 인권 보호, 투명성 및 설명 가능성, 공정성, 책임, 규제, 안전, 적절한 인간 감독, 윤리, 편견 완화, 개인 정보 보호 및 데이터 보호가 해결되어야 한다는 것을 인식해야 한다고 제시한다. 콘텐츠 조작 또는 기만적 콘텐츠 생성 능력으로 인한 예상치 못한 위험 가능성을 지적하고 이를 해결할 필요성과 시급성을 확인한다. 결과적으로 AI 모델들의 가장 중대한 능력에서 발생할 수 있는 심각하거나 재앙적인 피해 가능성은 고의적이든 우발적이든 매우 크다는 점을 지적하고 이러한 잠재적 위험과 이에 대한 대응 방안이 특히 시급하다는 점을 강조한다. 이를 위해 인간 중심적이며 신뢰할 수 있고 책임감 있는 안전한 AI를 보장하고, 기존 국제 포럼 및 기타 관련 이니셔티브를 통해 AI가 초래하는 광범위한 위험에 대응하고자 하며 공통 원칙 및 행동 강령과 같은 접근법에 대한 협력의 중요성도 지적한다(AI Safety Summit, 2023).

이러한 국제적 노력은 대부분 국가 개발 전략의 관점에서 AI 기술 적용이 사회에 미칠 수 있는 영향을 고려한다. 과학은 강력한 도구이다. 그렇기에 이것이 어떻게 사용되는지 즉, 인류에게 축복인지 아니면 저주인지는 인류에게 달려 있다. 일반적으로 AI의 윤리적 규범은 AI가 '좋은 핵심(양심)'을 갖추게 하는 것을 목표로 한다. 이는 다른 기술들과 다르게 AI의 윤리 연구는 '기계의 핵심'과 '인간의 양심'을 중심으로 수행되어야 한다는 것을 의미한다. 기계의 핵심은 주로 AI의 도덕 알고리즘을 말하며, AI에 '좋은 윤리'를 주입하여 도덕적 AI나 기계를 생성하려는 목표를 가진다. 인간의 양심은 주로 AI의 설계 및 적용 윤리를 말하며, AI 개발자와 사용자가 양심을 가질 수 있도록 하는 것을 목표로 한다. 이는 AI의 설계가 도덕에 부합하도록 보장하고 악의적인 설계를 피하며 AI가 합리적으로 사용되어 인류 사회에 이익을 가져다 줄 수 있도록 한다. 그렇기에 AI가 인류에게 유토피아 또는 디스토피아를 가져다 줄지는 인간이 가지는 가치관에 따라 달라질 수 있다. AI의 설계에서 가치 합리성을 강조하고 그 개발이 왜곡되지 않도록 함으로써 우리는 인류의 지속 가능한 발전을 실현하고 결과적으로 인간의 번영을 이룰 수 있다.

V. 결론: AI 시대, 인간은 무엇을 해야 할까?
희망과 우려 사이에서

인간이 도구를 발명하고 제조하며 사용하는 역사적 과정에서 AI의 출현을 바라본다면, AI는 지능적인 도구라는 것을 알 수 있다. 이전의 물리적 도구와는 질적 차이가 있지만, 도구로서의 본성에 따라 일부 같은 특성을 가지고 있다. 인간과 AI의 경쟁에서 알파고의 승리는 실제로 지능형 로봇의 승리가 아니라 현재와 과거의 바둑 전문가들의 승리라고도 할 수 있다. 그러므로 로봇의 지능이 인간보다 높거나 로봇이 인간을 대체하거나 지배할 수 있다는 결론을 단순히 도출할 수 없다. 우리는 도구의 역사와 인간과 도구의 관계에서 AI를 바라봐야 한다.

도구 이론의 관점에서 보면, 인류의 초기 도구는 원시 조상이 만든 석기이다. 농업 문명에 들어서면서 농민들은 다양한 농기구를 발명하고 제조하고 사용하였다. 산업 문명에 들어서면서 엔지니어들은 다양한 자동화 기계를 발명하고 제조하였다. 석기, 농기구, 기계는 모두 인간의 신체 능력을 대체하고 확장하며 강화한다. 신체 도구의 모든 질적 도약은 인간의 신체적 건강을 크게 해방시키고 생산성을 향상시켜 사회 발전과 진보를 촉진한다. 산업 후 문명 시대에는 대부분의 원래 인공 신체 건강이 인공지능에 의해 변형되고 대체되었다. AI의 탄생은 인간 도구 역사의 또 다른 혁명이다. AI는 자동화된 것뿐만 아니라 지능적이다. 그것은 인간의 대부분의 신체적 능력뿐만 아니라 인간의 일부 지능도 대체하고 확장하며 강화할 수 있다. AI는 인간을 번거롭고 지루한 신체 노동뿐만 아니라 정신노동의 일부로부터도 해방시켜 다시 한번, 생산성을 급격히 향상시키고 인간 발전 및 사회 진보를 촉진한다. 이제 AI, 나노 기술, 뇌-컴퓨터 인터페이스, 생명공학과 같은 기술의 진보는 기술적 혜택을 제공하는 동시에 사회 변화의 새로운 폭풍을 시작할 것이다. 찰스 디킨스(Charles Dickens)가 『두 도시 이야기(A Tale of Two Cities, 1775)』에서 언급한 다음의 구절을 되새겨 볼 필요가 있다 (Dong, Hou, Zhang, & Zhang, 2020).

"그것은 최고의 시대였고 최악의 시대였으며 지혜의 시대였고 어리석음의 시대였으며 믿음의 시대였고 불신의 시대였으며 빛의 계절이었고 어둠의 계절이었으며 희망의 봄이었고 절망의 겨울이었다. 우리 앞에 모든 것이 있었고 우리 앞에 아무것도 없었다. 우리 모두가 직접 천국으로 가고 있었고 우리 모두가 다른 방향으로 직접 가고 있었다(Dong, Hou, Zhang, & Zhang, 2020 재인용)."

결과적으로 지능화는 기술의 성숙이나 인간 지능의 발전에서 볼 때 미래의 필연적 추세이다. 우리는 변화의 가속을 막을 수 없으며 AI가 다양한 분야에서 인간을 능가하는 것을 막을 수 없다. AI 기술의 가장 독특한 특징은 기계에 지능을 부여할 수 있다는 것이다. 기술은 이전에 인간의 지능에 의해 발명되었다. 그런데 이제 기술은 기계의 지능에 의해서도 발명될 수 있다. 기계의 지능으로 새로운 지능을 생산할 수 있게 되었다는 것은 AI 특이점이 다가오고 있다는 중요한 표시이다. AI는 인간 지능에 무한히 가까워질 것이다.

그러나 인류에게는 여전히 미래 기술과 생활을 결정할 권리가 있다. 많은 인간의 고급 능력이 AI에 의해 대체될 것이라 장담하긴 어렵다. 개별적이고 분할적인 수준에서는 AI가 인간을 대체하고 확장하며 능가할 수 있지만 전인격적인 인간의 능력을 AI가 온전히 전적으로 구현해 낼 것이라는 데는 많은 회의가 존재한다. 전체적인 관점과 인류의 관점에서 볼 때, AI는 생명체가 아닌 전자 기계이며, 인간과 같은 독립적인 필요성, 속성, 본성, 의식, 사회적 행동을 가지고 있지 않다. 그럼에도 불구하고, 만약 인류가 AI에 지나치게 의존한다면, 의존 성향이 생기고 이 경향은 또 다른 재앙의 길로 우리를 인도할 수 있다. 예를 들어, 우리가 고급 기기가 제공하는 데이터가 가장 완벽하고 신뢰할 수 있는 것이라고 생각하게 되는 경우, 비판적 사고 능력을 잃게 되어 되돌릴 수 없는 실수나 불행을 초래할 수 있다. 이 때문에 AI가 인간을 지배하고 통제할 수 있다는 가정도 여전히 간과할 수 없다. 우리는 이러한 모든 시나리오에 대한 철저한 분석과 대비가 필요하다. 기술의 발전이 우리의 삶에 긍정적인 영향을 미칠 수 있도록, 지속적인 윤리적 고려와 사회적 대화가 필수적이다. 기술은 인류의 진정한 동반자로 자리매김할 수 있으며, 이를 위해 우리가 나아가야 할 방향에 대한 성찰이 요구된다.

: 인공지능 윤리 교육: 이론

10장.
생성형 AI(Generative AI)의 윤리 문제와
할루시네이션(hallucination) 이슈

I. 서론

인공지능(AI)은 '외부 데이터를 올바르게 해석하고 이러한 데이터를 기반으로 학습하며, 이 학습을 활용한 유연한 적응을 통해 특정 목표와 작업을 달성하는 시스템의 능력'으로 정의된다(Haenlein, Kaplan, Tan, & Zhang, 2019). 생성 인공지능(Generative AI, GenAI or GAI)[1]의 발전과 확산은 딥러닝 알고리즘과 대용량 데이터세트의 사용으로 가능해졌다. 이러한 발전은 컴퓨터 비전, 자연어 처리, 음성 인식 등 다양한 분야에서 혁명적인 변화를 불러왔다. 생성형 AI는 텍스트, 이미지, 오디오 등 다양한 형태의 콘텐츠를 생성하고 조작하는 데 사용되며 예측할 수 없는 결

---

1   Generative AI는 국내에서 생성적 AI, 생성 AI, 생성형 AI로 번역되어 혼용되고 있다. 본 글에서는 생성형 AI로 지칭하고자 한다.

과물을 만들어내는 데도 능숙하다. 그러나 한편, 생성형 AI의 발전과 함께 발생하는 윤리적 문제도 간과할 수 없다. 예를 들면, 표절, 편향성, 허위 정보, 딥페이크, 프라이버시 침해 그리고 추적 가능성이나 투명성을 확보하기 어렵다는 점 등을 들 수 있다. 윤리적 문제 가운데 최근 부각 되는 것은 할루시네이션(hallucination)[2]과 확률적 앵무새(stochastic parrots) 현상의 등장과 확산이다. 특히 할루시네이션 현상은 일반적으로 생성형 AI가 현실적이고 사실적인 가상 콘텐츠를 만들어내는 데 성공했을 때 나타나는 현상으로, 현실과 가상의 경계를 모호하게 하고 사실이 아닌 것을 사실로서 받아들게 만든다는 점에서 주목된다.

이 장의 주된 목적은 생성형 AI의 할루시네이션 현상을 분석하여 할루시네이션의 개념이 무엇인지, 또한 이 현상이 어떻게 발생하며 어떤 영향을 미치는지에 대한 이해를 제공하는 것이다. 나아가 이와 관련된 윤리적 쟁점을 식별하고 이에 대한 대응 방안을 모색해보려고 한다. 궁극적으로 생성형 AI의 개발과 사용에 대한 거시적인 관점에서의 윤리적 관점과 초등학교 현장에서 사용 가능한 생성형 AI 윤리 교육 주제들을 제안하고자 한다. 이를 통해, 생성형 AI 기술 발전과 그 활용에 따른 사회적, 윤리적 영향을 이해하고 생성형 AI 연구, 개발, 사용에서 유의해야 할 도덕적 고려 사항을 탐색하고자 한다.

---

2 생성형 AI의 hallucination 현상은 국내에서 주로 '환각'으로 번역되어 사용된다. 환각(幻覺)은 대응하는 자극이나 대상이 존재하지 않음에도 그것이 실재하는 것처럼 인지 또는 지각하는 것을 말한다. 의학에서 이 용어는 정신 질환, 중독, 뇌 손상 등과 연관된다. 이러한 이유로 본 연구에서는 환각이라는 용어로 해석하기보다 영어를 그대로 사용하였다.

II. 생성형 AI와 할루시네이션(hallucination)

1. 생성형 AI의 개념

21세기는 인공지능 기술 발전으로 급격한 변화를 겪고 있다. 최근 기계 학습의 진전과 확장은 생성형 AI와 같은 더 정교한 혁신적인 디지털 콘텐츠 생성 기술을 이끌었다. GAI는 통계, 확률 등을 사용하여 결과물을 생성하는 비지도 또는 부분적으로 지도되는 기계 학습 프레임워크이다. 일반적으로 생성형 AI는 대용량 데이터를 기반으로 사용자 프롬프트 즉 명령 형태의 입력에 기반한 출력을 생성하는 머신 러닝 솔루션을 설명하는 용어로 이용된다. GAI는 생성 모델링과 딥 러닝(DL)의 발전을 활용하여 텍스트, 그래픽, 오디오 및 비디오와 같은 기존 미디어를 이용해 다양한 콘텐츠를 생성한다. 주로 연구 환경에서 사용되었으나 이제는 다양한 도메인과 일상 상황에 진입하고 있다. 지금까지 생성형 AI의 두 가지 주요 프레임워크는 생성적 적대 신경망(Generative Adversarial Network, GAN)과 생성적 사전 훈련 트랜스포머(Generative Pre-trained Transformer, GPT)이다(Jovanovic & Campbell, 2022).

GAN은 생성자 및 판별자 네트워크 두 개의 신경망을 사용한다. 생성자 네트워크는 누군가의 얼굴 이미지와 같은 합성 데이터를 생성하고, 판별자 네트워크는 콘텐츠의 진위를 검사하여 인간의 이미지와 같은 해당 콘텐츠가 실제인지 또는 진정성을 지니고 있는지 여부를 결정한다. 이 확인 프로세스는 판별자 네트워크가 합성과 실제 콘텐츠 사이를 구분하지 못할 때까지 계속된다. GAN은 주로 음성 생성, 그래픽 및 비디오에 사용된다. GPT 모델의 경우, 다양한 언어로 텍스트를 생성하며 거의 모든 주제와 쓰기 스타일에서 사람처럼 보이는 단어, 문장 및 단락을 생성할 수 있다. 고객 서비스 챗봇 대화나 비디오 게임 캐릭터와 같은 다양한 맥락에서 이용된다. 이러한 모델은 여러 세대에 걸쳐 발전해왔으며, 각 세대마다 이전보다 더 광범위한 온라인 텍스트 말뭉치에서 훈련되었다. 실제 사례로 OpenAI의 ChatGPT는 인간의 도움 없이 안데스 산맥에서 유니콘 무리를 발견한 과학자에 관한 설득력 있는 기사를 쓰면서 AI 세계를 놀라게 하였다(Hu, 2022; Jovanovic, & Campbell, 2022).

생성적 사전 훈련 트랜스포머(Generative Pre-trained Transformer, GPT) 모델의 경우, 대중적으로 이용 가능한 디지털 콘텐츠 데이터 즉 자연어 처리(NLP)를 사용하여 다양한 언어로 인간과 유사한 텍스트를 읽고 생성할 수 있으며 거의 모든 주제에 대해 단락에서 완전한 연구 논문까지 납득할 만한 글을 작성할 수 있다(Aydın & Karaarslan, 2023). 이러한 모델은 고객 서비스 챗봇이나 비디오 게임에서 픽셔널 캐릭터와 같이 인간과 유사한 대화를 할 수도 있다. 예를 들면, ChatGPT는 OpenAI에서 출시한 생성 언어 모델 도구로서 다양한 주제에 대한 대화 기능을 제공한다. ChatGPT는 2022년 11월 말 등장한 즉시 바이럴 현상을 일으키며 일주일 만에 백만 명 이상의 사용자를 확보했고, 2023년 1월까지 1억 명 이상의 사용자에게 도달하여 현재까지 가장 빠르게 성장한 애플리케이션이 되었다(Eysenbach, 2023).

ChatGPT는 사용자의 질문에 대한 응답으로 텍스트를 생성하기 위해 딥 러닝 기술을 사용한다. 이 도구는 에세이, 이메일, 노래 가사, 레시피, 컴퓨터 코드, 웹페이지, 게임, 의료 진단까지 생성할 수 있다. ChatGPT는 인터넷 검색 대신 뉴스 기사, 책, 웹사이트, 학술 논문 및 기타 소스를 포함한 대규모 텍스트 말뭉치에 의해 훈련되었다. 현재 말뭉치에는 여러 언어와 컴퓨터 코드의 데이터가 포함되어 있다. 텍스트 생성은 연속된 단어 중 다음 단어를 예측하여 문장을 생성하고, 이후 내용을 생성하기 위해 전체 페이지로 확장된다(Cox & Tzoc, 2023). 이것은 교육을 포함한 여러 분야에서 관심을 끌었는데 엔지니어링, 저널리즘, 의학 및 경제와 금융, 의료, 의학 교육, 생물의학 연구, 과학적 글쓰기를 포함한 많은 산업에 큰 영향을 미치게 될 것으로 예상된다. ChatGPT는 인간 언어의 밀착 모방과 다중 진행 중인 대화를 처리하는 능력을 가지고 있어 자기 주도 학습자에게 개인 맞춤형 지원 및 지도와 피드백을 제공하여 동기를 부여하고 참여도를 높이는 데도 도움이 되는 도구로 인식된다. 이 때문에 ChatGPT는 교육과 학생 학습을 개선할 수 있는 잠재력을 지닌 것으로 교육자가 ChatGPT를 활용하여 학생 학습을 지원하고 개선에 활용될 것이 기대된다. 그러나 학술적 글쓰기에서의 ChatGPT 영향은 대부분 알려져 있지 않다(Biswas, 2023).

2. 생성형 AI의 특징

학문적 연구와 관련이 있는 생성형 AI 언어 모델(Large Language Models, LLMs)의 기원은 통계 기반 자연어 처리(Natural Language Processing, NLP)의 초기 시절에서 찾을 수 있다. 이 초기 언어 모델은 일반적으로 언어에서 주어진 단어 또는 단어 문자열이 나타날 확률을 추정하기 위해 통계 기법을 사용하였다. NLP는 과거 과제별 표현 학습과 아키텍처 설계로 진행되었던 것에서 과제에 중립적인 사전 훈련과 과제에 중립적인 아키텍처 사용으로 전환되었다. 이러한 전환은 읽기 이해, 질문 응답, 텍스트 포함 관계 등 다양하고 어려운 NLP 과제에 대한 상당한 진전을 이끌어냈다(Brown et al., 2020). 언어 모델링의 또 다른 획기적인 발전은 변형자 아키텍처(Transformer Architecture)의 소개와 함께 등장하였다(Vaswani et al., 2017). 변형자 아키텍처는 LLMs의 소개를 위한 길을 열었다. 이 모델들은 책, 뉴스 기사, 웹 페이지 및 소셜 미디어 게시물과 같은 다양한 소스에서 얻은 방대한 양의 텍스트 데이터로 훈련되었다. 이후 모델 빌딩과 모델 훈련의 발전으로 인해 데이터 양이 방대하고 수십억 개의 하이퍼파라미터를 조절할 수 있는 기반 모델(foundation models)이라고 불리는 모델이 등장하면서 새로운 시대에 접어들었다(Wang et al., 2022).

생성 모델은 이제 텍스트, 이미지, 오디오 및 비디오와 같은 다양한 입력으로 현실적이고 창의적인 콘텐츠를 생성할 수 있다. 이러한 모델은 대화형 이야기, 몰입형 시뮬레이션 또는 맞춤형 경험과 같은 새롭고 복잡한 콘텐츠를 생성할 수 있을 것으로 기대된다. 예를 들어 딥 러닝 언어 모델은 단백질 설계와 엔지니어링을 포함한 다양한 생물공학 응용 분야에서 유망성을 보였는데, ProGen이라는 언어 모델은 큰 단백질 패밀리에서 예측 가능한 기능을 가진 단백질 서열을 생성할 수 있으며, 이는 다양한 주제의 문법적, 의미적으로 올바른 자연어 문장을 생성하는 것과 유사하다. 이 모델은 1만 9천 개 이상의 패밀리로부터 얻은 2억 8천만 개 이상의 단백질 서열로 훈련되었으며, 예측 가능한 기능을 가진 단백질 서열을 식별하는 데 사용되었다(Madani et al., 2023). 연구자들은 이를 바른 문법과 정확한 의미가 포함된 다양한 주제의 자연어 문장을 생성하는 언어 모델과 비교하였다. ChatGPT와 같은 챗봇이나 DALL·E와 같은 이미지 생성 모델은 새로운 작업에 쉽게 적용될 수 있으며, 코딩이 필요하지 않을 수 있고 간단한 언어로 작업을 설명하는 것만으로도 가능하다. 이러한 도구를 사용하는 것은 브라우저 인터페이스로 요구 사항을 입력하는 것만으로 가능하다. 더 나아가, 사람들은 지시사로 구성된 프롬프트를 미세 조정함으로써 이러한 모델의 기능을 확장할 수 있다(Cao et al., 2023).

한편, 인지신경언어학자들은 생성형 AI의 능력이 인간과 유사한 언어 이해를 실제로 보여주는 것인지에 대해 의문을 제기하였다(Mitchell & Krakauer, 2023). 또한 전문가들은 AI 공정성에 대해 온라인 데이터라는 방대한 저장소에서 훈련된 일반 목적 AI 모델들이 '확률적 앵무새'일 뿐이라고 경고하였다. 이것은 훈련 데이터나 그 패턴을 반복하는 것이며, 실제 이해나 추론이 아니다. 예를 들면, 인간의 편견과 겉보기에 일관성이 있는 것처럼 보이는 것이 혼합되어 있을 수 있다. 즉, 일관된 언어의 혼합은 자동화 편향, 고의적 오용 및 지배적 세계관의 증폭 가능성을 높인다(Bender, Gebru, McMillan-Major, & Shmitchell, 2021). 인터넷으로부터 가져온 데이터가 지배적이고 고유한 세계관을 인코딩할 수 있으며, 이러한 모델을 사용하는 사람들이 이 모델의 효율성으로 인해 훈련 데이터에서 발생하는 사회적 편견 및 기타 문제들을 간과할 수 있다. 이와 관련하여 초기 AI의 선구자인 노버트 위너(Norbert Wiener)와 같은 AI 선구자들의 경고에 주의하는 것이 중요하다. 위너는 AI의 목적이 배치되는 용도와 다를 때 발생하는 AI 조정 부재에 대해 경고하였다(Susarla, Gopal, Thatcher, & Sarker, 2023).

III. 생성형 AI의 윤리적 문제와 할루시네이션 현상

1. 생성형 AI의 윤리적 문제

1950년대에 튜링 테스트가 제안된 이래, 사람들은 기계가 언어 지능을 습득하는 것을 탐구해왔다. 언어는 복잡한 문법 규칙에 따르는 인간 표현의 복잡한 시스템으로 이를 이해하고 파악하는 능력 있는 인공지능(AI) 알고리즘 개발은 큰 도전이다. 언어 모델링은 언어 이해와 생성을 위한 중요한 연구 분야로, 통계 언어 모델에서 신경 언어 모델로 발전해왔다. 최근에는 대규모 말뭉치를 사용하여 사전 훈련된 언어 모델(PLM)이 제안되었으며, 이러한 모델은 다양한 자연어 처리(NLP) 작업에서 강력한 능력을 보여주고 있다. LLM에 대한 연구도 학계와 산업에서 크게 진전되고 있다. LLM을 기반으로 한 강력한 AI 챗봇인 ChatGPT의 출시는 사회적으로 큰 반향을 일으켰다(Zhao et al, 2023). 생성형 AI는 ChatGPT를 기점으로 놀랄 만큼 복잡한 작업을 수행해내며 세간의 감탄을 자아냈고, OpenAI의 경쟁 업체에서도 GPT-4와 유사한 모델을 빠르게 개발하고 출시하였다. 이렇게 출시된 생성형 AI 모델로는 Google의 Bard와 PaLM2, DeepMind의 Chinchilla, Meta의 LLaMA와 Llama2, Anthropic의 Claude2 등이 있다.

2022년 후반 생성형 AI의 영향이 폭발적으로 증가했으며 이 발전의 주요 원천은 ChatGPT였다. 이제 이 기술은 공개적으로 자유롭게 이용 가능하며, 많은 사용자들이 즉시 접근 가능하고 유용하게 사용할 수 있을 정도로 성숙한 수준에 도달하였다. 생성형 AI는 사용자의 요청에 따라 텍스트, 이미지 또는 예측 데이터의 새로운 버전을 생성하기 위해 매우 큰 코퍼스 데이터를 사용한다. 최근 많은 관심을 받고 있는 것은 ChatGPT와 Bing AI에서 사용되는 LLM 그리고 DALL·E와 Stable Diffusion과 같은 이미지 생성 모델이다. 또한 Runway의 Gen-2와 Meta의 Make-A-Video와 같은 동영상 생성 모델도 주목받고 있다. 이러한 생성형 AI 도구를 이용하여 한글이나 영어와 같이 언어로 작성된 프롬프트를 활용하여 전문적으로 보이는 텍스트와 흥미로운 이미지나 동영상을 만들 수 있다.

생성형 AI는 이미 다양한 분야에서 효과적으로 활용되고 있다. 이미지 생성 도구의 경우 DALL·E(OpenAI), Stable Diffusion, Imagen(Google), Parti(Google), Mindjourney와 같은 현재의 이미지 생성형 AI 도구 모델들이 매혹적인 그림을 그리며 우리의 창의적 활동을 돕고 있다(Euchner, 2023). ChatGPT와 DALL·E과 같은 생성형 AI 모델은 텍스트 및 이미지 생성에서 우수한 성과를 내며 창의적인 작업에서도 높은 능력을 보여주고 있다. 음악과 목소리도 AI를 사용해 쉽게 생성할 수 있으며, 멀티모달 미디어 또한 이미 존재하는 기술을 조합하여 생성할 수 있다. 예를 들어, 더 발전한 형태의 ChatGPT에 생물학에 관한 짧은 교과서를 만들도록 요청하거나, DALL·E에게 일러스트레이션을 포함시키도록 요청할 수도 있다. 이미 많은 사람들이 이미지 생성기를 위한 좋은 프롬프트 즉, 명령어를 만드는 데 언어 모델을 사용하고 있다. 이 밖에도 다양한 전문가들이 ChatGPT를 활용하고 있으며 컨설턴트들은 프레젠테이션을 위한 개요를 준비하고 보고서를 작성하며 신중하게 표현해야 하는 편지를 작성하는 등 다양한 작업을 하고 있다. 이 기술을 기반으로 비즈니스를 개발하고 있는 사람들도 있는데 Lensa.aI는 StableDiffusion을 사용하는 앱으로 사용자가 업로드한 셀카에서 프로필 사진을 생성한다. 중요한 점은 생성형 AI가 텍스트를 생성할 수 있으며, 컴퓨터로 수행되는 모든 작업은 본질적으로 텍스트로 수행 가능하다는 것이다. LLM이 다양한 종류의 코드를 생성하도록 함으로써 이론적으로 거의 모든 것이 가능할 것이라 전망할 수 있다. 긍정적인 잠재력은 새로운 응용 프로그램, 템플릿, 3D 모델, 교육 콘텐츠 등이 만들어질 수 있다는 것이다(Sætra, 2023). ZOOM은 Zoomtopia 2023을 통해 Zoom Docs라는 AI 서비스를 공개했는데 이는 화상 회의 내용을 문서화할 뿐만 아니라 회의 초안 작성, 편집, 요약 그리고 표, 차트 등의 이미지 작업도 지원한다. 구글의 차세대 LLM인 Gemini는 멀티모달 AI 기술로 의료 진단, 가상 비서, 자율주행 차량 등 많은 분야에서 활용할 수 있을 것으로 예상된다. 예를 들어, 질병 진단 시 AI가 텍스트와 의료 영상을 동시에 분석해 진단이 어렵고 복잡한 질병을 정확하고 신속하게 진단할 수 있다.

사람들은 주제의 기본 개요를 얻기 위해 텍스트와 이력서, CV 등의 개요를 만드는 데도 생성형 AI를 이용한다. ChatGPT의 경우, 프로그래밍 경험이나 특정한 AI 지식이 없어도 이를 다방면에 유용하게 사용할 수 있다. 이제 더 이상 LLM이 성공적이지 않거나 중요한 영향을 미치지 않을 것이라고 주장하는 것은 그다지 의미가 없다. 이미 성공적이며 큰 영향을 끼치고 있다. 이 때문에 생성형 AI가 영향력을 끌 것인지에 대한 논의는 거의 의미가 없어졌다. 생성형 AI가 영향력을 행사할 것이라는 점은 확실하며, 논의해야 할 것은 그 영향이 얼마나 클 것인지와 텍스트 및 기타 형태의 콘텐츠를 생성하기 위해 AI를 사용할 때 발생하는 '잠재적인 피해'이다. 실례로 교육 분야에서 ChatGPT의 이점은 맞춤 및 대화식 학습을 촉진하고 지속적인 피드백을 제공하는 평가 활동 형태의 프롬프트 생성이 가능하다는 것이다. 반면, 잘못된 정보 생성, 데이터 훈련에서의 편향, 기존의 편견이나 오류의 증폭, 프라이버시 침해, 표절 문제 등을 발생시킨다는 단점이 있다(Baidoo-Anu & Ansah, 2023).

비즈니스의 경우에도 상황은 동일하다. ChatGPT와 같은 생성형 AI는 마케팅, IT, 법률, 회계 및 재무, 직원 최적화 등 다양한 방식으로 비즈니스에 기여할 수 있다. 예를 들어, 고객 서비스를 제공하기 위해 챗봇으로 작동하거나 고객이 특정 작업을 완료하는 데 도움을 주는 가상 비서로 활용할 수 있으며, 회계 및 인사 작업을 수행하거나 마케팅을 위한 광고나 아이디어를 생성할 수 있다. 비즈니스의 효율성을 향상시키고 광고 아이디어와 같은 창의적인 콘텐츠를 생성하여 판매와 마케팅을 증대시킬 수 있다. 그러나 생성형 AI는 비즈니스 분야에 양날의 검으로 작용할 수 있다(Shen et al., 2023). 생성형 AI는 오류 정보를 생성하여 사용자들이 정보를 완전히 신뢰할 수 없게 하기도 한다. 이 때문에 개인 정보 보호와 정보 보안에 대한 우려가 확산되고 있으며, 조직과 국가에서 ChatGPT 사용을 제한하거나 금지하는 경우가 늘어나고 있다(한국인터넷진흥원, 2023).

결과적으로 많은 장점에도 불구하고, 다음과 같은 생성형 AI의 윤리적 문제점들을 간과할 수 없다. 첫째, 생성형 AI 모델은 훈련 데이터에 존재하는 편향을 물려받고 전파할 수 있다. 이로 인해 차별적이거나 불쾌하거나 그 밖의 불공정한 생성 콘텐츠가 나올 수 있다. 둘째,

생성형 AI는 가짜 뉴스, 거짓 정보 또는 딥페이크를 만드는 데 사용될 수 있으며, 이는 거짓이거나 오도하는 정보를 퍼뜨릴 수 있다. 셋째, 개인 데이터를 기반으로 훈련된 AI 모델은 개인 정보를 불법적으로 사용하거나 이를 침해할 수 있는 콘텐츠를 생성할 수 있다. 넷째, 개인이나 저작권 보호 작품을 모방하거나 복제하는 콘텐츠를 생성하는 것은 동의와 지적 재산 권리에 관한 문제를 제기할 수 있다. 다섯째, 대규모, 복잡한 모델에 의해 생성될 때 AI에서 생성된 콘텐츠의 책임을 결정하는 것은 어려운 과제이다. 마지막으로 전통적인 의미에서의 표절 문제와 더불어 저자의 의도와 달리 생성된 문장이라 할지라도 광의의 AI 표절이 될 수 있다는 점에서 표절 이슈가 발생한다. 덧붙여 생성형 AI의 윤리적 문제로 특히 부상되는 것 중 하나는 환각이라 불리기도 하는 '할루시네이션 현상'이다.

2. 할루시네이션 현상과 그 문제점

ChatGPT가 전 세계적으로 많은 관심을 끌면서 일상생활과 직장에서의 사용 수요가 증가하고 있다. 생성형 AI는 인간의 창의성과 상상력을 활용하여 신기한 작품을 만들어내고 이를 통해 예술 작품, 영화, 음악, 게임 등 다양한 분야에서 혁명적인 변화를 촉발하고 있다. 생성형 AI인 ChatGPT는 익숙한 주제에 대한 짧은 에세이를 쓰고 제공된 텍스트를 검토하는 것과 같이 일반적인 작업을 수행하거나 학문적인 글쓰기의 보조 도구로 활용되기도 한다. 그런데 이 도구는 대부분 글쓰기에서 신뢰할 만하거나 논리적인 답변을 제공하지 않는 양상을 보인다. 이러한 현상은 흔히 '인공 환각(artificial hallucination)'으로 묘사된다(Alkaissi & McFarlane, 2023). LLM 사용 시 주의사항에서 가장 잘 알려져 있는 이슈는 할루시네이션 현상이다. LLM은 마치 맥락을 이해하는 것 같으나, 실제로는 항상 사실에 기반하지 않고 틀린 답이라도 '가장 그럴듯해' 보이게 작성하도록 학습되어 있다. 다시 말해, LLM의 잠재적인 치명적 결점 중 하나는 ChatGPT와 같은 생성형 AI의 정보 생성 과정이 확인되지 않았다는 것이다. ChatGPT는 종종 관련성은 있지만 실제로 존재하지 않는 학술 저서 목록을 생성한다. 데이터 과학자들은 이 문제가 '할루시네이션' 및 '확률적 앵무새'로 인한 것이라고 주장한다. 특히 할루시네이션은 LLMs가 진정한 맥락이 아닌 내부 논리나 패턴을 기반으로 텍스트를 생성할 때 발생하며, 이로 인해 확신을 가지고 있지만 정당하지 않고 확인되지 않은 속임수적인 응답이 발생한다(Li, 2023). 예를 들면, "청산리 대첩에서 이순신 장군은 어떻게 승리했습니까?"라는 질문에 ChatGPT3.5는 "청산리 대첩(또는 청산리 해전)은 이순신 장군의 뛰어난 전략과 무기력한 일본 함대를 상대로 한 중요한 승리 중 하나입니다."라고 답하였다. 이는 정보 오류나 가짜 정보와 같이 생성형 AI의 신뢰성 부재 답변이 지닌 할루시네이션 현상을 여실히 보여준다. 따라서 우리는 다음과 같은 생성형 AI의 할루시네이션 현상과 관련한 윤리적 문제를 살펴볼 필요가 있다. 첫째, 둘째, 셋째는 생성형 AI의 할루시네이션 현상과 직접적인 관련이 있는 윤리적 문제들이며, 넷째, 다섯째, 여섯째는 생성형 AI 자체가 발생하는 일종의 고전적 AI 윤리 문제들이다. 후자의 고전적 AI 윤리 문제 또한 모두 생성형 AI 윤리 문제가 내포하는 문제라 할 수 있기에 이 또한 생성형 AI의 할루시네이션 현상이 갖는 윤리 문제와 긴밀히 연결된다.

첫째, 할루시네이션 현상은 딥페이크(Deepfake)와 같은 기술을 통해 개인의 얼굴과 목소리를 조작할 가능성이 있다. 이로 인해 사진, 동영상, 오디오 등의 증거물에 대한 신뢰성이 훼손되며, 이는 법적 분쟁이나 신뢰 상실과 같은 사회적 혼란을 초래할 수 있다. 더욱이 대형 멀티모달 모델(Large Multimodal Models, LMMs or LMM)과 같은 텍스트 외에 이미지와 음성 같은 다양한 방식을 사용하는 생성 AI를 생각할 때 문제는 더욱 심각해진다. 이런 종류의 생성형 AI는 이용자의 특정 요구에 따라 결과를 생성해내며 소설, 시, 이미지, 비디오, 코딩, 미술 등 다양한 콘텐츠를 생성하는 데 이용된다. 예를 들면, GPT-4V(ision)는 사용자가 이미지를 업로드하고 이에 대한 다양한 명령과 질문을 제시할 수 있다.

둘째, 현실적으로 보이는 가상 인물을 생성하고 이들을 사용하여 광고, 마케팅, 엔터테인먼트에서 사실적이지 않은 환경을 조작하는 데도 생성형 AI는 사용되고 있다. 가상 인물이 현실과 구별하기 어려운 경우, 사람들은 가상 인물을 실제 인물로 오해할 수 있다. 이로 인해 실존에 대한 혼란과 오인이 발생할 수 있으며, 정보의 투명성과 신뢰성이 감소할 수 있다.

셋째, 현실과 가상, 실제와 허구의 경계를 모호하게 만들어 시각적,

음성적, 텍스트 기반의 콘텐츠에 있어 현실과 가상의 인식 경계를 흐리게 할 수 있다. 디지털 시대의 실제 현실과 가상 현실 간의 경계를 불분명하게 함으로써 현실 세계에 대한 우리의 인식을 변화시킨다. 이는 예술과 엔터테인먼트 분야에서부터 광고와 뉴스, 소셜 미디어까지 다양한 분야에 영향을 미치고 있다. 생성형 AI가 현실과 가상의 경계를 명확하지 않게 함으로써 개인 프라이버시, 사실과 거짓, 도덕적 가치 등에 대한 문제를 야기한다.

넷째, ChatGPT로 인해 야기될 수 있는 디지털 격차 문제이다. 이는 접근성과 사용 편의성 모두에 관련이 있다. OpenAI는 특정 위치에서 사용자의 ChatGPT 사용을 금지하는 접근 제한을 설정하고 있다. 다른 한편으로, 일부 사용자는 요구 사항을 효과적으로 충족하기 위한 적절한 프롬프트를 사용하기 어렵다고 토로한다. 이 두 가지 측면 모두 디지털 격차 문제를 악화시키고 있다(Nah Fui-Hoon et al., 2023). 디지털 격차는 정보 기술 및 인터넷 사용과 관련하여 사람들 간의 지식, 기술, 접근성 등에서 발생하는 격차를 의미한다. 이는 인터넷 및 기술에 대한 접근이나 이해도, 정보에 대한 액세스, 디지털 도구 및 자원의 이용 등에서 주로 발생할 수 있다. 이러한 격차가 좁혀지지 않으면 생성형 AI 기술 혜택을 누리는 데 어려움을 겪는 사람들에게 불평등을 야기할 수 있다.

다섯째, 사이버 공격 및 범죄에 활용될 수 있다. 실제 해킹 커뮤니티에서 ChatGPT를 활용해 악성 도구를 개발하는 사례가 발견됐다.

사이버 범죄자는 AI 기반 도구를 활용해 빠르게 멀웨어나 랜섬웨어 등 공격용 도구를 발전시킬 수 있다. ChatGPT는 '멀웨어 제작해 줘' 같은 요청은 거부하지만, 악성코드의 일부 기능을 우회해서 요청할 경우 답변을 제공하는 것으로 드러났다(한국인터넷진흥원, 2023).

여섯째, 정보 유출에 대한 문제도 제기된다. ChatGPT에 입력한 정보는 제작사 OpenAI 서버에 저장된다. OpenAI사에 보안 사고가 발생하면 사용자가 입력한 정보가 유출될 수 있다. 심지어 우회 질문을 통해서도 정보가 유출될 수 있다(한국인터넷진흥원, 2023)는 점을 고려하면 이는 더 심각한 차원의 문제로 이어질 가능성이 있다.

이 외에도 생성형 AI는 고급 AI 언어 모델로 책임 있는 개발과 사용을 보장하기 위해 고려하고 해결해야 할 다양한 윤리적 문제를 내포하고 있다. 결과적으로 생성형 AI의 한계는 그것이 신뢰할 수 있어 보임에도 불구하고 부정확한 응답을 생성할 수 있다는 것이다. 이러한 할루시네이션 현상 또는 할루시네이션 효과(hallucination effect)는 많은 자연어 처리 모델에서 흔한 문제이다. 예를 들어 ChatGPT는 실제 상호작용을 하는 대신 지시 사항을 따르는 경향이 있다. 이 때문에 사용자가 제공한 정보가 충분하지 않은 경우, ChatGPT는 사용자가 듣고 싶어 할 것으로 예상되는 답변을 제공하는 경향이 있으며, 명확한 질문을 다시 되묻는 대신 이러한 가정을 기반으로 응답한다(Shen et al., 2023). 생성형 AI가 이제 대화형 AI로 비약적으로 발전하고 있음에도 불구하고 우리 인류가 풀어야 할 난제 해결의 진척은 아직 미약한 수준이다.

IV. 할루시네이션 현상의
윤리적 도전 과제와 대응 방안

1. 분야별 윤리적 도전 과제

사회 과학의 주요 분야는 일반적으로 정치, 경제, 문화, 교육, 사회 등으로 나뉜다. 각 영역은 인간 활동과 조직을 이해하는 측면들이다. 이를 참고하여 생성형 AI의 할루시네이션 현상이 야기하는 윤리적 도전을 경영, 교육, 학문, 의료 등으로 구분해 살펴볼 수 있다. 논의의 층위나 수준이 다소 다른 면도 존재하지만, 이 영역들은 이슈가 되는 주요 분야들이다. 우리는 각 분야별 할루시네이션 현상과 AI의 사용에 따른 윤리적 고려 사항을 다음과 같이 검토할 수 있다. 정보의 투명성, 데이터 보호, 윤리적 사용, 신뢰성 확보 등이 주요 관심사이다.

첫째, 비즈니스 분야에서는 소유 정보를 보호하고 가짜 또는 잘못된 정보를 식별할 수 있는 능력이 중요하다. 이 능력은 비즈니스가 ChatGPT와 같은 생성형 AI를 효과적으로 활용하고 성공적으로 응용하기 위한 핵심 요소이다. ChatGPT와 같은 AI 모델은 다양한 데이터를 활용하여 정보를 생성하고 제공한다. 이 정보에는 비즈니스 비밀, 고객 정보, 경쟁력 있는 데이터 등이 포함될 수 있다. 이러한 정보가 무단 공개되거나 유출되지 않도록 보호하는 것이 필수적이다. 이를 통해 기업은 경쟁 우위를 유지하고 기밀 정보를 안전하게 보호할 수 있다. 뿐만 아니라, 생성형 AI는 가짜 또는 잘못된 정보를 생성할 수도 있다. 이것은 비즈니스에 대한 심각한 위협이 될 수 있으며, 잘못된 정보를 기반으로 한 의사 결정은 큰 손실을 야기할 수 있다.

또한 할루시네이션 현상은 AI가 실제와 같은 현실적인 내용을 생성하거나 제시함에 있어서 실제와는 다른, 가짜 또는 왜곡된 정보를 제공하는 현상을 의미한다. 이것은 생성형 AI 모델이 훈련 데이터에 기반하여 패턴을 파악하고 정보를 생성하기 때문에 발생할 수 있는 문제이다. 비즈니스 분야에서 이러한 현상은 심각한 문제가 될 수 있는데 그것은 생성형 AI가 잘못된 정보나 왜곡된 정보를 생성할 경우, 기업은 잘못된 결정을 내리거나 잘못된 정보를 기반으로 전략을 실행할 수 있기 때문이다. 이는 신뢰성 있는 정보에 기반한 의사 결정과 경영에 부정적인 영향을 미칠 수 있으며, 잘못된 방향으로 나아가 손실을 초래할 수 있다. 따라서 비즈니스 분야에서는 생성형 AI가 제공하는 정보의 정확성과 신뢰성을 검증하는 것이 중요하다. 즉 정보의 신뢰성을 평가하고, 가짜 정보나 왜곡된 정보를 식별하고 필터링하는 능력을 보유하는 것이 필수적이다. 나아가 실제 데이터와 비교하고 정확성을 검증하는 프로세스를 도입하여 AI가 제공하는 정보의 신뢰성을 유지하는 것이 요구된다. 이를 통해 비즈니스는 AI의 혜택을 최대한 활용하면서도 할루시네이션 현상으로 인한 위험을 최소화할 수 있다.

둘째, 교육 분야에서는 AI가 학생들의 학습을 개선하고 교육 과정을 개인화하는 데 도움을 주는 동시에, 학생들의 데이터 보호와 개인정보를 존중해야 한다. 또한 학생들의 생성형 AI 사용에서 표절 문제,

잘못된 정보, 가상과 현실 구분 등의 문제도 함께 고려해야 한다. 학교와 교육 기관은 학생들의 개인 정보와 교육 경험을 안전하게 유지하면서 학생들이 AI를 윤리적이고 효과적으로 활용할 수 있도록 도울 필요가 있다. 예를 들어, ChatGPT는 학습 및 교육 활동에서 학생 및 교사의 보조 역할을 할 수 있다. 학생들은 ChatGPT를 활용해 정보를 검색하거나 특정 주제와 관련된 질문에 대한 답변을 얻고, 다양한 언어로 작문하기 등의 작업에서 도움을 받을 수 있다. 교사들 또한 교육 계획 생성, 슬라이드 및 퀴즈 등과 같은 교육 자료 준비, 과제 검토 및 평가, 피드백 제공 등의 업무를 하는 데 ChatGPT를 사용할 수 있다. ChatGPT는 LLMs를 기반으로 하기 때문에 교육 콘텐츠를 생성하고 학습 경험을 개인화하며 학생 참여를 향상시키는 데 사용될 수 있으며, 교육 전달의 전반적인 효율성과 효과성을 향상시킬 수 있다. 이러한 ChatGPT의 유용성에도 불구하고, 일부 학생들이 이를 이용해 시험에서 부정행위를 하거나 글쓰기에서 표절을 할 수 있다는 우려가 제기된다. 이러한 도전에 직면하여 ChatGPT와 같은 AI 플랫폼에서 생성된 콘텐츠를 학문적 부정행위로 간주할 것인지의 문제도 제기된다.

아울러 할루시네이션 현상과 같이 AI가 생성하는 정보가 현실적이지 않거나 왜곡된 경우, 학생들은 올바른 지식을 습득하는 데 어려움을 겪을 수 있다. AI가 학생들에게 제공하는 정보가 완전하고 정확하지 않을 경우, 학생들이 오류가 있는 정보를 활용하거나 표절을 하게 될 수 있다. AI가 제공하는 정보가 현실과 구분하기 어렵거나 혼동을 줄 수 있다면, 학생들은 가상과 현실의 경계를 명확히 이해하기 어려워질 수 있다. 학생들의 건전한 학습 환경을 유지하기 위해서는 AI가 생성하는 정보의 신뢰성과 정확성을 검증하고, 학생들에게 올바른 가이드라인과 윤리적 사용법을 제공하는 것이 중요하다. 이를 통해 AI를 윤리적이고 효과적으로 활용하는 방안을 모색할 수 있다.

셋째, 학문 연구 분야에서는 ChatGPT가 문제 정의, 연구 설계, 데이터 수집 및 분석, 보고서 작성 및 구성 검토 그리고 비평에 도움을 줄 수 있다. 그러나 정보의 신뢰성과 정확성, 저작권과 출처 표시, 연구 과정의 투명성, 인간의 역할과 책임 등의 윤리적 과제가 대두된다. 이 때문에 연구자는 AI가 생성한 내용을 검토하고 수정하며 학문적 판단을 내려야 한다. 이 과정에서 AI가 할루시네이션 현상을 발생시키는 부분을 식별하고 보완해야 한다.

할루시네이션 현상은 AI가 실제와는 다른, 왜곡된 정보를 생성하는 현상을 의미하기에 학문 연구 분야에서는 이러한 현상이 더욱 심각한 문제를 야기할 수 있다. AI가 제공하는 정보가 현실과 다를 경우, 연구자들이 잘못된 정보를 기반으로 연구를 수행하거나 잘못된 결론을 내릴 수 있기 때문이다. 이는 연구의 신뢰성과 정확성을 저해할 수 있으며, 결과적으로 학문 진실성에 영향을 미칠 수 있다. 더욱이 연구 과정에서는 정보의 출처와 저작권, 투명성, 그리고 인간의 역할과 책임 등의 윤리적 고려 사항이 중요하다. AI가 생성한 내용에 대한 검토와 수정은 연구자들의 책임이며, AI가 제공하는 정보의 정확성과 신뢰성을 평가하고, 연구 과정에서 AI가 현실과 다른 정보를 생성하는 경우 이를 교정하고 수정해야 한다. 결국 할루시네이션 현상은 연구 과정에서의 신뢰성과 결과의 정확성에 영향을 미칠 수 있으므로, AI가 생성한 정보를 검증하고 수정함으로써 이를 최소화하는 것이 필요하다.

넷째, 의료 분야는 생성형 AI와 ChatGPT가 중요한 영향을 미칠 수 있는 또 다른 분야이다. 최근 ChatGPT가 미국 의료 면허 시험을 통과했다는 사실이 보고되었다(Kung et al., 2023). LLMs의 지원을 받는 생성형 AI인 ChatGPT와 같은 기술은 환자와의 상호작용, 임상 진단 지원, 원격 의료 서비스, 건강 교육, 건강 조언 및 건강 증진과 같은 다양한 측면에서 의료 산업을 변형시킬 가능성을 가지고 있다. 그러나 임상 전문가와 환자들이 생성형 AI의 새로운 발전을 받아들일 것인지는 여전히 열린 질문으로 존재한다. 또한 AI의 윤리적 사용, 정보 정확성, 개인 정보 보호, 사이버 보안 및 위험 가능성과 관련된 우려가 지속적으로 존재한다(Siau & Wang, 2020). 특히 가치 창출이 중요하고 엄격한 규제가 적용되는 의료 산업에서 AI가 생성한 콘텐츠에 지나치게 의존하는 것은 환자에 대한 잘못된 치료와 같은 재앙을 야기할 수 있다. 의료 분야와 생성형 AI의 협력은 중요하지만, 환자의 민감한 건강 정보가 유출되거나 침해될 수 있는 위험이 존재하며 할루시네이션 현상에 의한 잘못된 진단과 치료가 발생할 경우 그것이 인간의 생명과 직결된다는 것은 반드시 유념해야 할 지점이다.

다섯째, 콘텐츠 생성 분야에서 생성형 AI는 콘텐츠를 만드는 데 사용될 수 있으며 콘텐츠 산업에도 깊은 영향을 미치고 있다. 예를 들어, 마케팅 산업은 잠재적인 소비자를 위한 합성 및 개인화된 광고를 생성하기 위해 생성형 AI를 적용하고 있다. 합성 광고는 데이터의 인공적이고 자동적인 생성 및 수정에 기반한 콘텐츠로 구성된다. 저널리즘 산업도 생성형 AI에 의해 근본적으로 변화한 분야이다. 이미 Quill 및 Xiaomingbot과 같은 뉴스 로봇이 뉴스 제작에 사용되었다. 이들은 주로 데이터 분석에 의존하고 어느 정도 고정된 템플릿을 갖는 뉴스를 생성한다. 미술 창작 또한 ChatGPT, DALL·E 2 및 Midjourney와 같은 생성형 AI에 의해 일어나는 혁명에 직면하고 있다. 인간은 AI 시스템을 위한 창의적인 입력, 피드백 및 지도를 제공하며, AI는 언어, 시각 및 의사 결정 지원을 제공함으로써 인간의 창작을 돕는다. 생성형 AI는 게임 산업에도 변화를 가져왔다. AI는 게임 캐릭터를 디자인하고 인간 디자이너의 개입 없이 격투 게임에서 캐릭터 전략을 생성하는 데 사용되었다(Nah Fui-Hoon, et al., 2023). 그러나 여기에도 앞서 논의한 바와 같은 할루시네이션 현상에 의한 정보의 신뢰성과 정확성, 지적 재산권과 저작권, 정보 및 개인 정보 보호 등의 윤리적 과제가 존재한다.

아울러 생성형 AI가 거의 무제한의 정치 콘텐츠를 생성하여 배포할 수 있는데, 이로 인해 생성형 AI가 민주주의와 정치적 안정에 해로운 영향을 미칠 수 있다는 우려도 있다. 할루시네이션 현상을 야기하는 가짜 뉴스는 이러한 우려 가운데 대표적인 것으로, 이는 생성된 텍스트 및 비디오 모두에서 실제 인물이나 상황을 딥페이크와 같이 상상력이 가미된 새로운 방식으로 조작하여 제시하는 경우를 포함한다. 아울러 인간 역사는 편견과 차별로 가득한데, 데이터를 기반으로 한 시스템은 이러한 피해를 새롭고 투명하지 않은 방식으로 재생산할 가능성이 농후하다. 이 이외에도 다양한 분야에서 AI의 활용으로 인한 윤리적 쟁점과 생성형 AI의 할루시네이션 현상이 야기하는 문제점들이 존재한다. 각 분야의 쟁점은 다양성을 띠며 이를 해결하기 위해서는 각 분야의 특성을 고려한 윤리적 해결책 마련 모색이 필요하다.

2. 대응 방안: 윤리적 가이드라인과 규제

생성형 AI는 텍스트, 오디오, 이미지, 비디오 및 심지어 3D 모델을 포함한 다중 형식 콘텐츠를 생성할 수 있다. 몇 가지 대표적인 응용 프로그램에는 텍스트를 위한 ChatGPT, 이미지를 위한 Midjourney, 그리고 비디오를 위한 DeepBrain이 포함된다. 다양한 형태의 AI 생성 콘텐츠(AIGC)는 다양한 응용 분야를 위한 폭넓은 가능성을 제공한다. AI는 시, 정치적 발언, 학술 논문과 같은 텍스트 콘텐츠를 생성할 수 있으며, 이는 인간이 생성한 콘텐츠와 구별하기 어려울 수 있다. AI가 생성한 이미지의 예로는 예술 작품, 합성 얼굴과 같은 것들이 있으며, 이는 인문학부터 과학까지 다양한 분야에 걸쳐 있다. 그러나 생성형 AI가 만들어내는 저작권 침해, 교육 기관에서의 부정행위 및 표절, 데이터 개인 정보 보호 및 보안, 그리고 딥페이크와 GAN의 악용과 같은 잠재적인 법적, 도덕적 및 윤리적 문제가 존재한다. 따라서 법적, 윤리적 차원에서의 규제와 지도 체제가 필요하다.

윤리는 올바른 행동과 그른 행동의 개념을 체계화하고 옹호하는 것을 의미한다. AI의 맥락에서 윤리적 우려는 AI 응용 프로그램과 그 창조자들의 도덕적 의무를 동반한다. 특히 생성형 AI가 지닌 도전은 할루시네이션 현상을 창출하여 해로운 또는 부적절한 콘텐츠, 편견, 과도한 의존, 남용, 개인 정보와 보안, 디지털 격차 확대 등을 야기한다. 따라서 할루시네이션 현상이 내포하고 있는 다음과 같은 윤리적 문제들에 대한 가이드라인이 요구된다.

첫째, 편견과 불투명성이다. 생성형 AI가 제공하는 권장 사항에서 특정 성별, 성적 지향, 인종 또는 직업에 대한 편견은 흔히 존재한다. 이 때문에 교육 데이터의 대표성, 완성도 및 다양성은 공정성을 보장하고 편향을 피하기 위해 중요하다. 교육용 데이터로 합성 데이터를 사용하면 데이터 집합의 다양성을 높일 수 있으며 데이터 집합의 샘플 선택 편향 문제 즉, 클래스 불균형으로 인한 문제를 해결할 수 있다 (Chen et al, 2023). 또한 생성형 AI의 투명성과 설명 가능성을 높이면 편향을 식별하고 감지하여 적절한 수정 조치를 취할 수 있다(Nah Fui-Hoon et al., 2023).

둘째, 허구 가능성에 대한 인식과 출처 확인이다. ChatGPT가 창작한 글이 사실이 아닌 경우가 많다. ChatGPT와 같은 대형 언어 모델은 점점 더 현실적인 텍스트를 생성할 수 있지만, 과학적이거나 학문적 글쓰기에서 정확성과 진정성은 확인되지 않았으며 부정확하고 거짓 기술인 경우가 많다. 이는 저작권의 무결성을 위협하는 것으로 인식되기도 한다. 제공된 텍스트를 검토하고 사실을 확인하기 위해서는 테스트가 필요하다. 이는 인공 할루시네이션의 대표적인 특성으로 챗봇과 같은 기계가 실제 세계와 일치하지 않는 현실적인 경험을 생성하는 현상이다. 이것은 시각, 청각 또는 다른 유형의 환각을 포함할 수 있다. 챗봇의 인공 할루시네이션 현상을 극복하고 완화하기 위해서는 시스템을 적절하게 훈련하고, 다양한 데이터세트를 사용하여 테스트하는 것이 중요하다. 또한 인간 평가나 이상 탐지와 같은 할루시네이션을 모니터링하고 감지하는 것이 도움이 될 수 있다. ChatGPT가 신뢰할 만한 과학적 에세이를 작성할 수 있다고 하더라도, 생성된 데이터는 진실과 괴리된 것일 수 있으며 완전히 가공된 데이터의 혼합물(Alkaissi & McFarlane, 2023)이라는 점을 간과해서는 안 될 것이다.

셋째, 대체어로서의 AI 할루시네이션 용어에 대한 고민도 필요하다. 일부 학자들은 'AI hallucinations'이라는 용어 대신 'AI misinformation'라는 용어를 선호한다. 이들은 전자의 용어는 AI 시스템과 할루시네이션을 경험하는 개인 모두에게 부적절한 오명을 씌우는 것으로 여겨지는 반면, 후자의 용어는 더 정확하고, AI 지식이 없는 개인들까지도 직관적으로 이해할 수 있는 공유 어휘에 부합한다고 본다. 또한, 후자는 커뮤니티에 오명을 씌우지 않으며, AI에 생명과 같은 특성을 부여하지 않는다고 본다. 한편, 의료 전문가들은 AI 정보 오류 현상을 최소화하기 위해 AI의 한계와 최신 발전에 대해 인식해야 한다고 제안한다. 임상 환경에서 AI가 생성한 응답은 신뢰할 수 있는 피어 리뷰(Peer Review)된 의료 자료로 확인되어야 한다(Hatem, Simmons, & Thornton, 2023).

위의 내용을 각 항목으로 세분화한 목록은 <표 5>와 같고, 이러한 각 항목에 대한 대응 방향은 다음 <표 6>과 같은 내용으로 제시할 수 있다. 아울러 AI 리터러시 능력—이는 데이터는 액면 그대로 받아들일 수 없으며 해석이 필요하다는 점을 이해하는 것과 같은 비판적인 데이터 해석 능력을 포함한다—(박형빈, 2022)의 함양은 사용자의 AI 할루시네이션 현상에 대한 대처 능력 향상에 도움을 줄 수 있다. 생성형 AI 시대를 살고 있을 뿐만 아니라 이 시대를 이끌어갈 미래 세대인 초등학생들을 고려할 때, 다음과 같은 윤리적 도전 과제와 대응 방안은 AI 윤리 교육의 일환으로서 초등학교 현장의 도덕과 수업 및 다른 교과 시간에 유용하고 적절하게 사용될 필요가 있다.

<표 5> 초등학교 AI 윤리 수업 활용 주제(예시)

번호	항목(주제)	번호	항목(주제)
1	데이터 개인 정보 보호	9	AI 기술에 대한 불평등한 접근
2	편견과 공정성	10	지적 재산권과 저작권
3	투명성과 책임	11	디지털 의사소통에 대한 신뢰 침해
4	AI 생성 콘텐츠에 대한 의존	12	소셜 미디어와 온라인 플랫폼에서의 AI
5	감정 조작과 설득	13	문화적 및 언어적 편견
6	창조 산업에 미치는 영향	14	디지털 격차와 기술 접근
7	AI 생성 콘텐츠의 윤리적 사용	15	표절
8	딥페이크 텍스트와 왜곡	16	신뢰성

(출처: Ray, 2023 참조 재구성)

<표 6> 초등학교 AI 윤리 수업 주제로 활용 가능한 생성형 AI의 윤리적 도전 대응 과제(규제)

번호	대응 과제
1	ChatGPT와 같은 AI 모델에 의해 수집 및 사용되는 민감한 정보 보호
2	AI 생성 콘텐츠가 공평하고 편향되지 않으며 다양한 관점과 경험을 반영하도록 설계 및 최적화
3	AI 시스템을 이해 가능하게 만들고 개발자들을 그들의 행동에 책임지게 함
4	AI 생성 콘텐츠의 균형 잡힌 책임 있는 소비 촉진
5	AI 생성 콘텐츠가 사람들의 감정을 악의적인 목적으로 이용하지 못하게 함
6	AI 능력의 사용과 인간의 창의성과 가치의 보존을 균형 있게 조화
7	다양한 맥락에서 AI 생성 콘텐츠의 책임 있는 사용을 위한 지침과 모범 사례 수립
8	AI 생성 콘텐츠가 거짓 내러티브를 만들거나 개인을 흉내 내는 데 잠재적으로 사용될 수 있는 문제를 다룸
9	특정 그룹에게 불리하지 않은 AI 혜택을 보장하여 모든 사람이 접근할 수 있게 함
10	AI 생성 콘텐츠에 대한 소유권과 저작권 권리를 결정, 개인 데이터 보호 및 개인 정보 권리 존중
11	디지털 콘텐츠의 신뢰성을 검증하고 그 생성 과정에서 투명성을 촉진하기 위한 방법 개발
12	플랫폼에서 AI 시스템의 책임 있는 사용을 촉진하고 건강한 온라인 토론 촉진
13	AI 생성 콘텐츠의 잠재적인 편견을 다루고 문화적 및 언어적 다양성 촉진
14	디지털 자원과 AI 기술에 대한 접근의 격차를 줄이고 디지털 리터러시와 자기 결정력 촉진
15	표절 탐지 프로그램을 사용한 생성 문장 검증
16	출력 품질, 사실적 정확성, 할루시네이션 및 독성을 확인하기 위한 자동화된 LLM 평가 프레임워크 구축, 생성된 콘텐츠는 반드시 저자들이 잘못된 사실 여부와 저자의 의도에 맞는지 검증

(출처: Ray, 2023 참조 재구성)

이와 같은 여러 윤리적 고려 사항들은 생성형 AI 윤리 교육에 중요한 교육 소재 및 주제를 제공할 수 있다. 초등학생을 위한 생성형 AI 윤리 교육에서 어떤 주제들을 다루어야 하는지에 대해 몇 가지 예들을 제시해 보면 다음과 같다.

첫째, 데이터 개인 정보 보호이다. 초등학생들은 온라인 활동을 하면서 개인 정보를 보호해야 함을 이해해야 한다. 생성형 AI가 개인 정보를 활용하면서 어떤 윤리적 문제가 발생할 수 있는지에 대해 알려주고, 자신의 정보를 어떻게 안전하게 보호할 수 있는지에 대해 가르쳐야 한다.

둘째, 편견과 공정성이다. AI가 편견을 가지고 있는 경우, 이것이 어떻게 현실에서 공정성을 해치는지를 이해하는 것이 중요하다. AI가 무엇을 배우고 있는지, 그리고 어떻게 편견이 반영될 수 있는지를 이해하고, 공정한 사고와 행동을 장려하는 방법을 가르쳐야 한다.

셋째, 투명성과 책임이다. AI가 어떻게 작동하는지 이해하고, 그것이 어떻게 결정을 내리는지를 이해하는 것이 중요하다. 또한 AI의 사용에 대한 책임을 이해하고, 책임 있는 AI 사용법을 가르쳐야 한다.

넷째, 감정 조작과 설득이다. AI가 어떻게 감정을 조작하거나 설득하는 데 사용될 수 있는지에 대해 이해하고, 올바른 정보를 획득 및 구분하고 바른 결정을 내릴 수 있는 능력을 갖추도록 가르쳐야 한다.

다섯째, 창조 산업에 미치는 영향이다. AI가 어떻게 창조적인 분야에 영향을 미치는지 이해하고, 자신의 창의성을 유지하면서도 AI의 도움을 받을 수 있는 방법을 학생들은 배워야 한다.

여섯째, AI 생성 콘텐츠의 윤리적 사용이다. AI가 생성한 콘텐츠를 어떻게 사용해야 하는지에 대한 윤리적 가이드라인을 이해하고, 다른 사람들의 저작권을 지키고 존중하는 방법을 배워야 한다. 또한 이러한 윤리 가이드라인을 규범적인 차원에서 인지하고 이를 실천하고자 노력하도록 학생들을 교육해야 한다.

일곱째, 표절과 신뢰성이다. 타인의 아이디어를 어떻게 존중하고 인용해야 하는지를 배우고, 신뢰할 수 있는 정보를 식별하는 방법을 익혀야 한다. 이는 또한 학생들이 생성형 AI 할루시네이션 현상에서 벗어나도록 도울 것이다.

초등학생들을 위한 생성형 AI 윤리 교육은 이러한 주제들을 통해 기본적인 윤리적 개념을 이해하고, 올바른 온라인 행동과 결정을 내리는 방법을 배울 수 있도록 지원해야 한다. 이를 통해 학생들은 생성형 AI가 불러오는 할루시네이션 현상을 극복하고 미연에 방지할 수 있을 뿐만 아니라, 미래의 AI 개발자 및 사용자로서 윤리적이고 책임감 있는 시민으로 자랄 수 있게 될 것이다.

V. 결론: 초등학생을 위한 생성형 AI 윤리 교육

생성형 AI는 텍스트, 이미지 또는 다른 미디어 형식의 새로운 콘텐츠를 생성하는 일련의 AI 모델을 일반적으로 가리킨다. 이 기술은 이전에도 존재해 왔지만, ChatGPT의 출시는 일반 언론, 온라인 포럼 및 학계에서 폭발적인 반응과 논의를 불러일으켰다. 생성형 AI 도구, 특히 LLMs를 기반으로 한 도구가 인간 학습, 지식 생성 및 미래의 일에 미치는 영향에 대한 대화는 전통적인 뉴스 매체와 소셜 미디어뿐만 아니라 학계에서도 확산되었다(Dwivedi et al., 2023). 생성형 AI에 대한 대화가 오프라인 및 온라인 포럼에서 반복되고 확대되는 동안 이와 병행하여 생성형 AI를 기반으로 한 응용 프로그램과 기업 조치가 빠르게 확산되었다. 그러나 이 도구들이 쓰기의 일부를 자동화하거나 창의적 과정을 보조할 수 있을지라도, 다루는 문제에 있어 인간의 축적된 경험이나 통찰력을 대체할 수 있는가와 더불어 이러한 도구를 지원으로 사용한 작업의 진위 여부에 대한 인간 감지 능력에 대해서도 심각한 문제 제기가 등장하였다(Susarla, Gopal, Thatcher, & Sarker, 2023). 대표적인 논의 중 하나가 이번 장에서 살펴본 생성형 AI의 할루시네이션 현상이다.

AI 생성 콘텐츠가 인간이 생성한 콘텐츠와 구별하기 어려워짐에 따라 연구 과정에서 이러한 도구의 사용에 대한 규범, 정책 및 절차를 수립하는 것이 중요하다. 이는 초등학생들의 AI 윤리 교육에서도 주의 깊게 다루어야 할 주제 중 하나이다. 따라서 데이터 개인 정보 보호,

편견과 공정성, 투명성과 책임, AI 생성 콘텐츠에 대한 의존, 감정 조작과 비판적 사고, 창조 활동에 미치는 영향, AI 생성 콘텐츠의 윤리적 사용을 위한 기준, 딥페이크 텍스트와 왜곡, AI 기술에 대한 불평등한 접근, 지적 재산권과 저작권, 디지털 의사소통에 대한 신뢰의 침해, 소셜 미디어와 온라인 플랫폼에서의 AI 역할 및 영향, 문화적 및 언어적 편견, 디지털 격차와 기술 접근, 표절 문제, 신뢰성 문제 등과 같은 '주제'들을 '생성형 AI 윤리 교육'의 표제 아래 초등학교 현장에서 다룰 수 있다. 이는 AI 윤리 교육을 위한 콘텐츠라 할 수 있다. 이러한 주제들의 활용은 학생들의 AI 리터러시, 비판적 사고, AI 윤리 인식 및 감수성 함양에도 기여할 것이다.

결국 생성형 AI가 일반 분야를 포함하여 전문적이거나 학문적인 작업에 대한 양날의 검이 될 수 있음을 인식하면서, 생성형 AI 도구를 어떻게 사용해야 하는지와 더불어 생성형 AI 결과물을 어떻게 '감독'하고 '판단'할 것인가에 대한 심도 있는 논의가 초등학교 현장에서도 다루어질 필요가 있다. 기술적 표절, 자기기만, 거짓 정보, 정보 오류 등으로 표현될 수 있는 할루시네이션 현상을 선제적으로 방지하고 감지하며 이를 선별하고 수정해내는 규제 및 시스템적 보완과 교육적 노력이 요구된다. 이를 통해 AI 관련 정책 결정자, 연구자, 교육자, 기술 전문가 그리고 사용자들은 진화하는 생성형 AI 도구가 안전하고 건설적으로 인간의 삶을 개선하도록 도울 수 있을 것이다. 뿐만 아니라 이러한 시도는 초등학생들의 학습을 지원하는 방법에 대한 대화를 시작하

고 이에 대한 협력도 가능하게 할 것이다. 지금 손안에 놓인 생성형 AI
가 만들어낸 할루시네이션 현상에 우리 초등학생들이 매몰되거나 기
만되지 않도록 하는 노력은 교실 현장의 AI 윤리 교육으로부터 시작
될 수 있다.

11장.
수학적 계산 너머 윤리적 로봇 구현을 위한 전제
: 신경과학의 도전 과제와 도덕 판단 알고리즘
구현을 위한 검토 사항

I. 서론

AI는 기사를 작성하고, 유명 작가 스타일의 예술 작품을 산출하는 등 인간과 구별할 수 없는 결과물을 선보이며 의료, 안전, 복지, 금융, 국방 등 삶의 다양한 분야에서 응용되고 있다. AI의 발전은 새로운 통계 방식의 적용과 컴퓨터의 향상된 처리 능력을 비롯한 여러 학문 분야의 발달에 기인한다. 특히 신경과학의 공헌이 주목되는데, 신경기술의 경우 신경 장애의 보조 치료에 국한하지 않고 신경 피드백 기반 프로그램을 위한 다양한 장치 개발에 영향을 끼치고 있다(Kellmeyer, 2019). 예를 들면, BCI(brain-computer interface), 뉴럴링크(Neuralink) 등과 같이 인간-AI의 상호작용을 증진하는 동적 인터페이스 기술은 임상의학에서 다양한 영역에 AI를 적용할 수 있는 기반을 제공한다.

신경과학은 AI 응용 프로그램 외에도 도덕적, 윤리적 AI 구축에 영감을 준다. 즉, 신경윤리학, 신경생물학은 인공 도덕 행위자(AMA) 설계를 위한 인격 모범의 유형 형성에 이론적 기초를 제공할 수 있다. AI 연구가 신경과학에서 아이디어를 획득하는 것이 중요한 이유는 다음과 같다. 첫째, 신경과학은 이미 존재하는 AI 기술을 검증하는 데 도움을 줄 수 있다. 둘째, 신경과학은 인공 두뇌를 구축할 때 사용할 새로운 범주의 알고리즘과 아키텍처에 대한 정보 원천이 될 수 있다. 셋째, AI 연구자는 신경과학의 구상을 사용하여 새로운 기술을 개발할 수 있다. 실제로 뇌 활동을 정밀하게 측정하고 조작할 수 있게 해주는 광유전학과 같은 첨단 기술의 발전은 기계 학습을 위한 방대한 양의 데이터 생성을 가능하게 하였다.

AI 연구의 대부분은 근래까지 얼굴 인식, 인터넷 검색, 자동차 운전과 같이 잘 정의된 작업을 수행하는 좁은 의미의 AI 시스템을 만드는 데 중점을 두었다. 그러나 최근에는 인간과 같은 인지 능력을 갖추고 인간과 유사하게 행동하는 일반 AI의 개발에 관심이 집중되고 있다. 범용 인공지능 혹은 일반 인공지능이라 할 수 있는 AGI(Artificial General Intelligence)는 인간과 동등하거나 그 이상의 수준에서 다양한 인지 작업을 수행할 수 있는 인공지능이다. AGI는 인공지능 연구의 주요 목표 중 하나로 부상하고 있으며 OpenAI, DeepMind, Anthropic 등의 회사들이 이를 개발하고 있다. AGI는 다양한 분야에서 인간과 유사한 학습, 이해, 추론 능력을 지닌 일반 혹은 범용 지능의 형태를 지향

한다. 이는 궁극적으로 컴퓨터가 인간과 동등한 수준의 창의적 사고와 유연한 문제 해결 능력을 가지게 하는 것을 포함한다. 관련 기술이 계속 발전하고 있으며 명확한 AGI의 개발 시기는 연구자들 사이에서 여전히 논의되고 있다.

AI 연구는 점차적으로 인간의 고차원적 인지 능력을 모방하려는 방향으로 진화하고 있다. 인간 수준의 일반 지능을 모방하려는 AGI의 목표를 달성하기 위해서는 인간 인지 및 지능의 원천인 뇌에 대한 심층적인 이해가 필수적이다. 이러한 이유로 AI 연구를 위한 인간 뇌 탐구는 불가피해 보이며, 신경과학 분야와 AI 연구가 협업해야 할 필요성은 그 어느 때보다 시급하다. 인공 도덕 행위자인 AMA(Artificial Moral Agent) 또는 도덕 기계(moral machine) 구현을 중심으로 생각해 볼 때, AMA 연구 현장에서의 기술적이고 과학적인 프로그래밍 설계 능력 확보와 더불어 인간의 도덕에 대한 철학적, 뇌신경과학적 이해와 인간 윤리의 검토가 긴요하다. 예를 들면, 발달신경과학, 사회신경과학, 신경심리학 등은 무엇이 도덕성을 매개하는지 명확히 이해하는 데 중요한 역할을 한다.

우리가 좋은 기계, 윤리적 로봇을 만들고 싶다면 도덕과 윤리가 무엇인지 그리고 인간의 도덕적 행동이 어떻게 발생하는지 알아야 한다. 나아가 컴퓨터 처리와 인간 사유의 근본적 차이에 대해 간파할 필요가 있다. AMA 개발 과정에서 컴퓨터의 결정과 인간의 판단이 갖는 근원적인 차이점에 대한 점검이 필요하다.

따라서 이번 장에서는 신경과학에서의 도덕성에 대한 이해를 바탕으로 도덕 판단 알고리즘 설계를 위한 고려 사항들을 논의하고자 한다. 이 목적을 달성하기 위한 연구 주제는 다음과 같다.

첫째, 컴퓨터 결정과 인간 판단의 본질적 차이는 무엇인가?

둘째, 신경과학에서 도덕성은 어떻게 이해되는가? 윤리적 행위자의 자격은 무엇인가?

셋째, 도덕 판단 알고리즘 구현에서 검토할 사항은 무엇인가?

II. 수학적 계산 너머의 도덕과 윤리

1. 도덕성 알고리즘과 소프트웨어 도덕성 구현

AI 알고리즘은 비행기나 자동차 같은 운송 수단, 의료 진단 및 치료 등 이미 수많은 영역에서 인간의 판단과 전문 지식을 지원하거나 대체하는 데 사용되고 있다. 인간의 판단과 전문성을 점점 더 정교하고 강력한 컴퓨터 알고리즘으로 변경하거나 대체하는 추세는 이제 저항할 수 없는 것처럼 보인다. 이러한 경향은 심각한 윤리적 문제와 마주하기도 한다. 예를 들면 개인의 프라이버시 침해, 자동화된 편견 패턴에 대한 특정 그룹의 도덕적 책임, 자율 운송이나 군용 하드웨어와 같은 컴퓨터의 판단으로 인한 피해에 대한 것 등이다. 그런데 여기서 우리가 생각해야 할 또 다른 지점은 '컴퓨터의 결정'과 '인간의 판단'이다.

컴퓨터과학자이자 AI의 선구자로 평가받는 바이젠바움(Joseph Weizenbaum)은 1976년 『컴퓨터 파워와 인간 이성: 판단에서 계산까지 (Computer Power and Human Reason: From Judgment to Calculation)』라는 책을 출판하였다. 이 책에서 그는 컴퓨터 기술에 대한 양면적인 시각을 드러냈다. 그는 인공지능이 가능할 수 있지만 컴퓨터는 연민이나 지혜와 같은 인간적 특성이 부족하기 때문에 컴퓨터가 중요한 결정을 내리도록 허용해서는 안 된다고 보았다. 바이젠바움은 '결정'을 내리는 것과 '선택'을 하는 것을 구분하였다. 결정은 프로그래밍할 수 있는 계산 활동이다. 반면, 우리를 인간으로 만드는 것은 선택하는 능력이다. 그런데 선택은 계산이 아니라 판단의 산물이다. 인간의 포괄적인 판단에는 감정과 같은 비수학적 요인이 포함되기도 한다. 예를 들면, 인간은 각각의 과일 유형을 수학적 비교에 필요한 요소로 수량화하여 환원하지 않고도 사과와 오렌지를 견주어 판단할 수 있다(Hasselberger, 2019). 인간은 자신의 세계에 의미를 부여하는 자율적 행위자로서 행동할 수 있는 능력을 가지고 있다. 반면, 인공지능의 경우 아직까지 인간적 감정, 비수량적 사고, 직관을 소유하였다고 단정하기 어렵다.

이러한 논의는 인공지능이나 메타버스 시대 인류가 몇 가지 중요한 질문에 직면하고 있음을 깨닫게 한다. 첫째, 아무리 기술 용어로 위장하더라도 인간 사고의 모든 측면이 논리적 형식주의로 환원될 수 있는가 하는 것이다. 다시 말해, 인간의 사고 과정이 완전히 계산의 영역으로 전이될 수 있는지 여부이다. 둘째, 컴퓨터가 해야 할 일에 한계가 있는가이다. 즉 지능적인 기계가 만들어지더라도 중요하고 민감한 결정 사안에 대한 활용이 적절한가의 문제이다. 셋째, 인공지능에 인간의 도덕적인 판단과 같은 도덕성 알고리즘을 구현할 수 있는가이다. 이것은 '가능성'과 '적절성'이라는 두 가지 문제를 모두 포함한다. 결국 세 가지 질문은 모두 철학적인 동시에 경험적인 질문이며, 규범적이고 윤리적인 질문이다.

앞에서 제기한 질문 가운데 우리가 눈여겨 볼 점은 '도덕성 알고리즘'에 대한 것이다. 인간의 도덕성을 알고리즘으로 설계하기 위해서는 먼저 인간의 도덕성에 대한 분석적, 경험적 개념 이해가 필요하다. 그런데 이것은 '경험적'인 동시에 '규범적'인 영역의 문제이기에 그 결론을 내리는 것이 용이하지 않다. 동시에 인공지능 알고리즘은 편향성과 공정성이라는 주요 개념에서의 윤리 문제를 내포하고 있다. 이는 도덕성 알고리즘과 소프트웨어 도덕성 구현 과제에 대한 탐구를 요청한다. 이 점에서 우리는 도덕성 알고리즘 개발 과정에서 도덕성 자체에 대한 탐색과 도덕성 알고리즘이 야기할 수 있는 윤리적 문제에 대한 고려를 함께 해야 한다. 특히 AI의 도덕 판단 프로그램은 현재 운행 중이기도 한 자율 주행 자동차와도 밀접한 연관이 있으며, 이로 인해 이미 인류에게 현실로 다가온 절박한 과제라 할 수 있다.

2. 신경 기계 구현을 위한 도덕 결정의 신경 메커니즘 해부

인공지능 개발 연구의 목적 중 하나로 제시되는 것은 인간의 마음이 작용하는 방식으로 작동하는 시스템의 설계와 구축이다. 이 때문에 AMA 제작을 위해서는 인간의 도덕성, 도덕 판단과 연관된 다양한 관점들에 대한 검토와 분석이 필요하다. 이러한 탐구는 AMA 실현의 전제 조건이 된다. 특히 도덕성의 해부학적 탐구는 윤리적 AI의 개발 및 알고리즘 설계를 위한 구체적이고 유용한 자료가 될 수 있다.

도덕성의 해부학적 연구는 도덕성의 신경생물학적 기초에 대한 탐구와 밀접하다. 경제학, 사회학, 신경과학, 심리학과 같은 다양한 학문 분야의 최신 연구는 인간이 타인의 욕구와 고통에 조율되어 있는 존재 즉, 연민을 가진 존재로 태어났음을 밝혀냈다. 『선한 본성(Good Natured: The Origins of Right and Wrong in Primates and Other Animals, 1996)』의 저자인 영장류학자 프란스 드 발(Frans de Waal)은 도덕성이 신경생물학에 확고하게 기반을 두고 있는 것으로 보았다. 그는 도덕을 인류의 오랜 진화 과정 속에 확립된 것으로 이해하였다(De Waal, 2006). 그의 입장에서 도덕성의 발달은 합리주의적 사고의 반성 과정을 거쳐 순차적으로 발전된 것이라기보다 사회적 동물이라는 배경으로부터 강력한 압력을 받은 결과 발생된 것이다.

신경과학의 가장 두드러진 공헌 중 하나는 우리가 정교한 도덕적 결정을 내릴 수 있도록 하는 것이 무엇인지에 대한 새로운 견해의 제시이다. 신경과학 연구들은 인간의 도덕적 결정이 지각, 인지, 사회 정서 프로세스의 복합적인 산물임을 입증하였다. 이러한 프로세스들은 최종 선택에 독립적이며 때로는 상충되는 기여를 한다. 예를 들어, 도덕적 딜레마에 대한 유명한 일련의 연구는 의무론적 결정 즉, 비록 그 목적이 5명의 생명을 구하는 것이더라도 누군가를 수단으로 사용하는 유해한 행동을 거부하는 결정에서 vmPFC(ventromedial prefrontal cortex)와 같은 정서적 평가와 관련된 뇌 영역이 상대적으로 강한 활성화를 보임을 나타냈다. 반면, dlPFC(dorsolateral prefrontal cortex)와 같은 숙고의 추론과 관련된 영역은 상대적으로 약한 활성화를 드러냈다. 신경심리학 및 신경 영상 연구의 추가 증거에 따르면, 인간은 vmPFC 또는 dlPFC의 각각 기능 중단 또는 손상으로 인해 실용주의적 또는 의무론적 판단으로 더 이동할 수 있다. 이러한 초기 연구는 도덕적 의사 결정이 발생할 때 빠르고 자동적인 감정적 반응과 느리고 숙고적인 추론 과정이 독립적인 방식으로 동시에 작용한다는 사실을 밝혀냈으며, 이 같은 사실이 갈등 발생 시 패권을 위한 전투에 영향을 미치는 이중과정 모델에 의해 포착될 수 있다고 제안하였다(Kelly, O'Connell, 2020).

인지과학은 우리의 도덕적 결정이 많은 편견, 능력 제한의 영향을 받는다는 사실을 확립하였다. 최근 연구의 상당 부분은 도덕적 결정 프로세스를 공식화할 수 있는 대안적인 방법을 조사하기 위해 경제적 효용과 베이지안 강화 학습 모델(Bayesian Reinforcement Learning)을 채택하였다. 예를 들면, 크로켓 등(Crockett et al.,)의 연구는 도덕적 행동이 우리 자신의 이기적인 이익을 추구하려는 유혹을 억제함으로써 달성되는 것이 아니라 다른 사람들에게 해를 끼칠 수 있는 선택을 평가 절하함으로써 달성된다는 것을 시사한다. 도덕적 결정은 LPFC(Lateral prefrontal cortex)와 DS(dorsal striatal)의 이익에 민감한 영역 간의 기능적 연결성을 조절한다(Crockett, Siegel, Kurth-Nelson, Dayan, & Dolan, 2017).

도덕성의 신경과학은 도덕적 결정에 대한 우리의 이해에 더 직접적으로 기여하는데 지금까지 연구는 공감, 사회적 의사소통, 감정 인식과 같은 프로세스에 주로 초점을 맞추었다. 왜냐하면 이러한 기본적인 도덕 구성 요소의 진화적 보존에 대한 증거가 가장 강력하기 때문이다. 예를 들면, 그러한 연구는 거울 뉴런이 보상과 같은 긍정적 결과와 고통과 같은 부정적 결과에서 직접 경험과 관찰 경험 모두 동일하게 반응한다는 것을 밝혔다. 놀랍게도 전기 자극을 받는 동료를 목격한 쥐의 ACC(anterior cingulate cortex)에서 나타난 신경 스파이크의 강도는 쥐가 직접 경험한 충격을 해독하는 데 사용하는 것과 유사하였다 (Carrillo, Han, Migliorati, Liu, Gazzola, & Keysers, 2019). 이러한 데이터는 자신과 타인의 고통에 대한 공유 신경 코드의 강력한 실연을 제공하며 이는 공감 행동의 기초를 제공하는 것으로 생각된다.

도덕 판단 및 도덕 결정의 해부학적 검토의 핵심 메시지는 도덕적 결정은 우리가 보유하고 있는 가치에 의해서만 결정되는 것이 아니라 신경인지 과정에 의해 결정되는 복잡한 인지 작업 결과라는 것이다. 이는 윤리적 행위자의 자격은 무엇인가에 대한 통찰을 안겨준다. 흄이 충고한 바와 같이 '~이다'에서 '당위'가 파생되는 것을 피해야 한다. 그러나 도덕의 신경역학의 발전은 도덕해부학의 기초를 마련하였다. 그렇다면, 도덕성은 구체적으로 뇌신경과학에서 어떻게 해명되고 있는가. 그리고 이러한 설명이 윤리적 AI, 도덕 판단 알고리즘 설계와 개발에 주는 함의는 무엇인가. 이에 대한 답변을 위해 신경철학, 발달신경과학, 신경윤리학에서의 도덕성 해명을 검토할 필요가 있다.

III. 인간의 윤리와 도덕성의 신경 메커니즘

1. 신경철학과 발달신경과학에서의 도덕성

신경철학은 마음과 정신의 작용을 뇌 신경 작용의 소산으로 이해하며 심리학, 유전학, 진화생물학, 철학, 윤리학 등에서의 마음에 대한 이해를 확장시켰다. 가장 간단한 공식으로, 신경철학의 핵심 아이디어는 마음의 본질을 이해하려면 뇌의 본질을 이해해야 한다는 것이다. 마음과 뇌를 동일 선상에 위치시켜 논할 수 있는가라는 보다 근원적인 질문은 차치하더라도, 우리가 마음과 뇌를 여전히 서로 다른 차원에 존재하는 것으로 인식한다는 사실은 부인할 수 없다. 그러나 신경철학의 가장 두드러진 특징 중 하나는 마음 연구와 뇌 연구 사이의 이원론을 거부한다는 것이다. 신경철학 관점에서 볼 때 우리의 두뇌는 우리로 하여금 생각하고, 느끼고, 결정하고, 잠을 자고, 꿈을 꾸게 한다. 많은 신경철학자들이 인간의 철학적, 윤리적인 정신 작용을 두뇌의 작용으로 이해한다. 예를 들면, 플라나간(Flanagan)은 명상 수행의 긍정적 효과를 신경과학적 연구에서 도출하였다.

패트리샤 처칠랜드(Patricia Churchland)는 뇌에 대한 연구를 통해 도덕성을 탐구하였다. 그녀는 도덕성의 생물학적 원천을 조사함으로써 인간의 도덕적 행동의 기원을 찾고자 하였다. 그녀는 뇌에서 도덕성의 근원을 발견하고자 하였다. 신경철학은 인간 의식, 인지와 지능, 정서와 감정 그리고 도덕적 지식과 도덕적 추론 등의 본성을 뇌신경과학의 관점에서 다룬다. 다시 말해, 신경철학의 목적은 인간의 마음과 의식을 뇌 기능에 기초하여 이해하는 것이다.

한편, 발달인지신경과학 접근법은 심리적 과정과 신경학적 기반 이해에 전념하는 학제 간 분야이다. 이 분야는 인지와 행동 메커니즘 사이의 간극을 메워주며 도덕성의 발현에 대한 이해를 풍부하게 하였다. 신경학적 병변 또는 뇌 해부학적 연결의 기능 장애는 비정형 사회적, 정서적 처리에서 비롯된다. 특정 뇌 영역과 신경 회로의 손상은 종종 정상적인 심리적 기능에서 도덕적 발달의 결함을 초래한다. 특히, vmPFC의 초기 병변은 도덕적 지식과 판단력의 발달을 손상시킨다. vmPFC와 선조체, 편도체 및 측두정엽 접합부와 같은 다양한 영역의 연결은 사회 및 정서적 영역 전반에 걸쳐 핵심 기능을 한다(Decety & Cowell, 2018).

행동신경과학의 경우, 미세 물리적 구조와 그 해부학적 기능에 대한 경험적 조사를 통해 인간의 사고와 행동에 대한 이해를 높인다. 예를 들어, 전대상피질의 해부학적 구조가 비교적 크고 방추형인 독특한 부류의 뉴런으로 구성되어 있다는 신경과학적 발견은 이 특정한 변연계 구조가 감정 조절, 갈등 해결 및 오류 감지와 같은 인지 현상과 관련된 것임을 알게 한다(Tancredi, 2005). 신경철학, 뇌신경과학은 사회적 동물로서의 인간의 뇌 진화를 설명하며 도덕성의 기저를 인간 뇌에서 찾는 데 도움을 준다. 사회적 뇌로서의 인간 뇌는 협력, 호혜성, 연민, 공감과 같은 사회적 생활을 위한 플랫폼인 신경 유전적 요소를 지닌다.

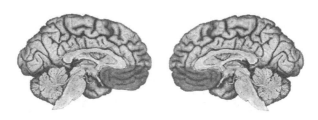

[그림 5] vmPFC
(출처: Koenigs & Grafman, 2009)

2. 도덕적 행위자로서의 인간의 도덕성 특징

윤리적 AI를 설계하기 위해서는 인간의 도덕, 윤리, 도덕성에 대한 천착이 전제되어야 한다. 인간의 도덕성이 지닌 특징은 도덕성의 개념 정의와 깊이 연관된다. 연구자들은 복잡한 사회 구조 안에서 구성원들이 서로에게 끼치는 피해를 최소화하고 협력을 촉진하기 위해 도덕성이 필연적으로 발달되었다고 본다. 연구자들은 도덕이 인간과 다른 많은 종에서 진화해 온 것으로 여긴다. 인간이 다른 사람과 다른 종의 개체에 대해 갖는 태도는 이러한 생물학적 기반의 도덕에 의해 크게 영향을 받았다(Broom, 2006).

인간의 도덕성은 사회적 존재로서 인간을 반영하는데, 한 개인이 갖는 도덕적 정체성은 개인이 어떻게 행동하고 느껴야 하는지에 대한 기대와 기준을 형성한다. 도덕적 정체성은 도덕적 행동과 죄책감 및 수치심의 도덕적 감정과 연관되어 있다(Stets & Carter, 2012). 결과적으로 도덕성은 인간의 행동, 사고, 정서, 태도를 형성하는 주요한 인자이다. 이러한 논의를 종합하면, AI 도덕성이 인간의 도덕성을 모델로 삼을 수밖에 없다는 점에서 AI를 도덕적 행위자로서 간주하기 위해서는 다음과 같은 특성을 확인하고 점검할 필요가 있다.

첫째, 한 개인의 도덕성은 개인이 겪은 도덕적 경험의 축적이다. 도덕적 경험은 인간 행위에 선택 의지를 부여하는 주관적 경험으로 작용한다. 이러한 이유로 AMA 구현에서 AI를 도덕적 행위자로서 성장시키기 위한 도덕적 토대와 환경이 요구될 수 있다. 도덕적 경험은 AI에 프로그램으로 내장시키거나 기계 학습과 딥 러닝을 활용하여 제공할 수도 있다.

둘째, 도덕성 발달에 깊이 관여하는 도덕적 감정의 구현이다. 도덕적 선택과 도덕적 의지는 그에 수반되는 감정, 즉 도덕적 감정을 필요로 한다. AI에 도덕적 감정이나 도덕적 정서란 것이 존재할 수 있는가와 같은 보다 근원적인 철학적 질의는 차치하더라도, AI의 감정 설계가 가능한가라는 질문의 제기가 필요하다. 다시 말해 AI의 정서, 감정의 부분이 어떠한 양상으로 이해될 수 있는가라는 물음에 답할 필요가 있다. 이것은 감정을 지닌 AI 상정이 AMA 설계에 필수적 요소일 수 있음도 제안한다.

셋째, 인간 도덕성이 갖는 복잡성이다. 인간의 도덕성은 복잡한 특성을 가지며 시대와 문화에 따라 규범과 금기도 판이하다. 그러나 한편 모든 문화권에 보편적인 도덕과 비도덕이 존재한다. 이 때문에 인간의 도덕성은 문화와 시대를 관통하는 보편적 도덕에 대한 일종의 '직관'을 지님과 동시에 개별 사회와 맥락에서 요구되는 도덕적 규범과 요소의 '특수성'을 포함하고 있다. 이와 같은 도덕성의 특성을 AMA 또한 갖추어야 하는가라는 물음의 제기가 요구된다.

넷째, 인간의 도덕성은 필연적으로 관계성과 연관된다. 인간은 사회적 존재이며, 사회신경과학자들은 인간의 뇌를 '사회적 뇌'로 설명한다. 인간의 뇌 발달, 특별히 대뇌피질의 발달은 진화의 측면에서 사회 형성의 주요한 기저로 작용하였다. 사회신경과학에서의 인간 이해를 감안할 때, AI가 인간의 도덕성 모델과 같은 유형을 갖추기 위해서는 사회적 뇌에 대한 이해가 선행되어야 한다. AMA로서 AI 프로그램은 일종의 사회적 뇌와 같이 다른 존재와의 밀접한 상호작용뿐만 아니라 이러한 상호작용을 갈망하는 특성을 함께 내재할 것이 요구될 수 있다(박형빈, 2022).

다섯째, 인간의 도덕성, 윤리는 시공간을 초월한다. 예를 들면, 미래 세대에 대한 고려를 하고 보이지 않는 지구 반대편의 누군가를 위해 기부를 한다. 나와 직접 관련이 없는 누군가에 대한 이러한 도덕적 행위는 분명 인간이 갖는 도덕적 특성이다. 그렇다면, AMA는 어떠한가.

지금 여기에 존재하는 AMA가 진정한 도덕적 행위자가 되기 위해 미래에 존재할 그 누군가를 위한 도덕적 행동을 취할 수 있어야 하는가.

IV. 인간 도덕과 신경과학이 주는 AMA 설계 과제

1. 인공 도덕에의 경험적 접근과 규범적 접근

현대의 기술 발전은 인간 지성의 시뮬레이션을 목표로 하는 인공지능(AI)의 존재 증가를 포함한다. 인공지능은 사회에서 도덕적, 합리적인 결정을 내릴 것을 점점 더 요구받고 있다. AI 판사는 누가 감옥에 가야 하는지 결정해야 한다. AI 의사는 특별한 건강 치료를 받을 자격이 있는 사람은 누구인지 지정해야 한다. 이러한 상황들은 기계가 어떻게 도덕성을 가질 수 있는가, 어떤 원칙이 결정의 지침이 되어야 하는가와 같은 질문을 불러온다. 이러한 질문에 답하기 위해서 우리는 도덕이 무엇이며 인간의 도덕적 결정 과정이 어떻게 진행되는지 이해해야 한다.

도덕과 윤리는 모든 인간 사회의 근본적인 측면이며 사회적 상호작용에서 중요한 영역을 규제한다. 도덕은 심리학자와 철학자들에게 지속적인 관심 주제였으며 개인이 어떻게 다른 사람들과 관계를 맺고 잘 지내야 하는지에 중점을 두고 있다. 다양한 학문 분야에 걸친 작업은 도덕이 자연 선택에 의해 형성되는 타고난 일반 능력이며 사회 환경과

소통하는 숙고 과정에서 발생한다는 관점으로 수렴되었다. 문화 전반에 걸쳐 정상적으로 발달하는 모든 개인은 어떤 것은 옳고, 다른 것은 그르다는 기본 개념을 가지고 있다. 어떤 행동은 선하고 옳으며 칭찬과 보상을 받을 만한 것으로 간주된다. 반면, 다른 행동은 나쁘고 옳지 않으며 비난과 처벌을 받을 것으로 여겨진다. 사회적 존재로서 인간은 직관적인 공정성, 타인에 대한 관심, 다른 종에서는 볼 수 없는 문화적 규범을 특징적으로 갖는다. 발달신경과학은 공감 및 도덕성의 발생과 발달에 대한 신경과학적 해석을 제공한다(Decety & Cowell, 2018).

도덕은 인간 마음 작용의 대표적 특성이라 할 수 있다. 도덕은 인간 생활 방식의 중요한 특징이자 사회의 중심 메커니즘이다. 도덕에 대한 진화론이나 사회생물학적 입장에 따르면, 도덕은 협력과 친사회적 행동을 촉진하는 기능으로 진화하였다. 도덕은 여러 학제 간 분야에서도 중심 주제이며 종종 이성과 감정의 역할에 대한 탐구를 포함한다. 경험적 증거에 따르면, 의무론적 반응은 도덕적 인지의 정서적 구성 요소와 더 밀접하게 관련되어 있으며 VPC(Ventromedial Prefrontal Cortex)의 활동 증가와 관련이 있다. 대조적으로, 실용적인 반응은 이성과 연관되며 주로 DPFC(Dorsolateral Prefrontal Cortex)의 활동 증가와 연결된 복잡한 신경망에 더욱 의존하는 것으로 이해된다. 현재 AI는 인간의 인지 시뮬레이션 특정 요소를 성공적으로 달성하였다. 그러나 인공 도덕성의 구현은 아직까지 요원해 보이기도 한다. 그것은 도덕 판단, 도덕성의 해부학적 이해는 도덕성 및 도덕 판단에 이성과 감정의 통합이 필수적임을 드러내며, AI가 인간의 도덕성을 완전히 복제하기 어려울 수 있음을 시사한다.

그럼에도 불구하고, 인체의 한 기관이라 할 수 있는 생물학적 뇌에 대한 탐색은 인공 도덕의 알고리즘 설계를 위한 토대이다. 인간의 도덕적 사고와 행동에 대한 해석을 위해 여러 설명 모델이 필요하다. 예를 들어 인간이 보여주는 상당한 양의 도덕적 판단과 행동은 진화의 인과적 조건화를 반영하는 결과라기보다는 인간이 도덕적 지식을 얻은 결과일 수 있다. 이것은 종종 인용되는 보편적으로 유지되는 도덕적 신념이나 구별에 적용될 수 있다. 이러한 논의는 도덕에 대한 두 가지 매우 다른 의미 즉, 도덕의 '경험적', '규범적' 의미와 관련된다.

도덕의 '경험적 이해'는 도덕이 어떻게 진화했는지에 대한 친숙한 이야기에서와 같이 도덕을 과학적으로 설명되어야 하는 어떤 것으로 간주한다. 여기서 도덕은 규범적 판단을 내리는 인간의 관찰된 능력, 동정이나 죄책감, 비난과 같은 특정 감정을 갖는 경향 또는 특정 직관과 같은 일련의 경험적 현상을 의미한다. 우리는 도덕과 관련된 다양한 심리적 능력과 경향의 기원과 기능을 탐구할 수 있다. 이것과 대조적으로 '규범적 의미'라고 부를 수 있는 도덕이라는 용어의 사용은 매우 다르다. 우리는 다음과 같은 질문을 고려해 볼 수 있다. 우리는 멀리 떨어져 있는 낯선 사람을 돕기 위해 상당한 희생을 해야 하는가. 이러한 물음은 우리가 어떻게 살아야 하는지를 결정하고자 하는 숙고의 관점에서 발생하며, 경험적 질의라기보다는 규범적 질의이다. 우리는 여기서 우리 사회의 실제 도덕률에 대한 인류학적 질문을 하는 것이 아니라 우리를 새로운 도덕률로 이끌 수 있는 규범적 질문을 던진다. 규범적 의미에서 도덕을 사용할 때 그것은 우리가 어떻게 살아야 하는지, 즉 우리가 채택하고 따라야 하는 일련의 규범이 무엇인지를 의미한다(Fuller, 2019).

인공 도덕성 구축에 있어 우리는, 도덕이 우리에게 무엇을 요구하는가를 함께 고찰할 필요가 있다. 도덕은 공리주의자들이 주장했듯 순전히 결과주의적인 구조만을 가지고 있지 않다. 위에서 논의한 바와 같이 규범적 의미의 도덕성에 대한 접근은 인공 도덕성 그 자체가 무엇이어야 하는가에 대한 답변을 요구한다. 즉, 규범적 의미의 도덕성에 관한 진리가 존재하며 이것이 무엇에 근거하고 있고 우리는 이것을 어떻게 알 수 있는가에 대한 탐구가 요청된다. 이는 동시에 도덕은 문화적으로 상대적인가 아니면 적어도 부분적으로 보편적인가의 질문도 야기한다. 도덕과 진화생물학에 대한 많은 논의는 주로 이타적 감정과 행동의 문제에 초점을 맞춘다. 심리적 이타주의는 다른 사람들의 복지에 관심을 갖고 의도적으로 그들을 위해 혜택을 주는 것을 포함한다. 결과적으로 인공 도덕성 설계를 위해 도덕에 대한 경험적 접근이 유용해 보임에도 불구하고, 인간이 지적이고 사색적인 동물이라는 점에서 규범적 도덕 또한 간과해서는 안 된다.

2. 컴퓨터의 분석적 계산과 인간의 직관적 의사 결정

신경망에서 음성 및 패턴 인식, 유전 알고리즘, 딥 러닝에 이르기까지 다양한 응용 프로그램과 기술이 AI의 광범위한 범주에 속한다. AI 인지 유틸리티를 확장하고 인간의 작업을 보강할 수 있는 공통 요소의 예로는 자연어 처리, 머신 러닝, 머신 비전 등을 들 수 있다. 자연어 처리를 통해 IBM의 Watson은 미묘한 인간 문장을 이해하고 용어와 개념에 여러 의미를 할당할 수 있다. 머신 러닝 기능으로 Watson은 경험과 데이터 상호작용을 통해 학습하고 과거 경험을 기반으로 지능형 솔루션을 개발할 수 있다. 기계 학습 기술과 의사 기록에 대한 액세스를 통해 Watson은 암 패턴을 식별하는 방법을 배웠다. AI는 이제 인간의 독점적 영역으로 여겨졌던 일부 지식 기반 작업에 대한 사용을 가속화하고 있다. 이로 인해 신흥 AI 시스템은 스스로 학습하고 개선할 수 있는 탁월한 능력을 가진 것으로 인식된다. 사람들은 AI로 인한 혼란의 규모를 강조하고 AI가 대부분의 인간 직업을 대신할 것이라고 선언하기도 한다. 그런데 우리는 이러한 AI의 진보가 인지 및 정보 중심 프로세스로서의 의사 결정에 의존하고 있지 않은가 하는 물음을 제기할 필요가 있다. 즉 우리는 인간과 AI의 고유한 강점이 어떻게 상호 시너지 효과를 낼 수 있는지에 대한 논의를 전개할 시점에 서 있다.

AI의 문제 해결 능력은 '직관적'인 의사 결정보다 '분석적'인 지원에 더 유용하다. AI는 광범위한 애플리케이션과 알고리즘을 포괄한다. 그러나 인간의 의사 결정의 대부분은 의도적인 정보 수집 및 처리의 직접적인 결과가 아니라 직관 영역의 잠재의식에서 발생한다. 의사 결정 맥락에서 직관은 합리적인 생각이나 논리적 추론에 의존하지 않고 직접적인 지식이나 이해를 생성하고 결정에 도달하는 능력으로 정의된다. 직관적인 의사 결정에는 상상력, 감수성, 반추, 창의성 등과 같은 인간의 능력이 포함된다. 직관적인 접근을 통해 개인은 의식적인 주의 없이 반응하거나 결정하기 위해 과거에 구현된 관행, 경험, 판단에 의존한다. 의사 결정에 대한 분석적 접근 방식은 정보의 깊이에 의존하는 반면, 직관적 접근 방식은 전체론적, 추상적인 관점에서 문제를 해결함으로써 폭에 초점을 맞춘다.

인간의 두뇌 작동에서 이 두 가지 스타일은 상호 배타적이지 않으며 다양한 우발 상황을 보다 효과적으로 처리하기 위한 의사 결정 시스템으로 사용된다. 인간의 강한 직관은 부분적으로 이전의 실수와 실험에서 암묵적인 학습에 의해 주도된다. 우리가 눈여겨 볼 것은 인간의 내부에서 오는 이러한 고유하고 설명할 수 없는 인식을 AI로 시뮬레이션하는 것이 거의 불가능하게 여겨진다는 점이다. 아직까지 기계는 대부분 인간 직관의 내면의 논리와 잠재의식 패턴을 포착할 수 없다(Jarrahi, 2018). 인간의 직관은 감정만큼이나 AI 설계에서 가장 어려운 구현 대상이라 할 수 있다.

그럼에도 불구하고 AI는 의사 결정의 복잡성을 해결할 수 있다는 이점을 지니고 있다. 복잡한 상황은 많은 요소나 변수가 특징이다. 이 상황에서 요구되는 것은 인간의 인지 능력을 넘어선 속도로의 대량 정보 처리이다. 최근 몇 년 동안 우수한 양적, 계산 및 분석 능력을 갖춘 AI는 복잡한 작업에서 인간을 능가하였다. 빅 데이터와 결합된 알고리즘 의사 결정은 복잡성을 처리할 수 있는 새로운 기회를 제공하고 인간 의사 결정자에게 포괄적인 데이터 분석을 보급하는 보다 효과적인 방법을 제공한다. 더 큰 계산 정보 처리 능력과 분석적 접근 방식을 통해 AI는 복잡성을 다룰 때 인간의 인지를 확장한다. 반면, 인간은 여전히 조직의 의사 결정에서 불확실성과 모호성을 다루는 데 있어 보다 총체적이고 직관적인 접근 방식을 사용한다.

V. 결론: 직관적 뇌와 계산적 AI의 공생

튜링(Alan Turing)이 1950년 논문 「컴퓨팅 기계와 지능(Computing Machinery and Intelligence)」에서 지능형 기계를 구축하는 방법과 지능을 테스트하는 방법에 대해 논의한 이래 인공지능은 지속적으로 성장해 왔다. 1970년대 이후 AI는 기계 학습, 로봇공학, 지능형 제어 및 패턴 인식과 같은 다양한 연구 분야로 확장되었다. 이것에는 Google, IBM, Microsoft, Facebook 및 Apple이 개발한 AI 신경망, 형사사법, 교육 및 광고에서 안면인식 소프트웨어의 사용 확대, 다양한 윤리적 결정을 내리도록 프로그래밍 된 자율 시스템이 포함된다. 자율 주행 자동차 개발은 도덕적, 윤리적 AI 논의를 더욱 촉발하였다.

도덕적 AI의 구현을 위해서는 마음, 두뇌, 컴퓨터를 연구하는 여러 학문 분야를 살펴야 한다. 일반적으로 인공지능(AI)은 컴퓨터에서 인간의 마음을 모방할 것으로 기대된다. 이러한 점에서 뇌가 어떻게 마음을 발생시키는지를 연구하는 인지신경과학은 도덕적 AI 설계에 상당한 통찰을 제공한다. 컴퓨터 신경과학은 컴퓨터 분석 및 시뮬레이션을 사용하여 뇌가 정보를 처리하는 방법을 분석한다. 심층 신경망을 포함한 인공 신경망은 컴퓨터에서 두뇌의 기능을 모방하여 지능적인 계산을 달성한다. 인공 신경망으로 대량의 개인 데이터를 분석하는 것은 과학과 기술의 모든 영역에서 AI 시스템의 원동력이 되는 기술이다.

AI가 산업과 학계의 거의 모든 분야, 일상생활의 모든 부분에 영향을 미치고 있지만 뇌 기반 인공지능이라는 문구를 고려할 때, 신경과학은 AI 개발에서 가장 중요한 관심사이다. 생물학적 뇌의 구조인 계층화된 뉴런이 AI의 모델 역할을 하는 것은 딥 러닝 및 딥 네트워크의 모델을 통해서도 발견할 수 있다. 한편, 생물학적 뇌가 여전히 인공지능을 위한 좋은 본보기인지에 대한 논쟁도 있다. 그럼에도 불구하고, 신경과학이 AI 개발을 고무하고 안내하는 데 상당한 역할을 했음을 부인할 수 없다. 딥 네트워크 및 강화 학습 접근 방식은 뇌에 대한 직접적인 유추에 크게 의존한다. 또한 검토, 주의력, 일화 기억, 작업 기억 및 연속 기억에 대한 최근 AI 작업은 신경과학에서 영감을 받았다 (Hildt, Laas, & Sziron, 2020). 그러나 현재의 AI 모델이 복잡한 인간 뇌의 인지 능력을 달성하기에 적합한지 여부는 아직까지 불분명하다.

한편, 윤리학과 로봇공학은 서로 다른 학문 분과이다. 전자는 인간의 행위에 함축적으로 또는 명확하게 내포된 도덕적 규범과 가치를 다루고, 후자는 제작자가 설정한 규칙과 프로그램을 토대로 일정한 수준의 자율성을 갖는 물리적 장치로 구성된 인공적 행위자의 생산을 목표로 한다(Capurro, Nagenborg eds., 변순용·송선영 역, 2013). 그럼에도 불구하고, AMA 개발의 현 시점에서 윤리학과 로봇공학의 협업은 불가피해 보인다. AI 연구에서 우리에게 요구되는 것은 학제 간 대화와 협력이다.

이 점에서 알고리즘, 신경망, 강화 학습 등의 개념은 뇌 기반 지능을 더 잘 이해하게 한다. 또한 인공 신경망은 뇌 과정을 제대로 인식하는 데 도움이 되는 아이디어를 제공하는 시뮬레이션 역할을 한다. 예를 들면, 인간의 도덕성, 도덕 판단에서 이성과 감정, 직관과 추론은 모두 중요한 요소로 작용한다. AI 개발에서 연구자들은 신경과학자들의 연구 결과를 통해 컴퓨터에서 계산이 어떻게 작동하는지에 대해 분석 및 해명할 수 있다.

따라서 인간의 도덕성이 갖는 특성과 뇌신경과학에 기반한 도덕성의 해부학적 이해가 부여하는 AMA 설계 과제를 다음과 같이 정리할 수 있다. 첫째, 인공 도덕에의 경험적 접근과 규범적 접근의 고려가 필요하다. 둘째, 컴퓨터의 분석적 계산과 인간의 직관적 의사 결정에 대한 구분과 이해가 요구된다. 셋째, 인간의 판단과 컴퓨터의 결정은 아직까지 분명한 차이점을 내포하고 있다. 넷째, 뇌신경과학에서의 인간의 정서, 감정, 감성 해명에 대한 참고가 필요하다. 이를 토대로 AMA 개발에서 인간의 정서를 어떻게 실현할 것인가에 대한 논의가 요구된다.

결과적으로 AMA 개발은 '계산적 AI'와 '직관적 뇌'의 공생이라는 상보적 관점에서 접근할 필요가 있다. 인간과 기계가 서로의 능력을 강화하고 향상시키기 위해서는 상호 공생적으로 작동하는 방법에 대한 모색이 요구된다. 이것은 인간 정신과 점점 더 지능화되는 기계의 표준 파트너십을 근본적으로 향상하는 방법에 대한 논의로 이어질 것이다. 우리는 AI 발전이 인간의 성장과 번영으로 연계될 수 있는 방식으로의 변화를 도모할 새로운 '인간-기계 공생'을 상상할 수 있다.

12장.
Patricia Churchland의 양심 이론과
뇌신경과학적 양심론의 교육 시사점

I. 서론

2022 개정 도덕과 교육 과정은 총론에서 제시하고 있는 인간상인 '포용성과 창의성을 갖춘 주도적인 사람'을 가치와 도덕의 차원에서 뒷받침하는 것을 목적으로 삼으며, 도덕과의 핵심 질문으로 '어떻게 살 것인가'(교육부, 2022: 3)를 제시하고 있다. 그런데 여기서 '어떻게 살 것인가'의 문제는 인간의 삶에서 선택 및 행위의 문제와 직결된다. 양심은 인간의 선택과 행위에 영향을 주며 우리의 도덕적인 판단 기준으로 작용하기도 한다. 이 때문에 양심은 우리가 도덕적인 삶을 살아가는 데 필수적인 역할을 하며, 자기 존중, 타인 존중, 그리고 사회적 책임감을 고려하여 행동하는 데 큰 영향력을 행사한다. 다시 말해 우리는 삶에서 결정이나 행동과 관련된 문제를 주로 '양심'에 따라 평가하

는 경향이 있다. 인간에게 있어 양심은 판단, 선택, 행위의 기준이 되며 우리가 도덕적인 지각을 하고, 올바른 행동과 부적절한 행동 사이를 구분할 수 있게 한다. 이 점에서 양심은 도덕적인 삶을 살기 위한 기본적인 요소 중 하나라고 할 수 있으며 도덕성과도 밀접하다. 많은 사람들이 자신의 양심을 기반으로 타인을 존중하며 의무를 수행하고 사회적 책임을 다하는 도덕적인 삶을 살아간다.

양심은 초등학생들에게도 중요한 의미를 갖는다. 그것은 초등학생들이 자신의 양심에 따라 도덕적 판단과 의사 결정, 윤리적 행동을 하게 되기 때문이다. 양심의 형성과 발달은 초등학생들이 윤리적이고 도덕적으로 성숙한 사람으로 성장하기 위한 필수적 과정이라 할 수 있다. 일반적으로 초등학생 시기는 도덕적 가치와 행동의 기초를 형성하는 중요한 시기이다. 도덕적 발달은 양심의 형성과 함께 이루어지며 양심은 이들에게 있어 핵심적이고 내면적인 도덕적 지표가 된다. 특히 현재 인공지능의 설계 및 개발과 사용이 개인의 도덕적 가치와 밀접한 연관을 가지게 되기에 초등학생들을 위한 양심 교육은 그 어느 때보다 중요한 주제로 부각된다. 양심 교육은 초등학생들이 미래 사회에서 기술의 사용과 혁신에 대한 책임을 가지며, 다양한 윤리적 고려 사항을 인식하고 해결하는 데 도움을 줄 것이다. 그러나 양심의 형성 및 발달이 어떻게 이루어지는가와 어떤 요인들이 이에 영향을 미치는가에 대한 이해는 아직 교육 현장에서 부족한 실정이다.

한편, 패트리샤 처칠랜드(Patricia Churchland)는 도덕과학에 대한 명확하고 독특하며 강력한 시각을 제시한 것으로 평가받는데(Mikhail, 2013), 그녀는 『양심: 도덕적 직관의 기원(Conscience: The Origins of Moral Intuition, 2019)』이라는 저서를 통해 '양심' 형성의 근원을 뇌신경과학 차원에서 분석적, 체계적, 실증적으로 다루었다. 뇌신경과학은 양심과 관련된 신경 회로를 탐구함으로써 양심의 형성과 작용 메커니즘을 이해하는 데 도움을 준다. 도덕 교육에 있어 양심에 대한 뇌신경과학적 차원의 해명은 몇 가지 의의를 갖는다. 첫째, 양심의 형성과 작동 및 작용 메커니즘 이해는 도덕적 판단 및 정서와 행위를 깊이 파악하고 설명하게 한다. 둘째, 양심에 대한 뇌신경과학적 차원의 해명은 도덕 교육을 과학적이고 객관적으로 신뢰할 수 있는 영역으로 강화한다. 셋째, 뇌신경과학적 차원의 양심 설명은 도덕 교육의 효과적인 전략과 방법론을 개발하는 데 일조할 수 있다. 넷째, 인간 본성에 대한 철학적 이해에 더해 뇌신경과학적 차원의 이해를 덧입힌다.

따라서 본 글의 목적은 패트리샤 처칠랜드[1]의 양심 이론을 비판적인 시각에서 검토하고 이를 기반으로 초등학생들의 양심 형성에 대한 뇌신경과학적 이해를 촉진하는 것이다. 더불어 그녀의 이해에 기초하여 양심 발달에 영향을 미치는 다양한 요인들을 뇌신경과학적 차원에서 탐색하고, 초등학생들의 올바른 양심 형성을 촉진하기 위한 효과적인 교육적 전략과 접근 방법을 모색한다. 궁극적으로 이번 장은 패트

---

1   라스트 네임인 처칠랜드라고 지칭하는 것이 통상적이나, 패트리샤 처칠랜드의 남편이자 그녀와 같이 신경철학 분야의 주요 학자인 폴 처칠랜드와의 혼동을 피하기 위해 이후 논의에는 패트리샤로 기재하고자 한다.

리샤의 양심 이론에 기초하여 초등학교 도덕 교육의 방향과 과제에 대한 논의를 다룬다. 구체적으로는 양심의 개념, 패트리샤의 양심 이해와 이에 대한 비판, 초등학교 도덕 교육 현장에서의 올바른 양심 형성과 발달을 위한 과제와 방안을 탐구한다.

II. 양심과 초등학생

1. 초등학생과 양심 교육

양심은 인간 마음의 한 측면으로서, 옳은 행동과 그릇된 행동 사이에서의 도덕적 판단을 수행하며, 또한 행동의 통제, 평가, 실행에 책임을 진다. 양심은 자기 규제의 등장과 유지에 책임 있는 내면의 인도 체계로 비교적 점진적으로 등장한다. 양심은 어린아이들이 일관성 있는 내부 기준을 구축하고 이에 따라 행동하는 데 영향을 주는 인지, 감정 등으로 구성되기에 개인 내면에 존재하는 도덕적인 판단과 행동을 지시하는 내부적인 지표가 된다. 또한 발달심리학에서 양심은 도덕적 발달과 밀접하다는 점에서 도덕 발달, 도덕성과 깊이 연관된다. 이 때문에 초등학생의 양심 발달은 그들의 올바른 내적 규제의 형성 차원에서 중대한 의미를 갖는다.

양심의 구성 요소는 무엇이며 초등학생들의 양심 발달은 어떻게 이루어지는가. 코안스카(G. Kochanska)와 악산(N. Aksan)의 양심과 자기 규제에 대한 연구는 양심의 두 가지 주요 구성 요소로서 죄책감이나 위반 이후의 불편함 같은 '도덕적 감정'과 규칙이나 기준과 일치하는 '도덕적 행동'을 제안하였다. 그리고 이들은 생물학적으로 기인한 기질과 가족에서의 사회화가 개인 간의 도덕적 감정과 도덕적 행동의 차이를 예측하는 데 영향을 미친다고 설명하였다. 어린이의 양심 발달은 기질의 억제 체계인 공포감과 노력적 제어, 부모의 양육 스타일 및 부모와 자녀와의 관계 품질과 같은 사회화의 다양한 특징에 의해 형성된다. 주목할 점은 양심의 발달은 어린이의 기질적 개성과 가족에서의 사회화의 복잡한 상호작용에 의해 개인 간 차이가 나타난다는 것이다 (Kochanska & Aksan, 2006).

도덕성 성장에 대한 전통적인 접근 방식 즉, 피아제 및 콜버그에 의해 개척된 인지 발달 관점과 같은 접근 방식은 어린아이들을 자아 중심적이고 다른 사람들이 제공하는 인식과 제재에 반응하는 자기 이익 지향적 도덕주의자로 묘사하였다. 타인과의 좋은 관계를 유지하는 데 관심이 있는 연령이 더 높은 어린이와 윤리적인 프레임워크 내에서 도덕 문제를 고려하는 청소년들과 달리, 어린아이들의 도덕성은 보상이나 처벌 및 복종에 따라 이끌리는 권위주의적, 수단적 지향성으로 여겨졌다. 이와 관련하여 초기 아동기의 도덕성은 이후의 가치, 도덕성 및 관계와 명확하게 구분되었다. 그러나 발달과학자들은 초기 아동기의 사고와 추론에 대한 전통적인 결론을 재검토함과 동시에 도덕 이해에 새롭게 접근하였다. 어린아이들은 이제 자아 중심적으로만 여겨지지 않고, 대신 다른 사람들의 생각이나 감정 및 신념에 강한 관심을 갖고 있으며, 때로 추론의 세련성을 보여주는 것으로 이해되었다 (Thompson, Meyer & McGinley, 2006). 이러한 시각에서 양심의 두 가지 주요 구성 요소인 도덕적 감정과 도덕적 행동은 양심 형성에 중요한 기초가 된다. 또한 가족의 생물학적 기질과 사회화는 도덕적 감정과 도덕적 행동의 개인차를 예측하는 두 가지 주요 기제가 된다. 기질의 두 가지 억제 시스템인 두려움과 통제 그리고 부모의 징계 스타일과 부모와 자녀 관계의 질을 포함한 사회화의 여러 특징은 아동의 양심 형성의 주요 요인이다. 초기 양심은 중요한 초기 성격 체계로 일관성 있게 구성되며, 시간이 지남에 따라 상대적으로 안정적으로 변화한다.

아이들은 성인들의 부정적인 행동을 높은 수준으로 모방하는 경향이 있다. 경험 연구는 학생들의 양심과 동정심 측면이 반성적 교육 패러다임을 갖춘 인성 교육에 의해 영향을 받을 수 있다는 것을 보여주었다. 인성 교육과 반성적 교육 패러다임이 학생들의 양심에 71.5%, 학생들의 동정심에 69.1%로 유의하고 긍정적인 영향을 끼쳤다는 연구(Fitri, 2022)는 학교 현장에서 양심 교육의 중요성을 뒷받침한다. 양심이 인성과 도덕성의 기초가 된다는 점에서, 이러한 연구 결과는 학교가 모든 구성원의 참여를 기반하는 인성 교육의 강화를 통해 학생들의 태도와 행동 변화가 바람직한 방향으로 나아가도록 관리해야 함을 나타낸다.

더욱이 초등학교 도덕 교육의 주된 목적이 아동기 및 초기 청소년기 학생들의 도덕성 발달에 있다는 점에서 양심은 중요한 주제가 된다. 따라서 초등학교 도덕 교육에서 학생들의 양심 교육이 중요하고 필요한 이유를 다음과 같이 제시할 수 있다. 첫째, 초등학생은 도덕적 개발과 윤리적 가치 형성의 중요한 단계에 있다. 양심 교육은 도덕적인 판단력과 행동에 영향을 미치며, 초등학생의 도덕적 발달에 긍정적인 영향을 미칠 수 있다. 이러한 이유로 양심 교육은 초등학생들이 옳고 그름을 판단하고 도덕적 가치를 형성하는 데 기여할 수 있다. 둘째, 초등학생은 사회적인 규범과 공동체 참여의 개념을 이해하고 학습하는 단계에 있다. 양심 교육은 초등학생이 사회적 규범을 존중하고 지키며, 타인과의 상호작용에서 도덕적인 선택을 할 수 있는 역량을 기를 수 있도록 도와준다. 이를 통해 초등학생들은 공동체의 일원으로서 타인을 존중하고 책임감을 가지며 참여하고 협력할 수 있는 사회적 능력을 강화할 수 있다. 셋째, 초등학생은 자기 성찰과 성장을 위한 기회를 필요로 한다. 양심 교육은 초등학생들에게 자신을 돌아보고 행동에 대한 책임을 느낄 수 있는 기회를 제공한다. 이러한 이유로 양심 교육은 초등학생들이 자신의 행동과 가치에 대해 생각하고 성장할 수 있는 자기 발전의 기반을 마련할 수 있다.

2. 양심의 개념

양심적 병역 거부, 제도적 양심, 사상과 양심의 자유, 의사나 판사의 양심, 내부 고발 등 양심은 거의 모든 논쟁에서 등장한다. 그러나 우리는 정작 양심의 개념이나 중요성을 정확히 이해하는 데는 거의 주의를 기울이지 않는 듯하다. '양심'은 인간의 도덕적 행동과 관련된 개념으로, 인간이 어떠한 상황에서 옳고 그름을 판단하고 그에 따른 책임을 지는 것과 연관되어 있다. 이 때문에 다양한 철학적, 윤리적 전통에서 양심의 역할과 중요성이 강조되어 왔으며 이는 인성 교육, 도덕 교육에서도 중요한 주제 중 하나이다. 예를 들어, 양심은 법적, 도덕적 규범을 정당화하고 지지하는 데에 있어 핵심적인 역할을 하는 것으로 인식된다.

양심은 복잡한 현상이며, 그 본질과 기능에 대한 이해는 아직 진행 중이다. 양심은 철학, 신학, 심리학에서 연구의 주제였으며 최근에는 의학, 신경과학적 차원에서의 이해도 시도되고 있다. 철학자들은 양심의 본질과 기능에 대해 오랫동안 논쟁해 왔는데, 양심을 타고난 본능이라고 주장하기고 했고 양심이 사회화의 산물이라고 보는 시각도 있었다. 양심은 인간의 행위에서 도덕적 정당성에 관한 최후의 실천적 판단이라고 규정해볼 수 있으며, 흔히 '양심은 도덕적 시비에 관한 판단 능력'이라고 이해되기도 한다(진교훈 등, 2012).

양심은 개인이 자신의 행위가 옳은지 또는 그른지 판단하는 도덕적 의식이다. 서구 문명에서 양심의 개념적 어원을 고찰하면, 양심(良心)으로 번역되는 단어는 영어로 conscience, 프랑스어로 conscience, 독일어로 Gewissen 등이며, 이 개념어들은 모두 라틴어 conscientia에서 파생되어 변천된 것이다. 라틴어 conscientia는 con-(함께)과 sciens(알다)의 합성어로, '함께 알다'라는 뜻이다. 이 단어는 고대 그리스의 συν ειδησις(syneidesis)에 어원을 두고 있다(Montag, 2017). 쉬네이데시스는 도덕적 깨달음이나 자신의 도덕적 본성을 인식하는 것을 의미한다.

버틀러는 양심의 목소리는 수동적으로 들리는 신비한 신호가 아니라, 오히려 그에 상응하는 감정을 동반하는 우리 자신의 능동적이고 이성적인 판단에 대한 평결이라고 보았다(Akhtar, 2006). 밀은 양심이 우리가 생각하는 대로 우리의 의무를 이행하거나 위반하는 고의적이고 의지적인 행동에 대한 감정적 반응(Fuss, 1964)이라고 보았으며, 우리가 잘못을 저지르는 것을 막아주는 복잡한 감정의 집합이라고 간주하였다(Sulmasy, 2008).

칸트는 실천이성비판에서 양심을 우리 안에 있는 탁월한 판단력으로 보았는데, 이것은 또한 과거 행동에 대한 회개의 근거이기도 하다. 그것은 도덕적 감정에 의해 유발되는 고통스러운 감정이다. 그는 양심이 사회의 규범이나 법률에 의해 형성되는 것이 아니라 인간의 내면에 있는 도덕적 감각이라고 생각했기에 우리가 옳고 그름을 판단할 때 자기 내면의 목소리에 귀를 기울여야 한다고 보았다(Kant, 1788/2012).

양심은 지식이나 신념에 따라 행동할 필요성이나 성향을 확립하기에 우리가 할 수 있는 최선을 다할 때 성실성을 부여하는 반면, 이에 상응하는 내적 실패나 좌절에 죄책감을 느끼게 한다(Fuss, 1973). 양심은 우리가 내면적으로 느끼는 도덕적 의무나 규범 지키기에 대한 감각으로 이해되고, 도덕적 선택과 판단의 기초로서 역할을 한다. 이로써 양심은 도덕적 지식이나 신념을 적절한 도덕적 행동과 통합하거나 조화시키려는 성향을 구성한다.

양심에 대한 심리학적 이해는 양심이 개인의 심리적 과정과 관련이 있다고 보는 관점이다. 이러한 시각에서 양심은 개인의 심리적 과정, 감정, 동기, 가치관 등과 관련하여 형성되고 작용한다. 양심은 개인의 경험, 교육, 사회적 영향 등으로 형성되며 행동과 선택에 영향을 미친다. 프로이트는 양심을 영혼의 목소리로 보았다. 이는 초자아의 개념을 통해 예시되는데, 요컨대 근본적으로 이기적인 욕구가 대혼란을 일으키는 것을 막고 우리가 사회의 규칙을 위반하지 않도록 우리를 처벌하는, 일련의 비합리적이고 부정적인 감정의 작용이 양심이라는 뜻이다. 그는 양심의 제도는 근본적으로 먼저 부모의 비판 그리고 이후에는 사회의 비판의 구현체가 된다고 보았다. 이러한 과정은 처음에 외부로부터 온 금지나 장애물로부터 억제의 경향이 발전할 때 일어나는 것과 같은 것으로 반복된다(Rivkin & Ryan eds., 2004).

융은 양심의 형태를 인습 수준의 도덕성에 해당하는 도덕적 형태와 정신의 총체적인 중심으로서 자기의 요구를 따르는 윤리적 형태로 구분한다. 양심의 윤리적 형태는 도덕 규범이나 대중의 일반적인 요구를 넘어서는 것이 된다(윤영돈, 2011 재인용). 심리학에서 양심은 초기 발달 과정에서 부모와 다른 중요한 사람들과의 상호작용에 의해 형성되며 우리 자신의 내면 목소리와 우리의 행동에 대한 생각에 영향을 받는다. 양심은 심리적 현상으로 인지적, 감정적, 사회적 요인의 상호작용에서 발생한다.

호프만(Hoffman)은 다양한 시각을 통합하여 독창적인 노력을 통해 양심의 감정적 및 인지적 기반을 유기적으로 결합시킨 모델을 제안하였다. 어린 시절에 부모가 아동의 이타적인 행동을 유도하고 비사회적이거나 이기적인 충동을 억제하려고 시도하는 초기 교육 상황은 아동의 도덕적 규범이 형성되는 주요 맥락이다. 부모는 일반적으로 다양한 전략을 사용하는데, 권력 주장 및 애정의 철회와 같은 일부 방법은 아동의 동기 수준에 영향을 준다(Kochanska, 1993 재인용). 양심 형성에서 설득이나 설명은 아동의 행동 결과와 규범의 내용에 대한 정보적 메시지를 전달하게 된다.

한편, 신경생물학, 뇌신경과학 발달에 따른 신경과학적 양심 이해는 양심의 생물학적 기반이 되는 뇌의 작용과 연관된다. 이 견해에서 양심은 적어도 부분적으로 생물학적이며 뇌의 구조와 기능에 기반을 두고 있다. 즉, 신경과학적 연구는 양심의 형성과 작용에 관련된 뇌의 구조와 기능, 다시 말해 양심이 뇌의 어떤 부분에서 발생하는지 탐구한다. 예를 들면, 패트리샤는 신경과학 연구 결과가 양심이 생물학적 요인과 심리적 요인 모두가 작용하는 복잡한 현상임을 시사한다고 보았다(Churchland, 2011). 뇌신경과학의 관점에서 양심은 전두엽, 측두엽, 해마와 같은 뇌의 여러 영역에서 발생한다. 또한 양심은 스트레스 호르몬, 도파민, 세로토닌과 같은 신경 전달 물질에 의해서도 영향을 받는다.

역사적으로, 학자들은 다양한 학문적 기반에서 양심을 연구해왔다. 철학적으로 양심은 도덕적 의무와 연결되어 있다. 심리사회학적으로 양심은 문화와 사회 환경에 영향을 받는다. 진화론적으로 양심은 생물학적 발전과 관련이 있다. 뇌신경과학적으로 양심은 뇌의 발달이나 기능과 연관되며, 양심과 관련된 뇌 영역의 탐구가 가능하다. 내면의 자기 규제 시스템인 양심은 인지적, 정서적, 행동적 또는 집행적이라는 세 가지 주요 상호 연관된 메커니즘을 포함한다. 양심에 대한 철학적, 사회학적, 심리학적, 신경과학적 이해는 각각 다른 측면에서 양심의 본질과 기능을 탐구하며, 상호 보완적인 관점을 제공한다.

이러한 이해들은 양심의 복잡성을 이해하고 개인과 사회적 차원에서 양심을 촉진하고 발전시키기 위한 교육과 개인의 도덕적 발달에 기여할 수 있다. 그러나 이러한 양심에 대한 논의를 살펴볼 때, 양심의 본질과 작용 메커니즘을 다루는 다양한 이론들과 연계해 염두에 둘 점은 다음과 같다. 첫째, 양심의 정확한 기능 및 역할에 대한 공통된 합의가 아직 이루어지지 않았으며, 이것은 양심을 다른 관점에서 이해하려는 논의를 제한한다. 둘째, 양심의 형성과 발달 과정에 대한 이해가 부족하며, 특히 어린 시절의 경험이 양심의 형성에 어떤 영향을 미치는지에 대한 연구가 더 필요하다. 셋째, 양심과 도덕적 판단의 관계를 더 깊이 탐구할 필요가 있다. 양심이 도덕적 시비에 관한 판단 능력으로 이해되는 경우, 이러한 판단 능력이 어떻게 형성되며 발전하는지에 대한 연구가 필요하다. 넷째, 신경생물학적 관점에서 양심을 이해하고 탐구할 필요성이 있다. 양심이 뇌의 어떤 부분에서 발생하는지, 생물학적 기반은 어떤지, 뇌 구조와 기능과의 관련성은 어떠한지를 연구함으로써 양심에 대한 새로운 관점과 해석을 제공할 수 있기 때문이다. 이러한 점을 고려하여, 양심에 대한 논의를 신경생물학의 입장에서 탐구하고 발전시킬 필요성이 있다.

더욱이 게이지(Phineas Gage)나 엘리엇(Elliot)과 같은 임상 사례들이 제시한 증거는 뇌 조직에 손상이 있으면 개인의 성격과 도덕성에 영향을 미칠 수 있다는 이론을 확인하는 역할을 하였다. 이 때문에 뇌신경과학 측면에서의 양심 논의는 우리가 양심에 보다 과학적이고 본질적으로 다가가도록 이끈다. 뇌신경과학에서의 양심 논의로 대표적인 것은 패트리샤 처칠랜드(Patricia Churchland)의 양심에 대해 이해이다. 그녀의 양심 이론은 『양심: 도덕적 직관의 기원(Conscience: The Origins of Moral Intuition, 2019)』을 통해 확인할 수 있다.

III. 처칠랜드의 양심 이해

1. 패트리샤의 양심 개념과 기원의 해명[2]

가. 뇌의 구조적 차이

패트리샤의 양심의 이해에 앞서 우리가 살펴볼 것은 '사회적 뇌'로

---

2 이번 절의 내용은 『양심: 도덕적 직관의 기원』의 일부를 요약 및 발췌한 것이다.

서의 인간 두뇌에 대한 이해이다. 사회적 인지에 대한 많은 발달 신경 영상 연구가 전 세계의 여러 실험실에서 수행되었으며 내측 전전두엽 (medial prefrontal cortex, mPFC) 활동의 변화 방향은 이것과 현저한 일관성이 있다(Blakemore, 2012). 즉, 가장 늦게 성숙하는 뇌 영역 중 일부는 다른 사람의 사회적 신호를 인식, 이해 및 해석하는 영역의 네트워크인 사회적 뇌에서 발견된다. 사회적 인지의 이러한 복잡한 구성 요소에 관여하는 뇌 영역에는 배측 전전두엽(dorsomedial prefrontal cortex, dmPFC), 전대상피질(anterior cingulate cortex), 하전두회(inferior frontal gyrus), 후상측두엽 (posterior superior temporal sulcus), 전측두피질(anterior temporal cortex), 편도체 (amygdala) 및 전뇌섬엽(anterior insula)이 포함된다. 사회적 뇌 네트워크 내의 여러 영역은 다른 사람의 정신 상태, 감정 및 행동을 해석하는 능력인 정신화 즉, 멘탈라이징에 관여한다(Andrews, Ahmed & Blakemore, 2021). 또한 피질은 환경 특징을 인식하고 가치를 할당하는 시스템과 연결되어 있으며, 동기 부여, 가치 평가, 목표, 정서 등을 결정한다. 피질하 구조들인 기저핵은 양심과도 관련이 있는데, 동기 부여, 충동, 갈망, 수면 등을 조절한다. 사회적 지능은 피질의 기능뿐만 아니라 진화적으로 더 오래된 구조인 기저핵에도 의존한다. 피질의 전두부는 기저핵과 연결되어 접근과 회피에 대한 학습과 가치 판단을 지원하며, 충동 억제와 같은 역할을 한다. 이러한 능력은 인간이 본능적인 행동을 억제하고 자기 통제를 할 수 있도록 돕는다(Churchland, 2019).

인간의 피질 조직 안에는 mm³당 약 10만 개의 뉴런이 밀집되어 있다. 포유류에 있어 피질 회로의 현저한 특징 중 하나는 확장 가능인데, 생쥐의 경우 조그마한 피질을 가지고 있으며, 원숭이는 이에 비해 보다 더 많은 피질을 가지고 있고, 인간의 피질은 이들보다 훨씬 더 크다(Churchland, 2019).

뇌에서 생산한 오피오이드는 사회적 측면에서 고도로 발달한 동물들이 친족이나 친구들과 함께 있을 때 방출된다. 이것의 한 가지 효과는 통증 반응을 완화시키는 것으로, 내인성 카나비노이드와 오피오이드는 우리로 하여금 사회적 삶을 더 즐겁게 느끼게 하는 주요 원천이다. 우리가 배우자나 아기를 껴안을 때 얻는 즐거움은 해당 행동을 강화하는 내적인 보상 신호라 할 수 있다. 옥시토신을 예로 들면, 이것의 한 가지 두드러진 효과는 스트레스 반응의 감소이다. 친구들 사이에서 포옹하기와 같은 정서적 터치, 위로하기, 음식 나누기, 그룹 내 공격자에 대한 방어는 옥시토신의 농도를 높이는 반면, 스트레스 호르몬의 농도를 낮춘다. 이로 인해 불안감은 줄어들고 침착성은 늘어난다. 흥미로운 점은 사회적 상호작용을 관찰하는 것만으로도 뇌를 변화시킬 수 있다는 것이다. 고도로 사회화된 동물들에 있어 카나비노이드에 의해 지원받는 이러한 분비는 사회적 애착을 강화시키는 경향을 보인다. 그 결과 경계심과 불안감은 줄어들고, 신뢰와 안녕감은 증가하게 된다. 이러한 결과는 보상이라 할 수 있는데, 실제 보상 시스템은 행동의 반복을 강화하기 위해 반응한다. 우호적인 상태에서 신뢰와 협력이 촉진되고, 이 때문에 인간들 사이의 유대가 강화되었다. 이러한 방식으로 사회적 포유류는 더 배려하고 공유하는 경향을 가지게 되었다. 나아가 우리는 사랑하는 이들로부터 승인을 얻어내는 사회적 규범을 고수하려는 경향을 갖게 되었다(Churchland, 2019). 사회성이 발달한 포유류의 경우 털 손질하기, 껴안기, 그리고 먹이 공유하기와 같은 긍정적인 사회 활동을 할 때 뇌에서 옥시토신이 분비된다(Churchland, 2019).

뇌 구조와 호르몬의 이러한 작용은 생물학적, 뇌신경과학 차원에서의 인간에 대한 설명을 넘어 인간의 심리 사회적 측면과 도덕감이나 양심의 형성 및 작용과도 밀접하다. 그렇다면, 패트리샤가 제안하는 양심에 대한 이해는 무엇인가. 첫째, 양심의 기저로서 사회적 유대이다. 애착과 유대 결속을 위한 신경 접속은 사회성에 대한 동기 부여 및 정서적 플랫폼을 제공하며, 이는 사회적 실천, 도덕적 억제 및 규범에 대한 기반이 된다. 타인을 보살피는 플랫폼과 맞물려, 학습 메커니즘은 정서, 가치 그리고 복잡한 사회적 뇌 모델을 구축하는 경험에 반응한다. 습득한 보살핌 행동의 패턴이라 할 수 있는 습관과 규범은 우리가 타인에게 어떻게 행동해야 하는지에 대해 배우면서 발전하는 동안 형태를 갖추게 된다. 패트리샤는 이러한 보상 시스템이 '사회적 승인의 즐거움'과 '사회적 반대의 고통'을 함께 모방하면서 사회적 규범들을 내면화한다고 보았다(Churchland, 2019).

둘째, 뇌는 사회적 맥락에서 사회적 가치를 학습한다. 거짓말하는 것은 인정받지 못하지만, 차례를 기다리는 것은 인정받는다. 뇌는 인정받을 때 도파민 증가와 같은 큰 보상의 힘을 얻게 되며, 반대에 대해서는 세로토닌이 증가한다. 패트리샤는 이것이 양심을 구성하는 기본 수단이라고 보았다. 우리는 먼저 상황을 탐색한 다음 시도하는 바가 잘 되면 행위 단계를 반복하거나 그렇지 못할 경우, 그것을 수정한다. 강화 학습에서 유력하게 연관되는 뇌의 부위나 기관은 중격의지핵(nucleus accumbens), 복측 피개부(VTA) 그리고 전전두엽이다. 특히 전두엽 피질 영역에 좌우되는 자기 통제는 더 나은 장기 보상을 포기하게 만드는 즉각적 만족의 선택과 같은, 최적이 아닌 선택을 억제하는 데 중요하다. 규범의 내면화에는 복측 피개부, 중격의지핵이 관여하는데 이는 규범의 변경에도 작용한다(Churchland,, 2019).

셋째, 사회적 학습은 수많은 관찰과 모방 그리고 스스로 시도해 보는 행위를 수반한다. 아이들은 친절한 상호작용, 관대함, 따뜻함, 그리고 호의뿐만 아니라 그 반대되는 행위 스타일을 주의 깊게 지켜보고 선택한다. 어린이들은 가족과 친구들의 반응을 관찰하여 모델링하기도 한다. 한편, 모방과 협력은 우리를 기분 좋게 하며, 사회적 미소는 유아기부터 시작하여 어른이나 유아 모두에게 큰 보상을 준다. 사회적 존재인 인간에게 있어 공감적 반응은 다른 사람의 상황을 인지적으로 파악하는 능력, 어떤 상황에서 다른 사람의 관점을 취할 수 있는 능력, 그리고 다른 사람이 경험한 정서와 일치시키는 능력을 포함한 약화된 형태의 기능들로 구성된다. 표준적인 것이 무엇인가에 대한 우리의 경험은 우리의 기대를 지배하며, 보상 시스템은 이를 적절하게 조정하기 위해 작동한다. 우리 자신의 양심이 우리에게 요구하는 바는 우리의 사회성에 대한 본능에 달려 있지만, 동시에 이것은 우리가 사회 세계에서 성장하면서 배우는 것에도 달려 있다(Churchland, 2019).

넷째, 사이코패스는 양심이 부재한다. 이들은 반사회적, 행동적 문제를 일으킬 뿐만 아니라 죄책감이나 후회의 감정이 부족하고 다른 사람들과의 의미 있는 유대감이 결여되어 있으며, 심지어 그들에게 아주 큰 애정을 보여준 가족들에게조차도 동정심이나 공감의 결핍을 보인다. 이들은 병적인 거짓말쟁이이며, 도덕적 나침판도 없고, 타인의 친절함과 선함을 무자비하게 착취하면서 상당히 교묘하게 상황과 사람을 조종할 수 있다. 이러한 사이코패스의 형질은 점진적으로 발현된다. 한편, 사회적 문제 행동의 원인이 유전적 이유가 아닌 환경적이고 사회적인 것 때문이라고 예측한 사람들에 의해 선호되는 용어는 소시오패스이다. 뇌 영상 작업에서 사이코패스가 피질 및 피질하 구성 요소 모두를 포함하는 다소 광범위하고 복잡한 네트워크에 기능 장애를 가지고 있다는 것이 밝혀졌으며, 옥시토신 수용체에 대한 유전자의 이례적 코딩도 나타났다. 주목할 만한 사실은 후천적 사이코패스 형성에 기여하는 요인 중 하나가 영유아 시기에 경험하는 부모와의 유대감 결여라는 점이다. 어렸을 때 학대당했던 사람들은 뇌 영역에서 구조적인 이상이 있을 가능성이 크며, 일반인에 비해 조울증과 조현병을 포함한 다양한 정신적 병리에 대한 위험이 매우 높다(Churchland, 2019).

다섯째, 양심의 형성에서 도덕적 세심증(細心症) 또한 문제가 된다.

과도한 도덕적 행동에의 지나친 추구는 자기 파괴적일 수 있다. 도덕적 행동이 그 한계를 모를 때 그리고 제한되지 않을 때 그 행동은 세심증이라고 지칭된다. 세심증인 사람의 양심은 부도덕한 행위를 사실상 부당할 정도로 끊임없이 질책하는, 가차 없는 감독자이다. 사이코패스가 양심의 가책을 전혀 느끼지 않는다면, 반대로 세심증인 사람은 양심의 가책에 압도당하는 것이다(Churchland, 2019).

여섯째, 균형 잡힌 양심이 중요하다. 우리의 뇌는 우리가 우연히 가지게 된 기질, 성격 그리고 특정한 정서들의 혼합이나 선호와 목표 정도만 가지고, 삶이 주는 각양의 시련에 대응한다. 때때로 우리의 뇌는 스스로에 대해 골똘히 생각하고 반성하는 과정을 통해 결국 설정점으로 돌아가는 길을 찾는다. 우리의 뇌가 그러한 설정점을 가지게 된 이유는 전형적으로 우리가 사회성과 접속되어 있기 때문이다. 그러한 심리적 균형은 우리가 침착하게 계속 나아갈 수 있게끔 하는 도파민과 세로토닌과 같은 신경 조절 물질 간의 균형에 달려 있을 수 있다. 공정하거나 공평한 관찰자가 우리의 행위를 검토하는 것을 상상하듯이 우리 자신의 행위를 점검하려고 노력한다(Churchland, 2019).

일곱째, 양심은 우리 두뇌 안에 있는 뇌의 결과물이다. 양심은 신성한 존재가 사려 깊게 우리에게 맡겨 놓은 신학적 실체가 아닌 우리의 신경 회로망에 뿌리를 둔 뇌의 구성체이다. 양심은 시간이 지남에 따라 발달하며 인정과 불인정에 민감하다. 그것은 성찰 및 상상과 짝이 되며, 나쁜 습관, 나쁜 친구, 그리고 나르시시즘(narcissism)에 의해 뒤틀

려버릴 수 있다. 사이코패스의 사례에서 알 수 있듯이 모든 사람의 양심이 발달하는 것은 아니며, 때로 양심은 세심증과 같은 병적인 불안감의 노리개가 되기도 한다(Churchland, 2019).

여덟째, 인간의 양심 형성은 사례 기반 추론을 한다. 인간은 가까운 장래의 사례와 인생 초기 언젠가 마주쳤던 사례 사이의 유사성을 인식한다. 인정과 불인정이 자신의 그룹에서 사회적 관행을 배우게 하며, 그룹 내에서 잘 지내게 하는 강력한 동기 부여가 된다. 도덕성은 집단 내 개인들 사이에 결집력과 안녕을 촉진하기 위해 개인의 행동을 통제하는 공유된 태도와 관행들의 조합이다. 잘 지내는 법에 대한 사회적 관행들은 무엇을 해야 할지에 대한 결정에 포함되는 기대를 형성한다. 감정들은 전형적으로 모방뿐만 아니라 강화 학습이 생겨나는 사회 습관을 동반하며, 여기에는 보상 시스템의 요소들이 결부되어 있다. 어떤 계획이 아주 부정적인 평가를 받고 있든 아니면 약간 불만스러운 평가를 받든 간에 동일하고 근본적인 뇌의 메커니즘이 작동한다. 일단 학습되면 사회 규범은 피질하 구조뿐만 아니라 피질에서 끊임없이 발전하는 확장된 신경망의 일부가 된다. 가족, 친구, 부족과의 유대와 함께 기억, 언어, 상상은 신경망을 조절하고 형태를 창조한다. 사회적 포유류의 보상 시스템은 그러한 확신을 강화한다(Churchland, 2019).

아홉째, 뇌의 보상 시스템은 도덕적으로나 그 밖의 우리가 해야 하는 일에 대해 강력한 역할을 한다. 우리가 규칙 위반을 생각할 때 듣게 되는 양심의 소리는 우리의 보상 시스템이 '부정적 가치' 신호를 보내는 것이다. 어떤 선택에서 정당하다는 우리의 신념은 물리적 뇌와 연결되지 않는 가상의 '순수이성'에서 나오는 것이 아니다. 무엇을 우리 뇌가 적당한 규범이라고 내면화하였는지 다시 말해, 우리의 보상 시스템이 어디에 가치를 부여하는지와 어떤 제약이 지배하는지에 달려 있다. 그것은 뇌 전체의 기능이며 보상 시스템과 그 가치 할당은 결정적인 역할을 한다(Churchland, 2019).

간단히 요약하면, 패트리샤는 인간이 더 많은 뉴런을 가지고 있기 때문에 도덕적 양심을 창조해 낼 수 있다고 본다. 또한 그녀는 인간의 사회성은 침팬지와는 다르지만, 그녀가 도덕성 플랫폼이라고 부르는 문화적 규범의 습득을 지원하는 보상 시스템이 사회적인 포유류 사이에서 광범위하게 공유되는 것으로 보았다(Churchland, 2019). 그녀의 도덕적 행동과 그 도덕적 행동을 이끄는 양심에 대한 이해는 생물학적인 견해에 기초한다.

2. 비판적 논의와 시사점
가. 기여와 비판점

다윈(Charles Darwin)은 『The Descent of Man(1871)』에서 인간의 도덕적 행동이 다른 종의 사회적이고 애정적인 행동과 연속적으로 이어지며 사회의 협동성을 향상하기 위해 진화하였다고 보았고 도덕을 인간 본성의 일부로 이해하였다. 유아 대상 실험은 도덕적 이해가 생애 초기에 시작된다는 것을 보여주었는데, 원숭이 대상 연구는 도덕의 구성 요소를 나타내는 징후를 보였다. 최근 심리학자들은 추론 및 논리보다 빠르게 이루어지는 직관 혹은 직감적 판단을 제안한다. 인류는 이제 인간 도덕의 근원과 그를 지원하는 뇌 구조에 대한 새로운 이해로 전진하고 있다. 이러한 이유로 아동이 어떻게 도덕을 발달시키는지, 신경과학과 진화론이 우리 종에게서 도덕의 작동에 어떤 통찰력을 제공할 수 있는지 등이 탐구되었다(De Waal et al., 2014).

기억이나 언어와 같이 확립된 영역과 마찬가지로 도덕은 뇌 기능으로서 주목받을 가치가 있다. 주의력 결핍 및 과잉 행동 장애(Attention Deficit/Hyperactivity Disorder, ADHD) 연구는 도덕적 행동이 전두엽과 측두엽 구조 및 그들의 피질하 미세 조직 연결을 통해 지원된다는 주장을 제시하였다. 도덕의 신경 원점에 대한 더 나은 이해는 신경학자들이 획득적, 신경학적 손상 이후의 정상적인 행동을 다루는 데 도움을 준다. 뿐만 아니라, 도덕적 결핍이 기능 장애성 뇌로부터 비롯될 수 있다는 점을 고려하면서 사회가 뇌 건강을 촉진하고 뇌 질환을 예방하도록 돕는다(Filley, Kletenik, & Churchland, 2020).

패트리샤는 『Braintrust: What Neuroscience Tells Us about Morality(2011)』에서 생물학의 발전을 종합하여 설명한 바 있다. 그녀는 이 책에서 인간 도덕성의 본질에 대한 탐구에 초점을 맞추었다. 특히 그녀는 사회적 및 도덕적 행동에 대한 진화, 옥시토신과 같은 호르몬과 함께 포유동물 뇌의 발전, 인간 협력의 신경생물학적 기반으로서 옥시토신, 도덕 인식의 유전적 청사진 및 전문적 도덕 모듈의 근거,

거울 뉴런 및 기타 정신 상태 추론의 신경 인지 기제, 자연주의 윤리에 있어 규칙, 규범 및 법의 적절한 위치, 종교와 도덕 등의 복잡한 주제를 다루었다. 그녀의 주요 논제는 돌봄, 신뢰 및 협력의 신경생물학에 도덕과 사회적 가치가 뿌리를 두었다는 것이며, 이는 과학자와 철학자 모두에 의해 진지하게 받아들여져야 할 가치가 있다(Mikhail, 2013).

패트리샤는 어머니와 아이 사이의 근본적인 유대에 집중했는데 이 관계는 진화적인 시간을 거쳐 배우자, 더 먼 친척, 친구들에게까지 확장되었다고 주장한다. 양심은 이러한 유대를 유지하고 혜택을 얻는 데 필수적이다. 그녀는 "유대는 돌봄을 낳고, 돌봄은 양심을 낳는다."라고 주장하였다. 우리의 양심은 사회적 자극에 의해 강화되는데, 예를 들어 우리는 거짓말에 대해 비난을 받고, 예의 바른 행동에 대해 승인을 얻는다. 따라서 그녀의 관점에서 양심은 '공동체 기준의 내면화'를 포함한다. 그러나 양심에 대한 헌신이 항상 좋은 것만은 아니다. 예를 들면, 우리는 양심의 이름으로 교회에 폭탄을 터뜨리는 극단주의자들에게 혐오감을 느낀다. 한편, 패트리샤는 도덕적인 규칙이 생물학과 완전히 분리되어 이성에만 기반을 둘 수 있다고 믿는 도덕철학자들과 같은 사람들을 비판하였다(Christakis, 2019). 그녀는 우리가 사회의 모든 구성원에게 동일한 애정을 갖지 않는다는 점도 지적한다. 우리는 자신의 그룹, 친구, 가족을 더 선호한다. 그녀가 주장한 바대로 대다수의 사람에게 있어 자신의 가족 구성원을 사랑하는 것은 단순한 이데올로기로 제거할 수 없는 신경생물학적, 심리학적 사실이다. 우리는 알지 못하는 사람보다 알고 있는 사람에게 더 깊이 신경을 쓰도록 진화하였다. 그녀의 이러한 논리는 도덕적 규칙을 단순히 철학적 논리에 의해 이끌리는 것으로 간주하고, 이를 현실과 분리해 독립적이고 절대적인 것으로 만들 수 있다고 믿는 사람들에게는 극복하기 어려운 것으로 보인다.

양심의 문제에 있어 패트리샤가 언급한 대로, 양심이 뇌에 구현되고 자연선택에 의해 형성되는 많은 측면들은 아직 알려지지 않았다. 하지만 그녀는 『양심: 도덕적 직관의 기원(Conscience: The Origins of Moral Intuition, 2019)』에서 실증적, 과학적, 분석적인 시각에서 양심과 도덕적 행동의 뇌 기반을 탐구하고 사회적, 신경학적, 철학적 관점을 결합하여 도덕에 대한 광범위한 관점을 제시하였다. 이 책은 양심의 본질과 기능에 대한 탐구이며, 그녀는 양심을 '옳고 그름에 대한 내적 감각'이라고 정의하고, 양심이 개인의 도덕적 판단과 행동을 형성하는 데 중요한 역할을 한다고 강조한다. 양심의 근원에 대한 실증적이며 생물학적인 탐구는 도덕에 대한 우리의 기존 관념에 강하게 도전한다. 패트리샤는 과학을 일부 이해하지 않으면, 인간 도덕 가치의 본질과 기원을 밝혀낼 수 없다고 확신하고 있다. 이 일반적인 측면에서 그녀는 옳아 보이며 설득력 있는 주장을 제시한다(Mikhail, 2013). 패트리샤의 주장은 많은 학자들로부터 찬사를 받았지만, 한편 이에 대한 비판도 존재한다.

먼저, 인간이 도덕적 양심을 창조하는 것은 우리의 뇌에 그저 더 많은 뉴런이 있기 때문(Churchland, 2019)이라는 견해에 대한 것이다. 패트리샤는 우리가 고급 수학을 하고 교향곡을 작곡할 때 약 860억 개의 뉴런이 어떻게 함께 작동하는지까지는 알려져 있지 않지만, 각 뉴런이 다른 뉴런과 약 1만 개의 연결을 만들 것이라는 사실은 지수적인 결과를 쉽게 시사한다고 말한다. 덧붙여 그녀는 인간 뇌에 예술 또는 도덕적 양심을 만드는 비밀 구조는 없으나, 우리 뇌는 다른 종에 비해 더 많은 뉴런이 있다는 점을 강조한다. 이러한 기술에 대한 반박이 없지 않다. 예를 들어, 수자나(Suzana Herculano-Housel)는 과도하게 발달한 인간 대뇌피질이 모든 뇌 뉴런의 19%만을 가지고 있다는 사실을 지적하며, 이는 다른 포유류에서 발견되는 비율과 유사하다고 언급하였다(Tobias & Morrison, 2021).

다음은 패트리샤의 양심에 대한 신경철학적 관점에 대한 것이다. 주류 서양 철학은 경험 중심적인 성향이 상당히 희박하다. 반면, 그녀의 신경철학은 이러한 지향성과는 큰 차이를 보인다. 그녀는 현대 주류 분석 철학과 심지어 이미 존재하는 자연주의 철학의 대부분의 가정과 원리에 도전하는 것으로 알려져 있다. 신경철학의 창시자이자 주요 인물로 간주되는 인물은 패트리샤 처칠랜드와 폴 처칠랜드로, 이 용어는 신경생물학이나 신경화학과 유사한 창작품이었다. 신경철학은 우리가 '마음'이라고 부르는 것이 사실상 뇌 활동의 수준이라는 가설을 받아들인다. 이 가설의 부수적인 내용은 우리가 조직의 모든 수준에서 뇌를 연구함으로써 정신 기능의 실제에 대해 많은 것을 배울 수 있다는 것이다. 그러나 최근까지 많은 철학자들은 중요한 정신 기능 영역은 경험적 과학의 도구를 사용하여 다룰 수 없다고 믿는 것을 선호해 왔다. 하지만 인식, 자유의지, 지식의 본질을 포함한 많은 주제에서 심리학과 신경과학의 상호진화적인 발전으로 인해 이러한 신념들이 업데이트되어야 할 필요성이 대두되었다. 그럼에도 불구하고, 마음과 뇌의 연결에 있어 아직 해결되지 않은 대규모의 문제들이 있으며, 상당한 이론적 혁신을 요구한다. 이 때문에 비판자들은 신경철학은 가설이며, 그러므로 절대적인 철학적 확신으로 제시되지 않는다고 본다. 비판자들은 패트리샤가 '정신적 과정은 사실상 뇌 과정이다'라고 주장한다면, 마음을 이해하기 위해서는 뇌를 이해하는 것만으로도 충분하다는 명제에 동의하는 것이 된다고 강조한다. 이는 뇌를 이해하는 것이 마음을 이해하는 데 필요한 것일 뿐만 아니라 충분한 것임을 시사할 수 있다는 점을 포함한다(Tümkaya, 2021).

비판에도 불구하고, 패트리샤의 신경철학과 뇌신경과학 기반의 양심 이해는 양심의 본질과 기능에 중요한 통찰력을 제공한다. 그녀는 양심을 다양한 관점에서 탐구하며 긍정적인 측면과 부정적인 측면을 모두 고려하고 있다. 그러므로 그녀의 주장은 양심에 대한 우리의 이해를 높이고, 양심을 더 나은 방향으로 발전시키는 데 도움을 줄 것이다. 이는 초등학교 도덕 교육 현장에도 마찬가지라 생각된다.

나. 시사점

진화생물학에서는 도덕적 논의 자체가 사회적인 기능을 가지며, 이는 논의되는 주제나 추상적인 도덕 '옳음'과는 관계없이 그룹을 결속시키는 역할을 한다고 주장한다. 우리의 많은 도덕적 규칙들, 예를 들어 친구를 배신하지 말아야 한다거나, 아이들을 버리지 말아야 한다는 개념은 분명히 집단에서 살아가는 우리의 능력을 최적화하기 위해 자연선택에 의해 형성되었다. 상호성에 관한 규칙과 같은 다른 규칙들도 상황은 유사하다. 패트리샤는 '우리가 사회적이지 않다면 어떤 문제에 대해서도 도덕적인 입장을 가질 수 없을 것이다.'라고 주장한다. 또한 우리가 어떤 양심을 가지고 있다는 것은 진화가 우리의 신경생물학을 사회적인 생활에 맞게 형성했기 때문이라고 본다. 따라서 우리는 옳고 그름을 판단할 때, 일반적인 방향으로 우리를 격려하는 감정과 그 감정을 행동으로 이끄는 판단을 사용하게 된다. 이러한 판단은 일반적으로 '개인이 소속감을 느끼는 집단의 기준'을 반영한다. 이와 같은 양심 개념은 엄격한 철학적 설명과는 달리 우리가 옳고 그름을 구별하는 방법과 그 이유에 대한 신경생물학적 능력으로서의 특성을 갖추고 있다고 본다. 우리는 이를 통해 다음과 같은 시사점을 찾을 수 있다.

첫째, 옥시토신 연구에 대한 신중한 검토 요구에 대한 것이다. 월럼과 영 등은 비강 내 옥시토신 연구는 일반적으로 검정력(檢定力)이 부족하다는 점을 지적한 바 있다(Walum, Waldman, & Young, 2016). 패트리샤 또한 이들의 견해를 적극 수용하며, 비강 내 옥시토신이 인간의 사회적 행동에 많은 영향을 미친다는 주목할 만한 보고서들을 건전한 회의론을 가지고 주의 깊게 살펴볼 필요가 있다고 제안한다.

둘째, 양심에 대한 이해가 양심 형성, 인간 행동, 의사 결정을 이해하는 데 중요한 역할을 한다는 인식이다. 양심은 생리적인 뇌 활동과 더불어 개인이 경험하는 사회적, 문화적, 윤리적 배경을 고려하여 형성된다. 이 때문에 패트리샤는 도덕 교육이 어린이들에게 규칙과 규정을 가르치는 것에만 집중해서는 안 되며, 어린이가 도덕적 의사 결정에 필요한 인지적, 정서적, 사회적 기술을 개발하도록 돕는 데 중점을 두어야 한다고 제안한다(Churchland, 2019). 이로써 인간 양심의 발달에 대한 보다 실제적, 분석적, 현실적인 접근을 돕는다.

셋째, 패트리샤는 양심에의 헌신이 무조건적으로 항상 좋은 것은 아님을 간파하고 있다. 그녀는 양심의 부재뿐만 아니라 도덕적 규칙을 지나치게 엄격하게 따르는 사람들에게서 나타나는 양심 과잉에 대해서도 비판적인 시각으로 설명한다. 이러한 그녀의 양심 이론은 초등 도덕 교육에서 양심의 형성과 균형 있는 발전 그리고 이를 위한 교육적 노력을 설계하는 데 도움이 된다.

넷째, 도덕 교육 접근에서의 편향적 시각의 극복과 도덕 영역의 고유성에 대한 이해이다. 패트리샤는 생물학과 완전히 분리되어 이성에만 근거한 토대를 가진 도덕적 규칙을 믿는 도덕철학자들을 비판한다. 그녀는 대다수의 도덕철학자들은 생물학이 인간 도덕성에 대한 본성에 대해 무엇인가 알려줄 것이라는 아이디어를 단호하게 거부하고 있지만, 도덕적 의사 결정에 있어 생물학이 중요한 역할을 인식할 필요가 있다고 조언한다. 그녀는 도덕성을 별세계의 것이 아닌 인간 본성의 일부로 여긴다. 다시 말해, 도덕적 규칙이 실생활과 별개로 도덕적 추론에만 근거하여, 철학적 논리에 의해 단순히 주도되는 절대적인 것으로 제시될 수 있는 것인가에 대해 의문을 제기한다(Christakis, 2019). 예를 들면, 패트리샤는 자신의 양심이 단지 20명의 고아를 돌보기 위해 자신의 두 아이를 방치하지는 않을 것이라는 점을 단연코 알고 있으며, 자기 가족에 대한 사랑은 단순한 이념만으로 소거되기를 바랄 수 없는 엄청난 신경생물학적 그리고 심리학적 사실이라고 기술한다. 또한 도덕 판단은 수학 판단과는 다르다는 점도 지적한다(Churchland, 2019).

IV. 초등 도덕 교육의 과제와 방향

1. 과제와 의미

ChatGPT, Bard AI, Bing 등은 AI 시대 아이들에게 친숙한 용어들이다. 인공지능 시대 기술의 확장은 과거에는 예기치 못했던 많은 윤리적 문제들을 야기한다. 예를 들어, 얼굴 인식 기술의 발전으로 개인의 사생활 침해와 인종, 성별에 따른 편견을 갖는 알고리즘의 문제가 두드러지게 되었으며, 자율 주행 자동차의 등장은 어떤 우선순위로 사고를 회피할지와 관련된 도덕적 고민을 안겨주고 있다. 또한 인공지능 로봇은 인간과 상호작용하며 윤리적인 문제를 제기할 수 있다. 따라서 알고리즘의 투명성과 편향에 대한 이해를 촉구하고, 공평하고 도덕적인 인공지능 시스템을 개발하고 사용하도록 하는 것이 학생 교육에서 요구된다. 특히 이것은 가치의 문제와 직결되기에 도덕 교육을 통해 이루어질 필요가 있다. 초등 도덕 교육에서도 학생들이 인공지능과 연관된 윤리적 문제에서 올바른 결정을 내리는 능력을 갖추도록 할 것이 요청된다. 이로 인해 초등학교 학생들의 양심 발달, 도덕적, 사회적 발달에 대한 고려가 필요하다.

초등학교는 아이들이 마주하는 공식적인 사회로, 학생들은 학교에서 자신과 다른 사고방식 및 생활 환경을 가진 타인과 관계를 맺는다. 초등학교에 입학 후 아이들은 또래 아이들과 친분을 맺기 시작한다. 이들의 상호작용은 놀이 중에 갈등을 해결하는 동안 부정적인 영향을 줄이고 긍정적인 효과를 유지하는 데 중점을 두고 이루어지기도 한다. 아이들은 도덕적 규칙과 관습을 이해하기 시작하고 죄책감, 수치심, 공감과 같은 복잡한 정서를 경험한다. 다른 사람의 독특한 정서적 관점에 대한 이해와 마찬가지로, 원활한 또래와의 상호작용을 위한 정서 조절도 점차 성숙한다. 사회 정서 발달의 경우, 자기 또는 타인과의 관계나 애착 발달과 연관되고 부모와의 유대감에서 시작되며 형제, 친구와의 연대를 통해 확장된다.

우리나라에서 초등학교 학생 연령은 대체로 7~12세이며, 아이들은 6~8세에 초등학교에 입학하여 12~13세 정도에 졸업한다. 이 점에서 초등학생들의 연령 범위는 비교적 다양한 연령별 특성을 갖는다. 학자마다 다소 상이하나, 일반적으로 아동기는 6~10세, 초기 청소년기는 11~14세 연령으로 간주되기에 초등학교 저학년은 아동기, 고학년은 초기 청소년기에 해당한다. 아동 및 청소년의 발달 단계에는 각 연령별 성공을 결정하는 고유한 정서적, 인지적, 사회적 과업이 있다. 특히 고학년인 청소년 초기는 아동기와 청소년기의 과도기 단계이며 일반적 특징은 다음과 같다.

첫째, 급격한 신체적인 변화로 감정적인 돌발 행동이 자주 나타난다. 10대 시기에는 뇌 신경 연결이 활발하게 진행되며, 그중에서도 뇌의 인지 제어 시스템에 가장 많은 변화를 겪는다. 뇌의 제어 시스템에는 내부 통제, 계획 수립, 타인의 관점 수용, 사회적 감정 이해 등 다양한 영역이 연관되어 있기에 이 부분의 시스템이 충분히 발달하지 않을 경우, 감정 시스템의 활동이 앞서게 되고 이로 인해 감정적이고 돌발적인 행동을 하게 된다(박형빈, 2022).

둘째, 신체적, 정서적 변화뿐만 아니라 독립성, 자기 인식 및 사회적 발달이 급격히 증가한다. 초등학교 고학년 학생들은 자신의 정체성을 탐구하고 가치관과 신념을 발전시키며 또래와의 관계를 보다 세련되게 형성한다. 최근 생물학 분야의 혁신적 발전으로 청소년기의 뇌 발달 속도의 차이, 변연계 회로의 빠른 변화, 상대적으로 느린 뇌의 진행으로 인한 청소년기의 감정과 사고 능력의 불균형을 설명할 수 있게 되었다. 초기 청소년기는 많은 신체적, 심리적 변화를 유발한다(Calandri, Graziano, Testa, Cattelino & Begotti, 2019). 정체성을 확립하고 2차적 분리와 개성화를 달성하는 것도 주요 발전 과제이다.

셋째, 청소년기는 엄청난 사회적, 정서적 성장의 시기로 유아기 이후 가장 중요한 뇌 변화를 경험한다. 뇌 영상 연구는 두뇌의 뉴런 사이의 연결이나 감소가 사춘기 동안 급속히 증가함을 입증한다. 사춘기는 청소년이 극적인 신체적, 호르몬 및 뇌 변화의 시기를 겪게 하며, 이는 그들의 행동 방식에도 영향을 미친다. 예를 들어 사춘기 때의 청소년은 뇌의 감정 처리 및 보상 구조의 발달로 인해 자신의 사회적 지위 및 외모에 대한 단서를 포함하여 사회적 피드백 및 사회적 관계에 점점 더 민감해진다. 많은 학생들이 이러한 변화로 위험한 행동, 기분 변화, 불안과 우울증에 대한 취약성을 갖게 될 수 있다(Hagan, Sánchez, Cascarino & White, 2019). 빈번한 감정적 변화로 침울함, 정서적 변동성 증가, 자의식 고조와 같은 다양하고 강렬한 감정을 경험하기도 한다.

전체적으로 볼 때, 초등학생 시기는 학생들이 인생에서 중요한 변화와 과도기를 경험하는 시기이며, 발달 단계를 탐색하고 다양한 신체적, 정서적, 인지적, 사회적 발달과 변화를 겪는 시기이자 감정적으로 매우 민감한 시기이다. 뿐만 아니라 양심, 도덕성과 같은 내적인 가치 체계가 형성되고 이것이 안정적으로 유지되는 중요한 시기이다. 이 때문에 초등학교 학생들에 대한 교육적 접근은 이들의 정서적, 사회적 측면에 보다 관심을 기울일 필요가 있다.

그렇다면, 패트리샤의 뇌신경과학 측면에서의 양심 이해에서 추출할 수 있는 초등학교 도덕과 교육에서 유념할 과제는 무엇이며, 이를 통한 초등 도덕 교육의 방향은 어떻게 제시될 수 있는가.

첫째, 현행 교육 과정의 이론 기반에 대한 확인과 이에 대한 보완이다. 기존의 주요 토대였던 철학, 윤리학, 사회학, 심리학에 더하여 신경과학, 정신의학, 신경생물학 등에도 관심을 기울일 필요가 있다. 그러나 현재 2022 개정 도덕과 교육 과정의 이론적 기반은 주로 철학, 윤리학에 그 토대를 두고 있다. 대표적으로는 브루너(J. Bruner) 지식의 구조론, 위긴스와 맥타이(Wiggins & McTighe)의 이해 중심 교육 과정, 듀이(J. Dewey)의 교변 작용(transaction)과 역량 상승 작용이다(이경원 등, 2023).

둘째, 도덕 판단의 훈련에서 요구되는 다양한 사항들에 대한 검토이다. 패트리샤는 현실에서의 의사 결정은 전형적으로 제약이 충족되는 과정이라고 설명하며, 육체적 선택이든 사회적 선택이든 간에 개인이 어떤 선택에 직면했을 때, 우리의 뇌가 많은 제약을 통합하여 무엇을 해야 하는지에 대한 결론에 도달하게 된다고 말한다. 일부 관련 제약들은 다양한 선택의 결과에 대한 예측과 더불어 관찰 가능한 상황에 대한 사실들로 인해 발생한다. 여기서 일부는 나의 선택에 따라 다른 사람들에게 영향을 미치는 사실로서, 그들의 현재 및 예상되는 마음 상태와 이 상황에서 사회적으로 규범적인 것이 될 수 있는 사실을 이른다(Churchland, 2019). 이는 도덕적 선택과 판단의 교육 환경에서 학생들이 보다 많은 제약을 어떻게 효과적으로 다루게 할 것인가에 대한 고민이 교육 방법에 포함되어야 함을 의미한다.

셋째, 보상 학습이 도덕성 발달 및 양심 형성에 미치는 영향에 대한 인식과 이의 교육 실제에서의 활용이다. 패트리샤는 보상 학습의 기본 메커니즘이 인간의 양심의 형성과 발달에 기여한다고 보았다. 초등학교 현장에서 아이들의 도덕적 행위에 대한 지속적이고 적절하며 일관성 있는 피드백은 매우 중요하며 이는 교사들이 간과해서는 안 되는 사항이다.

넷째, 보편성과 특수성에 대한 균형 잡힌 이해와 고려이다. 패트리샤는 공동체 기준의 내면화, 옳고 그름에 대한 내적 감각 등을 통해 양심을 설명한다. 우리는 그녀의 양심 개념이 집단이나 문화와 같은 공동체에 따라 달라지는 측면이 있음을 인지할 필요가 있다. 그럼에도 불구하고, 양심은 보편성을 추구해야 하며 그녀가 제안하듯이 끊임없이 설정점을 찾아가고자 하는 성찰, 숙고, 반성, 비판의 자세가 요구된다.

다섯째, 인간이 지닌 내집단 편향에 대한 극복과 타인의 이익 고려에 대한 인식의 중요성이다. 인간의 생물학적이고 진화적 본성을 상기할 때, 우리는 누구나 나와 나의 가족을 너와 다른 이들보다 우선시하는 경향이 있다. 이것은 자연스러운 현상이지만 때로 우리가 극복해야 할 것이기도 하다. 이에 대한 균형점을 찾는 깊은 고민이 교육 현장에 필요하다.

여섯째, 현실적 삶과 가상의 삶 안에서의 양심의 일관성 유지를 위한 고민이다. 인공지능 시대 아이들은 자칫 실제 삶 속에서의 양심의 형성과 작용과는 별개로 가상 공간에서 또 다른 유형의 양심을 형성할 수 있다. 이는 도덕적 기준의 이중 잣대를 만들게 할 수 있으며 혼재된 도덕적 정체성을 구성하게 할 수 있다. 이러한 점은 최근의 사회적 상황을 고려할 때 더욱 주의를 기울여야 할 부분이다.

2. 방향

패트리샤도 강조했듯이 완벽하지는 않더라도 존경할 만한 사람의 행동을 모델링하는 것은 인간 발달에 있어 전형적인 특징이다. 아이들은 주변의 사람들, 특히 영향력 있는 사람들을 보고 배운다. 이 때문에 초등학교 학생들이 다른 사람들을 본으로 삼을 때, 카리스마 있는 유명 인사들이 악당이나 사기꾼들 또는 소아성애자가 아니어야 함은 명백히 중요하다.

또한 궁극적으로 공명정대한 관찰자의 판단을 시뮬레이션하는 방법은 아이들의 제2의 본성이 되며, 시뮬레이션하는 데 필요한 노력은 점차 줄어들게 된다. 이러한 과정을 통해 아이들은 의사 결정 과정에서 무의식적인 부분으로서 공평한 판단을 내재화하게 된다. 이러한 것들이 양심 형성 과정의 대략적 그림이라 할 수 있다.

패트리샤는 이를 뇌신경과학적으로 설명했는데, 그녀는 기저핵과 전두 연결에 대부분의 결정을 처리할 수 있도록 안정된 설정이 정착되어 있다고 보았다. 즉 양심은 우리의 신경 회로망에 뿌리를 둔 뇌의 구성체이며, 신성한 존재가 사려 깊게 우리에게 맡겨 놓은 신학적 실체가 아니다. 양심은 시간이 지남에 따라 점진적으로 발전하며 인정과 불인정에 민감하다(Churchland, 2019). 패트리샤는 양심이 사회적 관계 속에서 보상 학습의 방법으로 형성되며, 이것이 우리의 뇌 작용을 통해 이루어지는 것이라고 보았다. 이 때문에 양심의 올바른 구성을 위해서는 도덕적 모델과 적절한 피드백이 필요하다.

초등학생의 연령을 감안할 때, 이들에게 일관되고 적절한 모범을 지속적으로 제시하고 이들이 이를 경험할 수 있도록 하는 것이 중요하다. 우리는 이야기, 존경할 만한 롤 모델을 효과적으로 활용할 수 있다. 초등학교 도덕 교육은 규칙 제공자의 역할 뿐만 아니라 경험과 모방 그리고 성찰을 통해 얻은 지혜로서 아이들이 진정한 도덕적 품위와 덕을 가지도록 도와야 한다. 나아가 인간은 문제의 주제에 적합한 자율적 기준을 따르는 추론 능력을 가지고 있기에 아이들이 단순한 논리적 일관성에 매몰되지 않고 맥락적 상황에서 추구해야 할 올바른 선택지를 찾아가도록 도울 필요가 있다. 그렇다면 뇌신경과학적 양심론을 참고해 우리가 제안할 수 있는 초등 도덕 교육의 방향은 무엇일까.

첫째, 애착의 이해와 애착 환경의 구성이다. 우리가 애착을 가지는 사람을 돌보는 것은 우리가 그렇게 하도록 회로가 구성되어 있기 때문이거나, 또는 그러는 것이 삶에 의미를 부여하는 중요한 부분이라고 사고하게끔 만드는 심오한 생물학적 이유가 있기 때문이다. 이러한 이유로 애착 성향과 같은 인간의 본성을 도덕적 숙고와 무관하다고 배제해서는 안 된다. 그러나 한편, 양심은 '알고 있는 사람'이나 '애착 관계에 있는 사람'에게 자연적으로 더 쉽게 발휘되는 측면을 갖는다는 점을 고려하여 아이들이 보다 '공명정대(公明正大)'한 관점을 형성할 수 있도록 도울 필요가 있다. 다시 말해, 초등학생들이 자신이 애착이나 애정을 가지는 사람에 대한 돌봄뿐만 아니라, 애착이 없으며 알지 못하는 사람에게도 온정과 도덕적 행위를 베풀 수 있도록 하는 장치를 강화할 것이 요구된다.

둘째, 습관 형성에 대한 지속성과 중요성의 재인식이다. 아리스토텔레스와 공자는 덕목 즉, 신중, 연민, 인내, 정직, 용기, 친절, 노력, 그리고 관대함이라고도 알려져있는 강한 사회적 습관 개발의 중요성을 강조하였다. 모든 습관은 의사 결정의 비용을 줄여준다. 연민이나 정직과 같은 덕목을 함양할 때의 장점은, 이 덕목들이 습관으로서 자리 잡을 때 제약 충족 과정을 호모 사피엔스와 같은 고도로 사회적인 포유류에게 적합한, 도덕적으로 품위 있는 결정이 되는 방향으로 편향되게 만든다는 점이다. 비록 그러한 습관이 도덕적 의사 결정에서 모든 것이자 궁극적인 것이 결코 될 수는 없지만, 친절과 같은 몸에 깊이 밴 덕목이 의미하는 바, 선택과 관련한 맨 처음부터의 모든 요인을 뇌가 계산하거나 평가할 필요가 없다는 것은 중요하다. 습관은 판단력을 배제하지 않지만, 의사 결정에서의 에너지 비용을 절감한다(Churchland, 2019). 그러나 한편, 덕목들은 아이들이 할 일을 융통성 있게 정하지 않는다는 점도 인식할 필요가 있다. 정직하기 즉, 거짓말은 하지 않아야 하지만, 때로 선의의 거짓말이 용인되는 경우도 존재하기 때문이다.

셋째, 도덕적 모델 및 환경의 제공이다. 아리스토텔레스의 요점은 아이들이 자랄 때 도덕적 환경이 중요하다는 것이다. 품위, 존중, 그리고 친절은 아이들이 자라는 환경에서 통상적일 것을 강조한다. 이와 반대되는 특성은 갈등을 유발하고 어려운 시기에 협력에 필요한 신뢰를 붕괴하거나 파괴한다(Churchland, 2019). 이는 반두라의 관찰 학습이나 콜즈의 목격에 기초한 상상과 같이 이전에 우리가 도덕 교육 연구에서 다루었던 주제이다.

넷째, 아이들 각자가 지닌 양심의 편향적 측면에 대한 점검이 요구된다. 아이들은 각자 서로 다른 가정환경과 사회적 맥락 속에서 때로 보편화하기 어려운 선택의 기준을 갖는 경우도 있을 수 있다. 더구나 사이코패시의 성향을 보이는 아이들은 양심 자체의 부재를 보일 수 있다. 이러한 점들은 교육 현장에서 유심히 관찰되고 적절한 조치가 취해질 필요가 있는 부분이다.

V. 결론

인공지능 시대는 문화 및 사회의 환경이 급격히 변화하는 시대이기에, 아이들은 어린 시기에 습득한 도덕적 기준이나 규범 및 가치가 더 이상 적절하지 않은 시대를 미래에 마주할 수 있다. 그러한 시대를 대비하여 스스로 새로운 도덕 기준을 세우고 새로운 가치관에 적용할 수 있는 도덕적 능력을 학생들에게 배양시킬 필요가 있다. 이러한 측면에서 능동적으로 도덕적 판단을 내리고 반성적으로 사고할 수 있는 도덕 소양 교육이 필요하다. 양심 교육은 모든 도덕적 판단, 선택, 행위의 근거를 마련하는 것으로서 도덕 교육의 기초가 될 수 있다. 그러므로 인공지능 시대의 초등학교 도덕 교육에서 양심에 대한 논의는 다음과 같은 이유에서 긴요하다.

첫째, 양심은 개인에 있어 도덕적 판단과 행위를 결정하는 중요한 개념으로 인간이 선택하고 행동을 취하는 데 있어 때로 혹은 대부분의 일상에서 핵심적인 역할을 한다. 둘째, 도덕 교육에서 목표가 되는 도덕성의 발달은 양심의 형성과도 매우 밀접하다. 즉, 어떻게 학생들의 도덕성을 발달시킬 것인가의 문제는 어떻게 그리고 어떠한 양상의 양심을 학생들로 하여금 형성하도록 도울 것인가의 문제와 직결된다. 셋째, 양심의 형성은 명시적인 방법을 통해서 뿐만 아니라, 암묵적인 방법을 통해서도 구성된다. 이 때문에 양심이 어떻게 조직되고 작용하는가에 대한 심도 있는 논의가 도덕 교육 차원에서 필요하다. 넷째, 초등학교 학생들은 연령적으로 양심을 포함해 자아 및 사회 정체성, 도덕성, 인성, 성격 등이 구축되는 중요한 시기에 있다. 다섯째, 알파 세대인 초등학생들은 현실 세계와 가상 세계를 모두 살고 있기에 이들이 일관성 있는 양심을 형성하여 안정적인 도덕적 정체성을 갖도록 하는 것이 요청된다.

패트리샤는 양심이 옳고 그름을 구별하는 능력으로서 우리가 자신의 행동에 대해 책임을 느끼도록 돕고, 도덕적으로 올바른 선택을 하도록 동기를 부여한다고 이해하였다. 그녀는 양심이 도덕적 판단과 동기를 갖는 내면의 성찰적인 인식으로 개인의 행동과 선택에 대한 윤리적 판단을 지원하며, 도덕적 가치와 원리에 따라 행동을 조절하는 역할을 한다고 보았다. 이로 인해 양심은 종종 옳고 그름에 대한 개인적인 믿음이나 신념으로 우리가 다른 사람을 해치지 않도록 돕는 도덕적 감각으로 정의된다. 양심의 발달은 도덕적 감정과 도덕적 행동 사이의 관계를 중심으로 어린아이의 양심의 조직화와 초기 형태인 부모의 사회화에 대한 아이의 열망과 의지를 중심으로 이루어진다. 그녀는 양심을 '옳고 그름에 대한 내적 감각'으로 인식하며 양심의 본질과 기능에 천착한다. 그녀는 양심의 기저로서 사회적 유대, 사회적 맥락에서 뇌의 사회적 가치 학습, 사회적 학습이 수반하는 관찰 및 모방 시도, 사이코패스의 양심 부재, 도덕적 세심증 문제, 균형 잡힌 양심 형성의 중요성, 뇌의 작용 결과로서의 양심, 인간 양심 형성에서의 사례 기반 추론, 뇌의 보상 시스템 등을 통해 양심을 설명하고 있다. 그녀의 양심에 대한 해명이 뇌 활동과 연결되어 있다는 사실은 인간의 도덕적인 행동이 단순히 사회 규범을 따르는 것만이 아니라 심리적, 생물학적 요소와도 관련이 있다는 것을 우리가 깨닫게 한다. 특히 그녀는 어머니와 아이 사이의 근본적인 유대에 집중했다. 이는 초등학교 도덕 교육 현장이 어떠한 양상을 띠어야 하는지, 교사가 어떤 역할을 해야 하는지에 대해 명료히 제안한다.

이러한 이유로 인공지능 시대 초등학교 도덕 교육 연구에서 양심에 대한 논의는 매우 가치가 있다. 신경과학 연구 결과는 우리의 도덕 교육에 대한 과학적 접근에 긍정적 영향을 미친다. 그러나 우리는 패트리샤가 반복해서 강조하는 바와 같이, 양심이 뇌에서 구현되고 자연선택에 의해 형성되는 많은 측면들에 대해 아직 명확히 알지 못한다. 그러므로 우리는 도덕 교육의 논의에서 뇌신경과학적 연구들을 검토할 때, 패트리샤가 보여주었듯이 신중하고 정밀하며 엄중하고 비판적인 자세를 견지해야 할 것이다.

제IV부
: 인공지능 윤리 교육: 실제

13장.
교육신경과학을 활용한 윤리 교사 교육

I. 서론

인공지능 시대 가상 및 증강 현실, 메타버스, 제페토, 이프랜드, 로블록스, 포트나이트, ChatGPT, Bard AI, Bing 등은 이 시대를 사는 아이들에게 친근한 용어들이다. 디지털 교육 문명은 우리의 일상을 변화시키고 사회, 경제, 문화 곳곳에 깊숙이 파고들고 있으며 윤리 교육 현장도 예외는 아니다. 전통적 교실 수업이 주어진 내용을 학생들이 익히는 학습에 주안점을 두었다면 이제는 학생들이 어떻게 능동적으로 배우게 할 것인가와 같은, 교육 주체로서의 학습자를 위한 교육 방법이 요구된다(박형빈, 2020). 스마트폰 활용과 SNS에 익숙한 포스트 Z세대, 알파 세대인 학생들은 디지털 기기 사용에 능숙한 영상 세대로서 과거 세대와는 다른 학습자 성향을 보인다. 이러한 시대적 상황과 학습자 특성이 윤리 교육에서도 고려될 것이 요구되며, 이는 현실의 환경과 학생들의 특성을 반영하기 위해 윤리 교사 교육도 보완 및 변화해야 함을 시사한다.

한편, 신경과학은 교실 환경에서 교사가 학생들의 동기를 부여할 수 있는 실용적인 지식을 제공한다는 점에서 주시된다. 특히 윤리 교사의 전문성 개발을 위해 능동적 학습 전략과 최상의 교육 관행을 활용한 신경과학의 연구 성과들에 주목할 필요가 있다. 신경 교육은 학습과 연관된 인지 기술과 관련한 뇌 과정에 대해 설명한다(Rueda, 2020). 교사들은 신경과학을 통해 학생들의 동기를 고양하고 이들의 고차원적 사고를 촉진하는 데 효과적인 방법으로 수업을 설계할 수 있다 (Dubinsky et al., 2019).

이 때문에 신경 교육은 교육학, 인지심리학, 신경과학의 시너지 효과를 주요 목표로 하는 새로운 과학으로 부상하였다(L. Espino-Díaz et al., 2020). 교육에 신경과학적 이해를 접목하고 있는 교육신경과학은 마음, 뇌, 교육과 관련된 문제를 다루며(Campbell, 2011), 뇌신경과학의 연구 결과를 교육과 연결하고 교육적으로 적절히 적용하는 것을 목표로 한다. 교육신경과학의 연구 설계 및 방법에는 인지 기능을 조사하고 교육 실행을 위해 뇌 영상 기술과 같은 신경과학 도구를 사용하는 것이 포함된다(Lalancette & Campbell, 2012).

반면, 뇌의 이해를 통해 학습을 최적화하려는 목적에도 불구하고, 뇌 기반 학습(Brain-Based Learning, BBL)과 뇌 친화 학습의 사용이 확산되면서 뇌과학 연구 결과를 상업적으로 이용하는 사례가 증가하고 있다. 이로 인해 뇌신경과학의 연구 결과가 지나치게 단순화되거나 잘못 해석되어 '신경 신화(neuromyths)'가 발생하기도 한다.

따라서 본 글에서는 학습자 중심 교육을 위한 교육신경과학 기반 윤리 교사 전문성 함양 교육 방안을 교육신경과학에 대한 비판적인 시각에서 논의하고자 한다. 연구 주제는 다음과 같다.

첫째, 교육신경과학의 주요 목표와 성과는 무엇인가.

둘째, 교육 현장에 널리 침투한 신경 신화는 무엇인가.

셋째, 실효성 있고 적합한 학습자 중심 교육을 위한 교육신경과학의 내용과 이것이 윤리 교사 교육에 주는 시사점은 무엇인가.

넷째, 윤리 교사의 전문성 함양을 위해 교육신경과학 기반의 윤리 교사 교육 방안은 무엇인가.

이러한 논의는 학습자 중심 교육을 위한 교육신경과학 기반 윤리 교사 교육의 전문성 향상을 위한 유용한 아이디어를 제공할 것이다.

II. 교육신경과학의 빛과 어둠

1. 교육신경과학의 필요성

풀러(Jocelyn Fuller)와 글렌드닝(James Glendening)은 1985년에 '신경교육자(neuroeducator)'라는 개념을 제시하였다. 이들은 본질적으로 학제적이며, 뇌 구조와 기능에 대한 지식을 활용한 교육의 중요성을 강조하는 과학 분야의 발전을 생각하였다(Fuller & Glendening, 1985). 신경교육자는 심리학, 신경과학, 학습과학 등 관련 분야에서 철저한 훈련을 받은 후 학교와 실험실에서 활동하게 된다. 이 용어가 등장한 이후, 전 세계 연구소에서 뇌에 대한 발견과 혁신이 폭발적으로 증가하였고 교육에서 신경과학의 역할에 대한 관심도 급증하였다. 비록 20세기 전반에도 교육에 대한 신경생물학의 관련성이 인식되었지만, 1990년대 이후 뇌의 생체 내 영상 기술의 발전은 교육신경과학의 이론적 발전을 이끌었다.

강한 비판에도 불구하고, 신경과학과 교육 간의 연결은 전 세계적으로 활발히 탐구되고 있다. 최근 몇 년 동안 교육자, 심리학자, 정책 입안자 및 신경과학자 간의 상호 참조를 촉진하기 위해 수십 개의 기관과 프로그램이 형성되었다. 이러한 노력은 교육신경과학(Educational Neuroscience), 신경 교육(Neuroeducation), 마음 뇌 교육(Mind, Brain and Education) 등의 다양한 레이블로 설명되고 있다. 이 분야의 성장은 새로운 학회와 그룹의 조직으로 이어졌다. 예를 들어, 2004년에는 국제마음뇌교육학회(IMBES, International Mind, Brain and Education Society)가, 2009년에는 유럽학습교육연구협회(EARLI, European Association for Research on Learning and Instruction)가 설립되었다. 또한, 하버드, 런던, 브리스톨 대학교와 같은 선도적인 대학교에서 교육신경과학 대학원 과정이 증가하고 있다(Thomas, Ansari, & Knowland, 2019). 이 분야는 학생들의 학습이 이루어지는 방식과 학습이 뇌를 어떻게 변화시키는지를 설명하고, 이러한 결과를 교실에 적용하려는 노력을 포함한다(Feiler & Stabio, 2018).

교육신경과학은 학습의 신경 메커니즘에 대한 연구 결과를 교육적 실천 및 정책으로 번역하고, 교육이 뇌에 미치는 영향을 해명하는 학제 간 연구 분야이다. 그러나 신경과학 연구에서 교육으로의 번역은 용이하지 않다. 신경과학, 심리학, 교육 분야의 상호작용은 때때로 협력보다는 경쟁으로 특징지어지며, 교육 연구자들은 교육신경과학을 둘러싼 과장된 광고에 대해 여전히 의심을 품고 있다(Thomas et al., 2019). 이러한 이유로 교육신경과학에 대한 접근은 건설적인 비판과 함께 신중하게 이루어져야 한다.

그렇다면 왜 교육 실천 측면에서 심리학이나 교육심리학만으로는 충분하지 않은 것인가? 심리학과 교육의 연계는 오랜 역사를 가지고 있다. 교육신경과학의 출현에 대응하여, 심리학 분야는 학습 과정에 대한 과학적 이해가 교육에 정보를 제공하기에 충분하다고 주장해왔다. 예를 들어, 바우어스(J. S. Bowers)는 심리학이 모든 어린이의 교육 성과를 향상시키는 데 관련된 학문이라고 주장하였다(Bowers, 2016).

교육은 행동의 변화에 대한 교육의 효과와 관련이 있다는 점에서 의미가 있다. 그러나 순수한 심리학적 접근만으로는 추론된 인과 메커니즘에 기반한 잘못된 이론으로 이어질 수 있다. 나아가 교육과 관련된 문제에 대한 해답은 심리학뿐만 아니라, 생물학적이고 진화적인 기원에 기인한 인간 두뇌가 작동하는 특정 방식에서 찾아야 한다(Thomas et al., 2019). 이러한 점을 감안할 때, 교육신경과학은 교육심리학을 보완하여 교육 현상을 더 깊이 있게 이해하도록 도와준다. 심리학이 행동 자체를 연구하는 반면, 신경과학은 그 행동의 기저에 있는 뇌의 메커니즘을 연구하기 때문이다. 이것이 교육에서 교육심리학을 넘어 교육 신경과학의 필요성이 요구되는 이유이다.

2. 신경 신화의 허상 극복

신경과학자들은 종종 인지 또는 행동 심리학의 이론에서 경험에 기초한 기능 범주를 빌려 해당 기능과 관련된 신경학적 상관관계를 찾는다. 그러나 신경학적 상관관계에 대한 연구는 차용한 기능적 범주가 기원 영역에서 보증되거나 이를 사용하는 이론이 건전한지에 대해 종종 논쟁의 여지가 있다(Hruby, 2012). 1997년 브루어(John T. Bruer)는 신경과학과 교육을 연결하는 이러한 범주적 혼동을 '너무 먼 다리를 만드는 것'으로 설명한 바 있다(Bruer, 1997).

교육신경과학의 발전을 고려하기 전에 해당 분야에서 제기되는 도전을 지적할 가치가 있다. 첫째, 신경 신화는 교육신경과학이 극복해야 할 대표적인 과제로 이론적이고 실용적인 문제를 모두 내포한다. 일찍이 OECD 보고서는 신경 신화가 전 세계적으로 교육 시스템과 학습자 교육 결과에 심각한 악영향을 미치고 있다고 보고하였다(Hughes, Sullivan, & Gilmore, 2020). 신경 신화의 특징은 정보의 순환에서 살아남고 선정적인 보도 자료에 의해 부풀려지는 경향이 있다는 사실이다(Pasquinelli, 2012).

둘째, 학습 및 교육 그리고 신경과학과 관련해 점검할 도전적 사실들로 (1) 뇌가 학습하는 방식은 복잡하다. (2) 학습은 교육의 한 부분일 뿐이다. (3) 교육에 대한 사회의 목표가 반드시 명확한 것은 아니다(Thomas et al., 2019). 등을 들 수 있다.

결론적으로, 신경과학의 세심한 적용으로 인한 교육 발전의 가능성은 희망적이지만, 신경과학 연구를 교실에 도입하는 데는 큰 어려움이 있다. 특히 앞서 논의한 바와 같이 많은 교사와 교육 현장에 널리 퍼져 있는 신경 신화가 대표적인 장애물이다. 이로 인해 교사 훈련에서 더 많은 검증된 신경과학 정보를 제공할 필요성이 대두된다. 이는 윤리 교사 교육의 측면에서도 예외가 아니다. 그러나 현재 우리나라 사범대학 윤리교육과의 교육 과정에서는 신경과학 또는 교육신경과학 관련 과목이 거의 다루어지지 않고 있다.

따라서 연구자와 교사 간의 일반적인 의사소통 외에도 윤리 교사의 교육 및 연수를 통한 지속적인 전문성 개발을 통해 교육신경과학 지식을 윤리 교사에게 제공할 필요가 있다. 신경과학 및 인지심리학 연구는 학생들의 도덕 윤리 학습과 도덕적 동기를 향상시키는 데 매우 유용하며 이는 윤리 교사 교육이나 훈련 프로그램에서도 중요한 부분이다. 교육신경과학 연구를 윤리 교사 교육 및 연수에 통합하는 것의 가치를 인정하고 이를 통해 교육 시스템을 발전시키려는 더 넓은 인식이 요구된다.

III. 뇌신경과학과 학습자 중심

1. 학습자 중심 교육의 주요 전제

학습자의 자율성이 무엇보다 중요한 요소로 인식되고 있는 오늘날 학습자 중심 교육은 시대와 사회가 요구하는 교육 패러다임으로 강조되고 있다(류재훈, 유영만, 2019: 243-265). 학습자 중심 교육(Learner-Centered Teaching)은 교사 중심 교육 시스템의 개선으로 선전되어 왔으며(Aslan & Reigeluth, 2015), 교사가 가르치는 방식 대신 학생들이 배우는 방식에 초점을 맞춤으로써 전통적인 교수법에서 패러다임의 전환을 나타낸다. 이 모델의 개념적 토대는 학습에 뿌리를 두고 있다(Wohlfarth et al., 2008).

조피(Jonathan W. Zophy)는 1991년 「Teaching Innovations」 칼럼에서 학생을 수동적인 지식 수용자로 보는 교사 중심 접근 방식에서 학생을 능동적 학습자로 그리고 교실을 다소 혼란스러운 토론의 장으로 바라보는 학습자 중심 접근 방식으로 전환하는 데 있어 교수진 간의 저항에 대해 다루었다. 바이머(M. Weimer)는 2000년대에 이와 유사한 발전된 견해로 학습자 중심 교육을 구현하기 위한 원칙들을 제안하였다. 예를 들면, '교사는 학생들이 더 많은 학습 과제를 수행하도록 해야 한다.', '교사는 말을 덜 하고 질문을 더 잘해야 한다.', '교사는 수업 설계 작업을 보다 신중하게 수행해야 한다.', '교사와 학생은 학습 분위기를 조성하기 위해 노력해야 한다.' 등이다(Weimer, 2013). 학습자 중심 교육의 기본 원리는 학습 동기를 높여 능동적, 적극적, 자기 주도적으로 수업에 참여할 수 있도록 이끄는 것이다. 이러한 이유로 학생 참여를 위한 다양한 수업 방식의 교육 설계와 교사의 세심한 역할이 요구되는 윤리 교육 현장에도 학습자 중심 교육의 적용이 필요하다.

2. 신경과학과 학습자 중심 교육

학습자 중심 교육은 전통적인 강사 중심의 교수법보다 학생들의 참여도가 높으며, 따라서 학생들에게 동기 부여를 하는 것이 특히 중요하다. 신경과학적으로, 학습이 힘든 이유는 학습 과정에서 뇌에 새로운 신경 경로가 구축되며 이를 위한 에너지와 노력을 소모하기 때문이다. 학습을 촉진하기 위해 전략적으로 수업을 설계하더라도 학생들이 학습에 에너지나 노력을 기울이지 않으면 학습이 일어나지 않는다. 따라서 학생들이 배울 수 있는 학습 경험을 설계하는 것만으로는 충분하지 않고 학습 동기가 부여되는 학습 경험을 설계해야 한다(Green, 2015).

학습자 중심 교수법(Learner-centered pedagogy, LCP)은 변화하는 세계에 대처하기 위해 학습자의 지식, 기술 및 태도를 개발하는 접근 방식 중 하나이다. LCP 관행의 구현은 상황에 따라 달라지는 경향이 있다. 교수법에 대한 전통적인 접근 방식은 교사에서 학생으로 정보를 직접 전달하는 것을 포함한다. 일반적으로 교사 중심 교수법은 교사가 학생의 학습을 통제하는 학습 상황을 말하는데, 이 접근 방식에서 교사는 교실에서 가장 활동적인 사람이며 대부분의 대화를 수행하고 주도한다. 이에 반해 LCP는 교사 중심의 교수법에 대한 반동을 나타내는 구성주의적 학습 이론에서 출발하였다. 여기서 학습자는 능동적인 참여자이며 교사는 가이드나 촉진자의 역할을 한다. LCP로는 협력 학습, 문제 기반 학습, 토론 학습, 발견 학습, 자기 조절 학습 등 다양한 유형이 있으며 사례 연구, 게임, 역할극, 브레인스토밍, 현장 방문, 프로젝트 작업 등의 여러 가지 기술이 사용된다(Otara, Uworwabayeho, Nzabalirwa, & Kayisenga, 2019).

신경과학은 능동적 학습 교수법이 어떻게 학생들의 참여를 유도하고 동기를 부여하는지 이해하는 프레임이다. 교사들은 학습자 중심 교수법이 학생들의 고차원적 사고와 딥 러닝을 촉진하는 데 효과적인 이유를 이해하기 위해 신경과학 개념을 적용할 수 있다(Dubinsky et al., 2019). 브루어(John T. Bruer)는 인지 심리학을 통해 신경과학과 교육의 연결을 주장했는데, 1990년대 후반 이미 그는 「교육과 뇌: 너무 먼 다리(Education and the Brain: A Bridge Too Far)」에서 현재의 신경과학적 발견이 교육에 적용되기 위해서는 인지 심리학을 통해 필터링되어야 하며, 지식이 증가함에 따라 신경과학과 교육 사이에 다리를 놓을 수 있을 것이라고 역설했다(Bruer, 1997). 그는 신경과학이 교육 연습에 직접적으로 적용되기에는 너무 큰 간격이 있음을 주의하면서도, 인지심리학을 효과적인 중간 단계로 활용함으로써 이 간격을 극복할 수 있다고 주장했다. 이러한 주장은 학습과 지도의 발전을 위한 인간 두뇌의 기반으로 인지 심리학에 대한 그의 논증을 참조한다. 그는 학습의 신경생물학, 특히 가소성의 핵심 개념이 교사의 전문성 개발과 함께 교수법을 직접적으로 변화시켜 궁극적으로 학생들이 자신의 학습에 대해 생각하는 방식에 영향을 미칠 가능성이 있다고 말했다(Dubinsky, Roehrig, & Varma, 2013).

따라서 신경과학에서의 인간 학습 과정에 대한 이해와 분석은 교사가 보다 발전된 교수 방법을 고안하도록 돕는다. 그렇다면, 윤리 교사 교육에서 학습자 중심 교육과 뇌신경과학은 어떤 의미를 지니는가?

IV. 교육신경과학과 윤리 교사

1. 교육신경과학과 교사 교육

21세기 교육 시스템에서 윤리 교사는 학습자가 변화하는 세계에 대처할 수 있는 지식과 기술을 습득할 수 있도록 하는 혁신적인 전략을 사용하도록 권장된다. 혁신적으로 채택된 전략 중 하나는 학습자를 교수·학습의 중심에 두고 학습 과정에 적극적으로 참여하게 하는 LCP이다. 이는 2022 개정 도덕과 교육 과정에서도 제안되었는데, 교수·학습의 방향에서 '학습자 주도성을 살려 능동적인 학습 참여를 장려(교육부, 2022)'할 것을 명시하고 있다.

한편, 신경과학이 학습과 기억을 뒷받침하는 메커니즘을 설명했지만 교사와 교육자에게 이 지식을 정확하게 전파하는 것은 제한적이었다. 능동적 학습 전략과 최상의 교육 관행의 힘을 활용한 신경과학은 인지와 뇌 기능에 대한 이해를 통해 교사가 학생을 더 잘 이해하고 파악하도록 돕는다. 윤리 교육 현장에서도 학생들의 도덕성 발달 및 인성 교육을 위해 교사의 학생에 대한 이해가 선행되어야 한다는 점에서 이러한 접근은 윤리 교사에게 유익하다.

신경과학자들은 교육과 관련하여 시냅스 가소성이 중심이 되는 과학적 아이디어에 중점을 둔다. 그 외에도 집행 기능, 뇌 발달, 인지 과정에 대한 정서 및 항상성 시스템(수면, 스트레스, 영양, 운동)의 영향도 교육과 연관된다. 교육신경과학은 교사로 하여금 읽기, 셈하기, 쓰기에서 어려움을 겪고 있는 학습자의 두뇌를 해석하는 데 기여하며, 인지 학습 과정을 이해하고 신경과학에 기반한 새로운 교육 접근 방식을 고안하도록 돕는다(Dubinsky et al., 2019). 도덕 영역에서 학생들의 학습 장애가 뇌 발달 및 도덕성 발달과 긴밀하다는 점에서, 학습에 대한 신경과학적 이해는 윤리 교사에게 유용한 정보를 제공한다.

이를테면, 윤리 교사의 전문성 개발과 미래 윤리 교사 훈련에 신경 가소성에 대한 정확한 설명 도입은 윤리 교사가 학생의 도덕 윤리 학습을 이해하는 방법을 개선할 수 있다. 이 때문에 교육신경과학은 윤리 교사의 실제 교수 학습 환경을 변화시키고, 이를 통해 학생들의 도덕 윤리 교육 효과를 실질적으로 높이는 데 기여할 것이라고 기대할 수 있다.

2. 학습자 중심 교육을 위한 신경 교육 기반 윤리 교사 교육 방안
: 필요성과 과목 주제

최근 몇 년 동안 신경과학 지식과 연구 결과를 교수 및 학습의 발전을 위해 교육학과 교실 강의에 구현하려는 시도가 있었다. 신경과학 연구에서 파생된 지식은 교수 및 학습의 메커니즘을 이해하는 새로운 관점을 제공한다. 교육 환경에서 가르치는 문제를 해결하기 위해 가르치는 내용뿐만 아니라 뇌가 학습하는 방식에도 관심을 기울이는 새로운 유형의 교사가 필요하다(Curtis, & Fallin, 2014). 연구자들은 교육자들 사이에서 신경과학이 증거 기반 교육 및 교육 관행을 시작하는 중요한 전환점으로 작용할 수 있다는 데 동의하고 있다. 이는 차례로 교사의 전문적인 교육 수행에 힘을 실어주는 역할을 할 수 있다고 그들은 주장한다(Ergas, Hadar, Albelda, & Levit-Binnun, 2018). 신경 교육 분야의 개념에 대한 명확한 검토는 교사가 학교에서 수행하는 프로그램 관련 결정에 영향을 줄 수 있는 일반적인 오해인 신경 신화를 식별하는 데도 도움을 준다.

마음뇌교육과학에 관한 2016~2017 국제 델파이 조사는 이 분야가 지난 10년 동안 이룩한 발전을 문서화하고 향후 10년 동안의 개발 및 연구를 위한 의제를 안내한 바 있다. 위원회에 제시된 다양한 주요 도전 과제 중 하나는 신경 교육을 일반 교사 교육에 통합하는 것이었다. 교사들이 교과 과정 설계에서 신경과학 아이디어를 사용하도록 도울 필요가 있다는 이해도 포함되었다(Tokuhama-Espinosa, 2017). 이를 참고할 때, 윤리 교사 교육을 통해 교사가 인간의 두뇌와 학습 과정을 이해하고 이를 기반으로 학생들의 도덕적, 심리적 학습 요인을 해석할 수 있는 틀을 제공할 필요가 있다.

클레멘트(N. D. Clement)와 로바트(T. Lovat)는 신경 교육 커리큘럼 문제를 다룰 때, 적어도 다음과 같은 세 가지 상호 관련된 질문이 제기된다고 주장했다. 첫째, 교육의 기초를 구성하는 학문의 집합체 중에서 신경과학을 고려해야 하는지 여부이다. 둘째, 두 학문 분야의 인식적 이익을 보존하는 방식으로 신경과학적 지식을 교육으로 번역하는 것이 가능한가이다. 셋째, 교사가 커리큘럼 작업에 사용할 수 있는 신경과학적 정보에서 유용한 지식을 생성할 수 있는가이다. 그들은 이러한 질문들을 논의한 결과, 신경과학적 지식을 활용 가능한 지식으로 변환해야 하는 분야는 교육 영역에 속한다는 결론을 내렸다. 교육신경과학을 교사가 교과 과정에서 사용할 수 있는 지식으로 번역하는 것은 신경과학 지식과 실제 문제와의 연결에 크게 좌우된다(Clement & Lovat, 2012).

하디먼(M. M. Hardiman)은 『21세기 학교를 위한 뇌 기반 교수 모델(The Brain-Targeted Teaching Model for 21st-Century Schools, 2012)』에서 교사가 수업을 계획할 때 뇌 친화적 개념을 고려하는 정도를 평가하는 고유한 모델을 제안하며, 인지 및 신경과학의 풍부한 지식을 제공하였다. 그는 1장에서 「교육자가 알아야 할 신경 및 인지과학의 정보: 신경과학과 신경 신화의 분리」를 다룬 바 있다(M. M. Hardiman, 2012).

토쿠하마-에스피노사(Tokuhama-Espinosa)는 『신경과학 기반 교사 훈련 프로그램(Neuroscience Teacher Based Teacher Training Program, 2011)』 에서 신경 교육(Neuroeducation)과 관련된 추가 주제를 언급했는데, NMTTP(Neuroscience Motifs-based Teacher Training Program)에서 선택한 주제 는 하디먼의 BTT 지침을 기반으로 하며, 다음 <표 7>과 같은 9가지 주제가 구조에 포함되었다.

<표 7> NMTTP 주제

번호	내용
1	맥락 내 학습(Contextual Learning)
2	신경 가소성(Neuroplasticity)
3	신경 신화(Neuromyths)
4	읽기와 난독증(Reading and Dyslexia)
5	메타인지(Metacognition)
6	거울 뉴런(Mirror Neurons)
7	작업 기억(Working Memory)
8	신체 활동 및 학습(Physical Activity and Learning)
9	간격 학습(Spaced Learning)

(출처: Luzzatto, & Rusu, 2020 참조)

(1) 맥락 내 학습이란 학습자의 기존 지식과 새로운 정보를 맥락에 서 연결하여 학습 과제를 수행하는 것을 의미한다. 일반적으로 맥락 내 학습은 지식 습득, 회상 및 전이의 성과를 향상시킬 것으로 예상된 다. (2) 신경 가소성은 유기체의 발달과 수명 동안 외부 환경이나 내부 환경 상태의 영향으로 인해 신경계가 변화하는 능력을 말한다. (3) 신

경 신화는 인간의 뇌에 대한 과도한 일반화로 인해 만들어진 반과학적 가정이다. 이러한 신화는 종종 비효율적인 교육 접근 방식을 정당화하는 데 사용된다. 신경 신화는 일반적으로 부분적인 사실이나 단일 연구, 또는 경우에 따라서는 데이터의 명백한 오해로 인해 발생한다. (4) 읽기와 난독증은 읽기 과정의 주요 개념이다. 신경 영상은 난독증 연구를 다양한 하위 유형과 관련된 메커니즘에 대한 더 나은 이해로 이끌었으며, 수많은 행동 데이터와 상관관계가 있는 측정값을 제공한다. (5) 메타인지는 자신의 학습 및 사고 과정을 고려하고 조절하는 과정이다. 이는 자신의 생각을 재고하고, 결론에 따라 인지 과정을 조정하고, 인지 과정을 모니터링하며 통제하는 능력을 의미한다. (6) 거울 뉴런은 개인이 행동을 수행할 때와 개인이 다른 사람이 유사한 행동을 수행하는 것을 보거나 들을 때 발화하는 뉴런 세포이다. (7) 작업 기억은 정보가 인식되어 조작될 수 있는 복잡한 인지 시스템이다. 이는 우리가 다른 일을 하는 동안 마음에 일부 정보를 유지하는 데 도움이 된다. (8) 신체 활동과 학습의 중요성에 대해, 학생들이 앉아 있는 전형적인 교실 환경은 학습자가 이동할 때 뇌가 더 활동적이라는 연구 결과에 의해 도전받았다. 움직임은 뇌가 더 많은 장기 기억 영역에 접근할 수 있게 하여 학생들이 새로운 지식과 기존 지식 사이에 더 큰 연결을 할 수 있도록 한다. (9) 간격 학습 개념은 중단이 있는 학습을 나타낸다. 간격 효과가 기억 강화에 중요한 이유를 설명하는 신경학적 메커니즘이 발견되었다(Luzzatto, & Rusu, 2020).

이러한 주제들은 신경과학 기반의 윤리 교사 교육에서 다룰 수 있는 주요한 주제라 할 수 있다. 이를 기반으로 학습자 중심 교육을 위한 신경 교육 기반 윤리 교사 교육의 주제를 <표 8>과 같이 구조화할 수 있다. 다음은 윤리 교사를 양성하는 학부 과정 및 현장 교사를 대상으로 하는 대학원 과정에서 '교육신경과학과 도덕 교육' 또는 '교육신경과학과 윤리 교육'과 같은 과목명 아래 다룰 수 있는 항목들이다.

<표 8> 윤리 교사 교육을 위한 교육신경과학 주제(예시)

번호	내용
1	신경 가소성과 도덕 발달 및 학습의 상관관계
2	신경 신화: 잘못된 뇌과학 정보가 도덕 교육에 미치는 영향
3	난독증이 도덕적 사고, 판단, 정서, 행동에 미치는 영향
4	메타인지와 도덕적 추론 능력의 발전
5	거울 뉴런의 역할: 도덕적 학습과 공감 형성
6	작업 기억이 도덕적 사고, 판단, 정서, 행동에 미치는 영향
7	움직임 및 사회적 협력 활동이 도덕적 사고, 판단, 정서, 행동에 미치는 영향
8	간격 학습이 도덕적 습관화에 미치는 효과

도덕과 교육은 학생들 개개인의 가치, 도덕 판단, 행동 원칙 등에 대한 이해와 지식을 요구한다. 또한 윤리적 이슈는 종종 복잡하고 모호한 상황에서 발생하며, 이를 이해하고 해결하기 위해서는 전문적인 지식과 능력이 필요하다. 윤리 교사는 이러한 점들을 인식하고 분석하여 적절한 해결 방안을 찾아 학생들을 교육할 수 있어야 한다.

이 때문에 윤리 교사에게는 그 어느 교과 교사보다 교육에 대한 전문적인 지식과 경험이 요청된다. 더욱이 윤리 교사는 학생들에게 단순히 도덕이나 윤리의 지식 전달이 아닌 가치, 태도 그리고 도덕적인 정서와 행동에 대한 교육을 제공해야 하고 학생 스스로 도덕적 동기를 가지도록 도와야 한다. 이를 위해서는 다양한 윤리적 이론과 개념, 윤리적 판단력을 이해할 뿐만 아니라 학생들의 도덕 발달 및 가치 교육에 보다 효과적으로 기여할 수 있어야 한다. 따라서 윤리 교사 교육에 교육신경과학에 대한 내용이 필요한 이유를 다음과 같이 제안할 수 있다.

첫째, 학습과 기억의 원리 이해이다. 교육신경과학은 학습과 기억에 관련된 뇌의 작동 원리를 연구한다. 윤리 교사는 학생들에게 윤리적 가치와 도덕적 행동을 교육하기 위해 효과적인 학습 방법을 사용해야 하며 교육신경과학의 지식은 어떤 학습 방식이 뇌에서 효과적으로 처리되고 기억되는지를 이해하는 데 도움을 줄 수 있다.

둘째, 학습 동기와 감정 조절이다. 윤리적 행동은 자발적이고 내재적인 도덕적 동기와 감정 조절에 의해 이루어진다. 교육신경과학은 학습 동기와 감정 조절에 관련된 뇌의 매커니즘 연구를 포함하기에 윤리 교사는 학생들의 도덕적 동기를 높이고, 감정을 조절하며 윤리적 판단과 행동을 유도하기 위해 교육신경과학의 지식을 활용할 수 있다.

셋째, 도덕적 인지 및 정서 발달 이해이다. 교육신경과학은 아동과 청소년의 인지 및 정서 발달에 관한 연구를 포함한다. 인지 및 정서 발달은 윤리적 판단, 도덕적 감정, 윤리적 행동의 형성과 발달에 핵심적인 역할을 하므로 윤리 교사는 학생들의 인지 발달과 정서 발달 단계에 맞는 교육 방법과 적절한 도덕 가르침을 제공하기 위해 교육신경과학의 이론과 연구 결과를 활용할 수 있다.

넷째, 검증되고 과학적이며 개인화된 교육 방법의 제공이다. 교육신경과학은 개인의 학습 스타일과 특성에 따른 개인화된 교육 접근 방법을 제시할 수 있다. 학생 개인 맞춤형 교육을 기도(企圖)할 경우, 윤리 교사는 학생들 각각의 독특한 특성과 성향을 참작하여 윤리 교육을 설계해야 하며 교육신경과학의 지식은 학생들의 다양성을 이해하고 개인에 맞춘 교육 전략을 개발하는 데 도움을 줄 수 있다.

다섯째, 학습 전략 개발에 의한 학습자 중심 교육의 추구이다. 교육신경과학은 학습 환경이 학습 효과에 미치는 영향, 학습과 기억에 영향을 주는 다양한 전략과 기법, 감정과 학습의 관계, 동기와 관심의 뇌신경과학적 기반 등을 연구한다. 이로 인해 학습자의 학습 환경 최적화, 관심과 동기 부여, 효과적이고 바람직한 학습 전략 개발, 감정 조절과 몰입 촉진, 개인 맞춤형 교육 등 다양한 측면에서 윤리 교육 현장에서 역할을 할 수 있다.

결과적으로, 윤리 교사는 교육신경과학 연구를 기반으로 적절한 학습 환경을 조성하고, 학습자의 동기와 관심을 유발하며, 효과적인 학습 전략을 개발하고, 감정 조절과 몰입을 촉진하며, 개인 맞춤형 교육을 구현하여 학습자의 참여와 학습 성과를 극대화할 수 있다.

V. 결론

학습자 중심 교수법은 성공적인 교수법을 학생들의 학습 관점에서 정의하며 학습의 필수 조건으로 학습 동기를 강조한다. 효과적인 학습자 중심 교수 전략은 학생들이 주요 개념과 원리에 대한 지식을 조직화하는 데 도움이 되며 메타인지 능력 개발에도 기여한다(Otara et al., 2019). 신경과학을 기반으로 한 교육적 실천과 응용을 논의하는 것은 교육학계가 공동으로 주목해야 할 주제 중 하나이다. 이는 대중의 신경과학에 대한 오해를 방지하고 교육의 과학화를 위한 노력이다. 예를 들어, 인지과학 연구자는 교육 실천에서 뇌와 인지에 관한 정보를 효과적으로 활용하기 위해 신경과학 연구 결과를 철저하고 적절하게 해석해야 하며 활용할 수 있어야 한다. 또한 교사들이 이를 교육에 어떻게 적용할지에 대한 지침이 필요한데, 이는 윤리 교사를 양성하고 교육하는 대학 및 연수 현장에서도 마찬가지라 할 수 있다.

윤리 교사들은 학생들의 동기를 부여하는 최신 자료와 학습자 중심의 교수 학습 방법을 사용해야 하며, 이를 통해 보다 효과적인 학습 환경을 조성할 수 있다. 교사 중심에서 학습자 중심으로 먼저 교실에서 더 많은 상호작용을 포함하도록 교수법을 조정해야 하며 이를 위해서는 신경과학과 같은 증거와 경험에 기반한 교육 과정 설계가 요구된다. 이는 또한 교육신경과학의 연구 성과들을 도덕 윤리 교육에 적용한 유의미한 내용을 윤리 교사 교육에 포함할 필요가 있음을 나타낸다.

윤리 교사는 교수와 학습의 관계가 예전과 다르다는 것을 받아들여야 한다. 또한 학습과 교육에서의 학생들의 뇌의 작용에 대한 이해 선행도 이들에게 필요하다. 이는 사이코패스나 극심한 반사회적 인격 장애를 이해하는 데도 도움이 될 것이다. 더구나 2022 개정 도덕과 교육과정의 '현대사회와 윤리'에서 도덕 과학적 접근을 다루고 있으며, '윤리와 사상'에서도 도덕의 기원과 판단에 대한 과학적 설명이 명시되어 있는 바, 이에 대한 교육 및 연수는 윤리 교사의 전문성 향상을 위해 필수적이라고 할 수 있다.

따라서 교육신경과학을 기반으로 한 다음과 같은 질문 내용이 윤리 교사 교육에서 활용될 수 있다. 첫째, 무엇이 수동적인 학생들을 학습 과정에 적극적으로 참여하게 할 수 있는가. 둘째, 학습자 중심 수업을 위해 학습 환경은 어떻게 목적에 도움이 되도록 구조화되어야 하는가. 셋째, 학습을 위해 학습자의 뇌는 어떻게 작용하는가.

결론적으로 신경과학, 인지심리학과 같은 연구는 윤리 교사 교육이나 훈련 프로그램의 필수적인 부분이라 할 수 있다. 교사 교육 및 연수를 포함한 지속적인 교사 전문성 개발을 통해 교육신경과학 정보를 풍부하게 (예비) 윤리 교사들에게 제공할 수 있다. 그러므로 학습자 중심 교육을 위해 교육신경과학의 새로운 발전에 대한 비판적이고 건설적인 검토가 윤리 교사 교육 영역에서 이루어질 때 윤리 교사의 전문성 함양과 증거 기반 교육이 학교 윤리 교육 교실 현장에서 구현될 수 있을 것이다.

14장.
규범적 AI 윤리 가이드라인과
AI 윤리 교육 적용 방안

I. 서론

현대 사회에 인공지능(AI) 기술이 비약적으로 발전하고 있다. 이는 인류에게 삶의 향유를 더해주며 제조업과 교육계를 필두로 사회 곳곳에 획기적인 변혁의 바람을 일으키고 있다. 그러나 동시에 프라이버시 침해, 편향과 차별, 책임 소재의 모호성, 무기화와 군사적 사용, 정보의 독점과 불균등한 접근성 등과 같은 윤리적 문제의 야기 소지가 있으며 이에 대한 규제의 필요성이 대두되고 있다. 대형 언어 모델(LLM)을 기반으로 한 AI 시스템의 경우, 결과를 출력하는 내부 작동 방식을 사용자가 파악할 수 없는 상태인 '블랙박스화'의 문제도 간과할 수 없다.

요컨대 AI 기술은 급속히 발전하면서 인류에게 편리성을 제공하고 산업과 교육을 포함해 사회 전 분야에 혁명적인 변화를 가져오고 있으나, AI 윤리 문제와 이에 대한 규제 필요성 또한 견인한다. AI 윤리 문제를 극복하기 위해서는 AI 알고리즘으로 생성된 결과와 출력물을 이해하고 신뢰할 수 있게 만드는 일련의 프로세스가 요구된다. 이를 위해서는 개발, 설계, 제작 그리고 사용의 각 단계에서 요구되는 윤리적 기준과 절차를 마련하고 이를 준수할 필요가 있다. 다시 말해, 미래 AI의 윤리적 문제와 위험성을 고려하여 기업이나 국가가 이를 제한하고, 투명성을 확보해야 한다. AI가 초래하는 윤리 문제는 우리의 생명 및 삶과 밀접한 다양한 영역에 영향을 미치므로 이를 해결하기 위한 선제적이고 적합한 대응이 필요하다.

AI 윤리 가이드라인, AI 윤리 교육과 관련한 연구들이 그동안 국외에서도 이루어졌다. 대표적으로 AI 윤리 가이드라인(Jobin, Ienca, & Vayena, 2019), AI 윤리 가이드라인 분석 및 검토(Attard-Frost, De los Ríos, Walters, 2023; Corrêa et al., 2023; Franzke, 2022; Héder, 2020), AI 윤리 교육(Borenstein & Howard, 2021; Furey & Martin, 2019) 등의 연구가 있다. 그러나 AI 윤리가 사회 전반적으로 논의되기 위해서는 미래 AI의 설계자, 개발자, 정책 입안자, 사용자가 될 학생들에 대한 AI 윤리 교육이 절실하다. 따라서 학생들이 장차 AI 기술을 적절히 활용하고 책임을 다하는 방법에 대한 연구와 논의가 필요하다.

그러므로 이번 장에서는 AI가 초래하는 윤리적 문제들을 해결하기 위한 적극적이고 효과적인 대응 전략을 모색하고자 한다. 특히, AI 윤리 교육 소재로서 규범적 AI 윤리 가이드라인의 활용 가능성과 방안을 제안하고자 한다. 이 연구에서 다룰 연구 문제는 다음과 같다. 첫째, 현재 AI 윤리 가이드라인은 어떠한 기준과 원칙을 포함하고 있으며 그 한계는 무엇인가? 둘째, 뇌신경과학이 밝힌 인간 도덕성의 기능적 기반은 무엇이며, AI의 윤리적 결정 메커니즘에서 고려할 사항은 무엇인가? 셋째, 규범적 AI 윤리 가이드라인의 필요성과 이것의 AI 윤리 교육에서의 활용 방안은 무엇인가? 이를 위해 문헌 검토를 통해 AI 윤리 가이드라인 연구를 이해하고, AI 윤리의 근간이 되는 인간의 도덕성의 특성을 살펴 이를 토대로 AI 윤리 교육에 적용 방안을 모색하고자 한다. 궁극적으로 AI 윤리 가이드라인에 대한 탐구를 기반으로 생성형 AI 시대 AI 윤리 교육에서 활용 가능한 교육 주제를 제공하고자 한다.

II. AI 윤리 가이드라인 연구와 과제

1. 인공지능의 발전과 윤리 문제

인간 지능이 요구되는 일을 실행할 수 있는 컴퓨터 시스템의 이론과 개발은 과학과 사회를 전적으로 변혁하고 있는 혁명으로 널리 소개되고 있다. 딥 러닝, 기계 학습, 인공 신경망과 같은 AI 액세스 방식은 데이터 처리와 분석을 혁신하고 있으며, 의료, 교통 및 산업과 같은 여러 분야에서 자율이나 반半자율 시스템이 점점 더 이용되고 있다. 알고리즘 기반 의사 결정은 일상 속에 널리 퍼져있고, 기계 학습은 대출 처리, 범죄자 식별이나 암 진단과 같은 중요한 의사 결정 과정에서 활용되고 있다. 이러한 강력한 변화와 사회 각 분야에 끼치는 지대한 영향력을 고려할 때, AI는 그 개발과 사용을 지도해야 할 원칙과 가치에 대한 논쟁을 촉발한다. 대표적인 이슈들로는 AI에 의한 인간 직업 위축, 악의적인 사용자에 의한 남용, 책임 회피, 편향성에 따른 공정성 저해 등이다(Jobin et al., 2019).

AI 관련 윤리 문제는 구체성과 발생 가능성 측면에서 매우 다양하다. 데이터 보호나 데이터 정확성과 같은 문제들은 출현이 확실할 것으로 예측되며 남용이나 신뢰 부족과 같은 것들도 발생 가능성이 높은 문제들이다. 이러한 문제의 목록들이 어떻게 해결될 수 있는지, 우선순위는 무엇인지 등을 고려하기 위해 심층적이고 분석적인 검토가 요구된다. 연구자들이 사례 연구와 델파이 연구를 통해 확인한 윤리적 문제의 목록 예들은 다음 <표 9>와 같다(Stahl, 2021).

<표 9> 윤리적 문제의 목록

순	목록	순	목록
1	혁신 비용	20	범죄 및 악용 가능성
2	신체적 무결성에 대한 피해	21	자유와 개인 자율성의 상실
3	공공 서비스 접근 부재	22	데이터 소유권 쟁점
4	신뢰 부족, AI의 각성	23	인간 간 접촉 감소
5	보안 문제	24	데이터 및 시스템의 통제 및 사용 문제
6	품질 미달 데이터	25	예측적 권고의 정확성 부재

7	직업 소멸	26	비개인적 권고의 정확성 부재
8	권력 불균형	27	경제적 권력의 집중
9	무결성 문제	28	공급망에서의 기본 인권 침해
10	데이터 정확성의 부재	29	최종 사용자의 기본 인권 침해
11	프라이버시 부족	30	의도하지 않은, 예측할 수 없는 부정적인 영향
12	투명성 부족	31	잘못된 문제의 우선순위
13	군사적 사용 가능성	32	취약 계층에 대한 부정적 영향
14	정보 동의 부재	33	책임감과 의무 부재
15	편향과 차별	34	환경에 부정적 영향
16	불평등한 권력 관계	35	인간의 의사 결정의 상실
17	개인 데이터 남용	36	정보 접근과 정보 자유 부재
18	사법 제도에 부정적인 영향	37	건강에 부정적인 영향
19	민주주의에 부정적인 영향	38	불공정

(출처: Stahl, 2021)

AI 기술의 윤리적 문제들을 고려할 때, 해당 이슈들을 몇 가지 핵심 범주로 분류하여 체계화하고 우선시하는 것이 중요하다. 이를 통해 AI 개발자, 사용자, 정책 입안자가 각각의 문제에 대해 효과적으로 대응할 수 있도록 지원할 수 있다. AI 윤리 문제들은 사회적 및 경제적 영향, 데이터와 정보 보안, 도덕적 및 법적 책임, 기술 신뢰성 및 투명성, 건강 및 인간관계, 기타 윤리적 우려로 범주화 가능하다. 각 범주별로 문제를 식별하고 해결책을 제시함으로써 AI 개발과 활용 과정에서 발생할 수 있는 도덕적, 사회적 문제들에 대한 책임 있는 대응 전략을 수립할 수 있다. 이는 또한 정책 입안자와 기술 개발자가 구체적인 가이드라인과 규제를 개발하는 데 중요한 정보를 제공한다. 전 세계적으로 국가, 기업, 단체, 기관 등 다양한 이해관계자들이 책임 있는

AI 사용을 보장하기 위해 윤리적 가이드라인과 원칙 정의를 시도하였다. 그 이유는 여러 가지 요인으로 이뤄졌으며 다음과 같은 사항들 (Balasubramaniam et al., 2022)을 검토해 볼 수 있다.

첫째, 가장 포괄적이며 핵심적인 이유는 윤리적 고려의 필요성이다. 인공지능 기술이 발전함에 따라 그 영향력이 커졌고, 이에 따른 윤리적 문제들이 부상하게 되었다.

둘째, 사회적 영향과 책임 문제이다. 인공지능이 사회 전반에 영향을 미치기 때문에, 이 기술을 사용하는 개발자나 설계자를 포함해 기업, 정부, 기관, 개인은 그 책임을 인식하고 행동해야 한다는 인식이 높아졌다. 즉, 알고리즘 결정이 인간에게 미치는 영향을 예측하고 제한하기 위해서는 책임 있는 접근 방식이 필수적이다.

셋째, 표준화의 필요이다. 다양한 기업과 조직이 각자의 방식으로 인공지능을 개발하고 사용함에 따라 표준화된 윤리적 지침의 필요성이 대두되었다. 인공지능의 개발, 설계, 제작, 관리 등과 관련해 표준화된 지침이 마련된다면, 인류는 보다 일관된 방식으로 책임 있는 AI를 개발하고 운영할 수 있을 것이다.

넷째, 신뢰 구축이다. AI 시스템의 사용자들은 그 시스템이 윤리적으로 적절하게 설계 및 개발되고 운영된다고 믿을 수 있어야 한다. 윤리적 가이드라인은 이러한 신뢰를 구축하는 데 도움이 된다.

AI 윤리 문제를 해결하고 책임 있는 AI 시스템을 개발하기 위해 IEEE, ACM 등과 같은 전 세계의 다양한 이해관계자들이 책임 있는

AI 사용을 보장하기 위한 포괄적인 윤리적 가이드라인과 원칙을 제시하였다. 전문가 그룹이 개발한 AI의 윤리적 가이드라인은 AI 시스템 개발을 위해 투명성과 설명 가능성 등을 강조하였다. AI 시스템의 설명은 신뢰를 증진시키고 사용자들의 결정을 개선하는 데 기여한다.

한편, 윤리는 그저 공개적인 비판적 목소리를 진정시키는 데 목적을 둘 수도 있으나 동시에 실천 방식은 조직 내에서 유지되기도 한다. 예를 들어 Amazon, Apple, Baidu, Meta, Google, IBM, Intel 등과 같은 기업들을 결집시키는 Partnership on AI(2018)는 이러한 맥락에서 모범적이다. 기업들은 비즈니스 활동에 대한 법적 규제에 대해 진지한 약속을 수립하고 수행하기 위해 협회의 회원 자격을 강조할 수 있다(Hagendorff, 2020).

따라서 AI 윤리 가이드라인의 개발과 실행은 실제로 기술적 발전이 사회 전반에 긍정적인 영향을 미치도록 보장하는 데 중요한 역할을 하고자 한다. 가이드라인은 기술의 발전을 윤리적인 방향으로 이끌고 사회적 책임을 강화하며 이해 당사자 간의 신뢰를 구축하는 기반을 마련한다. 또한 이는 국제적인 협력과 표준화를 촉진하여 AI 기술의 안전하고 공정한 사용을 위한 글로벌 프레임워크 구축에 기여한다. 이러한 점에서 볼 때, AI 윤리 가이드라인은 적절한 법적 및 윤리적 틀 내에서 AI의 발전을 지원함으로써 인류에게 실질적인 혜택을 제공하고 잠재적인 위험을 최소화하는 데 필수적이다.

2. AI 윤리 가이드라인과 그 실행의 현실

현재 AI가 일으키는 반향은 새로운 AI 기술의 활용에 따른 윤리의 지속적인 요구와 함께 이루어지고 있다. 이에 따라 기술 개발자들이 최대한 준수해야 하는 윤리 가이드라인이 최근 몇 년 동안 개발되었다. 그러나 이러한 윤리적 가이드라인이 AI 혹은 기계 학습 분야에서 인간의 의사 결정에 실제로 영향을 미치는가에 대해서는 회의적인 시각이 상당하다. 이 때문에 기존의 AI 윤리 가이드라인을 분석하고 가이드라인의 상대적인 비효과성을 극복하는 방법에 대해 권고할 필요가 있다.

빅 데이터와 인공지능이 확산되면서 윤리적 성찰에 대한 요구가 대두되었다. 윤리 지침은 이러한 측면에서 중심적인 역할을 해왔는데, 기존 윤리 지침은 광범위한 가치를 장려하고 투명성과 개인 정보 보호 및 보안의 가치에 자주 의지한다. 반면, 윤리라는 용어 및 관련 용어는 적절하게 정의되지 않았다(Franzke, 2022). AI 윤리의 경우 일반 윤리와 마찬가지로 규범적 주장을 강화할 수 있는 메커니즘이 부족하다. 윤리적 원칙을 시행하지 않을 경우 불명예와 같은 평판 상실이나 특정 전문 기관의 회원 자격 제한 등의 불이익을 받을 수 있다. 그러나 이러한 메커니즘은 대체로 미약하고 뚜렷한 위협을 제시하지 않는다. 이 때문에 현재의 윤리적 관행과 그들의 강제성 사이의 간극은 논의의 중심에 놓여있다(Alahmed et al., 2023). 이것은 때로 많은 AI 기업과 기관에 매력적으로 작용하기도 한다. 예를 들어, 기업이나 기관이 자체 윤리적 가이드라인을 수립하거나 정기적으로 윤리적 고려를 홍보 활동에 편입하거나 하는 것과 같이 윤리적 동기 부여로서 자기 약속을 채택할 때, 실제로 구속력 있는 법적 구조를 만들기 위한 노력이 지속적으로 억제될 수도 있다.

다른 관점에서 AI 시스템에 관한 보다 구체적인 법률이 요구되더라도, 이러한 요구는 비교적 모호하고 피상적으로 작동할 수 있다. 이러한 이유로 입법자들은 과학과 산업의 내부 자기 규제가 충분하며, 기술적 위험을 완화하고 남용 시나리오를 제거하기 위한 특별한 법률이 필요하지 않은 것처럼 여길 수 있다. 그러나 2023년 11월 1일과 2일 영국에서 개최된 제1회 Global AI Safety Summit은 AI 윤리 '규제'의 중요성을 다시 한번 강조하였다. 전 세계 각국의 지도자, 기업인, 학자 등 100여 명은 급변하는 AI가 초래할 수 있는 잠재적 위험과 이를 완화하기 위한 방안을 논의하였다. 참석자들은 AI로 인해 발생할 수 있는 위험을 과학적이고 객관적으로 평가하고, AI 기술을 안전하게 활용할 수 있는 방법을 모색하기로 하는 'Bletchley Declaration on AI Safety'를 채택하였다. 또한 영국은 AI 안전성을 연구하고 정보를 교환하기 위해 AI 안전 연구소(AI Safety Institute)를 설립하기로 하였다. 이 회의에는 영국, 미국, 중국, 독일, 프랑스, 일본, 호주, 캐나다, 이탈리아, 싱가포르, 국제연합(UN), 유럽연합(EU) 등의 각국 지도자가 참여하였으며, Tesla, DeepMind, Meta, OpenAI 등 AI 관련 기업과 학자들도 함께 하였다. 우리나라에서는 윤석열 대통령이 화상으로, 이종호 과학기술정보통신부 장관이 직접 참석하였다.

 AI가 가진 잠재적 위험과 그 경감 방안 논의는 AI로 인하여 발생할 수 있는 위험을 과학적이고 객관적으로 평가하고, AI 기술을 안전하게 활용할 수 있는 방안 모색이 매우 절실함을 잘 드러낸다. 연구자, 정치인, 컨설턴트, 관리자 및 활동가들은 이러한 윤리의 본질적인 약점에 보다 체계적이고 정책적으로 대처할 필요가 있다. 그렇다면 AI 윤리 분야의 연구 양상은 어떠할까?

 AI 윤리 연구는 자율적인 기계의 결정 루틴에 윤리적 원칙이 어떻게 적용될 수 있는지에 대한 반성부터 AI 윤리에 대한 메타 연구나 트롤리 문제가 어떻게 해결되는지에 대한 경험적 분석까지 다양하다. 특정 문제에 대한 반성 및 포괄적인 AI 가이드라인인 The IEEE Global Initiative on Ethics of Autonomous and Intelligent Systems(2019)에 이르기까지 다양한 주제가 다뤄지고 있다(Hagendorff, 2020). 국내 및 국제 기관들은 AI의 윤리적, 사회적 우려에 대응하여 종종 정책 문서 작성을 위임받은 전문위원회를 구성해왔다. 이들에는 유럽 연합에서 임명한 AI에 관한 고위 전문가 그룹, 경제 협력 개발 기구의 AI 전문가 그룹, 싱가포르의 AI와 데이터 윤리적 사용에 대한 자문위원회, 영국 하원의 AI 선택 위원회 등이 있다. 구글과 같은 기업들은 2018년 AI 지침과 원칙을 공개적으로 발표하였다. 또한 컴퓨팅 기구 협회(ACM), 액세스 나우, 그리고 국제사회기구(Amnesty International)와 같은 전문 단체 및 비영리 기관에서도 선언과 권고안이 발행되었다. 이러한 다양한 이해관계자들의 강력한 노력은 윤리적 지침이 필요함을 보여주는 것 뿐만 아니라, 각 이해관계자들이 각자의 우선순위를 충족하는 방식으로 AI 윤리를 형성하려는 강한 관심을 나타낸다(Jobin et al., 2019). AI 윤리 가이드라인은 AI 원칙, AI 규칙 등으로 지칭할 수 있으며 일종의 AI 윤리 지침이라 할 수 있다.

AI윤리 가이드라인에 대한 연구자들의 견해는 다음과 같다. 셰러(Matthew Scherer)는 AI의 예측 불가능성과 신흥 위험을 통제할 필요가 있다고 주장하며, 따라서 관련 기관의 역량을 검토하고 인공지능 개발법을 제정해야 한다고 촉구한다. 그러나 이 접근은 단순히 기관의 안전한 AI 사용을 감독하는 것보다는 지원하고 장려하는 엔티티로서 기관을 보다 강조한다. 가서(Urs Gasser)와 알메이다(Virgilio Almeida)의 AI 지배 모델은 AI의 복잡한 구조를 보다 구체적으로 분해하기 위해 서로 다른 층위에 기반을 둔다. 시간적 관점을 고려하여 사회적, 법적, 윤리적, 기술적 측면을 고려하고 있다(Gasser & Almeida, 2017). 보이드(Matthew Boyd)와 윌슨(Nick Wilson)은 AI가 다양한 분야에서 위험을 초래하며 적절한 규제가 부족하다고 주장한다. 그들은 불공평과 편향, 경제적 혼란, 미디어 영향력 그리고 보안 또는 심지어 존재의 위협과 같은 네 가지 AI 지배 위험을 다루며 성공적인 AI 지배를 위한 행동 계획을 제안한다(Boyd & Wilson, 2017). 티러(Adam Thierer) 등은 두 가지 전략을 제안하는데, 첫 번째 전략은 처음부터 위험을 예방하고 금지 또는 제한을 통해 보안을 보장하는 것을 목표로 하고 있다. 두 번째 전략은 기존의 법척 개념을 활용하고 윤리적 규정과 지침을 적용하여 혁신 기회를 유지하는 것을 목표로 한다(Thierer et al., 2017). 라완(Iyad Rahwan)은 AI 규제 프레임워크를 개발했는데, 한 사람이 통제하는 인간 중심 접근 방식 대신 다양한 이해관계자 이익을 대표하고 감시 책임이 분담되는 사회 계약을 포함하는 사회 속의 루프 접근 방식을 제안한다(Rahwan, 2018). 이러한 다각적 접근 방식들은 AI 규제와 안전성을 강화하기 위한 다양한 아이디어를 제공하며 현실적이고 효과적인 방안을 모색하는 데 도움이 될 수 있다.

현재 AI 윤리 프로그램에는 특정한 결함이 많이 존재한다. 확실한 법적 규범 없이는 규범적 원칙이 강화 메커니즘을 가지지 않는다는 점을 고려하면, 아직까지 상당 부분 AI 윤리 규정을 위반해도 제재가 가해지지 않는다. 더구나 AI 응용 프로그램이 규정된 모든 윤리적 요구 사항을 충족하더라도, 잘못된 맥락에서 사용되거나 비윤리적 의도를 따르는 조직에서 개발된 경우에는 해당 응용 프로그램 자체가 윤리적으로 승인되지 않았을 수 있다는 점도 간과해서는 안 될 것이다. 더불어 윤리는 때로 마케팅 목적으로 사용될 수 있다. 이 때문에 AI 윤리 원칙이나 지침과 같은 윤리 가이드라인이 정교하게 잘 만들어져야 할 뿐만 아니라 이러한 원칙들이 실현될 수 있는 토대가 구축되어야 한다.

최근에는 여러 가지 프레임워크가 개발되고 있고 이는 '무엇'에서 '어떻게'라는 과정을 기술한다. 이는 기본적으로 윤리 규범의 실현 과정에서 맥락의 의존성, 다른 이해관계자들을 위한 다양한 요구 사항, 그리고 공정성, 정확성과 같은 원칙이나 가치 충돌에 대한 대응 방법을 고려한다는 것을 의미한다. 그러나 궁극적으로 실용적 전환 프레임워크는 종종 더 세부적인 개념을 사용하는 윤리 규범보다 더 자세한 코드에 그치는 경우가 많다. 예를 들면, 첫 번째 종합적인 AI 윤리 지침이 개인 정보 보호의 중요성을 강조하는 것 대신에 Privacy by Design이나 Privacy Impact Assessment를 시사하는 경우이다. 또는 AI를 위한 원칙을 규정하는 대신, 알고리즘 개발의 단계를 구분하여 비즈니스 및 사용 사례 개발, 활용 예를 AI 전문가들의 명료한 요구 사항으로 전환하는 설계 단계, 교육 및 테스트 데이터 확보, AI 애플리케이션 구축 및 테스트 같은 단계를 구분하기도 한다(Hagendorff, 2022).

또 한 가지 우리가 유념할 부분은 AI가 인간의 윤리적 가치를 반영하고 존중하도록 발전시키기 위해 인간의 도덕성에 대한 깊은 이해가 선행되어야 한다는 것이다. 이는 모든 윤리적 프레임워크가 궁극적으로 인간의 도덕적 원칙에 기반을 두고 있으며 이 원칙들이 현실에서 어떻게 구현될 수 있는지를 고려해야 한다는 점에서 비롯된다. 특히 인공신경망은 인간 두뇌의 처리 과정을 모방하여 설계되었기 때문에 뇌신경과학 연구는 AI 개발에 있어서 인간 도덕성을 통합하는 데 중요한 역할을 한다. 그렇기에 AI 윤리 가이드라인을 개발하고 적용하는 과정에서는 뇌신경과학의 통찰을 감안할 필요가 있다. 이러한 접근은 AI 기술이 인간 중심적 윤리를 보다 효과적으로 반영하게 만들어 그 적용이 실제 사회적, 도덕적 요구를 만족시킬 수 있게 할 것이다. 따라서 AI 윤리 가이드라인의 개발과 교육을 위해 먼저 뇌신경과학과 인공지능 그리고 뇌신경과학에서의 인간 도덕성 이해를 살펴보고자 한다.

III. 뇌신경과학과 인공지능 그리고 인간 도덕성

1. 인공지능과 뇌신경과학

AI 전문가들은 적절한 프로그램을 구현할 수 있다면 컴퓨터를 지능적이라고 할 수 있다고 믿었다. 앨런 튜링(Alan Turing)이 '기계가 사유할 수 있는가?'라는 의문을 제시했을 당시 복잡한 계산을 수행할 수 있는 시스템은 생물학적인 뇌 신경계에만 국한되어 있었다. 그의 탄생 100주년이 지나고 그가 마인드(Mind)에 기념비적인 논문인 「계산 기계와 지능(Computing Machinery and Intelligence)」을 발표한 지 70년 이상 흘렀다. 이 논문에서 튜링은 컴퓨터가 '생각할 수 있는' 능력을 가질 수 있는지 여부를 포함해 여러 질문을 제기하였다. 또한 튜링은 인간이 컴퓨터를 '지능적'이라고 판단할 수 있는 기준을 설정했으며, 이 중에는 '모방 게임(imitation game)'도 포함된다. 그의 논문은 1930년대와 1940년대의 중요한 수학 및 계산 통찰력과 함께 그를 인공지능의 아버지로 널리 알려지게 하였다(Luger & Chakrabarti, 2017).

컴퓨터가 기계 지능에 대한 튜링 테스트를 통과할 경우 컴퓨터는

지능적이 된다. 존 서얼(John Searle)은 1980년대 「마음, 뇌, 그리고 프로그램(Minds, Brains and Programs)」을 발표하여 인공지능과 인지주의의 핵심에 치명적인 타격을 가하였다. 그는 기계가 지능을 가질 수 있다거나 인간의 인지를 설명할 수 있다는 주장을 거부하였다. 존 서얼의 반대 접근법은 '중국어 방(Chinese Room)' 사고실험으로 잘 알려졌다. 튜링과 달리, 서얼은 실제 지능에 대한 전제 조건으로 의도성을 강조하였다. 그가 설명한 바에 따르면, AI 장치가 튜링 테스트하에서 결과 지향적 임곗값을 극복한다고 해서 그것에 지능을 부여할 수는 없다. 결과만으로는 충분히 정확한 지표가 될 수 없으며, 이는 여전히 진정한 의식이 결여된 단순한 기계적 규칙 준수의 결과일 수 있기 때문이다. 그의 예시에서는 중국어를 이해하거나 말할 줄 모르는 사람이 방 안에서 중국어 문장을 형성하기 위한 형식적 규칙을 적용할 수 있다. 이 사람이 방 밖에서 작성되어 개인에게 전달된 중국어 질문에 방 안의 규칙을 사용하여 올바르게 '답변'하기 때문에, 방 밖의 관찰자들은 이 사람이 중국어에 능숙한 것처럼 인상을 받을 수 있다. 그러나 이것은 규칙 준수에 의해 생성된 기술의 단순한 시뮬레이션일 뿐이며, 의도성이 없기 때문에 진정으로 지능적인 활동이라고 할 수 없다(Dornis, 2020).

이것은 최근 이슈가 되는 생성형 AI와 연계해서도 의미하는 바가 크다. 언어 생성 모델 같은 최신 AI 기술이 복잡한 언어 작업을 수행할 때, 이러한 시스템이 사람처럼 의사소통하는 것처럼 보일 수 있지만, 이는 인간의 언어 이해와 동일한 수준의 의식적 이해나 의도를 반영하지 않는다. 즉 이러한 기술들이 제공하는 출력이 형식적 규칙의 정교한 적용을 통해 생성될 수 있다 하더라도, 그 결과가 진정한 지능적 의사 결정을 의미하지는 않는다. 이는 인공지능 연구에서 '진정한 지능'과 '시뮬레이션 지능' 사이의 구분을 명확히 하는 것이 중요하다는 점을 지적한다.

AI는 통상적으로 인간의 지적 능력이 요구된다고 여겨지는 작업을 수행할 수 있는 컴퓨터 시스템의 연구 및 개발로 이해된다. AI는 기계와 로봇의 지능을 만들고 향상시키는 것을 목표로 한다. AI 분야의 여러 기념비적인 연구는 인간의 뇌를 지능형 인공물의 제작을 위한 개념적 지침의 원천으로 사용하였다. 현대 AI는 신경과학 그리고 심리학에서의 아이디어로 이루어졌다. 가령, AI에 대한 가장 표준적인 접근 방식 중 하나인 Artificial Neural Networks(ANN)는 인공 뉴런이라고 하는 상호 연결된 단위의 네트워크로 구성된다. 많은 인공지능 연구들은 뇌신경과학의 개념과 결과로부터 영감을 얻고 있다(Fan et al., 2020).

인간과 비인간 영장류에서 수행된 작업 기억 작업은 전두엽피질의 세포 집합체 내에서의 높고 지속적인 활동뿐만 아니라 신경피질, 해마 및 뇌간의 다른 영역이 작업 기억 내 정보 유지에 중요할 수 있다는 것을 시사하였다. 이러한 발견에 대응하여 이 지속적인 활동을 설명할 수 있는 몇 가지 신경 메커니즘이 제안되었다(Macpherson et al., 2021). 이와 같이 현재 AI 연구에서는 뇌신경과학의 아이디어에 뿌리를 두고 있는 딥 러닝 그리고 강화 학습이 중추적 역할을 하고 있다.

인간의 두뇌는 역동적인 세계와의 복잡한 실시간 상호작용을 위한 탁월한 능력을 갖춘 것으로 알려진, 지능을 담당하는 기관이다. 인간 뇌의 놀라운 기능을 모방하려는 AI 연구자들에게 필요한 것은 뇌신경과학의 자연 지능과 컴퓨터공학의 인공지능 간의 차이를 이해하는 것이다. 최근에는 두 분야 간의 상호작용과 협력을 강조하는 노력이 진행되고 있다. 인공지능과 뇌신경과학을 융합하는 혁신적인 방법 중 하나로 하이브롯(hybrots)이라 불리는 신경 조직과 로봇의 새로운 혼합 형태가 나타나면서 미래의 AI 신경 네트워크 메커니즘에 대한 탐색이 가속화되고 있다(Lungarella et al. Eds., 2007). 역사적 관점에서 신경과학과 AI는 상호 긴밀한 관련을 맺어왔으며 인공지능과 신경과학의 연계 필요성은 다음과 같이 제시할 수 있다. 첫째, AI의 학습 원리 이해로 신경과학은 인공지능의 학습 원리를 이해하는 데 도움이 된다. 둘째, 신경과학은 도덕적인 의사 결정과 관련된 인간의 뇌 활동을 연구함으로써, AI가 윤리적인 방향으로 발전하도록 도와줄 수 있다. 셋째, 인간과 AI 간의 상호작용과 소통을 이해하는 데 도움이 된다. 이러한 이해의 바탕 위에 인간의 가치와 도덕성이 AI 윤리에 어떻게 반영되어야 하는지에 대한 논의가 가능할 것이다.

2. 뇌신경과학에서 인간 도덕성 이해

인간에게 내재된 도덕적 능력의 가능성은 도덕심리학 연구를 통해 탐험될 수 있으며 이 분야에서는 주로 피아제(Piaget)와 콜버그(Kohlberg)

의 연구가 대표적으로 언급된다. 인지신경과학의 맥락에서 도덕성을 이해하는 데 중요한 특성은 도덕성이 뇌의 본질에서 비롯된다는 이해와, 이성과 정서의 조화로운 상호작용으로서 도덕적 능력이 나타난다는 발견이다. 뇌 손상이 개인의 도덕적 감수성을 현저하게 선택적으로 감소시키는 사례는 이와 관련이 깊다. 또한 인지신경과학 분야에서는 인간의 지각과 감정이 뇌에서 분리되어 있지 않고, 특히 감정은 유기체의 전체적인 상태를 고려하는 동적인 과정으로 이해된다. 인간의 도덕적 판단 역시 간단한 계산과 사고 능력을 넘어 이성과 감정이 동시에 작용하는 복합 추론 과정으로 이루어진다. 최근 뇌신경과학 연구들은 과거 전적으로 인간 이성에 의존하는 것으로 여겨졌던 도덕적 판단이나 도덕적 사고가 정서, 직관과 같은 감정 영역과 밀접히 관련됨을 드러냈다(May, 2023). 도덕적 판단은 고차원의 인간 지성의 중요한 부분으로 간주된다. 인간의 뇌는 여러 특징을 지니고 다양한 역할을 수행한다.

따라서 AI의 윤리적 결정 과정에서 정서와 감정, 직관, 의도성과 인식의 본질, 도덕적 판단의 기반, 실제와 시뮬레이션의 구분 등의 사항을 고려하고 검토할 필요가 있다. 이러한 고려 사항들은 AI 기술 발전이 인간의 도덕적이거나 윤리적 기준을 준수하면서 진행될 수 있도록 하는 데 중요한 역할을 할 것이다.

아울러 인공 신경망 이해는 인공지능의 작동 원리를 보다 깊이 알게 하며, 뇌신경과학 차원에서의 인간 뇌의 해명은 윤리적, 도덕적인 사고와 판단 그리고 행동에서의 실패와 성공을 이해하게 한다. 그리고 이는 인간의 윤리와 도덕의 형성에도 영향을 주기에 AI 윤리 원칙이나 규범 제정에 이러한 사항들을 감안할 수 있다. 우리는 AI 윤리 가이드라인을 위한 윤리적 원리, 원칙, 규칙, 지침과 같은 규범 탐구로 전진할 필요가 있다.

IV. 규범적 AI 윤리 가이드라인과 AI 윤리 교육

1. 윤리적 AI와 규범적 AI 윤리 가이드라인

사용자 프라이버시에 대한 위험, 증가된 감시 가능성, 산업의 환경적 비용, 그리고 편견과 차별이 대규모로 확대되어 취약한 그룹에 심각한 피해를 입힐 수 있는 여러 윤리적 우려가 있다. AI 산업의 확장은 이 분야에서 규제와 규범적 지침에 대한 수요를 증가시켰다. 여기서 핵심적인 질문 중 하나는 AI 기술 개발을 이끌어야 하는 윤리적 전제가 무엇인지를 결정하는 것이다. 이 질문에 답하기 위해 다수 이해관계자들이 다양한 원칙과 지침을 제안해왔다. 그러나 이러한 다양한 논의에서의 합의와 이견은 아직 철저하게 평가되지 않았다. 이 때문에 현재 논의 중인 글로벌 규정을 지원하기 위한 합의를 이끌어내는 것은 실용적이고 이론적인 면에서 모두 중요하다(Corrêa et al., 2023).

AI 윤리 이니셔티브들은 주로 원칙 중심 접근법을 채택하고 있다.

규범이란 특정한 규칙, 표준, 또는 일반적으로 받아들여진 행동이나 행위에 관한 것을 의미한다. 규범적인 AI 윤리 가이드라인이 필요한 이유로 다음과 같은 점들을 들 수 있다.

첫째, 규범적인 윤리 가이드라인은 다양한 분야와 기업들이 공통된 표준에 따라 행동할 수 있도록 한다. 이것은 다양한 AI 시스템 및 산업 분야에서 일관성을 유지하고 윤리적 표준을 준수하는 데 도움이 된다.

둘째, 규범적인 가이드라인은 다양한 이해관계자들을 위한 지침을 제공한다. 이는 기술 개발자, 기업, 정부, 이용자 등이 모두 동일한 윤리적인 토대 위에서 행동하도록 돕는다.

셋째, 규범적인 가이드라인은 국제적인 수준에서 표준화되고 채택될 수 있다. 이는 다수의 국가와 조직들 간의 협력을 촉진하고 보다 효율적인 국제적 협업을 이끌어낸다.

넷째, 규범적인 윤리 가이드라인은 윤리적인 논의를 촉진하며 기술 개발자와 기업이 책임을 질 수 있도록 한다. 이는 AI 기술 발전의 윤리적 책임을 부여하고 이를 강조하는 역할을 한다.

다섯째, 규범적인 윤리 가이드라인은 사용자들에게 AI 기술의 신뢰를 높일 수 있는 안전하고 윤리적인 환경을 제공한다. 이러한 이유로 규범적인 윤리 가이드라인은 AI 윤리 이니셔티브에서 필요한 요소이다. 이는 윤리적으로 일관성 있고 전 세계적으로 적용 가능한 가이드라인을 제시하여 AI 기술의 안전성과 윤리성을 보장하는 데 중요한 역할을 한다. 이는 도덕적 인공지능을 구현하기 위한 토대가 될 것이다.

한편, 다양한 인공지능 윤리 가이드라인이 제시되어 왔지만, 이러한 가이드라인들은 서로 분리되어 있고 각각 독립적이다. AI 개발 또는 사용에 참여하는 개인들이 어떤 윤리적 문제에 주의를 기울여야 하는지, 이러한 문제가 어떻게 나타날 수 있는지, 그리고 어떻게 해결될 수 있는지를 판단하기 어렵다는 지적도 있다. 공정성, 투명성 또는 지속 가능성과 같은 특정 윤리적 원칙에 대한 참고는 좋은 시작점일 수 있지만, AI 기관 스스로가 이러한 원칙들이 그들의 작업에 미치는 영향을 심층적으로 고민할 수 있도록 추가적인 세부 내용이 필요하다. 현재 사용 가능한 AI 가이드라인의 윤리적 요구 사항을 포괄적으로 제시할 필요가 있다(Ryan & Stahl, 2020).

많은 나라에서 윤리적 문제를 상향식 또는 하향식 맥락 규범으로 전환하려는 다각적인 노력들도 이뤄지고 있다. 예를 들어, 미국 의료 정보학회는 정보 기술과 함께 작업하는 연구원과 의료 전문가들을 위한 별도의 윤리 강령을 도입하였다. 스웨덴에서는 데이터 및 의료 전문가들 간의 공동 합의를 통해 임상 영상 데이터 세트 공유에 대한 국가 정책이 이뤄졌다. 유럽 인공지능 법안은 인간 활동과 권리의 민감한 영역에서 일반적으로 적용 가능한 수평적인 프레임워크를 제공하며, 영국 정부 지침은 대부분이 검사 의학과 유럽 국가들에 일반화될 수 있는 보완적인 의료 조언을 제안한다(Pennestrì & Banfi, 2022). 그렇다면, 우리는 어떠한 규범들을 AI 윤리 가이드라인 정립을 위한 기초로 삼을 수 있을까? 이것은 또한 학교 교육 현장 특히, AI 윤리 교육에서 다루어야 할 중요한 AI 윤리 '콘텐츠'이기도 하다.

2. AI 윤리 교육 소재로서 규범적 AI 윤리 가이드라인

윤리적 AI의 논의는 대부분 회사들이 제작한 소프트웨어에서 발생하는 문제에 집중되어 왔다. 연구자들의 2019년 시스템적 분석 결과 84개의 윤리적 AI 가이드라인 중 대부분은 회사(22.6%)나 정부(21.4%)에서 만들어졌다. 투명성, 설명 가능성과 같은 추상적인 '윤리적 AI 원칙'이 때로 서로 다른 근본적 의미로 사용되고 있기에 수렴은 표면적일 수 있다. 이 때문에 이러한 원칙을 준수하는 시스템이 여전히 명백하게 비윤리적일 수 있으며, 윤리적 AI의 조명을 AI 설계보다는 비즈니스 사용에 가능한 집중시킬 수 있다. 비판적인 논의조차도 주로 사적 부문에만 집중되어 있는데, 한 연구는 '원칙만으로는 윤리적 AI를 보장할 수 없다'고 주장한다(Widder et al., 2022).

이러한 점을 고려할 때, AI 윤리 교육에서 AI 윤리 가이드라인에 대한 논의와 이에 대한 준수를 미래 AI 엔지니어, AI 정책 입안자, 사용자가 될 학생들에게 가르쳐야 할 이유와 필요성은 다음과 같이 명백하다.

첫째, AI 시스템의 윤리적인 사용과 개발은 기업이나 조직 수준에서만 이루어지는 것이 아니라 개개인의 선택과 행동에까지 영향을 미친다. 그래서 학생들이 윤리적인 결정을 내릴 때 AI 기술의 윤리적인 측면을 고려할 수 있는 능력을 기르는 것이 중요하다.

둘째, AI의 윤리적인 개발은 공공의 이익을 위한 것이기도 하다. 학생들이 AI를 사용하고 미래 AI를 개발하는 데 있어 사회적 책임과 윤리적인 규범을 이해하고, 이에 따라 행동하는 것이 중요하다. 예를 들어, 개인 정보 보호, 공정성, 투명성 등의 개념을 이해하고 적용함으로써 AI 기술의 발전이 사회적으로 유익한 방향으로 나아갈 수 있다.

셋째, 윤리적인 AI의 개발은 기술의 미래를 결정짓는 중요한 요소이다. 학생들이 윤리적인 책임을 갖고 AI를 사용하고 개발하는 방법을 배우면, 미래 AI 기술의 발전과 사용에 더 건전한 토대를 마련할 수 있다. 이는 잠재적으로 해로운 결과를 피하고 사회적으로 긍정적인 영향을 창출할 수 있는 기회를 열어줄 것이다.

넷째, AI의 미래는 지속적인 논의와 윤리적 사고에 의해 형성된다. 학생들이 윤리적인 AI 개발과 사용에 대해 논리적으로 생각하고 논의하는 능력을 배우게 되면, 이는 AI의 발전에 있어서 윤리적인 관점을 적극적으로 고려하는 문화를 조성하는 데 큰 도움이 될 것이다.

다섯째, AI 윤리 교육은 사회의 다양한 도덕 문제에 대한 탐구와 삶의 이야기에 대한 성찰을 기반으로 학생들의 도덕적 실천 능력을 심화할 것이다. 교육에서 AI 윤리에 대한 논의는 이러한 점에서 학생들의 시대적 상황에 대한 빠른 적응력과 대처 능력도 갖추게 하도록 도울 것이다. 특히 규범 윤리는 행동의 규칙이나 기준을 탐구하기에 교육에서 규범 윤리 차원의 AI 윤리 접근도 함께 이루어져야 한다.

규범적 윤리 이론은 가치를 결정하고 판단과 행동을 이끌기 위한 프레임워크를 제안한다. 세 가지 주요 유형으로는 행위의 결과에 집중하는 결과주의, 행위 자체의 본질에 주안점을 둔 의무론, 그리고 행위 주체의 도덕적 성품에 집중하는 덕 윤리(Virtue ethics)를 들 수 있다 (Boddington, 2023). AI의 윤리적 영향이 사회적 가치, 개인 정보 보호, 인권에 대한 영향으로 나타날 수 있다는 점도 규범적 AI 윤리에 대한 관심을 북돋는다. 이는 세 가지 주요 차원으로 요약될 수 있는데 개인 정보 보호 측면에서 AI의 영향은 동의, 투명성, 개인 정보 수집 및 접근의 정도로 볼 수 있다. AI가 인권에 미치는 영향은 프라이버시 권리, 비차별성, 공정한 접근 등 다양한 인권 관점에서 고려될 수 있다. 윤리적 가치는 지역에 따라 다를 수 있지만, 특정한 도덕적 원칙은 사회와 문화를 넘어서 일관되게 유지된다(Alahmed et al., 2023).

따라서 우리는 AI 윤리 교육의 관점에서 라이언(Mark Ryan)과 스탈 (Bernd Carsten Stahl)이 제안한 다음 <표 10>과 같은 11가지의 규범적 원칙들(Ryan & Stahl, 2020)을 다룰 수 있다. 이들은 AI 윤리 가이드라인 규범인 동시에 AI 윤리 교육에서 학생들과 논의를 위해 다룰 수 있는 '주제'로 활용 가능하다.

<표 10> 11가지의 AI 윤리 규범적 원칙

순	내용	순	내용
1	투명성	7	자유와 자주성
2	정의와 공정함	8	신뢰
3	해를 끼치지 않음	9	지속 가능성

4	도덕적 책임	10	인간의 존엄성
5	프라이버시와 데이터 보호	11	사회적 관계와 연대
6	이익성의 원칙		

(출처: Ryan & Stahl, 2020)

첫째, 투명성은 인공지능 윤리 논쟁 내에서 가장 널리 논의되는 원칙 중 하나이다. 투명성은 일반적으로 두 가지 방식으로 이해될 수 있는데, 인공지능 기술 자체의 투명성과 이를 개발하고 사용하는 인공지능 기관의 투명성이다. 투명성은 설명 가능성, 이해 가능성, 그리고 커뮤니케이션과 같은 요소를 보장하기 위해 필요한 프로세스와 관련하여 논의된다. 투명성은 윤리 덕목 가운데 주로 정직성과 연관되어 있다. 그것은 투명성이 정보의 공개와 공정성, 신뢰 구축, 독립적인 감사와 규제, 사회적 책임 등에 기여하기 때문이다.

둘째, 정의와 공정함이다. 알고리즘에서 발생하는 차별과 불공정한 결과는 미디어와 학계에서 핫 이슈가 되었으며 윤리 지침 전반에서 공정성, 평등, 형평성 문제가 반복적으로 논의되었다. 단순히 해악과 불의의 문제를 다루는 것 외에도, 많은 지침이 이러한 해악을 최소화하기 위한 단계 구현에 대한 권고를 제공했다. 정의와 관련해서, AI 실무자들은 설계 과정에서 AI 시스템에 구현할 수 있는 정의와 공정성의 수준을 식별해야 한다. 예를 들어, AI가 사법 시스템에 어떤 식으로든 사용되는 경우, 책임은 여전히 인간 사용자, 즉 판사에게 있어야 한다 (Rathenau Institute, 2017). 공정성의 경우, AI 개발자는 자신의 가치를 가질 수 있지만, 역사적으로 불공정한 편견을 가진 알고리즘을 개발해서는 안 된다. AI가 사용하는 데이터가 불공정하거나 오류와 부정확성을 포함하지 않도록 보장하는 단계가 있어야 한다.

셋째, 인공지능 윤리에서 인간에게 해를 입히지 않는 것은 가장 큰 관심사 중 하나이며, 가장 주목받는 사례 중 일부는 킬러 로봇, 자율주행 자동차 및 드론 기술에서 나왔다. 대부분의 윤리 가이드라인이 시민에게 해가 가지 않도록 보장하기 위해 AI의 안전과 보안을 강조하고, 피해가 발생한 경우에는 예방 및 개선 조치를 취하도록 강조하고 있다.

넷째, 도덕적 책임은 인공지능 윤리 내에서 매우 중요한 문제로 여겨지며, 기업들이 자율 또는 준자율 시스템에 책임을 지우려는 것을 우려한다. 또한 이러한 상대적 자율성 때문에 AI가 '책임 공백'을 만들어낼 수 있는 상황도 발생할 수 있다. 이로 인해 누가 책임을 져야 하는지 명확하지 않을 수 있다. 이 때문에 많은 윤리 가이드라인들에서 책임 그리고 정직한 행동에 대한 문제들이 제기된다.

다섯째, 인공지능의 개발과 사용에서 프라이버시와 데이터 보호는 많은 윤리 가이드라인들이 강력하게 추천하는 주요 요소로 부각되고 있다. 인공지능이 작동하는 데 필요한 많은 양의 데이터로 인해 개인의 프라이버시가 저해되지 않도록 하는 것이 중요하다.

여섯째, 이익성의 원칙은 본질적으로 선을 이루는 것으로, 누군가나 사회 전체에 이익을 가져다주기 위해 활동을 수행하는 것을 의미한다.

윤리 가이드라인들은 개인의 복지를 촉진하고 사람들이 AI 사용에서 혜택을 받거나 평화와 사회적 공공 이익을 촉진해야 한다고 강조한다.

일곱째, 민주 사회는 자유와 자주성을 중요시한다. AI 사용이 이를 제약하거나 훼손하지 않도록 하는 것이 중요하다. 윤리 가이드라인은 자유를 촉진하고 자유를 보호하는 AI의 방안에 대해 다룬다. 예를 들어, AI 기관은 개인이 자신의 데이터가 어떻게 사용되는지에 동의하도록 보장해야 하며 AI는 개인의 선택을 제약하거나 자기 결정력을 조작해서는 안 된다.

여덟째, 신뢰는 대인 관계에서 매우 근본적인 원칙이며 사회가 기능하는 데 필수적인 개념이다. 마찬가지로 신뢰는 인공지능의 윤리적 배치와 사용에 대한 핵심 요구 사항으로 인식되고 있다.

아홉째, 지속 가능성은 세계적으로 중요한 원칙이다. 기후 변화 예측과 계속되는 환경 파괴로 인해 그 중요성은 더욱 빠르게 증가하고 있다. 모든 분야와 학문은 영향을 받으며 지속 가능성을 채택해야 할 필요가 있는데 인공지능도 그 예외는 아니다.

열째, 인간의 존엄성은 개인이 내재적 가치를 갖고 있으며 그들의 권리가 존중되어야 함을 인정하는 것이다. AI가 최종 사용자나 사회 내 다른 구성원들의 존엄성을 침해하거나 해치지 않도록 하는 것이 중요하다. 개인의 존엄성을 존중하는 것은 AI 윤리 가이드라인 내에서 고려되어야 하는 긴요한 원칙이다.

열한째, AI의 널리 알려진 가짜 뉴스 유포, 개인의 프라이버시를 감시하고 침해할 수 있는 능력 등으로 인해 AI가 사회적 관계와 연대를 약화시키고 위협할 수 있다는 우려가 커지고 있다. AI가 디자인 및 개발 과정에서 분리와 분열을 지원하지 않고, 전문적으로나 사적으로 풍부하고 의미 있는 사회적 상호작용을 지원하는지 여부를 고려하는 것이 필수적이다. AI는 사회적 안전과 결속을 촉진해야 하며 사회적 유대와 관계를 위협해서는 안 된다(Ryan & Stahl, 2020). 앞의 <표 10>의 내용을 바탕으로 <표 11>과 같이 AI 윤리 가이드라인의 규범 주제를 제시하여 다룰 수 있다.

<표 11> AI 윤리 교육에서 다룰 수 있는 규범적 AI 윤리 가이드라인 주제어와 질문

순번\구분	규범 주제어	질문(예)
1	정직성	로봇이나 인공지능이 항상 진실만 말해야 한다고 생각하나요? 그 이유는 무엇인가요?
2	정의, 공정	인공지능이 모든 사람을 똑같이 대우해야 한다고 생각하나요? 공정하다는 것은 무엇을 의미할까요?
3	인간 존중	로봇이 사람의 감정을 고려해야 한다고 생각하나요? 왜 그렇게 생각하나요?
4	의무, 책임	인공지능이 문제를 일으켰을 때, 누가 책임을 져야 할까요? 그 이유는 무엇인가요?
5	개인 정보 보호	친구의 비밀을 알고 있는 로봇이 그 비밀을 다른 사람에게 말해도 괜찮을까요? 왜 그렇게 생각하나요?
6	공동선	로봇이 모든 사람에게 도움이 되어야 한다고 생각하나요? 로봇이 사람들을 도울 때 어떤 점을 고려해야 할까요?
7	자유	로봇이 사람의 결정을 대신 내려도 괜찮을까요? 사람의 자유란 무엇을 의미하나요?
8	신의	사람들이 로봇을 신뢰해야 한다고 생각하나요? 로봇이 신뢰받으려면 어떻게 해야 할까요?
9	지속 가능 발전	로봇이 환경을 보호하는 데 도움을 줘야 한다고 생각하나요? 지속 가능한 발전이란 무엇일까요?

10	인간 존엄성 존중	로봇이 사람을 존중해야 한다고 생각하나요? 사람의 존엄성을 존중한다는 것은 무엇을 의미할까요?
11	사회적 연대, 협력	로봇이 사람들이 서로 돕도록 만들어야 한다고 생각하나요? 사회적 협력이 왜 중요할까요?

AI 윤리 교육의 목표는 다양한 측면을 고려하여 AI 윤리에 대한 인식을 높이고 윤리적 판단력을 갖추는 데 있다. 규범적 차원에서의 AI 윤리 교육은 행동의 기준 제시, 편향성 및 공평성 강조, 윤리적 책임과 의무 강화, 사용자 개인 정보 및 프라이버시 보호, 사회적 가치와 문화적 맥락 고려, 신뢰 구축 등을 도모한다. 이 때문에 학생들은 AI 윤리 교육을 통해 현재와 미래에서 AI 개발자, 설계자, 정책 입안자, 사용자 등의 역할을 제대로 감당할 수 있는 도덕적 능력을 갖추는 기반을 마련하게 될 것이다. <표 11>을 활용한 규범적 AI 윤리 교육의 목표, 내용, 주제의 간략한 예시는 다음 <표 12>와 같다.

<표 12> 규범적 AI 윤리 교육 목표, 주제, 내용(예시)

목표	· 인식과 판단력 강화: AI 기술의 윤리적 측면을 이해하고 판단하는 능력 향상 · 미래의 AI 윤리 리더십: 책임자, 개발자, 정책 입안자의 역할과 윤리적 리더십 강화 · 가치 중심적 AI 개발: 핵심 가치 내재화를 통한 신뢰할 수 있는 AI 설계 및 운영 능력 강화 · 윤리적 위험 대응 능력: 실제 사례를 통한 윤리적 위험 및 문제 해결 능력 향상 · 도덕적 사고력 강화: 인간 도덕성과 AI 기술의 도덕적 측면 심화 이해와 사고력 향상	
주제	**내용**	
■ 판단력 강화	AI의 윤리적 측면을 이해하고 판단할 수 있는 능력을 키운다.	
■ 윤리적 리더십과 책임	미래의 AI 윤리 책임자, 개발자, 정책 입안자로서의 역할에 대한 인식과 책임을 인식한다.	

■ 신뢰할 수 있는 AI 창출	인간 중심적이고 가치 중심적인 AI를 발전시키기 위한 핵심 가치를 이해하고 내재화한다.
■ AI의 윤리적 책임과 역할	AI의 윤리적 책임과 역할을 이해하고 이를 내재화한다.
■ AI의 윤리적 위험과 문제점 탐구	편향, 개인 정보 침해, 투명성 문제, 보안 취약점 등의 실제 사례에 대해 탐구하고 이를 이해하고 실제 생활에 적용한다.
■ 도덕적 판단력 강화	인간 도덕성과 인공 신경망의 이해를 통해 도덕적 사고력을 향상한다.
■ 전문가 역할과 능력 함양	AI 개발자, 설계자, 정책 입안자, 사용자, 윤리학자의 역할, 윤리 지침 부재 극복을 위한 능력 등을 이해하고 요구되는 역량을 함양한다.

교육의 목표는 다음과 같다. 첫째, 학생 개개인이 AI 기술의 윤리적 측면을 인식하고 판단할 수 있는 능력을 키워 적절한 윤리적 선택을 할 수 있도록 하는 것이다. 둘째, 미래의 AI 윤리 책임자, 개발자, 정책 입안자로서의 역할에 대한 책임을 인식하며 윤리적 리더십을 가지도록 한다. 셋째, 인간 중심적이고 가치 중심적인 AI를 발전시키기 위한 핵심 가치를 이해하고 내재화하여 신뢰할 수 있는 AI를 설계, 개발, 운영할 수 있는 역량을 갖추게 한다. 넷째, 실제 사례를 통해 편향, 개인 정보 침해, 투명성 문제, 보안 취약점 등의 윤리적 위험과 문제점을 탐구하고 이를 이해하여 대응할 수 있는 능력을 키우게 한다. 다섯째, 인간 도덕성과 인공 신경망의 동작 원리를 이해하여 도덕적 사고력을 향상시키며 AI 기술의 도덕적 측면에 대한 심도 있는 이해를 높인다.

<표 12>에서 제시한 AI 윤리 교육에서 다룰 규범적 AI 윤리 가이드라인의 목표, 내용, 주제의 도출 과정의 논리적 근거는 다음과 같다. 첫째, 윤리적 질문의 분류와 식별이다. <표 11>에서 제시된 질문들을

기반으로, AI와 관련된 윤리적 문제들을 식별한다. 둘째, 주제 도출을 위한 핵심 원칙 정의이다. 각 윤리적 질문에 대응하는 AI 윤리 원칙을 정리하고, 이를 교육적 주제로 변환하였다. 예를 들어, '인공지능이 항상 진실을 말해야 한다.'라는 질문은 정직성의 원칙으로 이어지며, 이를 가르치기 위한 주제로 삼는다. 셋째, 윤리적 원칙과 주제를 바탕으로 교육 내용을 개발한다. 이는 학생들이 AI의 윤리적 책임과 위험을 이해하고, 신뢰할 수 있는 AI를 개발하는 데 필요한 역량을 함양하는 것을 목표로 한다. 넷째, 목표 설정으로 <표 11>에서 정의된 윤리적 원칙을 통해 교육의 궁극적인 목표를 설정한다. 다섯째, 커리큘럼 구성과 교육 전략의 결정이다. 교육 내용이 실제로 학생들에게 전달될 수 있는 방법을 마련한다. 이를 통해 학생들은 AI의 윤리적 책임과 위험을 이해하고, 신뢰할 수 있는 AI를 개발하는 데 필요한 역량과 덕목을 함양할 수 있을 것이다.

V. 결론

AI 윤리는 신뢰할 수 있는 인공지능을 구현하는 데 필수적인 요소로 여겨지고 있다. 인공지능 조직, 특히 기업에서 AI 윤리 구현과 윤리학자에 대한 요구는 매우 크다. 그러나 AI 윤리학자 자체의 인지적 편향과 그들의 작업에 대한 편향적 반응, 과학 분야 및 지식 제약, AI 응용 프로그램에 대한 윤리 감시의 한계 등도 간과되어서는 안 된다. 그럼에도 불구하고, AI 윤리 분야의 중요성을 축소하거나 부정할 수는 없다. 오히려 그 자체의 성찰 능력과 효과를 높일 필요가 있다. 이를 위해 AI 연구와 개발이 특히 인문학과 윤리를 포함한 다학제적인 분야가 되어야 하며 가치 중심적이며 인간 중심적인, 이롭고 신뢰할 수 있는 AI를 찾는 데 중추적인 역할을 해야 한다(Hagendorff, 2023)는 점에 주목할 필요가 있다. 이것은 학교 교육 특히 AI 윤리 교육에서 규범적 AI 윤리 가이드라인이 하나의 영역과 주요한 주제로서 다루어질 필요가 있음을 드러낸다. 학생들은 미래 AI 개발 및 사용뿐만 아니라 AI 윤리 책임자, 윤리적 AI 리더, AI 윤리 개발자 및 정책 입안자 또는 AI 안전 정책 고문 등과 같은 지위에서도 중요한 임무를 담당할 것이기 때문이다. 교육 현장에서는 학생들이 AI 윤리의 미준수, 기술의 편향, 책임 누락, 개인 정보 침해, 투명성 부족, 보안 취약점, 비윤리적 전략 결정 등을 선제적으로 인식하고 대응하는 능력을 길러야 한다.

따라서 AI 윤리 원칙의 내재화는 교육 분야에서 중요하게 다뤄져야 하며, 학생들은 인간 도덕성의 실패 요인이나 도덕 판단 메커니즘을 이해할 필요가 있다. 이 과정에서 신경과학적 차원의 도덕성 이해, 인공 신경망에 대한 깊은 지식, 윤리적 사고 발달, 비도덕적 행동의 심리 이해, 복잡한 윤리적 역할 수행 능력 등이 윤리적 AI 구현뿐만 아니라 AI 윤리 가이드라인 마련에도 요구된다. 또한 윤리에 대한 사고와 비도덕적 행동의 심리 고려, AI 윤리학자의 복잡한 전문적 역할, AI 윤리 지침의 부재 극복 역량 등도 고려할 필요가 있다.

결론적으로 AI 윤리 교육은 단순한 지식 전달을 넘어서 인공지능 기술과 관련된 윤리적 이슈를 심도 있게 탐구하고 이해하며, 비판적으로 검토하는 데 중점을 두어야 한다. 이를 통해 학생들은 AI의 발전이 가져올 긍정적인 변화를 채택하면서도 그로 인한 잠재적 위험을 선제적으로 관리하고, 더 나은 사회를 위한 AI의 윤리적 적용을 모색할 수 있는 능력을 개발할 수 있게 된다. 이러한 교육은 미래의 세대가 AI를 책임감 있게 사용하고, 발전시키며, 이에 대한 규제와 정책을 마련하는 데 있어서 중요한 기초가 될 것이다.

15장.
인공지능 도구 챗봇을 활용한 AI 윤리 교육

I. 서론

기술의 발전은 교육의 패러다임을 혁신적으로 변화시키고 있다. 그 중에서도 챗봇(Chatbot)은 사용자 문의를 자동화된 방식으로 해결하는 효과적인 도구로 등장했으며 교육의 효율성을 극대화하는 강력한 도구로 부상하고 있다. 챗봇은 학생들과의 상호작용을 통해 맞춤형 학습을 제공하고 실시간 피드백을 통해 학습의 효율성을 높이며 학습 동기를 유발하는 등 여러 가지 장점을 지니고 있다. 이러한 특성들은 AI 윤리 교육에도 중요한 역할을 할 수 있다.

AI 윤리 교육의 목표는 학생들이 AI 기술의 윤리적 측면을 깊이 이해하고 이를 바탕으로 책임감 있게 AI를 활용할 수 있는 능력을 배양하는 것을 포함한다. 챗봇은 이러한 교육 목표를 효과적으로 달성하는 데 있어 매우 유용한 도구가 될 수 있다. 챗봇을 활용한 맞춤형 학습은 학생 개개인의 윤리적 이해도를 높이는 데 기여하며 상호작용성을 통해 복잡한 윤리적 문제에 쉽게 접근하게 하고 흥미를 유발하여 지속적인 학습 참여를 유도할 수 있다. 여기서 상호작용성은 학생들이 윤리적 딜레마 상황을 직접 경험하고 다양한 시각에서 문제를 분석하며 윤리적 판단을 내리는 능력을 키우는 데 기여한다. 예를 들어, 챗봇은 역할극을 통해 학생들이 실제 상황에서 겪을 수 있는 윤리적 문제를 시뮬레이션하고 이에 대한 다양한 해결책을 탐색하도록 도울 수 있다. 이러한 경험은 학생들이 현실 세계에서 윤리적 결정을 내릴 때 유용한 지침이 될 수 있다. 또한 실시간 피드백을 통해 학생들의 윤리적 사고 과정을 지원하고 강화할 수 있어 더욱 깊이 있는 학습을 가능하게 한다.

그러나 챗봇을 활용한 AI 윤리 교육에는 잠재적인 문제들도 존재한다. 예를 들어, 알고리즘의 편향성, 개인 정보 보호 그리고 챗봇의 답변 신뢰성 등은 중요한 윤리적 고려 사항이다. 따라서 챗봇을 교육 도구로 활용할 때에는 이러한 문제들을 충분히 인식하고 적절한 대처 방안을 마련해야 한다. 이를 통해 챗봇이 AI 윤리 교육의 도구로서 효과적으로 기능할 수 있도록 보장해야 한다.

이번 장에서는 교육 서비스에서 챗봇이 제공하는 장점과 단점을 심층적으로 분석하고 실제 수업 현장에서 AI 윤리 교육을 위해 챗봇을 활용할 수 있는 방안을 모색하고자 한다. 이를 통해 챗봇을 이용한 AI 윤리 교육의 가능성과 한계를 명확히 하고, 학생들이 AI 기술을 윤리적으로 이해하고 책임감 있게 사용할 수 있는 능력을 키우는 데 유용한 자료를 제공하고자 한다.

II. 챗봇 교육 서비스의 장단점과 적절한 대응

1. 이로운 점

챗봇의 종류에는 여러 가지가 있다. 언어적 규칙 기반 챗봇(Linguistic rule-based chatbots)은 사전에 정해진 규칙에 따라 작동하며 주로 간단한 질의응답을 처리한다. 이는 의사 결정 트리 봇이라고도 하며 초기에 정의된 특정 질문에 답변하도록 프로그래밍된 챗봇이다. 이 유형의 챗봇 사용자는 제한된 입력 옵션만 사용할 수 있다. 대화 흐름도와 유사하게 대화 매핑을 수행하며 규칙이 정의된 고객의 질문에 따라 작동한다(Krishna Kumar Nirala, Nikhil Kumar Singh & Vinay Shivshanker Purani, 2022). AI 기반 챗봇(AI driven Chatbots)은 머신 러닝과 자연어 처리(NLP)를 이용하여 더 복잡하고 다양한 질문에 대응할 수 있다. 이는 대화형 AI 챗봇 기술인 Chat Generative Pre-Trained Transformer(ChatGPT)를 도입하며 새로운 전기를 맞이했다. 이 기술은 자연어를 이해하며 인간과 유사한 세부적 텍스트를 생성할 수 있는 능력을 가지고 있다(Eduard Babulak, 2023). 태스크 지향 챗봇(Task oriented Chatbots)은 특정 작업을 수행하는 데 중점을 두는데, 예를 들어 학생들의 학습 진행 상황을 추적하거나 과제 제출을 관리하는 데 사용될 수 있다. 도메인 특정 콘텐츠 활용을 위한 지식 기반에 의존하는 태스크 지향 챗봇은 연구와 산업 응용에서 크게 다루어져 왔다(Carla Campàs et al, 2023). 이러한 챗봇이 제공하는 주요 이점에 대해 살펴보면 다음과 같다.

1) 맞춤형 학습

챗봇을 활용한 학습은 학생들의 개인적 특성과 필요에 따라 맞춤형 교육을 제공하는 데 강점을 가진다. 이는 각 학생의 학습 스타일, 이해도, 속도에 맞춘 개별화된 학습 경험을 가능하게 한다. 예를 들어, 학습자가 특정 주제에 어려움을 겪고 있는 경우, 챗봇은 즉각적인 피드백과 추가 자료를 제공하여 이해를 돕는다. 또한 챗봇은 학생의 질문에 실시간으로 답변함으로써 학습의 연속성을 유지하고 학습 동기를 높일 수 있다. 결과적으로, 챗봇을 통한 학습은 교육의 질을 향상시키고 학생들의 학업 성취도를 극대화하는 데 기여할 수 있다.

2) 상호작용성

챗봇의 장점은 단순한 질문과 답변을 넘어 학생들과의 실시간 의사소통 및 협력을 통해 맥락을 이해하고 해결책을 모색하는 과정에 있다. 이를 통해 학생들은 즉각적인 피드백과 함께 학습 진도와 취약점을 파악하며 문제 해결 과정에서 다양한 접근법과 관점을 경험할 수 있다. 더욱이 이러한 상호작용은 학습 동기와 참여도를 증진시켜 교육 효과를 높인다.

3) 흥미 유발

흥미와 동기를 유발하는 것은 교육에서 중요한 요소이다. 챗봇은 전통적인 강의 방식 대비 학생들에게 흥미를 불러일으킬 수 있는 수단이다. 이는 챗봇 자체의 특징이라기보다는 AI와의 상호작용이나 새로운 기술에 대한 호기심에 기인한다고 볼 수 있다. 게임화된 학습법이나 학생들이 관심을 가질 만한 다른 형태를 도입하면 이러한 흥미 유발 효과는 더욱 증대될 것이고 학생들은 보다 즐겁게 학습할 수 있을 것이다.

4) 학습 결과 분석

챗봇 기반의 교육 플랫폼은 맞춤형 학습과 높은 상호작용성 덕분에 학생들의 정보와 성향을 분석하고 학습 진행 상태와 결과를 실시간으로 파악할 수 있는 장점을 가진다. 이를 통해 교육적인 보완점을 식별하고 즉각적인 피드백과 학습 과정을 제공할 수 있는 근거 자료를 확보한다.

또한 챗봇은 시간과 공간의 제약 없이 끊임없이 서비스를 제공할 수 있다는 장점을 지니고 있다. 인간의 직접적인 개입 없이도 서버가 연결되어 있는 한 학생들은 언제든지 교육 서비스를 이용할 수 있으며 교육의 연속성을 보장받을 수 있다.

이상의 특징들을 통해 챗봇은 학습자 중심의 교육 환경 및 서비스를 제공할 수 있을 것이다. 이는 기존의 강의 중심의 교육에서의 미비

점을 충분히 보완하며 각 개인에 대한 대응과 피드백을 가능케 하고, 교사의 업무 부담을 줄여줌으로써 교사 본연의 업무인 교육적 충실성을 더할 수 있게 된다. 이는 다시 학습자인 학생들에 있어 만족할 만한 교육 환경과 서비스를 제공하게 되어 더 나은 교육 성과로 이어질 뿐만 아니라 그 만족도 또한 높일 수 있다. 대체가 가능한 인지적 반복 학습이나 교사의 학습 지도에 있어 업무 부담을 줄여줄 수 있게 될 것이다. 그러나 챗봇이 갖는 단점도 검토할 필요가 있다.

2. 해로운 점: 챗봇의 윤리적 문제점

마이크로소프트의 AI 채팅봇 '테이(Tay)'와 한국 스타트업의 '이루다' 사례는 챗봇이 윤리적 문제에 쉽게 노출될 수 있음을 명확하게 보여주었다. 이들 사례에서 챗봇의 반응은 입력받는 데이터의 내용에 크게 좌우되었다. 악의적인 의도를 가진 사용자들이 부적절한 데이터를 지속적으로 입력할 경우, 챗봇은 비윤리적 행위를 반복하게 될 수 있다. 실제로 마이크로소프트는 테이를 출시한 지 16시간 만에 서비스를 중단해야 했으며 이루다 역시 개인 정보 유출 문제가 추가되면서 비슷한 논란을 겪었다. 이러한 문제들은 AI 기술의 무분별한 사용이 인권을 침해할 수 있다는 우려를 증폭시켰다.

1) 어뷰징(abusing) 발화 문제

딥 러닝을 통해 텍스트 정보를 분석하고 그 양식을 익히는 과정에서 차별적이거나 혐오 성향을 띤 표현, 부도덕하거나 비윤리적인 내용을 학습하게 되면 챗봇 또한 이와 같은 언어를 사용하게 된다. 필터링과 회피형 대화 전략을 통해 이러한 문제를 일정 부분 해결할 수 있지만 이러한 방법들이 항상 효과적으로 작동하는 것은 아니다. 딥 러닝 시스템이 문맥을 파악하고 적절한 반응을 생성할 수 있는 수준에 이르렀다고 하더라도 부적절한 표현을 자동으로 차단하는 능력은 미흡하다. 단순한 단어 필터링은 가능할 수 있으나 필터링 규칙을 우회하는 비속어나 차별적 발언, 미묘한 표현 차이를 이용한 발화에는 취약할 수 있다.

2) 개인 정보 유출 문제

딥 러닝 기반 학습 서비스에서 개인 정보의 비식별화나 익명화 처리가 충분히 이루어지지 않았을 때 정보 유출 문제가 발생한 사례가 있다. 일반적으로 개인 정보 처리 방침 등의 약관으로 정보 보호가 강조되지만 사용자가 이러한 내용을 세밀하게 인지하고 있지 않다는 점도 문제로 지적된다. 교육 현장에서 챗봇을 도입할 경우, 학생 정보의 익명 처리가 미흡하거나 개별 학생의 데이터가 연구 목적으로 사용될 수 있어 비슷한 유형의 문제가 재발할 위험이 있다.

3) 부적합한 권위에 호소하는 오류

부적합한 권위에 호소하는 오류는 부적절한 권위자의 의견을 정당한 권위가 있는 것처럼 받아들이는 오류다. 예를 들면, 유명인의 명성에 휩쓸려 그 의견을 정당한 것으로 받아들이는 상황을 말한다. 이러한 오류는 챗봇의 답변 생성과 사용자의 답변 의존성에도 그대로 적용될 수 있다. AI에 대한 막연한 신뢰나 기계의 무오류성에 대한 믿음이 결합되면 AI는 사용자를 잘못된 정보로 인도할 수 있는 위험한 존재가 될 수 있다.

4) 기만적 답변 또는 가짜 뉴스 발원

AI 챗봇의 자연어 처리(NLP) 기능은 인간의 언어를 컴퓨터가 이해하게 하는 기술이지만 인간 언어의 복잡성과 미묘함을 완전히 파악하기엔 아직 미흡하다. 이로 인해 AI 챗봇은 이상적인 답변을 제시하기보다는 데이터베이스에서 키워드 관련 문장을 선택하거나 연결하여 대화를 구성하는 방식을 자주 사용한다. 이 과정에서 간혹 문법적으로 부적절하거나, 심지어는 사실을 왜곡하며 사용자를 기만하는 답변을 생성할 수도 있다. 이러한 기만적 답변과 부적합한 권위에 호소하는 오류가 결합되면 가짜 뉴스의 생성이나 부정확한 정보의 확산 같은 비윤리적이고 비도덕적인 문제를 초래할 수 있다.

5) 중독과 의존 문제

AI에 챗봇에 대한 대중의 관심이 높아지는 것은 단순히 챗봇의 검색 기능이 뛰어나서가 아니라, 앞으로 챗봇이 사용자와의 자연스러운 대화를 수행할 가능성이 있기 때문일 것이다. 특히 사용자 맞춤 대화와 개인 중심의 소통이 가능해지면서 사용자들은 AI 챗봇이 자신을 이해하고 공감해준다고 느끼며 이로 인해 친밀감과 의존도가 생긴다. 이는 AI 챗봇 사용이 사용자의 감정과 행동에 깊은 영향을 미치게 된다는 것을 의미하며 결국 중독이나 의존 문제로 이어질 수 있다. 중독이나 의존 문제는 사용자의 삶의 질을 저하시키고 사회적 관계를 단절시킬 뿐만 아니라 정신 건강을 악화시키거나 경제적 손실을 초래할 수 있다. 이러한 상황은 개인들의 고립 경향을 가중시키며 그 결과 사회 전체의 분열을 야기할 수도 있다.

6) AI의 신화와 의인화의 문제

딥 러닝을 통한 자연어 처리 기술의 발전으로 챗봇과 인간의 언어 구분은 점점 더 어려워질 것이다. 특히 지속적인 학습을 통해 개인화된 자연어 사용이 가능해지면서 다양한 연령층과 상황에 맞는 어조와 억양에서의 정서적 표현까지 처리할 수 있게 될 것이다. 이러한 발전은 챗봇을 인간처럼 인식하거나 의인화하는 경향을 증가시킬 수 있다. 즉, 사람들이 챗봇을 인간 대체물로 여기며 챗봇이 사회적 관계에서 중요한 역할을 하게 될 가능성이 커진다는 것이다. 특히, 원자화된 개인에게는 챗봇이 대인 관계의 기본적인 부분을 대체할 수 있다.

이러한 기술에 인격을 부여하거나 의인화를 할 경우, 대인 관계가 빠르게 대체될 것이며 친절하고 공감적인 챗봇에 비해 현실의 인간은 경쟁력을 잃을 수 있다. 이는 현실과의 괴리를 증대시키며 개인의 자기중심적인 세계관이 강화될 수 있다. 챗봇과 같은 기술은 사용자의 요구에 맞추어 행동하기 때문에, 사용자는 자신의 의견이나 욕구가 항상 옳다고 착각하게 될 수 있다. 이러한 상호작용은 사용자가 현실에서 타인의 의견을 수용하거나 타협하는 능력을 감소시킬 수 있다.

3. 챗봇을 대하는 윤리적 태도

딥 러닝을 통한 자연어 처리 기술의 발전으로 챗봇과 인간 사이의 언어적 구분은 점점 더 어려워질 수 있다. 이는 챗봇이 끊임없는 학습을 통해 개인화된 언어를 사용할 수 있게 되고, 성별이나 연령에 맞는 어조와 억양에서 정서적 표현까지 모사할 수 있게 되면서 발생한다. 대인 관계에서 챗봇이 인간을 대체하는 경우가 늘어나며 이는 사회적 관계의 주요 부분을 차지하게 될 수 있고 특히 개인화된 사회에서는 대인 관계가 챗봇에 의해 대체될 수 있다.

따라서 챗봇을 이해하고 사용하는 데 있어서는 다음과 같은 도덕적, 윤리적 태도가 필요하다. 우선 챗봇은 인간이 아니므로 의인화하거나 인간적 기대를 하는 것은 적절하지 않다. 챗봇은 도구이자 서비스일 뿐이며 이는 우리의 편의를 돕기 위한 것이지 우리의 정서적, 사회적 발달을 대신할 수는 없다. 또한 챗봇의 한계를 이해하고, 의존하거나 중독되지 않도록 주의해야 한다. 챗봇이나 AI에 대해 비판적이고 반성적인 태도를 유지함으로써 윤리적 판단을 잃지 않아야 할 것이다.

4. AI 도덕성과 인간의 도덕성 근원과 범위

AI의 도덕성은 인간의 도덕성을 기반으로 하여 인간처럼 도덕적 판단이나 행위를 할 수 있는 능력을 의미한다. 이러한 도덕성은 인간이 설계하고 기계 학습으로 발전하며 근본적으로 인간이 만든 설계와 알고리즘을 따른다. 인간의 도덕성은 단순한 지식 습득뿐만 아니라 다양한 인생 경험의 집합으로 형성된다. 이에 비해 AI 도덕성은 서비스 목적에 국한된다. 인간의 도덕성은 생애 전반에 걸쳐 구현되고 사회적으로 확장되는 반면, AI는 특정 서비스 범위 내에서만 도덕성을 발휘한다. 이는 AI의 도덕적 판단이 서비스 목적에 의해 제한될 수 있음을 의미한다. 이러한 차이는 인간과 AI 사이에 명확한 구분을 만든다.

AI의 도덕성은 인간의 삶과 독립적인 인공적 설계와 학습에 의한 것이므로 인간의 도덕성에 비해 표준이 높거나 낮을 수 있으며, 이는 전적으로 알고리즘의 설계와 학습 데이터에 좌우된다. 반면 인간의 도덕성은 사회적 변화와 역사적 경험에 따라 안정적으로 발전해 왔다.

이 두 도덕성의 차이는 경험적 차이뿐만 아니라 도덕적 의지와 행위 사이의 차이에서도 발견된다. 인간은 도덕적 신념에 따라 의지를 발휘하고 행동할 수 있는 반면, AI는 도덕성을 명령이나 규칙으로 이해하고 기계적으로 반응한다. 따라서 AI에 의존하는 것은 인간의 도덕적 성찰과 자유 의지를 약화시킬 수 있으며 이는 AI를 사용할 때 반드시 고려해야 할 윤리적 측면이다.

III. 챗봇 활용 AI 윤리 교육 설계와 활용 팁

1. 챗봇 활용 AI 윤리 교육 주제

AI 챗봇 기술의 발전은 일상생활에 많은 편리함을 가져다주었지만 그와 동시에 다양한 윤리적, 법적, 사회적 문제들을 야기하고 있다. 이러한 문제들은 챗봇의 응답 생성 방식, 데이터 처리, 사용자와의 상호 작용 방식에 깊이 관련되어 있다. 특히, 챗봇이 제공하는 정보의 정확성, 개인 정보 보호, 사회적 편향과 차별 등은 중요한 윤리적 고려 사항 중 하나이다.

챗봇 사용이 확산됨에 따라, 이 기술이 우리의 도덕적 가치와 충돌할 수 있는 지점 및 적절한 관리 부재 시 발생 가능한 부작용을 이해하는 것은 더욱 중요해지고 있다.

따라서 챗봇과 관련된 주요 윤리적 문제들을 명확히 이해하고 이를 교육적 맥락에서 다루는 것은 사용자들이 이 기술을 보다 책임감 있게 사용하도록 돕는 데 중요한 역할을 한다. 다음은 챗봇을 통한 AI 윤리 교육에 포함될 수 있는 다양한 주제들을 나열한 표이다. 이들 각각의 주제는 챗봇 사용과 관련하여 발생할 수 있는 윤리적 문제들을 다루며 사용자들이 이러한 문제들을 인식하고 적절한 해결책을 모색할 수 있도록 설계되었다.

주제	내용
① 편향된 응답과 차별	챗봇이 훈련 데이터의 편향성을 반영하여 차별적인 응답을 할 수 있는 문제
② 사회적 편향성	챗봇의 응답이 특정 인종, 성별, 문화적 배경 등을 고려하지 않고 편향될 수 있는 문제
③ 허위 정보와 가짜 뉴스	챗봇이 허위 정보나 가짜 뉴스를 생성하거나 확산시킬 수 있는 문제
④ 개인 정보 보호	챗봇이 사용자의 개인 정보를 취급할 때의 보안과 프라이버시 문제
⑤ 자동화된 사기 및 악용	챗봇을 악용하여 스팸, 사기, 악의적인 목적을 달성하는 문제
⑥ 윤리적 의사 결정	챗봇에 윤리적 상황에서 어떻게 행동해야 하는지 결정할 수 있는 능력이 부족한 문제
⑦ 의존성과 소외	사람들이 챗봇에 지나치게 의존하면서 현실적인 사회적 상호작용이 감소하는 문제
⑧ 인간성의 부재	챗봇이 감정, 공감 능력 등 인간성의 측면이 부족한 문제
⑨ 자기 정체성 혼란	챗봇과의 상호작용으로 인해 자기 정체성이 혼란스러워지는 문제
⑩ 알고리즘 투명성	챗봇이 어떻게 응답을 생성하고 결정하는지에 대한 알고리즘의 불투명성 문제
⑪ 책임과 권한	챗봇이 잘못된 정보를 제공하거나 부적절한 응답을 할 때의 책임과 권한 문제
⑫ 윤리적 가치의 충돌	챗봇이 다양한 사용자의 윤리적 가치와 요구 사이에서 어려움을 겪을 수 있는 문제
⑬ 사람과 기계 간 관계	인간과 챗봇 간의 적합한 관계 설정 문제(챗봇에 대한 의인화의 적절성 문제)
⑭ 심리적 영향	챗봇의 응답이 사용자들의 심리적 상태나 감정에 어떤 영향을 미칠 수 있는지에 대한 문제
⑮ 악의적 사용	챗봇을 악의적인 목적으로 사용하거나 다른 사용자를 해치는 데 이용하는 문제
⑯ 저작권과 지적 재산권	챗봇이 무단으로 저작권이나 지적 재산권을 침해하는 문제
⑰ 윤리적 가이드라인의 부재	챗봇 개발자들이 윤리적 가이드라인을 고려하지 않을 때의 문제
⑱ 연령 제한	어린이나 미성년자들이 챗봇과 상호작용할 때의 보호와 연령에 맞는 안전한 콘텐츠 제공 문제
⑲ 감정 조작	챗봇이 사용자의 감정을 조작하거나 이용하는 문제

⑳ 의료 분야의 윤리	의료 분야에서 챗봇이 진단, 치료, 조언 등을 제공할 때의 윤리적 문제
㉑ 복잡한 윤리적 시나리오	복잡한 윤리적 시나리오에 대한 챗봇의 대처 능력 문제
㉒ 환경 영향	챗봇 개발과 운용이 환경에 미치는 영향과 그에 따른 윤리적 고려 문제
㉓ 챗봇의 교육적 역할	챗봇이 교육적인 역할을 하는 동안 어떤 윤리적 원칙을 따라야 하는지에 대한 문제
㉔ 사용자 동의와 투명성	챗봇이 사용자의 동의 없이 데이터를 수집하거나 활용할 때의 문제
㉕ 기술적 신뢰성	챗봇이 기술적인 결함이나 오류로 인해 부적절한 응답을 하는 문제
㉖ 장애인과 접근성	장애를 가진 사용자들이 접근하기 어려운 문제

2. 챗봇 활용 AI 윤리 교육을 위한 주제별 질문들

학생들이 단순히 기술을 사용하는 것을 넘어, 그 기술이 개인과 사회에 미치는 영향을 비판적으로 분석하게 하기 위해 질문을 활용하는 것은 좋은 방법이다. 이러한 질문들은 교육자와 학습자들이 챗봇 기술을 사용하면서 마주칠 수 있는 주요 윤리적 문제들에 대한 깊이 있는 토론을 유도할 수 있다. 각 질문은 특정 윤리적 문제를 중심으로 구성되어 있으며 사용자들이 챗봇의 동작 원리를 이해하게 하고 그로 인해 발생할 수 있는 다양한 사회적, 도덕적 쟁점들을 고민하게 한다. 이를 통해 학습자들은 단순히 기술을 사용하는 방법을 넘어서, 그 기술이 개인과 사회에 미치는 영향을 비판적으로 분석할 수 있는 능력을 개발할 수 있다.

이 질문들은 챗봇의 개발과 사용 과정에서 발생할 수 있는 저작권 문제, 개인 정보 보호, 편향성, 인간 관계의 변화 등과 같은 주제를 포

괄한다. 이러한 질문들을 통해 독자들은 챗봇 기술의 윤리적 사용을
위한 기초적인 가이드라인을 학습하고, 실제 상황에서 이러한 원칙
들을 어떻게 적용할 수 있을지 고민하는 기회를 갖게 된다. 다음 <표
14>는 질문 예시이다.

<표 14> 챗봇의 윤리 문제 관련 질문(예시)

순	주제	질문
1	편향된 응답과 차별	·편향된 답변의 예시는 무엇인가요? ·챗봇의 답변이 사회적 차별을 나타낼 수 있는 원인은 무엇인가요? ·학습 데이터에서 발견되는 편향을 어떻게 감소시킬 수 있나요? ·편향된 답변이 왜 문제가 되나요? ·차별적인 답변을 회피하기 위해 어떠한 조치를 취할 수 있나요? ·다양한 인종, 성별 및 문화를 포함한 학습 데이터가 왜 중요한가요? ·편향된 답변을 방지하기 위한 기술적 방법은 무엇인가요? ·사용자들이 편향된 답변에 노출되었을 때 어떤 영향을 받을 수 있나요? ·챗봇을 교육시킬 때 차별적인 답변을 방지하기 위해 어떤 점을 고려해야 하나요? ·편향성을 탐지하고 수정하기 위한 모니터링은 어떤 종류가 필요한가요?
2	개인 정보 보호	·개인 정보 보호의 중요성은 무엇인가요? ·챗봇이 사용자의 개인 데이터를 수집하는 목적은 무엇인가요? ·개인 정보 보호를 위해 챗봇이 취해야 할 조치는 무엇인가요? ·챗봇이 사용자의 개인 정보를 안전하게 보호하는 방법은 무엇인가요? ·사용자의 개인 정보를 활용하면서도 프라이버시를 존중하려면 챗봇은 어떻게 해야 하나요? ·챗봇이 사용자의 개인 정보를 공유하거나 판매하지 않도록 하는 조치는 무엇인가요? ·개인 정보 유출이 발생했을 때의 문제점과 영향은 무엇인가요? ·챗봇 사용 시 개인 정보를 안전하게 제공하는 방법은 무엇인가요?
3	인간성의 부재	·챗봇의 인간다움이 결여된 측면은 무엇인가요? ·감정이나 공감 능력이 부족한 챗봇이 사용자에게 어떠한 영향을 줄 수 있나요? ·챗봇의 감정 및 공감 능력 결여가 사용자와의 상호작용에서 어떤 문제를 야기할 수 있나요? ·챗봇이 감정이나 공감 능력을 갖추지 못하는 이유는 무엇인가요? ·사람들은 왜 챗봇에게 감정적 요소를 기대하게 되나요?

4	사람과 기계 간 관계	·인간과 기계의 관계는 어떻게 발전해 왔고, 그 관계에 있어 가장 큰 문제와 이슈는 어떤 것들이었나요? ·챗봇과 인간의 상호작용에서 챗봇의 의인화가 야기할 수 있는 윤리적 문제는 무엇인가요? ·인간과 챗봇 간의 적합한 관계를 설정하기 위해 챗봇 개발자가 고려해야 할 중요한 요소는 무엇인가요? ·인간과 기계 간의 관계에서 중요한 특징들과 개념은 무엇일까요? 그리고 이를 통해 해당 관계의 방향성이나 목표를 제시할 수 있나요? ·인간과 챗봇 간의 관계를 사람-사람 간 관계와 유사하게 만들기 위해 어떤 노력과 기술이 사용되고 있나요? ·챗봇이 인간의 감정을 이해하고 공감할 수 있는 능력을 갖는다면 인간과 챗봇 간의 관계는 바뀔 수 있을까요? 그리고 어떻게 변화하게 될까요? ·챗봇이 인간의 신체적·정신적 건강에 어떤 영향을 미칠 수 있을까요?
5	의료 관련 윤리	·의료 분야에서 챗봇이 진단, 치료, 조언 등을 제공할 수 있다면 어떤 기술이나 방식에 의해 가능할까요? ·위와 같은 의료 분야에서 챗봇이 진단, 치료, 조언 등은 어느 정도까지 신뢰할 수 있을까요? 만약 정교한 센서까지 더하여 자료를 모을 수 있다면 신뢰도는 더욱 향상될까요? ·의료 분야에서 챗봇이 조언을 제공하는 것은 어떤 문제를 발생시킬 수 있을까요? ·의료 분야에서 챗봇이 진단, 치료, 조언 등을 제공하는 것은 왜 윤리적인 문제가 될 수 있을까요?

IV. 챗봇 활용 AI 윤리 교육 교재의 실제

1. AI 윤리의 중심 이슈 활용 방법

AI 윤리 교재를 개발하고 활용하는 실제 방안은 아래와 같이 제시할 수 있다.

<표 15> 주제에 따른 수업 방안(예)

주제	수업 방안
① AI 윤리의 중심 이슈	교재의 시작 부분에서 AI의 윤리적 이슈와 중요성을 강조한다. 다양한 예시와 실제 사례를 제시하여 사용자들이 AI의 윤리적 문제에 공감하고 관심을 가질 수 있도록 유도한다. 편향성, 의사 결정 과정, 개인 정보 보호 등의 주요 이슈를 간략하게 설명하고 이를 해결하기 위한 접근 방법을 제시한다.
② 다양한 시나리오 및 케이스 스터디	각 윤리적 이슈를 다루는 다양한 시나리오와 케이스 스터디를 제공한다. 사용자들은 실제 상황에서 어떻게 윤리적으로 대처해야 하는지에 대한 고민을 할 수 있다. 이를 통해 추상적인 개념을 실제 상황에 적용하는 능력을 키울 수 있다.
③ 윤리적 고려 사항 및 원칙 소개	다양한 AI 윤리적 고려 사항과 원칙을 교재에 포함시켜 사용자들이 AI 기술을 개발하거나 활용할 때 윤리적인 측면을 고려할 수 있도록 돕는다. 각 원칙을 이해하기 쉽게 설명하고, 실제 예시를 통해 어떻게 적용할 수 있는지를 보여준다
④ 토론 및 논의 활동	교재 내에서 토론 주제와 논의 활동을 제공하여 학생들이 서로 AI 윤리에 대한 의견을 나눌 수 있는 기회를 제공한다. 다양한 관점을 듣고 존중하는 방식으로 사용자들의 사고력과 문제 해결 능력을 키울 수 있다.
⑤ 윤리적 가이드라인과 조직 내 정책	기업이나 조직에서 AI를 활용하는 경우, 윤리적 가이드라인을 개발하고 이를 준수하는 것이 중요함을 설명한다. 기업이 윤리적 원칙을 준수하도록 하는 방안을 토의한다.
⑥ 실제 사례 연구 및 인터뷰	AI를 활용한 실제 사례를 교재에 포함하여 사용자들이 현실적인 문제와 해결 방법을 배울 수 있도록 한다. 관련 전문가나 실무자의 인터뷰를 통해 경험을 공유하고 실제 상황에서의 도전 과제를 들려준다.
⑦ 팀 프로젝트 활동	사용자들에게 AI 윤리를 직접 체험하고 적용할 수 있는 기회를 제공하기 위해 팀 프로젝트를 포함한다. 팀원들과 함께 AI 시스템을 활용하면서 윤리적인 고려 사항을 실제로 경험하게 된다.
⑧ 윤리 교육 리소스 및 워크북 제공	교재와 함께 윤리 교육 리소스나 워크북을 제공하여 사용자들이 보다 자세하게 학습하고 실제 시나리오에 적용할 수 있도록 돕는다
⑨ 연속적인 업데이트 및 커뮤니티 구성	교재를 지속적으로 업데이트하고 AI 윤리 커뮤니티를 구성하여 사용자들끼리 정보를 공유하고 지속적인 학습을 이어나갈 수 있도록 한다.

2. AI 윤리의 주요 윤리 원칙 활용

AI 윤리의 주요 원칙을 다루는 수업 방법과 학생 지도 방안은 아래와 같이 구체적으로 설계될 수 있다.

<표 16> 수업 설계

주제	수업 방법 및 학생 지도 방안
① 편향된 응답과 차별	수업 내용: 편향성의 개념 설명 및 예시 제시, 차별적 응답의 문제점 설명 학생 활동: 편향된 응답을 가진 챗봇과 상호작용하여 차별적 응답을 발견하고 이를 분석하는 과제
② 사회적 편향성	수업 내용: 다양한 사회적 배경의 중요성 강조, 사회적 편향성이 어떻게 발생하는지 설명 학생 활동: 챗봇의 응답을 다양한 문화적 배경에서 테스트하여 편향성을 확인하고 수정하는 프로젝트
③ 허위 정보와 가짜 뉴스	수업 내용: 가짜 뉴스의 정의와 문제점 설명, 허위 정보 생성 원리 이해 학생 활동: 허위 정보 생성 알고리즘을 이용하여 가짜 뉴스를 생성하고 이를 탐지하는 방법 연구
④ 개인 정보 보호	수업 내용: 개인 정보의 중요성, 개인 정보 보호 법규 설명, 데이터 암호화 개념 소개 학생 활동: 챗봇과의 상호작용에서 발생하는 개인 정보 유출 가능성 분석, 보호 방법 제시 프로젝트
⑤ 자동화된 사기 및 악용	수업 내용: 자동화된 사기와 악용의 예시 및 윤리적 문제 설명 학생 활동: 자동화된 사기 시나리오를 시뮬레이션하고 예방 방안을 고려하는 토론
⑥ 윤리적 의사 결정	수업 내용: 윤리적 의사 결정 프로세스 소개, 윤리적 문제 해결 방법 설명 학생 활동: 윤리적 딜레마를 다루는 시나리오를 제시하고 학생들에게 의견을 제시하게 하는 그룹 토론
⑦ 의존성과 소외	수업 내용: 기술 의존성의 문제, 사회적 상호작용 중요성 강조 학생 활동: 의존성과 소외에 대한 사례 스터디를 통해 현실적인 영향 분석과 토론
⑧ 인간성의 부재	수업 내용: 감정, 공감 능력의 중요성, 챗봇과의 인간적 상호작용에 대한 윤리적 고려 사항 설명 학생 활동: 감정 표현 능력을 갖춘 챗봇을 상상하여 사용자와의 상호작용을 분석하는 프로젝트

⑨ 자기 정체성 혼란	수업 내용: 자기 정체성 혼란의 문제와 해결 방안 설명 학생 활동: 자기 정체성 혼란을 경험한 사례 연구 및 심리적 지원 방법 탐구
⑩ 알고리즘 투명성	수업 내용: 알고리즘 투명성의 중요성, 알고리즘 작동 방식 설명 학생 활동: 챗봇의 응답 생성 과정을 시각화하여 알고리즘 투명성을 보여주는 프로젝트
⑪ 책임과 권한	수업 내용: 책임과 권한의 중요성, 잘못된 정보 제공 시의 책임 설명 학생 활동: 챗봇이 잘못된 정보를 제공했을 경우의 처리 방안과 책임 분배에 대한 토론
⑫ 윤리적 가치의 충돌	수업 내용: 다양한 윤리적 가치와 충돌의 예시 제시, 해결 방안 탐구 학생 활동: 다양한 윤리적 가치 충돌 시나리오를 분석하고 개인적인 해결책을 제시하는 프로젝트
⑬ 사람과 기계 간 관계	수업 내용: 사람과 기계 간 상호작용의 중요성, 사람 중심의 AI 개발 접근법 설명 학생 활동: 사람과 챗봇 간의 협력을 강조하는 상호작용 시뮬레이션 및 토론
⑭ 심리적 영향	수업 내용: 챗봇의 응답이 사용자의 감정에 어떻게 영향을 미칠 수 있는지 설명, 심리적 건강의 중요성 강조 학생 활동: 챗봇의 응답이 사용자의 긍정적이거나 부정적인 감정에 미치는 영향을 분석하는 프로젝트
⑮ 악의적 사용	수업 내용: 챗봇의 기능이 악용될 수 있는 위험성 설명, 사례 연구를 통해 악의적 사용의 실제 사례 이해 학생 활동: 악의적 사용 사례를 분석하고 예방하는 방안을 고민하는 그룹 토론 및 프로젝트
⑯ 저작권과 지적 재산권	수업 내용: 지적 재산권과 저작권의 개념 설명, 챗봇이 지적 재산권을 어떻게 침해할 수 있는지 이해 학생 활동: 챗봇이 저작권을 침해하는 시나리오를 탐구하고 해결책을 모색하는 프로젝트
⑰ 윤리적 가이드라인의 부재	수업 내용: 윤리적 가이드라인의 부재로 인한 윤리적 문제 사례 설명 학생 활동: 챗봇 개발자의 역할을 가정하고 윤리적 가이드라인을 작성하는 프로젝트
⑱ 연령 제한	수업 내용: 어린이 및 미성년자의 보호 필요성, 온라인 상호작용의 잠재적 위험 설명 학생 활동: 어린이와 챗봇의 상호작용에 적절한 내용과 보호 방법을 고민하는 그룹 토론 및 정책 제안
⑲ 감정 조작	수업 내용: 감정 조작의 윤리적 문제 설명, 감정 조작이 사용자에게 어떤 영향을 미칠 수 있는지 이해 학생 활동: 감정 조작 시나리오를 분석하고 사용자의 감정을 존중하는 방법에 대한 프로젝트

⑳ 의료 분야의 윤리	수업 내용:	의료 분야에서의 챗봇 활용의 잠재적 위험 설명, 환자 안 전과 윤리적 책임의 중요성 강조
	학생 활동:	챗봇의 의료 조언 시나리오를 다루고 환자 안전을 위한 윤리적 접근 방법을 논의하는 토론
㉑ 복잡한 윤리적 시나리오	수업 내용:	복잡한 윤리적 문제의 정의와 중요성 설명, 다양한 시나 리오 분석의 필요성 강조
	학생 활동:	복잡한 윤리적 시나리오를 다양한 관점에서 분석하고 해결책을 도출하는 프로젝트
㉒ 환경 영향	수업 내용:	AI 기술의 환경 영향 이해, 개발과 운용이 환경에 미치는 영향 설명
	학생 활동:	챗봇 개발과 운용이 환경에 미치는 영향을 고려한 환경 친화적인 AI 시스템 가상 설계 프로젝트
㉓ 챗봇의 교육적 역할	수업 내용:	교육 분야에서의 챗봇 활용은 윤리적 원칙을 준수하면 서 교육적 역할을 수행하는 것이 중요함을 설명
	학생 활동:	챗봇이 교육적 역할을 수행하는 시나리오를 작성하고 윤리적 가이드라인에 따라 구현하는 프로젝트
㉔ 사용자 동의와 투명성	수업 내용:	사용자 동의와 투명성의 개념 설명, 데이터 수집과 활용 시의 윤리적 고려 사항 강조
	학생 활동:	사용자 동의와 투명성을 고려한 챗봇 시스템 설계 정책 제안 프로젝트
㉕ 기술적 신뢰성	수업 내용:	기술적 결함과 오류의 정의 및 영향 설명, 부적절한 응답 이 사용자에게 어떤 영향을 미칠 수 있는지 이해
	학생 활동:	챗봇의 부적절한 응답과 오류 발생 사례를 분석하고 기 술적 신뢰성 개선 방안을 모색하는 프로젝트
㉖ 장애인과 접근성	수업 내용:	장애와 접근성의 개념 설명, 장애인들이 기술에 접근하 기 어려운 이유와 문제점 설명
	학생 활동:	장애 유형별로 챗봇 사용의 어려움을 이해하고, 접근성 을 개선하기 위한 기술 및 디자인 방안을 모색하는 프로 젝트

이러한 방법과 활동들은 학생들이 AI 윤리 원칙을 실제 상황에 적용하고, 챗봇이 사회와 개인에게 미칠 수 있는 다양한 영향을 비판적으로 분석하는 능력을 기르는 데 도움을 줄 것이다. 학생들은 실제 윤리적 문제들을 다양한 관점에서 고민하고, 이에 대한 해결책을 모색하는 과정을 통해 윤리적인 AI 활용에 대한 인식과 역량을 키울 수 있을 것이다.

3. 유의점

챗봇 활용 인공지능 윤리 교육 시 유의점은 다음과 같다.

첫째, 윤리적 논의 및 토론 활동을 강화한다. 교재 내에 윤리적 논의 및 토론을 촉진하는 활동을 포함시켜, 학생들이 다양한 의견을 나누고 분석하는 능력을 키울 수 있도록 돕는다. 윤리적 딜레마와 해결책에 대한 토론을 통해 학생들의 의식을 높이고 사고력을 강화할 수 있다.

둘째, 연령별 맞춤 내용으로 구성한다. 학생들의 이해 수준에 맞게 교재 내용을 구성하여 복잡한 개념을 쉽게 이해할 수 있도록 한다. 예를 들어, 윤리 개념을 간단한 사례와 그림을 활용하여 설명하고, 이해를 돕는 활동을 추가한다.

셋째, 윤리적 가치를 강조한다. 교재에서는 공정성, 책임성, 존중 등 윤리적 가치를 강조하며, 이러한 가치들이 챗봇 활용과 관련된 실제 시나리오에 어떻게 적용되는지를 설명한다. 윤리적 가치를 기반으로 적절한 선택을 하는 방법을 학생들에게 가르치고 강조한다.

넷째, 실생활 적용을 연습하게 한다. 학생들이 교재에서 배운 내용을 실생활에 적용할 수 있는 방법을 안내한다. 예를 들어, 학교나 가정에서 챗봇을 활용한 상황을 시뮬레이션하고, 윤리적인 선택을 만들도록 유도한다.

다섯째, 다양한 문제 해결 과제를 포함한다. 교재에는 다양한 윤리적 문제 해결 과제를 포함하여, 학생들이 상황을 분석하고 윤리적으로 올바른 결정을 내릴 수 있는 능력을 키울 수 있도록 돕는다. 이를 통해 실제 상황에서 어떻게 대처해야 하는지에 대한 실질적인 능력을 기르게 한다.

여섯째, 사례 연구를 포함한다. 교재 내에 챗봇 활용에 관련된 사례 연구와 AI 윤리 분야 전문가나 산업 전문가를 게스트 스피커로 초청하여 학생들에게 실제 경험과 지식을 전달하고, 교육의 실제 응용 가능성을 보여준다.

일곱째, 창의적 프로젝트 및 시뮬레이션을 활용한다. 학생들에게 챗봇을 활용한 창의적인 프로젝트를 수행하도록 유도하며, 시뮬레이션을 통해 다양한 시나리오에서 윤리적 의사 결정을 연습하도록 지원한다. 이를 통해 실제 상황에서 윤리적 선택을 하기 위한 능력을 키울 수 있다.

여덟째, 자기 평가 및 피드백 과정을 활용한다. 교재 내에 학습한 내용을 바탕으로 자기 평가와 피드백 과정을 제공하여 학생들이 본인의 이해도를 파악하고, 더 깊이 있는 학습을 할 수 있도록 돕는다.

아홉째, 온라인 리소스 및 커뮤니티를 제공한다. 교재를 보충하는 온라인 리소스와 커뮤니티를 제공하여 학생들이 교재 내용을 보다 깊게 학습하고, 실제 문제에 대한 논의와 공유를 할 수 있는 환경을 제공한다.

이처럼 다양한 활동과 사례를 통해 교재를 구성하고, 실제 챗봇 활용 시 윤리적인 측면을 강조하여 학생들의 실제적인 인공지능 윤리성을 향상시키도록 한다. 결과적으로 챗봇 활용 인공지능 윤리 교육은 미래 사회를 이끌어갈 젊은 세대에게 윤리적 판단력과 리더십을 강화하는 기회를 제공한다. 다양한 내용과 활동을 통해 학생들은 윤리적 가치와 사회적 책임에 대한 이해를 높이며 기술의 발전과 함께 도전해야 할 윤리적 문제들에 대한 강력한 대응 능력을 키울 수 있을 것이다. 사례 연구와 게스트 스피커를 통한 경험 공유는 실제 경험을 통해 윤리적 선택과 책임감을 배울 수 있는 기회를 제공할 것이다. 전문가와의 대화와 직접적인 교류를 통해 학생들은 실제 상황에서 윤리적으로 올바른 의사 결정을 내리는 능력을 기를 수 있다. 챗봇 활용 AI 윤리 교육은 학생들의 윤리적 판단력과 사고력을 향상시켜 그들이 미래 사회의 리더로서 윤리적 선택을 할 수 있는 능력을 기르는 데 중요한 역할을 할 것이다.

참고 문헌

1장

Bent, A. A. (2023). Large Language Models: AI's Legal Revolution. Pace Law Review, 44(1), 91-138.

Cordeschi, R. (2006). AI's half century. On the thresholds of the Dartmouth conference. IA Retrospettiva, 3, 1-2.

Dong, X., Luo, X., Zhao, H., Qiao, C., Li, J., Yi, J., & Zeng, H. (2022). Recent advances in biomimetic soft robotics: fabrication approaches, driven strategies and applications. Soft Matter, 18(40), 7699-7734.

Dong, Y., Hou, J., Zhang, N., & Zhang, M. (2020). Research on how human intelligence, consciousness, and cognitive computing affect the development of artificial intelligence. Complexity, 2020, 1-10.

Mazzolai, B., Mondini, A., Del Dottore, E., Margheri, L., Carpi, F., Suzumori, K.,& Lendlein, A. (2022). Roadmap on soft robotics: multifunctionality, adaptability and growth without borders. Multifunctional Materials, 5(3), 032001.

Mestre, R., Fuentes, J., Lefaix, L., Wang, J., Guix, M., Murillo, G., & Sánchez, S. (2023). Improved Performance of Biohybrid Muscle-Based Bio-Bots Doped with Piezoelectric Boron Nitride Nanotubes. Advanced Materials Technologies, 8(2), 2200505.

McCarthy, J., Minsky, M. L., Rochester, N., and Shannon, C. E.(1995), A Proposal for the Dartmouth Summer Research Project on Artificial Intelligence, URL: http://wwwformal.stanford.edu/jmc/history/dartmouth/dart mouth.html.

Rusu, D. M., Mândru, S. D., Biriş, C. M., Petraşcu, O. L., Morariu, F., & Ianosi-Andreeva-Dimitrova, A. (2023). Soft robotics: A systematic review and bibliometric analysis.

Micromachines, 14(2), 359.

TERZIDOU, K. (2023). Generative AI for the Legal Profession: Facing the Implications of the Use of ChatGPT through an Intradisciplinary Approach. MediaLaws.

van Assen, M., Muscogiuri, E., Tessarin, G., & De Cecco, C. N. (2022). Artificial intelligence: A century-old story. In Artificial Intelligence in Cardiothoracic Imaging (pp. 3-13). Cham: Springer International Publishing.

Wang, N., & Tian, M. Y. (2023). "Intelligent Justice": human-centered considerations in China's legal AI transformation. AI and Ethics, 3(2), 349-354.

2장

Aru, J., Larkum, M. E., & Shine, J. M. (2023). The feasibility of artificial consciousness through the lens of neuroscience. Trends in Neurosciences.

Baddeley, A. (1992). Working memory. Science, 255(5044), 556-559.

De Neys, W. (2023). Advancing theorizing about fast-and-slow thinking. Behavioral and Brain Sciences, 46, e111.

Dong, Y., Hou, J., Zhang, N., & Zhang, M. (2020). Research on how human intelligence, consciousness, and cognitive computing affect the development of artificial intelligence. Complexity, 2020, 1-10.

Hassija, V., Chamola, V., Mahapatra, A., Singal, A., Goel, D., Huang, K., & Hussain,

A. (2024). Interpreting black-box models: a review on explainable artificial intelligence. Cognitive Computation, 16(1), 45-74.

Heyes, C. (2012). New thinking: the evolution of human cognition. Philosophical Transactions of the Royal Society B: Biological Sciences, 367(1599), 2091-2096.

Greene, J. D. (2007), "Why are VMPFC patients more utilitarian? A dual-process theory of moral judgment explains", Trends in cognitive sciences, 11(8), 322-323.

Greene, J. D. (2009), "Dual-process morality and the personal/impersonal distinction: A reply to McGuire, Langdon, Coltheart, and Mackenzie", Journal of Experimental Social Psychology, 45(3), 581-584.

James, W. (1890). The principles of psychology (2 Vol.). New York, NY: Henry Holt (Reprinted Bristol, England: Thoemmes Press, 1999).

Kanwal, A., Abbas, S., Ghazal, T. M., Ditta, A., Alquhayz, H., & Khan, M. A. (2022). Towards parallel selective attention using psychophysiological states as the basis for functional cognition. Sensors, 22(18), 7002.

Khare, S. K., Blanes-Vidal, V., Nadimi, E. S., & Acharya, U. R. (2023). Emotion recognition and artificial intelligence: A systematic review (2014-2023) and research recommendations. Information Fusion, 102019.

Liu, Y., He, H., Han, T., Zhang, X., Liu, M., Tian, J., & Ge, B. (2024). Understanding llms: A comprehensive overview from training to inference. arXiv preprint arXiv:2401.02038.

Norris, D. (2017). Short-term memory and long-term memory are still different. Psychological bulletin, 143(9), 992-1009.

Schaeffer, R., Miranda, B., & Koyejo, S. (2024). Are emergent abilities of large language models a mirage?. Advances in Neural Information Processing Systems, 36.

Schwartz, I. S., Link, K. E., Daneshjou, R., & Cortés-Penfield, N. (2024). Black box warning: large language models and the future of infectious diseases consultation. Clinical infectious diseases: an official publication of the Infectious Diseases Society of America, 78(4), 860.

Stephens, A. (2019). Three levels of naturalistic knowledge. Conceptual Spaces: Elaborations and Applications, 59-75.

Tulving, E. (1985). How many memory systems are there?. American psychologist, 40(4), 385-398.

Tulving, E. (2002). Episodic memory: From mind to brain. Annual review of psychology, 53(1), 1-25.

Van Assen, M., Muscogiuri, E., Tessarin, G., & De Cecco, C. N. (2022). Artificial intelligence: A century-old story. In Artificial Intelligence in Cardiothoracic Imaging (pp. 3-13). Cham: Springer International Publishing.

Waldmann, M. R., Nagel, J., & Wiegmann, A.(2012), "Moral judgment", In Holyoak K. J. & Morrison, R. G. (Eds.), Oxford library of psychology. The Oxford handbook of thinking and reasoning (pp. 364-389), Oxford, UK: Oxford University Press.

Wei, C., Wang, Y. C., Wang, B., & Kuo, C. C. J. (2023). An overview on language models: Recent developments and outlook. arXiv preprint arXiv:2303.05759.

3장

Assefa, E. B.(2019). What is Good or Evil? A Philosophical Reflection on the Problem of Moral Responsibility. Journal of Citizenship and Morality, 2(1), 21-39.

Franzke, A. S.(2022). An exploratory qualitative analysis of AI ethics guidelines. Journal of Information, Communication and Ethics in Society, 20(4), 401-423.

Hare, R. M.(1957). Geach: Good and evil. Analysis, 17(5), 103-111.

Hourani, G. F.(1962). Averroes on good and evil. Studia Islamica, (16), 13-40.

Houser, K. A.(2020). Artificial Intelligence and the Struggle Between Good and Evil. Washburn LJ, 60, 475-494.

KARAKAYA, M. M.(2022). EVIL IN THE PHILOSOPHY OF AVERROESI. Eastern and Western Ethicians: A Critical Comparison: A Critical Comparison. Livre de Lyon. 117-137.

Mackenzie, J. S.(1911). The meaning of good and evil. The International Journal of Ethics, 21(3), 251-268.

Mohamad, I.(1997). Concept of Predestination in Islam and Christianity: Special Reference to Averroes and Aquinas. Jurnal Usuluddin, 6, 75-89.

Sanderson, C., Douglas, D., Lu, Q., Schleiger, E., Whittle, J., Lacey, J., & Hansen, D.(2023). AI ethics principles in practice: Perspectives of designers and developers. IEEE Transactions on Technology and Society.

University of Chicago. Press.(1896). International Journal of Ethics (Vol. 6). International Journal of Ethics.

4장

배한희, 김영민, 오경주 (2018). 로보 어드바이저를 활용한 B2C 투자자문 서비스 연구:앤드 비욘드 투자자문 사례1. Knowledge Management Research, 19(1), 79-95.

최예림, 김관호 (2016). 인공지능 개요 및 적용 사례. ie 매거진, 23(2), 23-29.

Brusseau, J. (2023). Mapping ai avant-gardes in time: Posthumanism, transhumanism, genhumanism. Discover Artificial Intelligence, 3(1), 32.

Drew, L. (2024). Elon Musk's Neuralink brain chip: what scientists think of first human trial. Nature.

Grant, A. S. (2023). Will human potential carry us beyond human? A humanistic inquiry into transhumanism. Journal of Humanistic Psychology, 63(1), 36-50.

Goundrey-Smith, S. (2021). Transhumanism and Theological Ethics: An Investigation of Insights to be Gained from Past Developments in Chemical Therapeutics. doctorial dissertation. University of Exeter.

Hobbs, A., Jefferson, C., Coppeard, N., & Pitt, C. (2007). Ethics, public relations, and the origins of the Geneva Protocol. An Element of Controversy: The Life of Chlorine in Science, Medicine, Technology and War, (13), 255.

Holub, G. (2020). Is Transhumanism a New Face of Bioethics?. Revista de Filosofia Aurora, 32(55), 62-73.

Hou, J., Filla, N., Chen, X., Razavi, M. J., Liu, T., & Wang, X. (2023). Exploring hyperelastic material model discovery for human brain cortex: multivariate analysis vs. artificial neural network approaches. arXiv preprint arXiv:2310.10762.

Lebedev, M. (2014). Brain-machine interfaces: an overview. Translational Neuroscience, 5, 99-110.

Macpherson, T., Churchland, A., Sejnowski, T., DiCarlo, J., Kamitani, Y., Takahashi, H., & Hikida, T. (2021). Natural and Artificial Intelligence: A brief introduction to the interplay between AI and neuroscience research. Neural Networks, 144, 603-613.

Mubangizi, J. C. (2024). A human rights-based approach to sustainable development in africa post-Covid-19. Obiter, 45(1), 180-198.

Turkle, S. (2003). 스크린 위의 삶(최유식 역). 서울: 민음사(원출판년도 1995).

Vijaychandra, J., Babu, B. S., Sai, B. S., & Jagannadh, P. (2018). A Review on the Application of Artificial Neural Networks on Communication Systems. Journal of Switching Hub, 3(3), 22-25.

Walczak, S. (2019). Artificial neural networks. In M. Khosrow-Pour(Ed.), Advanced Methodologies and Technologies in Artificial Intelligence, Computer Simulation, and Human-Computer Interaction (pp. 40-53). Hershey, PA: IGI Global.

Werthner, H. (2024). Digital Transformation, Digital Humanism: What Needs to Be Done. Hannes Werthner· Carlo Ghezzi· Jeff Kramer· Julian Nida-Rümelin· Bashar Nuseibeh· Erich Prem·, 115.

Bre, F., Gimenez, J. M., & Fachinotti, V. D. (2018). Prediction of wind pressure coefficients on building surfaces using artificial neural networks. Energy and Buildings, 158, 1429-1441.

Dastres, R., & Soori, M. (2021). Artificial neural network systems. International Journal of Imaging and Robotics (IJIR), 21(2), 13-25.

Fan, J., Fang, L., Wu, J., Guo, Y., & Dai, Q. (2020). From brain science to artificial intelligence. Engineering, 6(3), 248-252.

Górriz, J. M., Ramírez, J., Ortíz, A., Martinez-Murcia, F. J., Segovia, F., Suckling, J., & Ferrandez, J. M. (2020). Artificial intelligence within the interplay between natural and artificial computation: Advances in data science, trends and applications. Neurocomputing, 410, 237-270.

Kanwisher, N., Khosla, M., & Dobs, K. (2023). Using artificial neural networks to ask 'why' questions of minds and brains. Trends in Neurosciences, 46(3), 240-254.

Macpherson, T., Churchland, A., Sejnowski, T., DiCarlo, J., Kamitani, Y., Takahashi, H., & Hikida, T. (2021). Natural and Artificial Intelligence: A brief introduction to the interplay between AI and neuroscience research. Neural Networks, 144, 603-613.

Pratyasha, P., Gupta, S., & Padhy, A. P. (2022). Recent Vogues of Artificial Intelligence in Neuroscience: A Systematic Review.

Surianarayanan, C., Lawrence, J. J., Chelliah, P. R., Prakash, E., & Hewage, C. (2023). Convergence of Artificial Intelligence and Neuroscience towards the Diagnosis of Neurological Disorders—A Scoping Review. Sensors, 23(6), 3062.

Ullman, S. (2019). Using neuroscience to develop artificial intelligence. Science, 363(6428), 692-693.

Xu, M., Ouyang, Y., & Yuan, Z. (2023). Deep learning aided neuroimaging and brain regulation. Sensors, 23(11), 4993.

Zhao, X., Wang, L., Zhang, Y., Han, X., Deveci, M., & Parmar, M. (2024). A review of convolutional neural networks in computer vision. Artificial Intelligence

Review, 57(4), 1-43.

6장

아리스토텔레스 저, 박문재 역(2022), 『니코마코스 윤리학』(서울: 현대지성).

Baker, G., & Morris, K. (2005). Descartes' dualism. Routledge.

Barrett, L. F. (2022). Context reconsidered: Complex signal ensembles, relational meaning, and population thinking in psychological science. American Psychologist, 77(8), 894-920.

Barrett, L. F., & Iida, T. (2023). Constructionist approaches to emotion in psychology and related fields. In A. Scarantino (Ed.), Routledge handbook of emotion theory (pp. [Pagination]). Routledge.

Barrett, L. F., & Satpute, A. B. (2019). Historical pitfalls and new directions in the neuroscience of emotion. Neuroscience Letters, 693, 9-18.

Barrett, L. F., & Westlin, C. (2021). Navigating the science of emotion. In Emotion measurement (pp. 39-84). Woodhead Publishing.

Barrett, L. F. (2017a). The theory of constructed emotion: An active inference account of interoception and categorization. Social Cognitive and Affective Neuroscience, 12(1), 1-23.

Barrett, L. F. (2017b). How emotions are made: The secret life of the brain. Pan Macmillan.

Barrett, L. F., Adolphs, R., Marsella, S., Martinez, A. M., & Pollak, S. D. (2019). Emotional expressions reconsidered: Challenges to inferring emotion from human facial movements. Psychological Science in the Public Interest, 20(1), 1-68.

Barrett, L. F., Mesquita, B., Ochsner, K. N., & Gross, J. J. (2007). The experience of emotion. Annual Review of Psychology, 58, 373-403.

Brown, T. M., & Fee, E. (2002). Walter Bradford Cannon: Pioneer physiologist of human emotions. American Journal of Public Health, 92(10), 1594-1595.

Cabanac, M. (2002). What is emotion? Behavioural Processes, 60(2), 69-83.

Cannon, W. B. (1914). The emergency function of the adrenal medulla in pain and the major emotions. American Journal of Physiology-Legacy Content, 33(2), 356-372.

Cannon, W. B. (1987). The James-Lange theory of emotions: A critical examination and an alternative theory. The American Journal of Psychology, 100(3/4), 567-586.

Coury, H. (2018). The Theory of Constructed Emotion and Post-Traumatic Stress Disorder. URJP, 5, 8-15.

Damasio, A. R. (1994). Descartes' error and the future of human life. Scientific American, 271(4), 144.

Descartes, R. (1989). Passions of the Soul (S. H. Voss, Trans.). Hackett Publishing.

Feldman, M. J., Siegel, E., Barrett, L. F., Quigley, K. S., & Wormwood, J. B. (2022). Affect and social judgment: The roles of physiological reactivity and interoceptive sensitivity. Affective Science, 3(2), 464-479.

Frijda, N. H. (2008). The psychologists' point of view. In M. Lewis, J. M. Haviland-Jones, & L. F. Barrett (Eds.), Handbook of emotions (pp. 68-87). The Guilford Press.

Hoemann, K., Xu, F., & Barrett, L. F. (2019). Emotion Words, Emotion Concepts, and Emotional Development in Children: A constructionist hypothesis. Developmental Psychology, 55(9), 1830-1849.

Hume, D. (1896). A treatise of human nature. Clarendon Press.

James, W. (2013). What is an Emotion? Simon and Schuster.

Jungilligens, J., Paredes-Echeverri, S., Popkirov, S., Barrett, L. F., & Perez, D. L. (2022). A new science of emotion: implications for functional neurological disorder. Brain, 145(8), 2648-2663.

Lazarus, R. S. (1991). Cognition and motivation in emotion. American Psychologist, 46(4), 352-367.

Massimi, M. (2008). Why there are no ready-made phenomena: What philosophers of science should learn from Kant. Royal Institute of Philosophy Supplements, 63, 1-35.

Massimi, M. (2011). From data to phenomena: a Kantian stance. Synthese, 182, 101-116.

O'Shiel, D. (2019). Understanding dualism through emotion: Descartes, Spinoza, Sartre. Revista de Filosofia Aurora, 31(54), 728-749.

Schachter, S., & Singer, J. (1962). Cognitive, social, and physiological determinants of emotional state. Psychological Review, 69(5), 379-399.

Scherer, K. R. (1993). Studying the emotion-antecedent appraisal process: An expert system approach. Cognition & Emotion, 7(3-4), 325-355.

Scherer, K. R. (2000). Psychological models of emotion. In The neuropsychology of emotion (pp. 137-162). Oxford University Press.

Shaffer, C., Westlin, C., Quigley, K. S., Whitfield-Gabrieli, S., & Barrett, L. F. (2022). Allostasis, action, and affect in depression: Insights from the theory of constructed emotion. Annual Review of Clinical Psychology, 18, 553-580.

Siegel, E. H., Quigley, K. S., Barrett, L. F., Wormwood, J. B., & Cohen, S. (2018). Seeing what you feel: Affect drives visual perception of structurally neutral faces. Psychological Science, 29(4), 496-503.

Smith, C. A., & Lazarus, R. S. (1990). Emotion and adaptation. In L. A. Pervin (Ed.), Handbook of personality: Theory and research (pp. 609-637). The Guilford Press.

Solomon, R. C. (1993). The philosophy of emotions. In M. Lewis & J. Haviland (Eds.), The Handbook of emotions (pp. 3-16). The Guilford Press.

Thalos, M. (2013). What Hume should have said to Descartes. In S. Tweyman (Ed.), David Hume: A Tercentenary Tribute (pp. 21-44). Caravan Books.

Zachar, P. (2022). The psychological construction of emotion-A non-essentialist philosophy of science. Emotion Review, 14(1), 3-14.

7장

박형빈(2021), "도덕철학과 도덕심리학에서 직관과 정서-그린 (J. Greene)의 이중과정 모형과 하이트 (J. Haidt) 의 사회적 직관을 중심으로", 「도덕윤리과교육연구」 72, 한국도덕윤리과교육학회, 29-65.

이재호·조긍호(2014), "정치성향에 따른 도덕판단기준의 차이", 「한국심리학회지: 사회 및 성격」 28(1), 한국심리학회, 1-26.

Baker, E. R., D'Esterre, A. P., & Weaver, J. P.(2021), "Executive function and Theory of Mind in explaining young children's moral reasoning: A Test of the Hierarchical Competing Systems Model," Cognitive Development, 58, https://doi.org/10.1016/j.cogdev.2021.101035.

Baird, A.(2008), "Adolescent moral reasoning: The integration of emotion and cognition", In W. Sinnott-Armstrong (Ed.), The Neuroscience of morality: Emotion, brain disorders, and development, Moral Psychology, Vol 2, Cambridge, MA: MIT Press. 323-343.

Baker, E. R., D'Esterre, A. P., & Weaver, J. P.(2021), "Executive function and Theory of Mind in explaining young children's moral reasoning: A Test of the Hierarchical Competing Systems Model", Cognitive Development, 58, 1-16.

Bechara, A., Damasio, H., Tranel, D., & Anderson, S. W.(1998), "Dissociation of working memory from decision making within the human prefrontal cortex", Journal of neuroscience, 18(1), 428-437.

Bergman, R.(2006), "Gibbs on Kohlberg on Dewey: an essay review of John C. Gibbs's Moral Development and Reality", European Journal of Developmental Psychology, 3(3), 300-315.

Blasi, A.(2009), "The moral functioning of mature adults and the possibility of fair moral reasoning", Personality, identity, and character: Explorations in moral psychology, 396-440.

Boom, J.(2011), "Egocentrism in moral development: Gibbs, Piaget, Kohlberg", New Ideas in Psychology, 29(3), 355-363.

Cowell, J. M. & Decety, J.(2015), "Precursors to morality in development as a complex interplay between neural, socioenvironmental, and behavioral facets", Proceedings of the National Academy of Sciences, 112(41), 12657-12662.

Damasio, A. R.(1996), "The somatic marker hypothesis and the possible functions of the prefrontal cortex", Philosophical Transactions of the Royal Society of London. Series B: Biological Sciences, 351(1346), 1413-1420.

Decety, J., Michalska, K. J., & Kinzler, K. D.(2012), "The contribution of emotion and cognition to moral sensitivity: a neurodevelopmental study", Cerebral cortex, 22(1), 209-220.

Forbes, C. E. & Grafman, J.(2010), "The role of the human prefrontal cortex in social cognition and moral judgment", Annual review of neuroscience, 33, 299-324.

Gilligan, C.(1982), In a different voice: Psychological theory and women's development, Cambridge, MA: Harvard University Press.

Haidt, J., Koller, S. H., & Dias, M. G.(1993), "Affect, culture, and morality, or is it wrong to eat your dog?", Journal of personality and social psychology, 65(4), 613-628.

Haidt, J.(2001), "The emotional dog and its rational tail: a social intuitionist approach to moral judgment", Psychological review, 108(4), 814-834.

Hoffman, M. L.(1991), "Empathy, social cognition, and moral action", In W.M. Kurtines, J.L. Gewirtz(Eds.), Handbook of moral behavior and development theory, Vol. 1, Hillsdale NJ: Erlbaum Associates, 275-301.

Hoffman, M. L.(2000), "Empathy and Moral Development: Implications for Caring and Justice", Cambridge, UK: Cambridge University Press.

Hoffman, M. L.(2008), "Empathy and prosocial behavior", In M. Lewis, J. M. Haviland-Jones, & L. F. Barrett(Eds.), Handbook of emotions, 3, The New York: Guilford Press. 440-455.

Garrigan, B., Adlam, A. L., & Langdon, P. E.(2018), "Moral decision-making and moral development: Toward an integrative framework", Developmental review, 49, 80-100.

Gibbs, J. C., Basinger, K. S., Grime, R. L., & Snarey, J. R.(2007), "Moral judgment development across cultures: Revisiting Kohlberg's universality claims", Developmental Review, 27(4), 443-500.

Gibbs, J. C., Basinger, K. S., Fuller, D., & Fuller, R. L.(2013), Moral maturity: Measuring the development of sociomoral reflection, New York: Routledge.

Gilligan, C.(1982a), In a Different Voice: Psychological Theory and Women's Development, Cambridge, Mass: Harvard University Press.

Gilligan, C.(1982b), "New maps of development: new visions of maturity" American Journal of Orthopsychiatry, 52(2), 199-212.

Greene, J. D.(2007), "Why are VMPFC patients more utilitarian? A dual-process theory of moral judgment explains", Trends in cognitive sciences, 11(8), 322-323.

Jambon, M. & Smetana, J. G.(2020), "Self-reported moral emotions and physical and relational aggression in early childhood: A social domain approach", Child development, 91(1), e92-e107.

Kahneman, D., Lovallo, D., & Sibony, O.(2011), "Before you make that big decision", Harvard business review, 89(6), 50-60.

Kagan, J.(2008), "Morailty and its Development", In W. Sinnott-Armstrong (Ed.), The Neuroscience of Morality: Emotion, Brain disorders, and Development, Moral Psychology, Vol 2, Cambridge, MA: MIT Press. 297-313.

Smetana, J. G.(2006), "Social-Cognitive Domain Theory: Consistencies and Variations in Children's Moral and Social Judgments", In M. Killen & J. G. Smetana, Handbook of Moral Development, Mahwah, NJ: Lawrence erlbaum assoiciates, 119-153.

Killen, M. & Smetana, J.(2008), "Moral judgment and moral neuroscience: Intersections, definitions, and issues", Child Development Perspectives, 2(1), 1-6.

Killen, M. & Smetana, J. G.(2013), Handbook of moral development, New York: Psychology Press.

Koenig, A. L., Cicchetti, D., & Rogosch, F. A.(2004), "Moral development: The association between maltreatment and young children's prosocial behaviors and moral transgressions", Social Development, 13(1), 87-106.

Kohlberg, L.(1976), "Moral stages and moralization: The cognitive-development approach", Moral development and behavior: Theory research and social issues, 31-53.

Kohlberg, L. & Hersh, R. H.(1977), "Moral development: A review of the theory", Theory into practice, 16(2), 53-59.

Kohlberg, L.(1981), The Philosophy of Moral Development: Moral stages and the idea of justice, San Francisco: Harper & Row.

Kohlberg, L.(1984), The Psychology of Moral Development: The Nature and Validity of Moral Stages, San Francisco: Harper & Row.

Kohlberg, L.(1987), "The psychology of moral development" Ethics, 97(2).

Krettenauer, T. & Lefebvre, J. P.(2021), "Beyond subjective and personal: Endorsing pro-environmental norms as moral norms", Journal of Environmental Psychology, 76, 101644.

Lickona, T.(Ed.), Moral development and behavior: Theory, research and social issues, New York: Holt, Rinehart and Winston, 31-54.

Maxwell, B., & Narvaez, D.(2013), "Moral foundations theory and moral development and education", Journal of Moral Education, 42(3), 271-280.

McCrindle, M.(2021), Generation Alpha, UK: Hachette.

May, J., Workman, C. I., Haas, J., & Han, H.(2022), "The Neuroscience of Moral Judgment: Empirical and Philosophical Developments", In Felipe de Brigard & Walter Sinnott-Armstrong(Eds.), Neuroscience and Philosophy, Cambridge, MA: MIT Press, 17-47.

Narvaez, D. & Vaydich, J. L.(2008), "Moral development and behaviour under the spotlight of the neurobiological sciences", Journal of Moral Education, 37(3), 289-312.

Narvaez, D., & Lapsley, D.(2014), "Becoming a moral person-Moral development and moral character education as a result of social interactions", In M. Christen, C. van Schaik, J. Fischer, M. Huppenbauer, & C. Tanner(Eds.), Empirically informed ethics: Morality between facts and norms, Cham,

Switzerland: Springer, 227-238.

Narvaez, D.(2018), "Evolution, Early Experience, and Moral Becoming", Atlas of Moral Psychology, 454-456.

Narvaez, D.(2018), "Ethogenesis: Evolution, early experience and moral becoming", In J. Graham & K. Gray(Eds.), The Atlas of Moral Psychology, New York: Guilford Press, 451-464.

Nucci, L. P.(2001), Education in the moral domain, Cambridge, UK: Cambridge University Press.

Pascual, L., Rodrigues, P., & Gallardo-Pujol, D.(2013), "How does morality work in the brain? A functional and structural perspective of moral behavior", Frontiers in integrative neuroscience, 7(65), 1-8.

Piaget, J.(1932), The moral judgment of the child, London: Routledge & Kegan Paul.

Reed, A., Aquino, K., & Levy, E.(2007), "Moral identity and judgments of charitable behaviors", Journal of marketing, 71(1), 178-193.

Rest, J. R.(1983), "Morality", In P. Mussen, J. H. Flavell, E. Markman(Eds.), Cognitive development Handbook of child psychology, Vol. 3, New York: Wiley, 920-990.

Rest, J. R.(1984), "The major components of morality", In W. Kurtines & J. Gewirtz(Eds.), Morality, moral behavior, and moral development, New York: Wiley, 24-38.

Rest, J. R., Thoma, S. J., & Bebeau, M. J.(1999), Postconventional moral thinking: A neo-Kohlbergian approach, London: Psychology Press.

Rottman, J. & Young, L.(2015), "Mechanisms of moral development", The moral brain: A multidisciplinary perspective, 123-142.

Sevinc, G. & Spreng, R. N.(2014), "Contextual and Perceptual Brain Processes Underlying Moral Cognition: A Quantitative Meta-Analysis of Moral Reasoning", PloS one, 9(2), 1-10.

Snarey, J. R.(1985) "Cross-cultural universality of social-moral development: a critical review of Kohlbergian research", Psychological bulletin, 97(2), 202-232.

Smetana, J. G.(1995), Morality in context: Abstractions, ambiguities and applications,

In R. Vasta(Ed.), Annals of child development, Vol. 10, London: Jessica Kingsley Publishers, 83-130.

Taber-Thomas, B. C. & Tranel, D.(2012), "Social and moral functioning: A cognitive neuroscience perspective", In V. Anderson & M. H. Beauchamp (Eds.), Developmental social neuroscience and childhood brain insult: Theory and practice, New York: The Guilford Press, 65-90.

Turiel, E.(1998), "The development of morality", In W. Damon, N. Eisenberg(Eds.), Handbook of child psychology, social, emotional, and personality development, Vol. 3, New York: Wiley, 863-932.

Turiel, E.(2008a), "Thought about actions in social domains: Morality, social conventions, and social interactions", Cognitive development, 23(1), 136-154.

Turiel, E.(2008b), "The Development of Morality", In W. Damon & R. M. Lerner(Eds.), Child and Adolescent Development: An Advanced Course, Hoboken, NJ: Wiley, 473-514.

Smetana, J. G.(1983). "Social-cognitive development: Domain distinctions and coordinations", Developmental Review, 3(2), 131-147.

Ziatdinov, R. & Cilliers, J.(2021), "Generation Alpha: Understanding the Next Cohort of University Students', European Journal of Contemporary Education, 10(3), 783-789.

8장

박형빈,「사회신경과학에서의 사회적 고통 및 도덕성에 대한 이해와 도덕교육」,『도덕윤리과교육연구』54(한국도덕윤리과교육학회, 2017), pp. 77-108.

Appau, S., Churchill, S. A., & Farrell, L., "Social integration and subjective wellbeing", Applied Economics, 51(16) (2019), pp. 1748-1761.

Archer, M., "Social integration and system integration: developing the distinction",

Sociology, 30(4) (1996), pp. 679-699.

Bailey, M., Johnston, D. M., Koenen, M., Kuchler, T., Russel, D., & Stroebel, J., The Social Integration of International Migrants: Evidence from the Networks of Syrians in Germany (No. w29925) (Cambridge, MA: National Bureau of Economic Research, 2022).

Berkman, L. F., Glass, T., Brissette, I., & Seeman, T. E., "From social integration to health: Durkheim in the new millennium", Social science & medicine, 51(6) (2000), pp. 843-857.

Berkman, L. F. & Glass, T., "Social integration, social networks, social support, and health. Social epidemiology", Social Epidemiology, 1(6) (2000), pp. 137-173.

Bowlby, J., Attachment and Loss: volume I: Attachment, (London: The Hogarth Press and the Institute of Psycho-Analysis, 1969).

Brissette, I., Cohen, S., & Seeman, T. E., "Measuring social integration and social networks", S. Cohen, L. G. Underwood, & B. H. Gottlieb eds., Social support measurement and intervention: A guide for health and social scientists (Oxford, UK: Oxford University Press, 2000), pp. 53–85.

Brydsten, A., Rostila, M., & Dunlavy, A., "Social integration and mental health-a decomposition approach to mental health inequalities between the foreign-born and native-born in Sweden", International Journal for Equity in Health, 18(1) (2019), pp. 1-11.

Carro, N., Ibar, C., D'Adamo, P., Gonzalez, D., Berg, G., Fabre, B., & Lozada, M., "Hair cortisol reduction and social integration enhancement after a mindfulness-based intervention in children", Child: Care, Health and Development, (2022), doi: 10.1111/cch.13008, pp. 1-7.

Durkheim, Emile, Suicide: A study in sociology (New York: Free Press, 1897/1966).

Evans, O. & Rubin, M., "In a class on their own: investigating the role of social integration in the association between social class and mental well-being", Personality and Social Psychology Bulletin, 48(5) (2022), pp. 690-703.

Hartwell, S. W. & Benson, P. R., "Social integration: A conceptual overview and two case studies", W. R. Avison, J. D. Mcleod, & B. A. Pescosolido eds., Mental health, Social Mirror (Boston, MA: Springer, 2007), pp. 329-353.

MacDonald, G. & Leary, M. R., "Why does social exclusion hurt? The relationship between social and physical pain", Psychological bulletin, 131(2) (2005), pp. 202-223.

Murguia, E., Padilla, R. V., & Pavel, M., "Ethnicity and the concept of social integration in Tinto's model of institutional departure", Journal of College Student Development, 32(5) (1991), pp. 433-439.

Ozgan, H. & Aksab, S., "The Examination of the Social Integration Perceptions of Undergraduate Students", Journal of Education and Training Studies, 6(n3a) (2018), pp. 26-34.

Seeman, T. E., "Social ties and health: The benefits of social integration", Annals of epidemiology, 6(5) (1996), pp. 442-451.

Taylor, S. E., "Social Support: A Review", H. S. Friedman ed., The Oxford Handbook of Health Psychology (Oxford, UK: Oxford University Press, 2011), pp. 189-214.

Turner, J. B. & Turner, R. J., "Social relations, social integration, and social support", C. S. Aneshensel, J. C. Phelan & A. Bierman eds., Handbook of the sociology of mental health (Boston, MA: Springer, 2013), pp. 341-356.

Turner, R. J. & Turner, J. B., "Social integration and support", C. S. Aneshensel & J. C. Phelan eds., Handbook of the sociology of mental health (Boston, MA: Springer, 1999), pp. 301-319.

Uchino, B. N., Trettevik, R., Kent de Grey, R. G., Cronan, S., Hogan, J., & Baucom, B. R., "Social support, social integration, and inflammatory cytokines: A meta-analysis", Health Psychology, 37(5) (2018), pp. 462-471.

Waters, E., Crowell, J., Elliott, M., Corcoran, D., & Treboux, D., "Bowlby's secure base theory and the social/personality psychology of attachment styles: Work(s) in progress", Attachment & human development, 4(2) (2002), pp. 230-242.

9장

노버트 위너, 김재영 역(2023), 『사이버네틱스: 동물과 기계의 제어와 커뮤니케이션』, 다 (ITTA)

Dong, Y., Hou, J., Zhang, N., & Zhang, M. (2020). Research on how human intelligence, consciousness, and cognitive computing affect the development of artificial intelligence. Complexity, 2020, 1-10.

Heidegger, M. (1977). The question concerning technology. Readings in the Philosophy of Technology, 9-24.

IEEE(2019), "Ethically Aligned Design - A Vision for Prioritizing Human Well-being with Autonomous and Intelligent Systems," in Ethically Aligned Design - A Vision for Prioritizing Human Well-being with Autonomous and Intelligent Systems , vol., no., pp.1-294, 31 March 2019.

Schmitt, L. (2022). Mapping global AI governance: a nascent regime in a fragmented landscape. AI and Ethics, 2(2), 303-314.

Xirogianni, P.(2021), Karl Jaspers and the Philosophy of Technology. eRA 2021 14th International Scientific Conference "Industry 4.0"

G20(2019), G20 Ministerial Statement on Trade and Digital Economy

AI Safety Summit(2023), The Bletchley Declaration by Countries Attending the AI Safety Summit, 1-2 November 2023.

10장

박형빈 (2022). 『인공지능윤리와 도덕교육』, 서울: 씨아이알.

한국인터넷진흥원 (2023). ChatGPT(챗GPT) 보안 위협과 시사점. Kisa Insight Digital & Sequrity Policy, 3. 서울: 한국인터넷진흥원.

Alkaissi, H. & McFarlane, S. I. (2023). Artificial hallucinations in ChatGPT: implications in scientific writing. Cureus, 15(2). 1-4, DOI: 10.7759/cureus.35179.

Aydın, Ö. & Karaarslan, E. (2023). Is ChatGPT leading generative AI? What is beyond expectations?. What is beyond expectations. Academic Platform Journal of Engineering and Smart Systems, 11(3), 118-134. DOI: 10.21541/apjess.1293702.

Baidoo-Anu, D. & Ansah, L. O. (2023). Education in the era of generative artificial intelligence (AI): Understanding the potential benefits of ChatGPT in promoting teaching and learning. Journal of AI, 7(1), 52-62.

Bender, E. M., Gebru, T., McMillan-Major, A., & Shmitchell, S. (2021). On the dangers of stochastic parrots: Can language models be too big?. In FAccT '21: 2021 ACM Conference on Fairness, Accountability, and Transparency (pp. 610-623). New York, US: Association for Computing Machinery.

Biswas, S. (2023). Role of Chat GPT in Education. Journal of ENT Suregery Research, 1(1), 1-3.

Brown, T., Mann, B., Ryder, N. Subbiah, M., Kaplan, J. D., Dhariwal, P., Neelakantan, A., Shyam, P., Sastry, G., Askell, A., Agarwal, S., Herbert-Voss, A., Krueger, G., Henighan, T., Child, R., Ramesh, A., Ziegler, D., Wu, J., Winter, C., Hesse, C., Chen, M., Sigler, E., Litwin, M., Gray, S., Chess, B., Clark, J., Berner, C., McCandlish, S., Radford, A., Sutskever, I., & Amodei, D. (2020). Language models are few-shot learners. Advances in neural information processing systems, 33, 1877-1901.

Cao, Y., Li, S., Liu, Y., Yan, Z., Dai, Y., Yu, P. S., & Sun, L. (2023). A comprehensive survey of ai-generated content (aigc): A history of generative ai from gan to chatgpt. arXiv:2303.04226. 111:1-111:44.

Chen, J., Dong, H., Wang, X., Feng, F., Wang, M., & He, X. (2023). Bias and debias in recommender system: A survey and future directions. ACM Transactions on Information Systems, 41(3), 1-39.

Cox, C. & Tzoc, E. (2023). ChatGPT: Implications for academic libraries. College & Research Libraries News, 84(3), 99-102.

Dwivedi, Y. K., Kshetri, N., Hughes, L. et al., (2023). "So what if ChatGPT wrote it?" Multidisciplinary perspectives on opportunities, challenges and implications of generative conversational AI for research, practice and policy. International Journal of Information Management, 71, 102642, 1-11.

Euchner, J. (2023). Generative AI. Research-Technology Management, 66(3), 71-74.

Eysenbach, G. (2023). The role of ChatGPT, generative language models, and artificial intelligence in medical education: a conversation with ChatGPT and a call for papers. JMIR Medical Education, 9(1), 1-13. doi: 10.2196/46885.

Fui-Hoon Nah, F., Zheng, R., Cai, J., Siau, K., & Chen, L. (2023). Generative AI and ChatGPT: Applications, challenges, and AI-human collaboration. Journal of Information Technology Case and Application Research, 25(3), 277-304.

Hatem, R., Simmons, B., & Thornton, J. E. (2023). A Call to Address AI "Hallucinations" and How Healthcare Professionals Can Mitigate Their Risks. Cureus, 15(9). 1-3. DOI 10.7759/cureus.44720

Haenlein, M., Kaplan, A., Tan, C. W., & Zhang, P. (2019). Artificial intelligence (AI) and management analytics. Journal of Management Analytics, 6(4), 341-343.

Jovanovic, M. & Campbell, M. (2022). Generative artificial intelligence: Trends and prospects. Computer, 55(10), 107-112.

Kung, T. H., Cheatham, M., Medenilla, A. Sillos, C., De Leon, L., Elepaño, C., Madriaga, M., Aggabao, R., Diaz-Candido, G., Maningo, J., & Tseng, V. (2023). Performance of ChatGPT on USMLE: Potential for AI-assisted medical education using large language models. PLOS Digital Health, 2(2):e0000198. doi: 10.1371/journal.pdig.0000198.

Li, Z. (2023). The dark side of chatgpt: Legal and ethical challenges from stochastic parrots and hallucination. arXiv preprint arXiv:2304.14347. 1-3.

Madani, A., Krause, B., Greene, E. R., Subramanian, S., Mohr, B. P., Holton, J. M., Olmos Jr., J. L., Xiong, C., Sun, Z. Z., Socher, R., Fraser, J. S., & Naik, N. (2023). Large language models generate functional protein sequences across diverse families. Nature Biotechnology, 41, 1-8. https://doi.org/10.1038/s41587-022-01618-2.

Mitchell, M., & Krakauer, D. C. (2023). The debate over understanding in AI's large language models. Proceedings of the National Academy of Sciences, 120(13), e2215907120. https://doi.org/10.1073/pnas.2215907120.

Ray, P. P. (2023). ChatGPT: A comprehensive review on background, applications, key challenges, bias, ethics, limitations and future scope. Internet of Things and Cyber-Physical Systems, 3(1), 121-154.

Sætra, H. S. (2023). Generative AI: Here to stay, but for good?. Technology in Society, 75(2023) 102372. 1-5.

Shen, Y., Heacock, L., Elias, J., Hentel, K. D., Reig, B., Shih, G., & Moy, L. (2023). ChatGPT and other large language models are double-edged swords. Radiology, 307(2), e230163, 1-4. https://doi.org/10.1148/radiol.230163.

Siau, K. & Wang, W. (2020). Artificial intelligence (AI) ethics: Ethics of AI and ethical AI. Journal of Database Management, 31(2), 74-87.

Susarla, A., Gopal, R., Thatcher, J. B., & Sarker, S. (2023). The Janus Effect of Generative AI: Charting the Path for Responsible Conduct of Scholarly Activities in Information Systems. Information Systems Research, 34(2), 399-408.

Vaswani, A., Shazeer, N., Parmar, N.Uszkoreit, J., Jones, L., Gomez, A. N., Kaiser, L., & Polosukhin, I. (2017). Attention is all you need. In 31st Conference on Neural Information Processing Systems (NIPS 2017) (pp. 1-11). Long Beach, CA: NIPS.

Wang, W., Bao, H., Dong, L. Bjorck, J., Peng, Z., Liu, Q., Aggarwal, K., Mohammed, O. K., Singhal, S., Som, S., Wei, F., & Microsoft Corporation (2022). Image as a foreign language: Beit pretraining for all vision and vision-language tasks. arXiv:2208.10442.

Zhao, W. X., Zhou, K., Li, J. Tang, T., Wang, X., Hou, Y., Min, Y., Zhang, B., Zhang, J., Dong, Z., Du, Y., Yang, C., Chen, Y., Chen, Z., Jiang, J., Ren, R., Li, Y., Tang, X., Liu, Z., Liu, P., Nie, J., Ji-Rong Wen(2023). A survey of large language models. arXiv:2303.18223, 1-97.

https://www.forbes.com/sites/forbesbusinesscouncil/2023/04/25/how-businesses-can-helpreduce-bias-in-ai에서 2023년 9월 27일 인출.

https://pub.towardsai.net/generativeai-and-future-c3b1695876f2에서 2023년 9월 25일 인출.

Hallucination Issues and Ethical Challenges of Generative AI: Focusing on Topics

11장

Rafael Capurro, Michael Nagenborg 편저, 변순용, 송선영 역(2013), 『로봇윤리-로봇의 윤리적 문제들』, 서울: 어문학사.

박형빈 (2022). 『인공지능윤리와 도덕교육』, 서울: 씨아이알.

Broom, D. M., "The evolution of morality", Applied Animal Behaviour Science, 100(1-2) (2006), pp. 20-28.

Carrillo, M., Han, Y., Migliorati, F., Liu, M., Gazzola, V., & Keysers, C., "Emotional mirror neurons in the rat's anterior cingulate cortex", Current Biology, 29(8) (2019), pp. 1301-1312.

Crockett, M. J., Siegel, J. Z., Kurth-Nelson, Z., Dayan, P., & Dolan, R. J., "Moral transgressions corrupt neural representations of value", Nature neuroscience, 20(6) (2017), pp. 879-885.

Decety, J. & Cowell, J. M., "Why developmental neuroscience is critical for the study of morality", K. Gray & J. Graham, eds, Atlas of moral psychology (The Guilford Press, 2018), pp. 505-515.

Decety J. & Cowell JM., "Interpersonal harm aversion as a necessary foundation for morality: A developmental neuroscience perspective", Development and psychopathology, (2018), pp. 153-164.

De Waal, F., "Morally Evolved", Primates and philosophers: How morality evolved (2006), pp. 1-80.

Fuller, S., "The brain as artificial intelligence: prospecting the frontiers of

424

neuroscience", AI & SOCIETY, 34(4) (2019), pp. 825-833.

Hasselberger, W., "Ethics beyond Computation: Why We Can't (and Shouldn't) Replace Human Moral Judgment with Algorithms", Social Research: An International Quarterly, 86(4) (2019), pp. 977-999.

Hildt, E., Laas, K., & Sziron, M., "Shaping ethical futures in brain-based and artificial intelligence research", Science and Engineering Ethics, 26(5) (2020), pp. 2371-2379.

Jarrahi, M. H., "Artificial intelligence and the future of work: Human-AI symbiosis in organizational decision making", Business horizons, 61(4) (2018), pp. 577-586.

Kellmeyer, P., "Artificial intelligence in basic and clinical neuroscience: opportunities and ethical challenges", Neuroforum, 25(4) (2019), pp. 241-250.

Kelly C. & O'Connell, R., "Can neuroscience change the way we view morality?", Neuron, 108(4) (2020), pp. 604-607.

Koenigs, M., & Grafman, J., "Posttraumatic stress disorder: the role of medial prefrontal cortex and amygdala", The Neuroscientist, 15.5 (2009). pp. 540-548.

Stets, J. E. & Carter, M. J., "A theory of the self for the sociology of morality", American Sociological Review, 77(1) (2012), pp. 120-140.

Tancredi, L., Hardwired behavior: What neuroscience reveals, about morality (New York, NY: Cambridge University Press, 2005), pp. 115-117, DOI: 10.1080/21507740.2019.1632967

12장

교육부 (2022). 2022 개정 도덕과 교육과정: 교육부 고시 제2022-33호 [별책 6]. 세종: 교육부.

박형빈 (2022). 정신건강 및 뇌 신경과학 관점에서 본 사회통합교육의 과제. 윤리교육연구,

65, 141-165.

윤영돈 (2011). 심리학적 관점에서 본 양심 이해: 융의 관점을 중심으로. 도덕윤리과교육, 34, 115-142.

이경원, 박병기, 김철호, 박영주, 김아영, 김완수, 강희원, 이혜진, 박의왕, 박상준 (2023). 2022 개정 교육과정과 초등 도덕과교육. 서울: 교육과학사.

진교훈, 장승희, 이혜경, 장승구, 김시천 (2012). 양심: 고대로부터 현대에 이르기까지의 양심의 의미. 서울: 서울대학교출판문화원.

American College of Obstetricians and Gynecologists (ACOG) (2007). ACOG Committee Opinion No. 385 November 2007: the limits of conscientious refusal in reproductive medicine. Obstetrics and Gynecology, 110(5), 1203-1208.

Andrews, J. L., Ahmed, S. P., & Blakemore, S. J. (2021). Navigating the social environment in adolescence: The role of social brain development. Biological Psychiatry, 89(2), 109-118.

Akhtar, S. (2006). Restoring Joseph Butler's conscience. British Journal for the History of Philosophy, 14(4), 581-600.

Blakemore, S. J. (2012). Development of the social brain in adolescence. Journal of the Royal Society of Medicine, 105(3), 111-116.

Calandri, E., Graziano, F., Testa, S., Cattelino, E., & Begotti, T. (2019). Empathy and depression among early adolescents: the moderating role of parental support. Frontiers in Psychology, 10(1447), 1-11.

Christakis, N. A. (2019). The neurobiology of conscience. Nature, 569(7758), 627-628.

Churchland, P. S. (2011). Braintrust: What neuroscience tells us about morality. Princeton, NJ: Princeton University Press.

Churchland, P. (2019). Conscience: The origins of moral intuition. Manhattan, NY: WW Norton & Company.

De Waal, F. B., Churchland, P. S., Pievani, T., & Parmigiani, S. (2014). Evolved morality: The biology and philosophy of human conscience. Behaviour, 151, 137-141.

Filley, C. M., Kletenik, I., & Churchland, P. S. (2020). Morality and the brain: the right hemisphere and doing right. Cognitive and Behavioral Neurology, 33(4),

304-307.

Fitri, A. Z. (2022). Character education based on reflective pedagogical paradigm and its effect on conscience and compassion of students. European Journal of Psychology and Educational Research, 5(2), 77-87.

Fuss, P. (1973). Conscience. In J. Donnelly & L. Lyons(Eds.), Conscience (pp. 35-50). New York: Alba House.

Fuss, P. (1964). Conscience. Ethics, 74(2), 111-120.

Hagan, D., Sánchez, B., Cascarino, J., & White, K.(2019). Social and Emotional Development in Early Adolescence: Tapping Into The Power of Relationships and Mentoring. Mentor. https://www.mentoring.org/wp-content/uploads/2019/11/SEL_executive-summary_082619.pdf에서 2023년 1월10일 인출.

Kant, I. (1788). Kritik der praktischen Vernunft. Translated by T. K. Abbott (2012). The Critique of Practical Reason, Durham. NC: Duke Classics.

Kochanska, G. & Aksan, N. (2006). Children's conscience and self-regulation. Journal of personality, 74(6), 1587-1618.

Kochanska, G. (1993). Toward a synthesis of parental socialization and child temperament in early development of conscience. Child development, 64(2), 325-347.

Kochanska, G. & Aksan, N. (2006). Children's conscience and self-regulation. Journal of personality, 74(6), 1587-1618.

Lyons, W. (2009). Conscience-An essay in moral psychology. Philosophy, 84(4), 477-494.

Mikhail, J. (2013). Review of Patricia S. Churchland, 'Braintrust: What Neuroscience Tells Us About Morality'. Ethics, 123(2), 354-356.

Montag, W. (2017). A parallelism of consciousness and property: Balibar's reading of Locke. Balibar and the citizen subject, 157-181.

Rivkin, J. & Ryan, M.(Eds.) (2004). Literary theory: An anthology. Hoboken, New Jersey: Blackwell Publishing Ltd.

Sulmasy, D. P.(2008). What is conscience and why is respect for it so important?.

Theoretical medicine and bioethics, 29(3), 135-149.

Thompson, R. A., Meyer, S., & McGinley, M. (2006). Understanding values in relationships: The development of conscience. In M. Killen & J. G. Smetana(Eds.), Handbook of moral development(pp. 267-297). Mahwah, NJ: Lawrence Erlbaum Associates Publishers.

Tobias, M. C. & Morrison, J. G. (2021). The Synecological Conscience. On the Nature of Ecological Paradox. Cham: Springer International Publishing, 593-596.

Tümkaya, S. (2021). On the Proper Treatment of the Churchlands. Erkenntnis, 86(4), 905-918.

Van Creveld, M. (2020). 양심이란 무엇인가 양심 과잉과 양심 부재의 시대(김희상 역), 서울: 니케북스(원출판년도 2015). Conscience: A Biograph. London: Reaktion Books Ltd.

Walum, H., Waldman, I. D., & Young, L. J. (2016). Statistical and methodological considerations for the interpretation of intranasal oxytocin studies. Biological psychiatry, 79(3), 251-257.

13장

교육부, 「2022 개정 도덕과 교육과정」[별책 6] (교육부, 2022)

류재훈·유영만, 「학습자중심교육의 재음미: 보편적 가르침과 간접전달을 중심으로」, 『Andragogy Today: Interdisciplinary Journal of Adult & Continuing Education (IJACE)』22(3)(한국성인교육학회, 2019), pp. 243-265.

박형빈, 「디지털원주민 시대의 통일교육과 게이미피케이션 (Gamification)」, 『윤리교육연구』 55(한국윤리교육학회, 2020), pp. 337-364.

Aslan, S. & C. M. Reigeluth, "Examining the challenges of learner-centered education", Phi delta kappan, 97(4) (2015), pp. 63-68.

Bowers, J. S., "Psychology, not educational neuroscience, is the way forward for improving educational outcomes for all children: Reply to Gabrieli (2016) and HowardJones et al., (2016)", Psychological Review, 123 (2016), pp. 628-635.

Bruer, J. T. (1997). Education and the brain: A bridge too far. Educational researcher, 26(8), 4-16.

Campbell, S. R., "Educational Neuroscience: Motivations, methodology, and implications", Educational Philosophy and Theory, 43(1) (2011), pp. 7-16.

Clement, N. D. & T. Lovat, "Neuroscience and education: Issues and challenges for curriculum", Curriculum Inquiry, 42(4) (2012), pp. 534-557.

Curtis, L. & J. Fallin, "Neuroeducation and music: Collaboration for student success", Music Educators Journal, 101(2) (2014), pp. 52-56.

Dubinsky, J. M., G. Roehrig, & S. Varma, "Infusing neuroscience into teacher professional development", Educational Researcher, 42(6) (2013), pp. 317-329.

Dubinsky, J. M., S. S. Guzey, M. S. Schwartz, G. Roehrig, C. MacNabb, A. Schmied, V. Hinesley, M. Hoelscher, M. Michlin, L. Schmitt, C. Ellingson, Z. Chang, & J. L. Cooper, "Contributions of neuroscience knowledge to teachers and their practice", The Neuroscientist, 25(5) (2019), pp. 394-407.

Ergas, O., L. L. Hadar, N. Albelda, & N. Levit-Binnun, "Contemplative neuroscience as a gateway to mindfulness: findings from an educationally framed teacher learning program", Mindfulness, 9(6) (2018), pp. 1723-1735.

Espino-Díaz, L., J. L. Alvarez-Castillo, H. Gonzalez-Gonzalez, C. M. Hernandez-Lloret, & G. Fernandez-Caminero, "Creating Interactive Learning Environments through the Use of Information and Communication Technologies Applied to Learning of Social Values: An Approach from Neuro-Education", Social Sciences, 9(5) (2020), 72(https://doi.org/10.3390/socsci9050072).

Fahraeus, A. W. E., "Book Review: Learner-Centered Teaching: Five Key Changes to Practice", Journal of the Scholarship of Teaching and Learning, 13(4) (2013), pp. 1-6.

Feiler, J. B. & M. E. Stabio, "Three pillars of educational neuroscience from three decades of literature", Trends in neuroscience and education, 13 (2018), pp. 17-

25.

Fuller, J. K. & J. G. Glendening, "The neuroeducator: professional of the future", Theory into practice, 24(2) (1985), pp. 135-137.

Green, P., "How to motivate students: A primer for learner-centered teachers", American Association of Philosophy Teachers Studies in Pedagogy, 1 (2015), pp. 47-60.

Hardiman, M. M., The brain-targeted teaching model for 21st-century schools (Thousand Oak, CA: Corwin Press, 2012).

Hruby, G. G., "Three requirements for justifying an educational neuroscience", British journal of educational psychology, 82(1) (2012), pp. 1-23.

Hughes, B., K. A. Sullivan, & L. Gilmore, "Why do teachers believe educational neuromyths?", Trends in Neuroscience and Education, 21 (2020), 100145(https://doi.org/10.1016/j.tine.2020.100145).

Lalancette, H. & S. R. Campbell, "Educational neuroscience: Neuroethical considerations", International journal of environmental and science education, 7(1) (2012), pp. 37-52.

Luzzatto, E., & A. S. Rusu, "Development of a neuroscience motifs-based teacher training program for pre-service teachers in special education in Israel", Educatia 21 Journal, 19 (2020), pp. 181-191.

Otara, A., A. Uworwabayeho, W. Nzabalirwa, & B. Kayisenga, "From ambition to practice: An analysis of teachers' attitude toward learner-centered pedagogy in public primary schools in Rwanda", SAGE Open, 9(1) (2019), pp. 1-11.

Pasquinelli, E., "Neuromyths: Why do they exist and persist?", Mind, Brain, and Education, 6(2) (2012), pp. 89-96.

Rueda, C., "Neuroeducation: Teaching with the brain", Journal of Neuroeducation, 1(1) (2020), pp. 108-113.

Thomas, M. S., D. Ansari, & V. C. Knowland, "Annual research review: Educational neuroscience: Progress and prospects", Journal of Child Psychology and Psychiatry, 60(4) (2019), pp. 477-492.

Tokuhama-Espinosa, T., Mind, brain, and education science: A comprehensive guide to the new brain-based teaching (New York: WW Norton & Company, 2011).

Tokuhama-Espinosa, T, Mind, Brain, and Education science: An international Delphi survey, (2017), https://doi.org/10.13140/RG.2.2.14259.22560.

Weimer, M., Learner-centered teaching: Five key changes to practice (Hoboken, NJ: John Wiley & Sons, 2002).

Wohlfarth, D., D. Sheras, J. L. Bennett, B. Simon, J. H. Pimentel, & L. E. Gabel, "Student Perceptions of Learner-Centered Teaching", Insight: A journal of scholarly teaching, 3 (2008), pp. 67-74.

14장

Alahmed, Y., Abadla, R., Ameen, N., & Shteiwi, A. (2023). Bridging the Gap Between Ethical AI Implementations. International Journal, 10(3), 3034-3046.

Attard-Frost, B., De los Ríos, A., & Walters, D. R. (2023). The ethics of AI business practices: a review of 47 AI ethics guidelines. AI and Ethics, 3(2), 389-406.

Balasubramaniam, N., Kauppinen, M., Hiekkanen, K., & Kujala, S. (2022). Transparency and explainability of AI systems: ethical guidelines in practice. In V. Gervasi and A. Vogelsang(Eds.), International Working Conference on Requirements Engineering: Foundation for Software Quality (pp. 3-18). Cham: Springer International Publishing.

Boddington, P. (2023). Normative Ethical Theory and AI Ethics. In P. Boddington(Ed.), AI Ethics: A Textbook (pp. 229-276). Singapore: Springer Nature Singapore.

Boyd, M., & Wilson, N. (2017). Rapid developments in artificial intelligence: how might the New Zealand government respond?. Policy Quarterly, 13(4).

Borenstein, J. & Howard, A. (2021). Emerging challenges in AI and the need for AI ethics education. AI and Ethics, 1, 61-65.

Chatila, R., & Havens, J. C. (2019). The IEEE global initiative on ethics of autonomous and intelligent systems. Robotics and well-being, 11-16.

Corrêa, N. K., Galvão, C., Santos, J. W., Del Pino, C., Pinto, E. P., Barbosa, C., Massmann, D., Mambrini, R., Galvão, L., Terem, E., & de Oliveira, N. (2023). Worldwide AI ethics: A review of 200 guidelines and recommendations for AI governance. Patterns, 4(10), 1-14.

Dornis, T. W. (2020). Artificial creativity: emergent works and the void in current copyright doctrine. Yale JL & Tech, 22, 1-35.

Fan, J., Fang, L., Wu, J., Guo, Y., & Dai, Q. (2020). From brain science to artificial intelligence. Engineering, 6(3), 248-252.

Franzke, A. S. (2022). An exploratory qualitative analysis of AI ethics guidelines. Journal of Information, Communication and Ethics in Society, 20(4), 401-423.

Furey, H. & Martin, F. (2019). AI education matters: a modular approach to AI ethics education. AI Matters, 4(4), 13-1.

Gasser, U., & Almeida, V. A. (2017). A layered model for AI governance. IEEE Internet Computing, 21(6), 58-62.

Hagendorff, T. (2020). The ethics of AI ethics: An evaluation of guidelines. Minds and machines, 30(1), 99-120.

Hagendorff, T. (2022). A virtue-based framework to support putting AI ethics into practice. Philosophy & Technology, 35: 55. https://doi.org/10.1007/s13347-022-00553-z

Hagendorff, T. (2023). AI ethics and its pitfalls: not living up to its own standards?. AI and Ethics, 3(1), 329-336.

Héder, M. (2020). A criticism of AI ethics guidelines. Információs Társadalom: Társadalomtudományi Folyóirat, 20(4), 57-73.

Jobin, A., Ienca, M., & Vayena, E. (2019). The global landscape of AI ethics guidelines. Nature machine intelligence, 1(9), 389-399.

Luger, G. F. & Chakrabarti, C. (2017). From Alan Turing to modern AI: practical solutions and an implicit epistemic stance. AI & SOCIETY, 32, 321-338.

Lungarella, M., Iida, F., Bongard, J., & Pfeifer, R. (Eds.). (2007). 50 Years of Artificial Intelligence: Essays Dedicated to the 50th Anniversary of Artificial Intelligence (Vol. 4850). Switzerland: Springer.

Macpherson, T., Churchland, A., Sejnowski, T., DiCarlo, J., Kamitani, Y., Takahashi, H., & Hikida, T. (2021). Natural and Artificial Intelligence: A brief introduction to the interplay between AI and neuroscience research. Neural Networks, 144, 603-613.

May, J. (2023). Moral rationalism on the brain. Mind & Language, 38(1), 237-255.

Pennestrì, F. & Banfi, G. (2022). Artificial intelligence in laboratory medicine: fundamental ethical issues and normative key-points. Clinical Chemistry and Laboratory Medicine (CCLM), 60(12), 1867-1874.

Rahwan, I. (2018). Society-in-the-loop: programming the algorithmic social contract. Ethics and information technology, 20(1), 5-14.

Ryan, M. & Stahl, B. C. (2020). Artificial intelligence ethics guidelines for developers and users: clarifying their content and normative implications. Journal of Information, Communication and Ethics in Society, 19(1), 61-86.

Scherer, M. U. (2015). Regulating artificial intelligence systems: Risks, challenges, competencies, and strategies. Harv. JL & Tech., 29, 353.

Searle, J. R. (1980). Minds, brains, and programs. Behavioral and brain sciences, 3(3), 417-424.

Stahl, B. C. (2021). Ethical issues of AI. In B. C. Stahl(Ed.), Artificial Intelligence for a better future: An ecosystem perspective on the ethics of AI and emerging digital technologies (pp. 35-53). Switzerland: Springer.

Thierer, A., O'Sullivan, A. C., & Russell, R. (2017). Artificial Intelligence and Public Policy.

Turing, A. M. (2009). Computing machinery and intelligence, Springer Netherlands.

Widder, D. G., Nafus, D., Dabbish, L., & Herbsleb, J. (2022). Limits and possibilities for "Ethical AI" in open source: A study of deepfakes. In Proceedings of the 2022 ACM Conference on Fairness, Accountability, and Transparency (pp. 2035-2046). https://doi.org/10.1145/3531146.3533779

15장

박형빈(2020). AI 도덕성 신화와 그 실제: 기계의 인간 도덕 능력 모델링 가능성과 한계. 한국초등교육, 31, 1-14.

박형빈(2021). 아동 뇌 발달과 AI 윤리에 기초한 AI 리터러시교육-초등 도덕과 교육 적용을 중심으로. 초등도덕교육, 75, 29-76.

박형빈(2021). 자율 주행 차량(AV)의 트롤리 딜레마 문제와 AI 윤리 교육의 과제. 한국초등교육, 32, 101-119., 115-116.

박형빈. (2021). 초등학생 인성교육을 위한 교육용 AI 의 도덕교육 적용 가능성 탐색: 실용성과 윤리적 고려 사항. 초등도덕교육, (73), 207-248.

박형빈. (2023). 학습자중심교육을 위한 교육신경과학 활용 윤리교사 교육 전문성 강화 방안. 윤리교육연구, 69, 55-82.

Babulak, E. (2023). Introductory Chapter: Journey to AI Driven Chatbots. In Chatbots-The AI-Driven Front-Line Services for Customers. IntechOpen.

Campàs, C., Motger, Q., Franch, X., & Marco, J. (2023, June). Adaptive Task-Oriented Chatbots Using Feature-Based Knowledge Bases. In International Conference on Advanced Information Systems Engineering (pp. 95-102). Cham: Springer International Publishing.

Nirala, K. K., Singh, N. K., & Purani, V. S. (2022). A survey on providing customer and public administration based services using AI: chatbot. Multimedia Tools and Applications, 81(16), 22215-22246.

박형빈(Park, Hyoungbin)

서울교육대학교 윤리교육과 교수이다. 미국 UCLA 교육학과에서 Visiting Scholar 를 지냈다. 서울교육대학교 교육전문대학원 에듀테크전공 및 인공지능인문융합 전공 교수이다. 서울교육대학교 신경윤리융합교육연구센터 및 가치윤리AI허브센 터 센터장이다. 도덕 교육, 인격 교육, AI 윤리 교육, 신경 도덕 교육, 신경윤리학, 통일 교육 등에 관심을 갖고 연구하고 있다.

대표적인 저서로는 『인공지능윤리와 도덕교육』, 『도덕지능수업』, 『도덕교육학: 그 이론과 실제』, 『뇌 신경과학과 도덕교육』(2020세종학술도서), 『통일교육학: 그 이 론과 실제』, 『학교생활 나라면 어떻게 할까?』, 『가정생활 나라면 어떻게 할까?』, 『사회생활 나라면 어떻게 할까?』 등이 있다. 역서로는 『양심: 도덕적 직관의 기원』, 『말빈 벌코위츠의 PRIMED 인격교육론』(공역), 『어린이 도덕교육의 새로운 관점』 (공역)(2019세종학술도서), 『윤리적 감수성』(공역), 『윤리적 판단력』(공역), 『윤리 적 실천』(공역), 『윤리적 동기부여』(공역) 등이 있다.

논문으로는 「뉴럴링크와 인공지능 윤리」, 「기계윤리 및 신경윤리학 관점에서 본 인공도덕행위자(AMA) 도덕성 기준과 초등도덕교육의 과제」, 「AI 도덕성 신화와 그 실제: 기계의 인간 도덕능력 모델링 가능성과 한계」, 「도덕교육신경과학, 그 가 능성과 한계: 과학화와 신화의 갈림길에서」, 「사이코패스(Psychopath)에 대한 신 경생물학적 이해와 치유 및 도덕 향상으로서의 초등도덕교육」, 「복잡계와 뇌과학 으로 바라본 인격 특성과 도덕교육의 패러다임 전환」, 「언어분석과 윌슨의 도덕성 요소에 관한 연구」 등 다수가 있다.

AI 윤리와 뇌신경과학
그리고 교육

: 인공지능은 주저하지 않는다

초판 1쇄 발행일 2024년 7월 31일

지은이 박형빈

펴낸이 박영희
편　집 조은별
디자인 김수현
마케팅 김유미
인쇄·제본 제삼인쇄

펴낸곳 도서출판 어문학사
주　소 서울특별시 도봉구 해등로 357 나너울카운티 1층
대표전화 02-998-0094 **편집부1** 02-998-2267 **편집부2** 02-998-2269
홈페이지 www.amhbook.com
e-mail am@amhbook.com
등　록 2004년 7월 26일 제2009-2호

X(트위터) @with_amhbook
인스타그램 amhbook
페이스북 www.facebook.com/amhbook
블로그 blog.naver.com/amhbook

ISBN 979-11-6905-030-2(93190)
정　가 23,000원